INVITATION TO NEW SOCIOLOGY (7TH ED.)

新 사회학 초대

7판

이철우 저

학지사

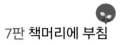

7판 책머리에 부침

인간의 어리석음에서 벗어나기 위해 만들어진 철학으로부터 비롯된 사회학은 구체적이고 실질적인 학문이자 현실지향적인 학문이다. 사회학은 인간의 삶의 질 향상에 크나큰 관심을 갖고 있는 학문임과 아울러 인간의 지적 무지나 야만을 타파하는 학문이며, 비이성적, 독선적, 독단적, 환상적, 비합리적, 비인간적인 것을 극복하려고 노력하는 학문이다.

대한민국은 현재 명실공히 선진국의 반열에 들어서 있고 국가의 위상이 날로 높아져 가고 있다. 그러나 이런 시대적 위세에 걸맞지 않게 돌아가는 작금의 상황은 안타깝기만 하다. 현실 상황에서 사회학이라는 학문은 설 자리가 없어 무색하다. 민주주의제도는 결함도 많고 모순적인 상황을 만들기도 하지만, 그나마 인류가 가장 합리적인 제도라고 선택한 이 제도가 지금은 별로이다. 국가와 사회가 잘 굴러가기를 기대하였지만, 매일매일 나라가 조용하지 못하다. 세상을 자신이 이해하고 싶은 대로 편협하게 받아들이는 반지성적 태도가 마음에 안 든다. 진정한 보수라기에는 좀 부끄러운 편 가르기에만 몰두하는 언론, 진영논리에 매몰되어 동조하는 측근 지지자들, 이용당하는 줄 모르고 추종하는 일부 세력들 또한 실망스럽다. 물론 그다지 현명하지도 지혜롭지도 못한 지난 정권의 과거 운동권 세력들이 정국을 좌지우지하면서 조화롭지 못하게 끌고 간 책임도 무시할 수 없다. 이런 모순적인 상황이 벌어지게 한 데는 지식인들의 잘못도 크다.

무엇보다도 갈등과 대립이 아닌 공정과 관용, 배려, 화합, 조화가 제자리를 찾아야 한다. 『팡세』의 저자 파스칼(Blaise Pascal)이 "피레네 산맥의 한쪽에 있어서의 진실은 그 산맥의 다른 쪽에서는 진실이 아니다"라고 했듯이, 한국 사회는 나라 전체가 심지어 가족 간에도 분열과 혼란, 갈등적 상황이 도를 넘고 있다. 그렇지 않아도 우리의 삶은 이미 편안하지 않고, 고단하고 버겁다. 살기 좋은 삶, 편안한 삶, 행복한 삶, 인간다운 삶이 되도록 하는 것이 이성을 가진 우리가 할 일이다.

과거 없는 역사가 없듯이, 우리 역사 안에 어떠한 것도 과거와 연관되지 않는 것이 없다. 일제가 저지른 잔악무도한 만행에 대한 무지, 무관심, 반역사적 인식태도도 그동안 우리가 지켜 온 가치관을 혼란스럽게 한다. 프랑스의 유명한 작가 프랑수아 모리악이 독일강점기의 비극(우리 역사에서 지워 버리고 싶은 4년, 지나가지 않은 과거)에 대해 '사려 깊은 망각'으로 화해를 모색했던 것과 달리, 알베르트 카뮈는 철저한 단죄를 주장했다. 프랑스보다도 약 10배에 가까운 일제강점기의 비극적인 상황을 그렇게 쉽게 재단해서는 안 된다. 깨어 있는 양심적인 지식인들의 성찰과 참여가 중요하다. 학문은 보다 나은 삶의 질 향상을 위해 존재하기 때문에 지식인들의 올바른 지적과 냉철한 비판이 요구되는 시점이다.

사회현실이 이렇게 답답하게 부조리하게 전개되는 가운데 속절없이 개정 7판이 나왔다. 나름대로 심혈을 기울여 열심히 수정 · 보완 작업을 했다. 이전 6판보다 더 나은 책으로 만들기 위해 노력했다. 이번 7판은 책 표지부터가 완전히 달라졌다. 평소에 많은 관심을 갖고 보던 에드워드 호퍼(Edward Hopper)의 그림을 각색하여 장정하였다. 화려한 대도시 사회의 이면에 현대 도시인들의 고독한 삶, 쓸쓸하고 공허한 인간 내면의 풍경을 짙게 드리우고 있는 그림이다.

7판에서 수정 · 보완한 내용은 다음과 같다.

1장에서는 6판에서 누락했던 유럽 중세시기 르네상스 개화에 결정적인 역할을 했던 십자군원정과 관련된 이슬람 세력과의 접촉 · 교류 과정에서 그리스 · 로마의 정신세계를 재인식하게 되었다는 내용을 수록했다. 부록에서는 공장제 기계공업과 대량생산의 보편화를 가져온 1차 산업혁명, 석유와 전기 사용으로 생산성을 획기적으로 변화시킨 2차 산업혁명, 20세기 후반 컴퓨터를 활용한 정보시스템으로 전 세계를 하나로 연결시킨 3차 산업혁명, 21세기의 원유라고 하는 IT(정보통신)산업의 발달로 캄테크(사물인터넷 IoT), 인공지능(AI) 등으로 사람, 사물, 공간 모든 것이 초연결되는 4차 산업혁명 사회에 대해 언급하였다.

2장 부록에서는 컴퓨터 소프트웨어(PC의 윈도우) 버전처럼 계속 업그레이드가 되고 있는 자본주의의 변천에 대해 설명하였다. 즉, 자유방임주의가 토대가 된 자본주의 1.0, 자본주의가 낳은 폐해를 보완하여 나온 수정자본주의(정부가 시장이나 복지에 적극개입)인 자본주의 2.0, 정부가 시장에 적극 개입함으로써 발생한 방만한 경영으로 인한 재정적자와 재정파탄 및 4차 중동전쟁(1973년)으로 발생한 오일쇼크(oil shock)로 극심한 경제침체를 극복하기 위해 나온 신자유주의인 자본주의 3.0, 신자유주의가 가져온 여러 가지 폐단과 문제점을 성찰하기 위해 나온 인간의 얼굴을 한 자본주의, 동반성장, 공생발전을 강조하는 자본주의 4.0 시대에 대해 언급하였다.

3장 부록에서는 최근의 사회학자들 중 많이 거론되고 있는 찰스 라이트 밀스, 니클라스 루만, 지그문트 바우만, 마누엘 카스텔스, 장 보드리야르의 사회학적 연구업적과 그들의 학문적 연구대상, 지적활동에 대해 요약하여 설명하였다.

4장에서는 연구방법론과 관련하여 이론으로부터 연역적으로 구성된 가설에 대한 내용을 좀 더 상세히 기술하였다. 즉, 실질가설인 이론적 가설과 측정에 관한 가설인 작업가설에 대해서 언급하였다.

5장 부록에서는 3장에 이어서 최근의 사회학자들 중 많이 거론되고 있는 소스타인 베블렌, 대니얼 벨, 엘리 러셀 혹실드의 연구분야와 그들의 주요 논점 및 사상을 다루었다.

7장에서는 문화의 구성요소 중 규범적 문화(민습, 원규)에 대한 내용을 좀 더 알기 쉽게 수정·보완하였으며, 문화의 종류에서는 자주 혼동을 가져오는 특수문화와 하위문화(부분문화)에 대해서 좀 더 상세히 기술하였다. 부록에서는 구조주의에 대해서 언급하였다.

8장에서는 프랑스 인류학자 반 겐넵의 통과의례에 대한 내용을 추가 수록했으며, 부록에서는 사회문제의 약 70~80%가 가족문제에서 비롯되는 것을 고려하여 요즘 무너지는 가족, 아버지 없는 가정과 관련된 글을 실었다.

10장에서는 저출산·고령화와 관련된 자료와 통계치를 수정·보완하였으며, 부록에서는 인구와 경제발전과 관련된 내용으로, 맬더스가 언급한 인구증가문제, 그의 예측과 억제방법이 틀렸음에 대한 비판내용, 농약과 비료, 새로운 품종 개발로 식량생산량을 비약적으로 증가시킨 과학기술의 진보, 즉 인류의 지적능력 때문에 해결되었음에 대한 구체적 내용을 다루었다.

11장 부록에서는 현대사회에서 새롭게 부상하고 있는 슈퍼스타도시에 대해서 언급하였다. 슈퍼스타도시는 지식자본주의사회의 핵심인 경쟁력을 두루 갖추고 있는 미래도시를 가리키는데, 세계화, 기술혁신이 주가 되는 사회로 변화하면서 혁신산업과 기술, IT, 바이오산업이 성장함과 더불어 훌륭한 인적자원(본)이 슈퍼스타도시에 풍부하게 집중된다는 설명을 언급하였다.

14장 부록 I에서는 중남미(Latin America) 사회의 특이한 계층과 계급구조에 대해 다룸과 동시에 아프리카 소국 모리셔스의 특이한 계층구조를 도표로 제시하였다. 또한 부록 II에서는 경제민주화에 대해서 다루었다. 기업주들에게 생산수단의 소유를 기반으로 소유와 경영상의 자유로운 경제활동을 수행하게 보장하는 한편, 노동자들 역시 당연히 경제활동의 주체로 참여하는 것이 경제민주화이다. 즉, 기업의 소유와 경영을 민주주의 방식으로 함과 동시에 소득분배의 불평등 개선, 소유는 의무를 수반하고 공공복지에 도움, 재산형성의 사회성원리 요구, 성장과실을 골고루 분배함에 대한 내용을 다루었다.

기존 6판에 있었던 15장 사회변동과 사회발전은 그동안 우리 사회에서 많은 관심을 가져왔으나 시대적 흐름에 따라 관심도가 줄어든 관계로 이번 판에서는 제외하였다. 독자 여러분의 넓은 마음으로 혜량해 주시기를 바란다.

노원평생학습관에서
이철우 씀

1판 책머리에 부침

책을 쓰는 가운데 겨울을 보내고 봄을 지나 어느덧 여름으로 접어들었다. 3, 4월까지도 눈이 내릴 만큼 지난 겨울은 유난히도 춥고 눈이 많았다. 봄의 전령 산수유를 필두로 목련, 개나리, 진달래, 벚꽃, 철쭉 등 꽃들로 화사했던 3, 4월이 지나고, 계절의 여왕 5월이 왔는데도 아침저녁으로 쌀쌀했다. 6, 7월은 무더위와 긴 장마로 인해 학교에서 강의하는 것 외에는 거의 집 안에 틀어박혀 지냈다.

이렇게 변화무쌍한 계절의 흐름 속에 우리의 삶 역시 그 어느 때보다 굴곡져 있다. 정부가 '수십 억 달러 수출 흑자' 'GNP 2만 달러 돌파' 등등 호들갑을 떨고 자화자찬을 하고 있지만, 우리네 삶은 여전히 팍팍하고 힘겹다. 이미 영세상인들의 생존이 걸린 골목상권까지 장악한 재벌기업들은 중소기업들의 어려운 상황을 나 몰라라 하는 것을 넘어서 일감 몰아주기와 같은 터널파기식의 편법으로 자식들에게 부(富)를 대물림하려고 혈안이 되어 있다. 청년실업자가 주축을 이루는 88만 원 세대가 급증하고, 근로빈곤층(working poor)과 하우스 푸어(house poor), 차상위계층(준빈곤층)이 점점 증가하고 있다. 사회적 위화감과 상대적 박탈감, 양극화 또한 심화되고 있다. 약 천만 명에 이르는 국민이 내일이 아닌 오늘의 삶을 걱정해야 하는 절박하고도 힘겨운 삶을 살아가고 있다. 그 어느 때보다도 최소한의 인간다운 삶을 유지시켜 주는 사회안전망의 강화가 절실히 요구되고 있다.

세상이 정의롭지도 못하고, 조화롭지도 못하게 흘러가고 있는데도 불구하고 물심양면으로 국민의 삶을 걱정하고 민심을 추슬러야 할 위정자들의 진정성 있는 모습은 찾아보기 어렵다. 정부가 외치는 서민을 위한 정책은 피부에 와 닿지 않는 공염불에 불과하다. 아직도 무사안일한 태도와 탐욕, 도덕적 해이가 극에 달한 일부 위정자들, 삶의 질 향상과 국익보다는 당리당략을 우선시하는 정치인들은 우리의 삶을 더욱더 힘들게, 서글프게, 지치게 한다. 상생과 동반성장, 공생발전을 통해서 사회적 모순과 부조화를 극복하고 더불어 같이 사는 삶을 위해, 사회통합과 연대를 위해 열심히 뛰어도 힘들 판국인데도 말이다. 논리불통의 방에 갇힌 그들이 대다수 시민의 고단한 삶의 애환을 알기나 할까? 안타까운 상황이다. 사회학이라는 학문을 공부한 사람으로서 사회정의가 실현되고 인간다운 삶이 되도록, 행복한 삶이 되도록 일조하지 못하는 데 대해서 부끄러울 뿐이다.

우리의 삶을 더욱 불안하고 답답하게 하는 것은 북한이라는 존재다. 소셜 네트워킹 서비스의 영향으로 중동지역에서 민주화 바람이 요원의 불길처럼 확산되고 있는 이즈음에, 아직도 이 세상 어디에도 더 이상 존재하지도 않는 허접한 이데올로기의 노예로 전락한 김정일과 그 하수인들, 그 밑에서 이렇다 할 탈출구 없이 최악의 삶을 살 수밖에 없는 우리의 혈육인 북한 주민들, 무모한 전쟁도발로 우리의 고귀한 생명을 앗아 가고 핵참화의 비극을 입버릇처럼 부르짖는 잔악무도한 북한이 엄연히 존재하는 현실이다. 남북 어느 누구에게도 이익이 되지 않는, 시대에 역행하는 작태를 보이고 있는 그들을 보고 있자면 빈곤의 악순환만 기약되어 있음에 그들이 가여워 한숨만 나올 뿐이다.

이 책은 이렇게 세상이 구심점을 잃고 정신없이 어지럽게 흘러가고 있는 가운데 빛을 보게 되었다. 운명이려니 생각할 뿐이다. 과연 이 책이 원래 의도했던 소명을 다할 수 있을까 자못 걱정스럽다. 사회학이라는 학문이 우리의 삶에 없어서는 안 될 필요한 것이고 재미있고, 한번 배워 보고 익힐 만한 학문이라는 것을 젊은이들에게 어떻게 이해시킬 수 있을까?

이 책을 쓴 저자는 사회학이라는 학문을 접하고 강의한 지 거의 20년이 족히 된

다. 그동안 강의하면서 학생들로부터 사회학이라는 학문에서 다루는 이론이라든
지, 개념, 용어 등이 어렵고 난해하다는 이야기를 많이 들어 왔다. 쉽게 가까이 와
닿지 않는다는 말이다. 학생들의 그러한 지적과 학자로서 나름대로의 책임감의 발
로로 또 하나의 사회학 개론서를 세상에 내놓게 되었다.

알다시피 이 세상에 존재하는 모든 지식은 하늘 아래 더 이상 완전히 새로운 것은
없다. 이렇듯 저자가 만든 이 책 역시 그간의 동서 전배들이 이룩해 놓은 값진 지적
자산을 토대로 하여 만들어졌다. 아울러 저자가 그간의 사회학 관련 강의를 통하여
터득한 지식과 학생들과의 진솔한 소통을 통하여 체득한 경험, 그리고 세간의 정보
와 지식을 토대로 하였다. 이 세상은 무대이고 인간들은 다만 배우일 뿐이라고 언급
한 세익스피어의 말처럼 연극무대라고 할 수 있는 사회라는 현장에서 체험하고 느
낀 바를 사회학이라는 학문과 접목시켜 꾸민 책이라 할 수 있다.

무엇보다도 이 책이 나오도록 커다란 자극과 충격을 준 계기가 있었다. 지금으로
부터 1년 전쯤 언젠가, 나의 스승이자 선배이자, 동료이기도 했던 김응렬 선생께서
사회학 개론서를 만들어 보자고 권유했다. 그러나 나의 게으름, 어리석음, 시간 없
음을 이유로 차일피일 미뤄졌다. 무위도식하면서 지내는 삶 속에 생각지도 않았던
큰일이 일어났다. 암으로 투병생활을 하던 선생께서 지난해 11월 말경 병세가 악화
되어 갑자기 타계하셨다. 과거에는 사형선고나 다름없던 암 같은 질환도 최근엔 첨
단의학의 힘으로 만성질환처럼 관리될 수 있다는 의학계의 언급에도 불구하고 선
생은 많은 일을 남겨 두시고 그 먼 길을 홀연히 가 버리셨다. 깊은 충격과 슬픔이 나
로 하여금 선생에 대한 송구스러움, 고마움, 그리움을 대신하기 위해 이 책을 만들
고자 마음을 먹게 하였다.

선생께서 이 책의 내용을 보시면 어떻게 평가하고 꾸지람하실지 영원히 알 수 없
겠지만, 이 책은 가급적 사회학도나 사회복지학도, 교양과정을 이수하는 학생들 누
구나가 이해하기 쉽도록 만들려고 노력하였다. 시중에 많은 사회학 개론서가 존재
하고 있지만, 이 책은 기존의 책들과 분명 공통된 측면도 있음은 물론, 기존의 책들
로부터 많은 지식을 빚지고 있지만, 한편으로는 새로운 분야의 지식과 내용을 수록

하였다. 세상이 변하듯 지식의 내용과 관심 분야도 변한다. 이 책의 내용도 시류에 뒤처지지 않도록 최대한 노력하였다. 이 책은 이런 취지로 만들어졌음을 이해하여 주시기 바란다.

이 책을 만들면서 누구보다도 미안하고 가슴 아프게 생각했던 것은 30년 가까이 생사고락을 같이 해 온 집사람이다. 지금은 좀 아파서 옆에서 보기 안쓰럽지만, 많은 관심과 보살핌이 필요함에도 불구하고 책을 만들어야 한다는 사명감으로 아내 건사를 소홀히 하였다. 물론 본의가 아니지만 한꺼번에 두 가지 이상의 일을 하지 못하는 천학비재한 남편의 무능과 한계로 집사람을 물심양면으로 도와주지 못해 미안하다. 이 자리를 빌려 다시 한번 남편의 태만을 용서하기를 바란다.

그리고 집안이 어수선한데도 불구하고 나름대로 자신들의 길을 선택한 자식들에게 감사한다. 마음고생하면서 수년 동안 유학 준비를 한 딸 고운이가 뉴욕시립대(CUNY-John Jay College)에서 법정심리학(forensic psychology)을 공부하고 있어 대견하다. 힘든 학업에도 불구하고 매일같이 스카이프를 통하여 수업준비하면서 집의 안부를 챙기는 딸이 있어 든든하다. 아들인 주민은 군생활을 화끈하고 멋있게 하고 싶다며 해병대에 자원하여, 지금은 우리나라 최북단 영토이자 최전방인 백령도 6여단에서 근무하고 있다. 아들을 생각하면 집안일의 힘듦과 버거움으로 내심 얼른 군에 가기를 바라던 아버지의 이기주의적 태도가 미안함으로 남는다. 이러한 아버지의 마음을 아는지 모르겠으나 열심히 국방의 의무를 다하고 있는 아들의 모습이 대견스럽다. 제대하는 그날까지 전우들과 같이 무탈한 군생활이 되기를 빈다.

한편으로는 아이들의 부재가 책을 쓰는 데 많은 도움이 되었다. 적적한 집안에서 할 수 있는 일이란 여러 가지 자료를 벌려 놓고, 생각하고 곱씹고 하면서 집필하는 일밖에 없었다. 보이지도 않는 출구 속에서 집안일로 부대껴야 할 시간을 오롯이 집필하는 데 몰두할 수 있어서 좋았다. 그러한 상황들이 이 책을 만드는 데 커다란 도움이 되었다. 또한 이 책을 만드는 데 있어 커다란 밑바탕이 되었던 생전의 부모님의 관심과 후원을 잊을 수 없다. 항상 아들이 잘되기를 바라시면서 언제 반듯한 위치에 설까 걱정하셨던 부모님의 마음을 잊을 수 없다. 가끔 불현듯 부모님 생각에 목이 메이고 먹먹하다. 만나고 싶어도 만날 수 없는 시공을 달리하는 삶 속에서 다만 아련한 추억의 장면들만 생각날 뿐이다. 최근 여러 가지 일과 게으름으로 차례와 성묘를 소홀히 했는데 불초한 이 아들을 어떻게 봐 주실까 한없이 송구스럽기만 하다.

이 책은 집필하는 데 있어 많은 노력과 시간을 들였음에도 불구하고 여러 가지로 부족하다는 느낌을 떨칠 수 없다. 이 책의 내용에서 발견되는 모든 잘못과 흠, 문제점들은 모두 저자의 부주의와 불성실, 무지에 기인한다. 따라서 모든 책임은 저자에게 있으며 많은 분의 지도편달을 구한다.

이 책이 나오기까지 학지사의 한승희 차장님과 김순호 부장님의 힘이 컸다. 책을 통하여 두 분께 심심한 감사의 인사를 드린다. 책의 전체 구성, 내용상 문제점과 문맥상의 오류, 오탈자, 미흡한 부분들을 지적해 주고, 수정해 준 노고에 감사드린다. 그리고 이 책이 햇빛을 보는 데 나름대로 도움을 주었던 고려대학교 사회복지의 이해 및 사회문제론 수업을 들었던 학생들에게도 고맙다는 인사의 말을 전하고 싶다.

집안일을 핑계로 자주 만나 뵙지 못하는 어르신들과 형제들, 선후배님, 친구들, 제자들에게 언제나 송구스러운 마음을 갖고 있다. 사람의 도리를 다하고 싶어도 현재는 좀 여의치가 않음을 넓은 마음으로 이해해 주셨으면 한다. 그래도 열심히 살려고 노력하고 있음을 알아주기를 바랄 뿐이다.

그리고 이 지면을 통해 반드시 감사드리고 존경을 표하고픈 인생의 선후배들이 있다. 지극히 평범한 소시민적인 삶을 살아가는 우리 주변의 분들 말이다. 촌로일 수도 있고, 공사판의 근로자일 수도 있고, 구멍가게, 구둣방 등에서 생업에 종사하는 사람들이다. 많이 배우지도 않았고, 오래 살지도 않았고, 많이 소유하지도 않았는데도 불구하고 나보다 세상을 보는 안목과 통찰력, 판단력이 뛰어나고, 슬기롭고, 너그럽고, 어른스러운 모습을 보여 주신 인생의 선후배들에게 머리 숙여 깊이 감사드린다.

마지막으로 이 세상에는 아무리 좋은 글을 읽고 보아도, 좋은 충고와 조언을 들어도, 스스로 받아들이고, 몸에 새겨 이를 미래지향적이고 긍정적인 방향으로 올곧게 양심적인 방향으로 실천하지 못하는 사람들이 많다. 특히 누구보다도 솔선수범하고 정신적 지주 역할을 해야 하는 우리 사회의 지도층과 일부의 학자 등이 그러하다. 그들의 대오각성이 요구되는 시점이다.

공릉동 집에서
이철우 씀

저자의 e-mail 주소
2002leecw@daum.net
lk1116@korea.ac.kr

-우리 모두는 지구별이라는 곳의 시간여행자일 뿐-

-자기성찰 없는 사람, 사회, 국가만큼

위험한 것은 없다.-

차례

05 사회학의 대표적 이론   139

08　가족제도　235

14

사회계급과 사회계층 427

15

세계화   457

01 사회학의 탄생과
인간을 위한 사회학

INVITATION TO NEW SOCIOLOGY (7TH ED.)

사회학을 포함한 사회과학이라는 학문은 인간의 무지에서 벗어나기 위해 시작된 철학에서 비롯되었다. 또한 사회과학이 성립된 배경에는 사회학이라는 학문을 창시한 오귀스트 콩트가 사회의 무질서를 극복하기 위해서는 지적인 무질서를 타개하기 위해 만들어진 연구방법론을 체계화한 이후부터였다. 그리고 프랑스대혁명과 산업혁명, 즉 양대 혁명으로 근대 자본주의제도가 낳은 빈곤과 사회적 갈등, 혼란과 무질서, 범죄 등 많은 부작용을 제대로 살펴보고 성찰하기 위해서 만들어졌다. 사회학은 이렇게 성립된 학문이다.

사회학[1]은 두 사람 이상의 인간관계를 연구하는 학문이다. 인간들의 사회적 삶을 연구하는 학문으로, 변화무쌍하게 움직이는 사회 속에 살아가는 인간들의 행위를 연구한다. 다시 말하면, 인간들이 다양하게 살아가는 모습을 이해하면서, 왜 그렇게 살아왔고, 앞으로 어떻게 살아가게 되는지를 여러 측면에서 설명하는 학문이라고 할 수 있다.

사회학은 인간들 간의 관계가 반드시 상호작용을 통해서 가능함을 전제한다. 개인과 개인, 개인과 집단 (조직), 개인과 사회의 관계를 구체적으로 연구하는 사회학은 사회 속에서 상호작용하며 살아가는 인간들의 행위에 대해서 연구하는 학문이라고 할 수 있다. 사회학에서 언급하는 사회란 인간들의 상호작용에 의해 움직이고 만들어지는 곳이기 때문이다.

인간들의 상호작용이란 인간들끼리 행위의 주고받음을 의미하는바, 이러한 인간들의 상호작용이 규칙적으로 반복되는 과정 속에서 일정한 유형(pattern) 또는 형식을 보이면서, 그것이 틀 잡힌 모습으로 나타나는 것을 구조라고 한다. 또한 그러한 구조가 사회 내에 존재하는 규범이나 가치, 법 등에 의해 규제되고 강화되는 모습으로 나타난 것을 제도라고 한다.

이와 같이 상호작용하며 살아가는 사람들 사이에 일정한 유형이 형성되는데, 이렇게 유형화된 상호작용을 사회적 관계라고 한다. 인간들의 사회적 관계가 일정한 유형하에 규칙성과 경향성을 보이면서 틀 잡힌 모습으로 나타날 때, 우리는 이를 사회구조라 한다. 일단 형성된 사회구조는 인간의 사회적 행위를 제약하게 된다. 구체적으로 말하면, 사회구조란 정치, 경제, 문화, 교육, 법, 종교, 복지 등이 상호관계를 맺어 일정한 유형, 즉 규칙성을 보이는 것으로, 이러한 것들이 하나로 어우러져 전체를 형성하고 인간들의 사회적 행위를 규제한다고 볼 수 있다.

사회구조는 마치 하나의 거대한 건축구조물과 같은 것으로, 사회의 각각의 하위체계(부분)인 정치, 경제, 문화, 교육, 법, 종교, 복지 등의 제도를 토대로 정부라는 하나의 큰 건물을 짓는 것을 의미한다고 할 수 있다.

한편, 정치, 경제, 문화, 교육, 법, 종교, 복지 등의 제도가 상호관계를 맺어 일정한 유형, 즉 규칙성을 보이면서 틀 잡힌 모습으로 나타난 것을 사회구조라고 하고, 이것이 사회에서 통용되는 규범이나 가치, 법률 등에 의해 강화되어 지속적인 관계를 형성하고 정착되어 공식화된 모습으로 나타나는 것을 사회제도라고 한다.

---

1) 사회학을 창시한 콩트는 사회학이라는 명칭을 만들기 전에 사회물리학이라는 용어를 사용하려고 했는데, 이미 벨기에 천문학자 케틀레(A. Quetelet)가 사용한 것을 알고 난 후, 새로운 이름으로 동료, 친구, 이웃을 뜻하는 라틴어 'socius'와 이성, 학문을 뜻하는 그리스어 'logos'를 합성하여 'sociologie'라는 명칭을 만들었으며, 그 후 사회도 생물유기체처럼 진화한다는 사회진화론을 주장한 스펜서(H. Spencer)가 이 개념을 받아들여 영어권에서는 'sociology'로 정착하게 되었다(헤네카, 2016, p. 33).

1 사회학이란 무엇인가

사회학(SOCIOLOGY)

socio(사회) + logy(높은 수준의 연구) = 사회를 보는 새로운 인식의 틀

사회학이라는 학문은 두 사람 이상의 인간관계를 다면적·고차원적으로 연구하는 학문

 사회학은 두 사람 이상의 인간관계를 연구하는 학문, 그것도 인간의 사회적 삶을 연구하는 학문으로, 변화무쌍하게 움직이는 사회 속에서 살아가는 사람들의 행위를 연구한다. 사람이 사람을 만날 때, 사람들이 무리를 짓거나 집단을 형성할 때, 사람들이 서로 협동하거나 거래할 때, 경쟁하거나 싸울 때, 다른 사람들을 설득하거나 모방할 때, 문화를 발전시키거나 파괴할 때 일어나는 일련의 것들에 관심을 갖는다. 따라서 사회학적 연구의 단위는 결코 개인이 아니라 항상 어떤 식으로든지 상호 관련된, 적어도 두 사람 이상의 상호적 인간관계라 할 수 있다.

 사회학을 학문으로서 자리매김하고 사회학의 연구대상을 확고히 정립한 학자들의 견해를 살펴보면, 인간들의 행위를 다양하게 해석하고 있음을 알 수 있다. 생산수단의 소유 여부와 경제적 잉여물을 둘러싸고 가진 자(Bourgeoisie, have 계급)와 못 가진 자(Proletariat, have no 계급)로 사회를 이분화한 칼 마르크스(Karl Marx)는 인간을 노동하는 존재로 보았다. 사회 내에 항존하는 갈등과 대립이 분배관계에서 비롯된다고 주장한 랄프 다렌도르프(Ralf Dahrendorf)는 인간을 투쟁하는 존재로 보았다. 600만 명의 유대인을 학살한 나치즘의 광기와 폭정을 피해 미국에 정착한 프랑크푸르트(Frankfurt)학파[2]의 유대계 학자들은 인간을 이성을 가진 존재로 보았다.

---

2) 1923년에 독일의 프랑크푸르트 대학교에 부설된 사회조사연구소를 중심으로 활동했던 비판이론가들로,

또한 1940년대부터 1960년대 초까지 안정과 번영을 구가하던 미국 사회를 설명하기 위해 구조기능주의이론을 발전시키고 체계화한 탤컷 파슨스(Talcott Parsons)는 인간을 역할을 수행하는 존재로 보았다. 인간은 언어라는 상징을 사용함으로써 협동이 가능하고, 자신을 되돌아볼 수 있고, 사회생활이 가능하다는 상징적 상호작용론의 기본 전제를 발전시킨 조지 허버트 미드(George Herbert Mead)는 인간을 언어라는 상징을 이용하여 상호작용(교섭)하는 존재로 보았다. 상징적 상호작용론의 한 갈래로, 공리주의 경제학과 행동주의 심리학의 영향을 받은 교환이론의 조지 호먼스(George Homans)는 인간을 주고받는 존재, 즉 거래하는 존재로 보았다. 한편, 현상학적 방법론과 밀접한 관련을 맺고 있는 어빙 고프먼(Erving Goffman)은 인간을 연기하는 존재로 보았으며, 민속학적 방법론의 해럴드 가핑클(Harold Garfinkel)은 인간을 의미세계를 구성해 나가는 존재로 보았다.[3]

헤겔의 변증법과 프로이트의 정신분석이론을 종합한 비판이론을 전개한 독일의 신좌파 연구집단을 지칭하는데, 나치정권의 유대인 숙청작업이 진행되면서 연구소가 폐쇄당하자 아도르노, 마르쿠제, 호르크하이머 등 유대계 학자들이 독일을 탈출하여 미국에 정착한 이후 사회조사연구소가 재건된 것의 이름이 프랑크푸르트학파로 그들의 거대한 사유흐름은 현대사회를 진단하고 성찰하는 '비판이론'을 제시하고 연구하였다.

3) 놀이 속에서 비로소 문화가 발달했다고 주장한 요한 호이징하(Johan Huizinga)는 『호모 루덴스』라는 책에서 인간은 생각하는 인간(Homo sapiens), 만드는 인간(Homo Faber)이기보다는 인간을 놀이하는 존재(호모 루덴스, Homo Ludens)로 보았다.

사회적 악과 폭력의 본질을 깊이 연구한 사회학자이자 철학자인 한나 아렌트(Hannah Arendt)는 『예루살렘의 아이히만』이라는 책에서 인간을 사회적 힘(독재권력, 이념, 광기 등)에 의해 철저한 무사고(無思考, sheer thoughtlessness)로 언제든지 악(惡)을 저지를 수 있는(악의 평범성, banality of evil) 존재로 보았다.

정치에서 목적을 달성하기 위해서는 수단과 방법을 가리지 않는 권모술수를 써야 함을 강조한 근대 정치학의 문을 연 『군주론』의 저자 니콜로 마키아벨리(Niccolò Machiavelli)는 인간을 정치하는 존재로 보았다.

한편, 『구경거리의 사회』의 저자이면서 현대사회를 스펙터클사회라고 언급한 프랑스 사회학자 기 드보르(Guy Debord)는, 우리 인간은 밤바다의 오징어잡이선의 집어등에 의해 포획되고 훈육되는 스펙터클사회에 산다고 언급했다. 스펙터클사회는 인간으로부터 상품에 대한 시간적 감각을 제외한 일체의 현실 감각을 박탈해 버린 거대한 매트릭스나 다름없다고 했다.

2 사회학의 태동 배경과 중세사회

사회학은 전근대사회에서 근대사회로 이행하는 과정에서 생겨났다. 전근대사회가 사회학의 발아 자체를 저지하였던 것과 근대사회의 성립이 몰고 온 충격으로 인해 사회학의 개화가 촉진되었다. 전근대사회, 즉 중세사회는 인간의 삶을 주재한 종교가 지배적인 위상을 갖고 있던 사회이다. 그 당시 종교는 개인적인 신앙생활 측면만이 아니라 정치, 경제, 사회, 문화의 제반 영역에서 지배적인 원리로 작용하였다. 또한 개인의 의식 및 학문, 사상에 대해 지녔던 규정력(지배력)은 거의 절대적이었으며, 개인의 인생관과 세계관은 신의 뜻(神意) 안에서 형성되었던 시기였다.

결과적으로 인간의 자유의지를 중시하던 고대 그리스 헬레니즘시대의 찬란했던 문화예술은 모두 망각되었고, 성경의 내용에서 조금이라도 벗어나는 고전은 금서로 취급되었다. 인간은 오직 사후세계인 천국을 위해, 현세의 삶에서는 금욕과 무지몽매 속에서 살아야만 했던 존재였다.

종교적 권력과 신을 빌미로 한 세속적 권력은 인간의 얼굴을 한 일체의 사상을 이단이라고 매도하거나 마녀사냥식 재판으로 단죄하였다. 이로써 인간들의 이성과 사고, 인간들 간의 관계를 통해 역사와 세계, 사회를 설명하려고 시도하려는 사회학이라는 학문은 싹트기 어려웠다.

종교라는 이데올로기로 인간과 인간사회를 짓눌렀던 중세사회는, 11~13세기 동안 이슬람세력들이 장악하고 있던 가톨릭교도(教徒, Catholic)들의 성지인 예루살렘의 탈환을 위해 기독교도인들이 감행한 십자군 원정은 1차를 제외하고는 나머지 원정은 거의 실패한 시기였다. 이 과정에서 교황의 권위는 실추되었으나, 그 대신 의도치 않았던 아랍세계(이슬람세력)와의 접촉, 교류(교역) 결과, 놀랄만한 결과를 가져왔다.

그동안 잊혀졌던 고대(古代) 그리스 자연철학은 물론, 인간중심의 문화를 간직하고 있던 고대(그리스, 로마시대)의 학문세계를 재발견하게 되었으며, 특히 그리스의 자연철학을 토대로 발전시킨 아랍인들의 실용과학을 접하게 되었다. 십자군전쟁을

중세 봉건주의시대(4C 후반~15C 전반)

12C	1345~1348년	1601년
도시 발생	흑사병(페스트) 발생	엘리자베스 구빈법

농업사회

- 종교가 지배하던 사회(암흑 천 년 시대)
- 절대왕정시대 • 지방분권시대
- 신분사회(토지와 신분에 얽매임)
- 대가족중심사회 • 장원경제

로마 교황
- 사제(성직자, 제1의 신분)
- 세습귀족(영주) ─ 군사력 ─ 장악
  (제2의 신분) ─ 경제력 ─
- 길드(Guild) → 부르주아지
  (신흥귀족, 제3의 신분)
  자치도시 건설
  상품의 생산·유통·판매 담당

- 1345~1348 흑사병 발생(유럽 인구 1/3 死)
- **종획운동**(enclosure movement, 울타리치기운동)
  농경지의 목장화, 소수지주계급에 토지 집중,
  농노들의 탈농화
- **르네상스**(Renaissance; 15C 말~17C 중반, 문예부흥운동)
  서구 근대이성의 토대가 된 인간중시의 정신운동으로서 인간
  성의 해방과 재발견, 물질과 정신의 조화 추구(피렌체의 대부
  호 메디치가문—예술인·지식인 후원)
- **1517년 종교개혁**(마틴 루터—면죄부 판매의 부당성 언급)
- **1618~1648년 30년 종교전쟁**
  권력투쟁, 민족갈등, 신교의 자유 인정(1648년 베스트팔렌조약)
- **자연과학의 발달**—천체관측·항해술 발달
- **지리상의 발견**—대항해시대(식민지경영 본격화)

근대 자본주의시대(자유방임 자본국의 시대)

1789년	1834년	1839년	1919년
프랑스 대혁명	신구빈법	사회학 성립	바이마르헌법

공업사회

- 산업화
- 도시화
- 핵가족화

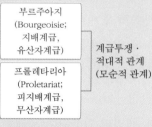

사회관계 ─┬─ 부르주아지 (Bourgeoisie; 지배계급, 유산자계급) ─┐ 계급투쟁·
          └─ 프롤레타리아 (Proletariat; 피지배계급, 무산자계급) ─┘ 적대적 관계 (모순적 관계)

- 도·농 간의 인구 대이동
  가족구조의 변화
  근대교육제도 정착
- 성역할의 분화

- 혼란과 무질서
  빈곤과 사회적 갈등
  범죄와 각종 사회문제 폭증
- 도시빈민 발생 → 사회복지의 필요성 증대

산업혁명(1750~1850년)—경제혁명

공장제 수공업 → 대규모 공장제 기계공업
1764년 하그리브스의 제니 방적기
1769년 아크라이트의 수력 방적기
1779년 크럼프턴의 뮬 방적기
1785년 카트라이트의 동력 직조기
1775년 제임스 와트(James Watt)—증기기관
1825년 스티븐슨(G. Stephenson)—증기기관차
1805년 가스등 발명—작업시간 연장
                노동착취 본격화
1830년대와 1840년대 철도 건설 붐

- 합리적인 근대정신
- 합리적인 사회조직 운영방식 정착
- 공장이 경제생활의 중심이자 사회생활의 중심
- 생산력 증대
- 물질적 풍요
- 일상의 소비재 풍부히 공급
- 물자의 생산 및 분배조직의 엄청난 변화

프랑스 대혁명(1789년) – 정치혁명

세계 최초 시민혁명
앙시앵 레짐 전복
(구 제도—절대왕정 붕괴)
입헌군주제, 공화제

→

- 공화정을 만들어 국민이 대표를 선출하는 의회제도를 도입(국민국가로 발전)
- 사유재산제도의 정착
- 법 앞의 평등—프랑스 시민법 발달

→

- 사유재산소유의 절대원칙
  → 사유재산소유의 사회성
- 계약자유의 원칙
  → 계약공정의 원칙
- 과실책임의 원칙
  → 무과실책임의 원칙

1919년 독일의 바이마르 헌법에 명기됨

그림 1-1 사회학의 태동 배경

자본(돈)

왕, 귀족, 의원

성직자(사제)

군대

부르주아지
(유산계급: 자본가, 지주)

프롤레타리아
(무산계급: 노동자, 농민)

그림 1-2 1910년대 '자본주의 체제의 피라미드'라는 서구 노동계의 포스터

출처: 동아일보(2013. 7. 6.).

통한 아랍세계와의 교류와 접촉으로 그리스·로마 문화를 재인식, 재발견하게 되었던 것이다. 이로 인해 그동안 신의 섭리 안에서만 이해되고 의미가 부여되던, 불합리하고, 불완전한, 어리석은 존재인 인간을 지배하고 복종시켰던 신과 종교는 더 이상 힘을 발휘할 수 없었으며, 더 이상 중세 암흑천년시대를 지속하기 어려웠다.

그 결과 신의 뜻과 의지에 종속되어 왔던 피조물에 불과했던 인간의 존재에 대한 자각, 인간중시, 인간성의 해방과 재발견, 자아통찰력의 증대를 가져왔다. 재생, 부활, 인간중심을 부르짖는 르네상스시대가 도래하게 되었다. 따라서 신과 종교가 지배하던 중세사회는 아랍세계와의 접촉과 교류로 말미암아 서서히 붕괴하게 되었다.

신중심의 중세 암흑사회는 사회학의 발아 자체를 저지하였던 중세 사회[4], 즉 종교가 유럽 사회를 지배했던 봉건주의 사회와 장원경제에 토대하여 무소불위의 권력을 휘두르던 절대왕정시대를 붕괴시킨 단초들을 다음의 내용으로 구체적으로 살펴보자.

종교(religion)

중세시대에는 인간은 신의 뜻과 의지에 종속된 신의 피조물로서 본질적으로 불완전한 존재이자 불합리한 존재, 죄 많은 존재인 탓에 신의 지배를 받을 수 밖에 없는 존재라고 낙인시하였다. 즉, 인간의 삶은 신의 섭리 안에서만 해석되고 의미를 부여받았다. 신부(성직자)인 사제는 신의 대리자로서, 인간들은 이들의 명령체계에 구속되어 있었다. 따라서 이 시대는 종교가 지배적인 위상을 차지하던 시대로, 교회가 모든 권력의 중심이었고 비루하고 몽매한 인간의 삶에 구심점 역할을 했던 시대로, 개인의 인생관과 세계관은 신의 뜻 안에서 결정되었고, 인간의 눈과 이성으로 인간 세상을 제대로 바라볼 수 없게 만든 시기였다. 따라서 인간들이 신의 섭리와 종교적 가르침을 절대 진리로 믿고 삶을 영위했던 암울한 시대였다고 할 수 있다.

---

4) 중세란 4세기 후반, 서로마 멸망부터 15세기 대항해시대(Age of Discovery)의 시작까지 약 1,000년간 지속된 사회로 절대왕정체제와 기독교 사상이 지배하던 세계였다.

흑사병(Pest, 페스트)

유럽의 도시는 12세기부터 발달하기 시작하였다. 이 시기는 비단길(Silk Road)의 개척에 따라 대상무역이 활기를 띠었다. 그 당시 도시에서 장사를 하던 상인계급(Guild, 길드)은 더 많은 이윤의 획득은 물론, 음식물의 보존기간을 연장하고 맛을 내기 위하여 열대지역에서 생산되는 후추, 정향, 육두구, 팔각 등의 향신료와 금, 은 등의 보석을 구하려고 인도와 중국 등지로 진출하였다. 그러한 가운데 중앙아시아와 중국에서 발생한 흑사병(페스트)의 전파로 말미암아 1345년부터 1348년까지 유럽 인구의 3분의 1이 사망하였다. 역사가들은 로마시대 이래 목욕문화를 향유하여 왔던 중세 유럽인들이 왜 이렇게 많이 죽었는가에 대한 이유로 그들이 목욕 중에 땀구멍이 확장되어 그 틈새로 병균이 침입하여 질병에 감염된다는 그릇된 믿음으로 인해 목욕을 멀리하였기 때문이라고 설명한다. 비위생적인 환경과 청결하지 못한 삶의 방식이 흑사병에 의한 대재앙을 초래한 것이었다.

결과적으로 이 당시에 발생한 흑사병은 유럽사회에 법과 질서를 무너뜨리는 등 문명 전체를 붕괴시켰으며, 신의 힘으로도 어쩔 수 없는 상황을 만들어 종교의 권위를 실추시켜 신이 지배하던 중세사회의 낡은 봉건질서를 무너뜨리는 계기를 가져왔다.

종획운동(enclosure movement, 울타리치기운동)[5]

왕으로부터 토지를 하사받은 영주(귀족)계급은 경제권과 군사권을 장악하였는데, 그들은 자신의 소유지인 장원(莊園)을 최하층민이었던 농노계급에게 경작시켰다. 지금도 그러하지만 농업은 항상 자연현상, 즉 자연재해에 의해 소출이 결정되었다. 이러한 과정에서 양모공업(羊毛工業)의 발달은 많은 변화를 가져왔다. 영주계급

---

5) 인클로저운동은 대다수 농민(농도)의 권리와 경제력을 약화시켰다는 지적을 받기도 했지만, 정해진 토지에서 더 많은 농작물 생산을 위해 효율성을 높여 가는 생산방식의 변화는, 기존 중세 유럽의 장원경제에서 새로운 자본중심의 경제체제를 탄생시키는 계기가 되었다. 즉, 인클로저운동은 다수의 농노계급을 농경지에서 쫓아내는 폐해를 가져왔지만, 농업발전과 산업혁명의 토대가 되는 노동력을 풍부하게 제공하는 계기가 되었다.

은 잘 경작해 봐야 본전인 밀 농사보다는 몇 배의 이익을 가져다주는 양 방목에 눈을 돌렸다. 이때부터 농경지의 목장화가 본격화되기 시작하였다. 귀족이자 지주계급인 영주는 양을 방목함으로써 얻는 이익이 농사를 통해 얻는 이익보다 많았다. 영주는 양을 통해 고기도 얻고, 양의 새끼도 얻고, 털도 깎고, 우유와 치즈도 얻는 등 여러 가지 이익을 획득했다. 이러한 과정에서 농업만을 전담해 왔던 농노계급은 어쩔 수 없이 자기 삶의 터전이었던 경작지에서 이탈됨으로써 유민이나 걸인으로 유랑 또는 배회하거나 도시로 유입되었다. 도시로 유입된 일부의 농노계급들은 일상생활에 필요한 도구나 용품을 생산하고 유통 및 판매를 장악했던 길드(상공인조합 혹은 장인조합)계급 밑에서 임노동자로서의 고단한 삶을 이어 갔다.

르네상스(Renaissance, 문예부흥운동)

재생, 탄생, 부활을 의미하는 르네상스는 아름다운 건축물과 아름다운 그림, 조각으로 유명한 바, 그것은 인간에 관한 것들을 새롭게 부각시킨 정신운동이자, 그리스·로마의 정신세계에 대한 재발견이었으며, 서구의 근대이성을 형성하는 데 기여하였다.

인간의 이성과 창의성, 감성을 최고의 가치로 여겼던 르네상스는, 중세시대 최고의 부호였던 이탈리아 피렌체(플로렌스)의 메디치가문에 의해서 꽃을 피우기 시작하였다. 메디치가문은 피렌체의 예술가(레오나르도 다빈치, 미켈란젤로 등)와 지식인, 학자들을 물심양면으로 후원함으로써 물질과 정신의 조화, 새로운 문화를 창조하였다.

문예부흥운동이라 지칭되는 르네상스의 영향으로 회화 분야에서도 새로운 국면이 전개되었다. 예를 들면, 신들이 사는 세계나 사후세계만을 그리던 회화 분야에서 인물을 중시하는, 즉 인간 신체의 아름다움, 인간 내면(심성)의 따뜻함과 부드러움을 그리는 분위기가 본격화되었다. 명상적이고 추상적이며 음침하고 관념적인 신들의 세계, 내세의 세계만을 주로 그리던 것에서 밝고 즐거우면서 활기찬, 사실적인 예술에 주안점을 두는 인본주의에 토대를 둔 그림을 그리게 된 것이다.

인간을 중시하고 인물을 중시하는, 즉 인간의 눈으로 인간 세상을 바라보는 인간 중심의 사회로 전환된 것이다. 인간들은 스스로 자아의 존재를 인식하게 되었고, 인간 자신을 중시하게 된 결과, 그동안의 무지몽매한 존재에서 벗어났다. 르네상스로 인해 인간들은 우주에서 가장 경이로운 존재로 자유롭고 자율적이며 창조적인 존재로 거듭 태어났고, 인간 자신을 스스로 통찰할 수 있는 계몽된 존재로 변화되었다.

종교개혁(Reformation)

이슬람세력으로부터 기독교의 성지인 예루살렘을 탈환하기 위하여 기독교인들이 11세기 말부터 십자군원정을 시작하였는데, 십자군은 13세기 후반까지 약 200년 동안 1차를 제외하고 나머지 12차 모두 이슬람세력에 패하였다. 이 과정에서 기독교 교회가 부패하고 신부가 타락하는 상황이 전개되었다. 부와 권력을 거머쥐고 있던 교회였기 때문에 그 모습은 더욱더 가관이었다. 특히 교회는 거대한 성당[이탈리아에서는 성당을 '두오모(Duomo)', 스페인에서는 '카테드랄(Catedral)'이라고 함]을 짓기 위하여 판매한 면죄부(免罪符, indulgence, 죄가 아닌 벌을 면해 준다는 의미에서 면벌부라고 함)가 인간들의 고혈을 짜내는 비인간적인 상황이 전개되었다. 그 당시 면죄부의 판매가 얼마나 극성을 부렸는가 하면, 본인에게만 국한하여 판매하던 면죄부를 자신의 부모, 조부모, 그 이상의 조상들 것까지 사도록 강요하였다.

이러한 면죄부 판매의 부작용이 극심하게 전개되고 목불인견의 상황이 지속되던 차에, 1517년 비텐베르크 대학의 종교학 교수였던 마틴 루터(Martin Luther)가 이 대학의 부속 교회당 정문에 면죄부 판매의 부당성을 게시하였다. 그리하여 루터는 카톨릭교회와 교황의 적법성에 이의를 제기하였으며, 구원을 돈을 주고 산다는 개념에 반대하면서 오히려 면죄부(면벌부)가 신앙심을 해친다고 주장하였다. 또한 그는 종교적 권위가 성경 그 자체에 있으며, 성직자 없이 개인이 직접 신과 연결될 수 있음을 주장하였다.

그는 95개 조항의 반박문(95개 논제)을 게시한 이후 파문이 두려운 나머지 도주하였으나, 그 파장은 엄청난 것이었다. 그가 폭로한 내용을 보면, 속죄는 신앙으로 해야지, 돈으로 해서는 안 된다는 것이었는데, 이것이 그 당시 1440년 구텐베르크(Gutenberg)가 발명한 금속활자(이동식 인쇄기)의 영향으로 급속히 전 유럽으로 퍼져나가, 유럽사회에 지적·종교적 혁명을 촉진하는 결정적 역할을 했다.

한편, 개신교파의 칼뱅(Calvin)도 "하느님을 진심으로 믿기만 하면 구원되며, 성경의 가르침에 없는 것을 가르쳐서는 안 된다."라고 하면서 기독교의 타락을 비판하고 나섰다. 이것이 빌미가 되어 종교개혁이 본격화되기 시작하였다. 이처럼 구교와 신교 간의 대립은 같은 민족 내에서 권력투쟁과 민족갈등을 초래하였다. 따라서 16세기 후반 프랑스에서는 위그노전쟁이 일어났고, 17세기 전반 독일에서는 보헤미아전쟁이 일어나기도 하였다. 결국 1618년에 시작되어 1648년에 끝난 30년 종교전쟁의 결과, 신교의 자유 즉 개신교의 자유가 인정되기에 이르렀다.

자연과학의 발달과 지리상의 발견(Discovery of Age, 대항해시대)

이 시대는 인간들이 배를 타고 멀리 나가면 지구 밖으로 떨어진다는 종교적 믿음이 지배하던 때였다. 신이 부여한 질서에 따라 우주가 움직인다는 시대적 상황 속에서, 그에 반한 『천구의 회전에 관하여』를 쓴 코페르니쿠스(Copernicus)와 갈릴레이(Galilei)의 지동설, 나침반의 발명에 힘입어 항해술이 발달하게 되었다. 배를 타고 멀리 가더라도 다시 원점으로 되돌아올 수 있다는 믿음이 확산된 것이다. 이로 인해 대항해시대가 본격적으로 전개되기 시작하였다.

1418년에 포르투갈의 항해왕 엔리케(Henrique) 왕자가 인도 항로를, 1492년에는 콜럼버스(Columbus)가 아메리카 항로를 발견하였다. 1497년에는 바스코 다가마(Vasco da Gama)가 희망봉을 발견하였으며, 1519년에는 마젤란(Magellan)이 세계일주에 성공하였다.

이러한 제국주의 침략을 본격화한 일련의 지리상의 발견은 아프리카, 아메리카, 아시아 지역으로 식민지 개척을 본격화하게 만들었다. 특히 스페인 사람들은 자신들에게 극렬하게 저항하였던 남미 신대륙 인디언 원주민을 대량 살육함으로써 노동력의 절대 부족을 가져왔다. 그들은 사탕수수와 담배농장, 은광의 경영과 상실된 노동력 보충을 위하여 아프리카의 흑인노예를 강제로 데려옴으로써 아프리카 사회와 문명을 파괴하는 결과를 초래하였다.

산업혁명(Industrial Revolution)

전 세계 땅의 4분의 1을 지배하고 의회민주주의를 시작했던 영국(대영제국), 물자의 생산과 분배 조직의 엄청난 변화를 가져왔던 경제혁명이라고 할 수 있는 산업혁명의 시작은 다음과 같다. 1764년에 시골의 방직공이었던 하그리브스(Hargreaves)가 제니 방적기를 발명하였으며, 1769년에는 아크라이트(Arkwright)가 물의 힘을 이용하여 실을 잣는 수력 방적기를 발명하였다. 이어 1779년에 크럼프턴(Crompton)의 뮬 방적기, 1785년에 카트라이트(Cartwright)의 동력 직조기 등이 발명되어 공장제 기계공업이 본격화되었으며, 이로 인해 옷감 등 면직물의 대량생산이 보편화되었다. 또한 1815년에서 1840년 사이에는 증기를 이용하여 동력을 사용하는 공장제 생산이 보편화되기 시작함으로써 생산성 향상에 기여하였다.

이러한 과정에서 제임스 와트(James Watt)는 뉴커먼(T. Newcomen)의 증기기관을 개량하여 1775년에 증기기관을 발명하였고, 이를 이용하여 1825년에 스티븐슨(G. Stephenson)이 증기기관차를 제작하였다. 이로 인해 1830년대와 1840년대에는 철도 건설이 본격화되었으며, 전 유럽에 철도 건설이 붐을 이루었다. 또한 1805년에는 맨체스터, 샐퍼드 등에서 가스등(燈)의 발명으로 공장에서 작업시간이 연장되었다. 이때부터 자본가계급에 의한 임노동자의 노동착취가 본격화됨으로써 노동자들의 삶은 고단함을 넘어 비참함의 연속이 되었다.

서구의 산업화는 18세기 중엽부터 갑자기 시작된 것이 아니라, 그에 앞서 합리적인 근대정신과 합리적인 사회조직 운영방식이 어느 정도 관철된 결과였다. 사회 내부에 자본제 생산방식이 전개되기 위한 토대가 이미 내재되어 있었다. 이전에 보지 못했던 물자의 대량생산과 이를 보급하는 운송수단의 발명으로 인해 인간의 삶은 획기적으로 변화하였다. 결과적으로 근대문명의 기폭제 역할을 수행하였던 산업혁명은 인간들의 삶의 질을 획기적으로 향상시켰다. 그렇지만 인간들은 신분과 토지라는 봉건적 굴레에서 자본이라는 굴레에 다시 얽매이게 되는, 즉 임노동자로 전락하게 되는 비극적인 상황에 이르렀다.

산업혁명은 일련의 기술적 혁신이 기폭제가 됨으로써 농업과 수공업 위주의 산업구조에서 공업구조 중심의 산업구조로 전환되면서 새로운 임노동자를 출현시켰다. 이러한 공업구조 중심의 사회가 유지·존속될 수 있도록 사회변화도 따라서 수반되었다. 도·농 간 인구의 대이동, 산업사회의 삶의 방식에 용이하게 형성된 가족제도의 변화, 산업사회를 살아가는 데 필요로 하는 기초지식 습득을 위한 근대교육제도의 정착, 성역할의 분화 등이 수반됨으로써 자본주의라는 새로운 경제제도가 정착되었다. 즉, 생산력의 증대 및 산업화, 도시화, 핵가족화를 급진전시켰다. 산업혁명으로 인해 토지로부터 자유로워진 농민들은 이제 자신과 가족의 생계를 위하여 자신의 노동력을 생계수단으로 삼아 도시로 몰려들게 되었다. 그러나 과잉인구로 말미암아 많은 사람을 수용하지 못하는 한계로 인해 도시빈민의 확산과 도시빈민지역을 발생시켜 온갖 범죄와 사회문제를 증폭시키는 결과를 초래하였다.

프랑스 대혁명(French Revolution)

그동안 프랑스 사회를 지배해 왔던 절대왕정인 앙시앵 레짐(Ancien Regime, 구 제도)은 인구의 대다수를 차지하고 있던 평민들의 불만을 증폭시켰다. 부르봉왕가의 전제(주의), 지배계급의 탐욕과 부패, 과다한 조세부담에 불만과 분노가 누적되었던 이들은 마침내 1789년에 자유·평등·박애를 외치며 파리의 콩코드광장에서 봉기를 일으켰다(바스티유 감옥을 습격). 이를 프랑스 대혁명이라고 하는데, 정치혁명이라고 할 수 있는 프랑스 대혁명은 그간의 봉건적 사회질서를 해체한 세계 최초의 시민혁명이자 사회혁명이었다. 이 혁명을 통해 세습적 군주제(왕권선수설)를 전복시키는 한편, 공화정을 만들어 국민이 대표를 선출하는 의회제도를 도입하였고, 근대 민주주의제도와 시민권을 토대로 현대적 국민국가로 발전하기 시작하였다.

그동안 무소불위의 권력을 휘두르던 절대왕정의 권력하에서 노예처럼 살았던 대다수의 사람은 이 혁명으로 모두 법 앞의 평등을 향유하게 되었다. 프랑스 대혁명으로 인해 인간은 인간으로서 최소한의 존엄한 권리를 보장받기 시작하였다.

그러나 이 혁명이 성공하기 오래전부터 상품의 생산과 판매로 부를 축적해 왔던 상공인, 즉 길드계급은 점점 경제적으로 세력이 확대되는 과정에 있었다. 이에 따라 왕이나 귀족계급은 그동안의 후원과 앞으로의 지속적인 도움을 얻기 위하여 이들을 사제(성직자), 귀족계급 다음인 제3의 신분으로 격상시켰다. 그로 인해 이들은 인격적 자유와 자유로운 경제활동을 보장받는 지배계급인 부르주아지(Bourgeoisie) 계급으로 신분이 상승되었다. 그러나 여전히 봉건주의 제도가 자유로운 경제활동과 부의 축적을 제약하고 방해하였다. 이에 불만을 느낀 부르주아지 계급들이 절대왕정을 타파하기 위하여 임노동자 계급과 결탁하여 성공한 혁명이 프랑스 대혁명이다.

그러나 시간이 흐르면서 이들의 본원적 속성이 다른, 즉 출신 성분이 근본적으로 다른 상인계급인 부르주아지 계급은 새로운 지배계급으로, 임노동자 계급인 프롤레타리아(Proletariat) 계급은 새로운 피지배계급으로 갈라졌다. 결과적으로 이들 간의 갈등, 즉 양자 간의 대립이 1850년대 유럽 사회의 가장 큰 사회갈등으로 비화·확대되었으며, 이것이 유럽 사회의 거대한 정치·사회적 변동을 초래하였다.

다시 정리하면, 신의 사슬에서 풀려난 인간의 이성은 시민혁명과 산업혁명과 같은 대변혁을 통해 근대사회를 성립시켰다. 정치경제적으로 인류사회의 면모를 바꾼 양대 혁명은 생산력의 증대와 법 앞의 평등으로 말미암아 인간에게 무한한 희망을 불어넣어 줌은 물론, 무한한 자유와 자율성을 갖게 하였지만, 다른 한편으로 혼란과 무질서, 빈곤과 사회적 갈등이라는 암울한 결과를 초래하였다. 이러한 혼란스러운 상황 속에서 사회과학적 인식이 절대적으로 요구되는 상황에 이르렀다. 따라서 양대 혁명의 결과로 정착된 근대 자본주의 사회에 대한 성찰의 시도로 사회학이라고 하는 학문이 새로이 출현하게 되었다.

이와 같이 사회학은 서구 사회가 과거 사회의 특징적 형태, 즉 봉건제 사회에서 벗어나 산업적 사회질서로 이행하는 변동기에 태동하였다. 이렇게 성립된 사회학은 급변하는 사회와 세계를 연구하는 데 있어서 사회현상 분석의 중요한 대상이 되어 왔다. 사회변동의 속도는 계속해서 빨라졌고, 이제 우리는 18세기와 19세기의 그것에 못지않을 만큼 심오하고 원대한 변동의 문턱에 서 있다. 사회의 변화에 따른 인간들의 복잡다양한 상호적 행동을 통하여, 과거에 일어난 변동을 재구성하고 현재 일어나고 있는 변동의 주된 방향을 포착하는 것을 사회학의 핵심적인 사명으로 인식하게 되었다.

3 사회학은 어떤 학문인가

사회학의 아버지이자 실증사회학의 창시자인 오귀스트 콩트(Auguste Comte)에 의해 시작된 사회학은, 전근대사회가 붕괴되고 근대 자본주의 사회로 이행하는 과정에서 근대사회가 던져 준 충격을 성찰하고자 인간들의 삶의 질을 저하시키는 문제들을 체계적으로 연구하고 극복하기 위해 생겨났다.

종교적 권력과 신을 빌미로 한 세속적 권력에서 벗어난, 즉 신의 사슬에서 풀려난 인간들은 양대 혁명으로 인해 물질적 풍요와 무한한 자유와 평등을 향유하였다. 그러나 프랑스 대혁명이 성공한 이후 프랑스 사회는 약 40~50년간 왕당파와 혁명파 간의 끊임없는 정쟁과 갈등으로 인한 사회적 혼란이 극심하였다. 또한 이 당시 유럽 사회는 사회주의 사상의 대두와 프롤레타리아 계급의 호전적인 노동운동 전개로 극심한 사회적 혼란과 갈등, 무질서를 겪었으며 빈곤, 실업, 범죄, 알코올 중독 등과 같은 사회문제들이 폭증하고 있는 상황이었다.

이러한 배경에서 태동된 사회학은 두 사람 이상의 인간관계를 연구하는 학문으로 무리 짓고 집단을 이루며 사는 인간들의 삶을 연구한다. 즉, 사회학은 인간들이 상호작용하며 살아가는 과정에서 일어나는 협동, 경쟁, 갈등을 포함하여, 싸우고, 거래하고, 모방하고, 지배하거나 지배받고, 문화를 발전시키는 등 인간들의 일상적인 삶을 연구하는 학문이라고 할 수 있다.

이처럼 사회학이라는 학문이 사회라는 거대한 틀 속에서 타자들과 상호작용하며 살아가는 인간들의 일상적 행위를 연구한다는 것에서 알 수 있듯이, 인간은 사회적 동물로서 사회에 의해 영향을 받으며 살아가는 존재인 한편, 사회를 능동적으로 개조하거나 변화시키며 살아가는 존재라고 할 수 있다.

사회학은 어떤 학문인가

▶ 구체적이고도 실질적인 학문: 사회학은 비현실적이고 추상적인 지적 분야의 영역을 탐구하는 학문이 아니라(뜬구름 잡는 학문이 아님), 인간들의 행위, 인간들의 삶, 인간들이 모여 이룬 집단 및 그 집단들을 광범위하게 아우르는 사회라는 실체에 대해서 구체적이고도 실질적으로 연구하는 학문이다.

▶ 현실지향적이고도 현실참여적인 학문: 사회학은 인간의 삶의 질 향상에 기여하는 학문으로서, 우리들로 하여금 변화무쌍하게 움직이는 사회적 상황(세상살이)을 좀 더 분명하고 확실하게 이해하도록 해 줌으로써, 보다 나은 삶을 위한 개혁 프로그램을 제대로 수행하도록 해 주는 현실참여적이고도 현실지향적인 학문이라고 할 수 있다.

▶ 복잡 다양하게 움직이는 사회의 변화를 정확히 이해하도록 하게 함은 물론, 더 나아가 더 큰 세상을 바라보게 하는 학문: 사회학을 배운다는 것은 우리가 몸담고 사는 사회에 대한 올바른 지식을 습득하는 과정만이 아니라, 그것을 넘어서 더 큰 맥락에서 인간의 행동이나 사물, 사회현상을 더 자세하게 바라볼 수 있게 한다. 예를 들어, 인간과 자본이 국경 없이 넘나드는 세계화와 같은 현상, 즉 인간 사회에서 일어나는 크나큰 변화를 이해하도록 함은 물론, 그에 따라 움직이는 인간들의 다양한 삶과 행위를 이해하게 하는 학문이다.

▶ 우리 자신의 행동의 본질을 탐구하게 함은 물론, 타자의 행동에 대해서도 탐구하게 하는 학문: 사회학은 우리 자신의 행동에 대해 보다 깊이 있게 연구하는 학문이면서, 우리와 다른 사람들의 삶에 영향을 미치는 것들에 대해 좀 더 주의 깊게 바라보게 하는 학문이다. 즉, 사회학적 사고와 연구를 통해 우리들의 삶의 질 향상을 위해 전개되는 다양하고도 복잡한 정책들이 대다수 인간들의 삶과 동떨어

지거나 괴리될 때, 이를 비판하거나 올바른 방향으로 가도록 해 주는 학문이다.

▶ 우리 자신의 사회적 행동을 탐구하게 하는 학문: 사회학은 사회적 존재인 우리 자신들의 사회적 행위를 탐구하는 것으로, 거리를 스쳐 지나가는 사람들에 대해 탐구함은 물론, 거시적 차원에서 일어나는 사회적 현상이나 흐름, 이데올로기(자본주의, 사회주의, 보수주의, 신자유주의 등)를 탐구하도록 한다. 예컨대, 사소한 인간들의 행위, 즉 습관이나 취향, 유행(패션) 등에서부터 보다 큰 차원의 세계화현상이나, 더 나아가 인간들이 추구하는 가치나 이념, 사상 등과 같은 것들에 대해서도 연구한다. 다시 말하면, 사회학은 요즘 유행하고 있는 것에서부터 그때그때 시대적 요청에 의해 등장하는 다양한 사회현상이나 새로운 관점의 이데올로기까지도 연구대상으로 하는 학문이다.

▶ 우리의 사회적 상황을 잘 이해하도록 자아통찰력을 증대시키는 학문: 사회학은 인간 사회에서 일어나는 큰 변화를 이해하게 함은 물론, 주어진 사회적 상황을 더 잘 이해하도록 한다. 사회학이라는 학문연구를 통하여 우리의 사회적 상황을 나름대로 잘 꿰뚫어 볼 수 있게 하는 능력(안목, 직관력, 예지력, 복안력 등)도 함양시키는 학문이다. 또한 그것은 우리 자신들의 삶의 조건이나 상황을 변화(개선)시킬 수 있는 기회를 높이도록 자아를 계몽시키는 학문이라고 할 수 있다.

▶ 고도의 통찰력을 갖게 하는 학문: 사회학적 연구는 우리들로 하여금 사회제도의 움직임과 변화에 대해 고도의 통찰력을 제공한다. 사회가 어떻게 변화되고, 그 변화의 원인은 무엇이고, 어떠한 과정(경로)을 겪을 것이고, 어떤 결과를 가져오고, 거기에 수반되는 문제점은 무엇이며, 그것을 어떻게 해결할 것인가에 대한 안목을 갖게 한다. 예컨대, 지금 한국 사회에서 가장 큰 이슈로 등장한 고령화 현상에 대해서 그 변화의 원인은 무엇이며, 앞으로 어떻게 전개(진행)될 것인가, 앞으로 어떤 문제를 제기할 것인가, 그에 대한 대책은 무엇이 되어야 할 것인가 등에 대한 통찰력을 갖게 하는 학문이다.

▶ 우리의 삶이 과거의 역사적 힘(요인들)에 의해서도 영향받고 있음은 물론, 현재의 사회적 경험과 밀접하게 관계되어 있음을 알게 하는 학문: 사회학은 우리의 삶에서 당

연하다고 받아들이는 것들이 실은 역사적 유산들(역사 안의 어떠한 것도 과거와 관련되지 않는 것이 없다), 즉 인간의 개인적·집단적 의식의 결과들에 의해 강력하게 영향받고 있음을 이해하게 해 줌은 물론, 우리 개개인들의 삶이 과거가 전수해 준 선입견, 언어, 습관, 태도 등과 같은 사회적 경험(사회적 영향력)에 의해 밀접하게 영향받는 실존적 삶이라는 사실을 인식시켜 주는 학문이다. 역사 철학자 카(E. H. Carr)가 "역사는 과거와 현재의 끊임없는 대화(과거 없는 현재 없다)."라고 언급했듯이 말이다.

▶ 인간을 이해하는 것은 물론, 가능한 미래를 예측할 수 있도록 사회학적 상상력을 갖게 하는 학문: 사회학은 인간들로 하여금 사회학적으로 사고하는 방법을 배우게 함으로써, 우리에게 열려 있는 앞으로의 미래가 어떨 것인가를 탐구하도록, 즉 사회학적 상상력을 갖도록 하는 학문이라고 할 수 있다. 그것은 인간들이 사는 세상, 사물, 인간행동 및 사회현상을 폭넓게 이해하게 하고 예측할 수 있게 하는 능력을 은연중에 함양해 준다. 즉, 사회가 전반적으로 어떻게 돌아가고 있으며, 앞으로 어찌어찌 변화될 것이라는 전망까지도 제시하는 학문이라 할 수 있다. 예컨대, 현재 한국 사회의 큰 고민거리 중의 하나인 저출산이라는 사회현상에 대해서 살펴보면, 저출산의 가장 큰 원인은 무엇이며, 그것이 앞으로 어떻게 전개될 것인지, 그 현상이 앞으로 어떤 문제를 일으킬 것이며, 그에 대한 대책은 무엇이 될 것인가에 대한 전반적인 고려를 하게 한다. 또 다른 예로 이혼을 초래하는 부부불화와 같은 문제가 과거에는 일부 개개인의 문제였지만, 오늘날 한국 사회에서 결혼하는 10쌍 중에 3쌍 정도가 이혼하는 것을 볼 때, 가정 해체, 자녀양육, 빈곤 등과 같은 복합적인 문제를 일으키는 커다란 사회문제로서 개인적 차원의 영역을 넘어서 국가적 차원의 사회적 대책이 필요함을 이해하게 하는 학문이라고 할 수 있다.

▶ 사회학적 상상력을 통해 인간사회에서 일어나는 더 큰 문제를 이해하게 하는 학문: 사회학적 사고와 연구는 개인들에게만 관련된 것처럼 보이는 많은 사건이 더 큰 문제를 반영하며 시사하고 있음을 이해하게 한다. 사람들은 자신에게 일어나

는 일들이 어떤 과정을 거쳐 더 큰 사회적 맥락과 연결되는지 알지 못한 채 자신의 삶을 살아간다. 실업자가 되거나 사업실패로 집을 잃거나 빚을 진 채 죽음을 맞이하는 등 개인이 겪는 모든 문제가 개인과 관련됐을 뿐, 사회 전체와 관련되거나 거시적인 역사적 힘과 관련되어 있음을 모른다. 사회학은 이러한 일련의 문제들이 개인과 개인, 개인과 사회, 개인과 사회구조, 개인과 세계(역사) 사이에서 벌어지는 상호작용의 결과나 산물이라는 것을 이해하게 해 주는 학문이라고 할 수 있다. 즉, 개인적 차원의 영역을 넘어서 공적 차원의 국가적인 대책이 필요함을 인식하게 해 주는 학문이다.

▶ 문화적 민주주의 및 문화의 다양성을 이해하게 하는 학문: 사회학적 연구를 통해 다양한 문화적 관점에서 사회를 바라볼 수 있게 한다. 사회학적 연구를 통해 기존 사회의 산물이라고 할 수 있는 문화를 발전·계승하도록 함은 물론, 문화적 감수성을 높여 새로운 문화를 창조하게 한다. 또한 사회학적 연구를 통해 다른 사회나 다른 집단의 문화를 이해하도록 함과 동시에 다른 사회의 문화를 인정하게 한다. 즉, 편견과 차별, 무시를 고착화해 왔던 자민족중심주의(Ethnocentrism)나 문화제국주의(Cultural Imperialism)적 시각에서 벗어나게 하여 궁극적으로 문화상대주의(Cultural Relativism) 입장에서 문화보편주의, 문화의 다양성을 인정하게 함은 물론, 다문화사회를 인정하도록 해 주는 학문이라고 할 수 있다.

▶ 자아계몽(self enlightment)과정이자 자아탐구과정을 제공하는 학문: 사회학을 공부한다는 것은 인간들로 하여금 자신의 삶에 영향을 미치는 삶의 조건들이나 요소들에 휘둘리지 않고 스스로 이를 개선하고 제어할 수 있는 능력을 제공하는 자아계몽과정이자 자아탐구과정이라 할 수 있다. 즉, 왜 우리가 이와 같이 행동하고 있는지에 대해서, 우리 사회의 전체적인 움직임에 대해서 더 잘 알 수 있도록 해 주는 학문이라 할 수 있다. 그것은 인간 자신의 행동의 원천, 즉 자신이 이미 알고 있던 지식이나 배움에 대해 새로운 관점이나 전망을 열게 해 준다. 예를 들어, 자아계몽이 이루어진 개인이나 집단은 정부가 시행하는 정책에 대

3. 사회학은 어떤 학문인가

해서 효율적으로 대응할 수 있게 하거나, 자신들이 주도하는 정책을 만들어 나
갈 수 있게 하는 학문이라고 할 수 있다. 즉, 인간다운 사회, 합리적인 사회, 이
성적으로 굴러가는 사회를 이루어 나갈 수 있게 하는 학문이다.

▶ 세상을 폭넓게 이해하도록 포용력을 갖게 하는 학문: 사회학은 우리로 하여금 세상
을 폭넓게 이해하도록 끌어 안는 능력을 갖게 하여 사회를 열린 마음으로 보게
함은 물론, 자유로운 사고를 하게 하고 더 나아가 좁은 시각에서 벗어나 세상
이치나 순리에 맞도록 거스르지 않으면서 보다 자유롭게 살 수 있게 하는 학문
이라고 할 수 있다.

▶ 독단(dogma), 즉 독선, 비이성, 비합리, 궤변, 아집 등에서 벗어나게 하는 학문: 사회학
은 편협한 종교적 이데올로기나 특정 이데올로기, 사상이나 위선적 주장을 자
기 편리한 대로 외곬으로, 무비판적으로 해석하고 추종·맹신하는 것을 배격
하도록 하게 하는 학문이라고 할 수 있다. 그것은 결국 우리들로 하여금 비합리
적, 비이성적, 위선적, 교조적, 독선적 행위에 대해 비판하게 하거나 저항하게
한다. 즉, 사회학은 편견, 주술, 미신, 마술, 궤변 등을 토대로 한 주장이나 독선
에 대항케 하거나 올바르게 고쳐지도록 하는 학문이라고 할 수 있다.

▶ 사회문제의 연구·분석 및 치유·예방케 하는 학문: 원래 사회학이라는 학문은 우
리가 몸 담고 살아갈 수밖에 없는 사회에 만연하는 사회문제를 체계적으로 연
구하고 분석하기 위해서 존재해 왔음은 물론, 이를 치유하고 예방하도록 하기
위해 존재해 왔다고 할 수 있다. 이와 같이 사회학이라는 학문의 발전이 사회
문제를 규명하려는 활동에서 비롯되었다는 것에서 알 수 있듯이, 사회학은 인
간들이 살아가면서 접하게 되는 삶의 질 저하와 같은 모순적 상황, 비인간적 상
황, 비극적 상황 등을 해결하기 위해, 즉 보다 살기 좋은 사회, 행복한 사회, 바
람직한 사회를 만들기 위해 형성된 학문이라고 할 수 있다.

▶ 사회에 항존하는 불평등, 부정의, 부조리 등을 완화 또는 해결하기 위해 존재하는 학
문: 사회학은 현재 만연하는 사회불평등, 부정의, 부조리는 물론, 수십만, 수백
만의 고통받는 사람들에 대해 많은 관심을 갖고 있는 학문이다. 더 나아가 사회

학은 제3세계와 같은 저개발국가의 사람들의 삶에도 많은 관심을 갖는다. 생계 유지 차원에서 볼 때, 우리의 삶은 제3세계에 의존하는 경향이 높기 때문에 그들의 삶이 어떠한가를 이해하고 그들의 삶의 질 향상을 위해서는 무엇을 하여야 하는가를 고민하게 한다. 즉, 사회학은 공존, 공생, 공영적 삶을 이루기 위해 노력하는 학문이다. 예컨대, 제3세계 지역에서 재배되는 커피, 설탕 등과 관련지어 볼 때, 선진국의 대규모 자본에 의해 행해지는 공정무역상의 문제, 저임금 노동착취나 아동 노동착취, 인권유린, 환경오염에 대해 결코 무관심해서는 안 된다는 것을 각성시키는 학문이기도 하다.

▶ 열린 마음을 갖게 함은 물론, 편견을 극복하게 하는 학문: 사회학은 우리에게 편견이나 선입견에서 벗어나 사회현상을 객관적으로, 개방적인 자세로 보도록 열린 마음을 갖게 만드는 학문이다. 결국 사회학이라는 학문은 편견이나 선입견에서 벗어나 성, 연령, 인종, 지역, 종교, 빈부, 직업에 관계없이 인간을 존중하는 자세, 즉 열린 마음으로 공평무사하게 세상을 보도록 노력하게 하는 학문이라고 할 수 있다.

여기서 영국의 사회이론가이자 정치학자로 『제3의 길』의 저자인 앤서니 기든스(A. Giddens)가 그의 책 『현대사회학』(2011)에서 언급한 내용과 그와 관련된 내용을 살펴보도록 하자. 아마도 우리가 배우는 사회학을 이해하는 데 도움이 될 것이다.

한 잔의 커피[6]는 일상적 사회행위의 한 부분으로서, 하루를 시작하는 중요한 첫

---

6) 6~7세기경 에티오피아의 목동에 의해 처음 발견된 커피는 9세기 무렵 아라비아반도로 전해진 후, 아랍세계에서 널리 재배되면서 대중화된 음료로서 자리 잡았다. 이러한 커피는 이교도인 이슬람교도들이 즐겨마신다는 이유로 사탄의 음료라고 폄하되고 금기시되다가 17세기 초에야 유럽 전역으로 전파되었지만, 지금까지도 우리의 삶과 떨어지려야 떨어질 수 없을 정도로 중독성이 강하면서 고흡스럽고 향기 그윽한 음료라고 할 수 있다. 커피는 친구나 연인과의 대화는 물론, 세상의 온갖 사물이나 사회현상, 문학, 예술, 이념 등에 대해서 대화하고 토론하는, 사색하는 장의 중심에 있어 왔다. 이러한 커피는 교황 클레멘트 8세(Pope Clement VIII)에 의해 세례까지 받았는바, 유럽에서는 1615년에 정식으로 수입되면서 수많은 애호가를 확보했다. 그 결과, 유럽 곳곳에 커피하우스들이 문을 열기 시작하였다. 초기 손님들 대부분은 화가, 음악가 등

단계이자 사회적 관계의 시작이라고 할 수 있다. 머리를 각성 상태로 만들어 생각을 하게끔 하는 이성의 음료인 커피는, 이성을 마비시키고 숨겨진 욕망과 감정을 드러내게 만드는 감성의 음료인 알코올이나 마리화나와는 엄연히 다르지만, 두뇌를 자극하는 카페인을 함유한 공인되지 않은 마약이라고 할 수 있다. 또한 커피는 그것을 애호하는 사람들에 의해서 인류의 역사발전과 정신세계의 발달 및 문화 발달에 깊은 영향력을 미쳐 온바, 사회적·문화적·정치적·예술적 측면과 깊이 관련되어 있다. 왜냐하면 커피는 정치와 사상(철학), 예술(음악, 그림 등), 문학(시, 소설) 등과 깊이 관련되어 있기 때문이다. 또한 커피를 마시는 사람들은 전 세계로 뻗어 있는 복잡한 정치경제적 틀 속에 연루되어 있음을 알 수 있다. 왜냐하면 커피는 차, 바나나, 감자, 설탕과 같이 제국주의, 식민지 유산과 밀접히 관련되어 있기 때문이다.

　이뿐만 아니라 공정무역(fair trade)[7]과 관련하여 커피는 세계화, 국제적 무역, 인권과 환경오염에 대한 논쟁의 중심에 있다. 특히 커피는 재배(경작)되는 과정에서 강제 노동을 비롯하여 저임금 노동, 아동 노동 등과도 밀접히 관련되어 있다. 또한 커피는 마시는 취향과 관련하여 생활양식과도 밀접히 연관되어 있다. 예를 들면, 사람마다 취향에 따라 설탕과 크림이 찐득하게 들어간 인스턴트 커피나 블랙커피(드립커피, 추출커피)를 마시거나, 특정 지역에서 생산되는 커피만을 한정해 마시는 경우를 말할 수 있다.

　아무튼 사회학이라는 학문은 다른 모든 학문과 마찬가지지만, 인간의 삶의 질 향

예술인들이었으나, 이후 근대사상이 꽃피고 혁명의 시대에 들어서면서 사상가(철학자), 정치가, 문학가들로 확대되어 나갔다. 그들은 밤이 이슥하도록 커피 향기가 가득한 커피하우스에 모여 앉아 현실을 비판하거나 새로운 이상을 구현했고, 혁명을 모의하기도 했던 역사를 갖고 있다. 유럽 최초의 커피하우스는 1645년에 이탈리아의 베네치아에서 문을 열었으며, 영국에서는 커피하우스가 1650년쯤에 유서 깊은 대학도시 옥스퍼드에서 탄생되었다. 카페의 나라, 커피의 나라 프랑스에서는 루이 14세에 의해 커피가 보급되었다고 하며, 17세기 중반 이후부터 카페가 등장하게 되어 지금까지 문학가, 사상가들의 집합장소이자 화가와 예술가들이 모이는 문화센터 역할을 하여 왔다고 한다(가와기타 미노루, 2003; 하인리히 E. 야콥, 2005).
7) 공정무역은 아시아, 아프리카, 라틴아메리카 등 개발도상국 생산자(커피, 차, 초콜릿 등)들에게 정당한 대가를 지불함으로써 그들의 경제적 자립과 지속가능한 발전을 지원하기 위한 무역형태를 의미한다.

상을 위해서 노력하는 학문이며 현실과 밀접히 관련된 현실지향적 학문이다. 그러나 일상생활이 요구하는 해답과 해결책을 즉각 제공하기보다는 전문적이고 깊이 있는 연구를 통해 보다 신빙성 있는 지식을 중장기적으로 제시하는 학문이라고 할 수 있다. 즉, 현실이 요구하는 해답을 즉시 마련하기 위하여 노력하기는 하나, 좀 더 시간을 두고 깊이 있는 연구를 통하여 보다 신빙성 있고 합리적인 유익한 대안을 제시하는 학문이라고 할 수 있다.

> 오 커피여! 그대는 모든 근심을 쫓아 주고, 학자들은 그대를 탐하여 마지않는다. 그대는 신과 벗하는 이들의 음료이니. (1511년 아라비아의 시 '커피찬미')

> (왜 남자들은) 시커멓고 탁하고 맛도 고약하고 쓴 데다 냄새도 불쾌한 흙탕물 같은 그런 걸 끓이느라 시간을 낭비하고 돈을 허비한단 말인가? (1674년 '커피에 반대하는 여성들의 탄원')

출처: 문화일보(2013. 11. 29.).

부록

산업혁명(1차, 2차, 3차, 4차)

독일의 철학자 헤겔(Hegel)은 일정 수준의 양적 변화가 누적되면, 어느 순간 질적 변화가 이루어지면서 기존과는 전혀 다른 형태의 발전이 이루어진다고 주장했다. 중세 봉건제하에서 토지를 중심으로 농목업과 가내수공업이 주를 이루던 전근대 사회가 증기기관의 발명과 같은 질적 변화로 인해, 공장제 기계공업과 대량생산이 보편화되는 공업 사회를 열었다. 즉, 기계화에 의해 산업혁명의 시대가 열리게 되었으며, 그로 인해 산업혁명은 지금까지 총 4단계에 이르게 되었다. 오랜 인류역사 이래 18세기부터 현재까지 약 300년의 시간 동안 인류에게는 네 번의 급진적인 질적 변화가 일어나 오늘에 이르고 있다.

● 1차 산업혁명

먼저 1차 산업혁명은 18세기 후반 영국의 증기기관 발명으로부터 시작되었다. 당시 유럽의 중요한 산업 중 하나가 가내수공업에 의한 면직물공업이었는데, 증기기관을 이용하여 직물을 짜는 방적기술을 개발하여 생산성을 높이게 되었다. 또한 증기기관은 근대화를 촉진한 철도(기차)와 배에도 사용되면서 대량생산된 재화(물자)를 빠르게 이동시켜 국가 간 물류 및 교역(무역)을 활성화하였다. 1차 산업혁명 이후 대량생산을 위한 공장이 건설·가동되고 임금노동자들이 도시로 몰려들게 되면서 근대화가 가속화되었다.

● 2차 산업혁명

2차 산업혁명은 석유와 전기의 사용으로 시작되었다. 석유를 활용한 다양한 생활필수품이 등장했고 19세기 후반 이후 석유를 연료로 한 내연기관(자동차나 트럭

등)은 증기기관을 대체하며 이동의 효율성을 제고했다. 또한 공장에 공급되는 전기는 제조업을 중심으로 생산성을 획기적으로 향상시키는 데 기여하였다. 특히 포디즘이나 테일러리즘은 자동차의 대량생산을 가능하게 하여 비용을 낮추었고 이로써 자동차수요가 폭발적으로 증가하였다.

● 3차 산업혁명

3차 산업혁명은 20세기 후반 컴퓨터를 활용한 정보화시스템이 확산되면서 전개되었다. 특히 인터넷기반의 정보통신기술, 즉 초고속 광통신망의 보급으로 전 세계를 하나의 가상공간 안에 연결하면서 세계화(지구촌)라는 새로운 형태의 네트워크를 형성시켰다. 미국의 사회비평가로서 신기술의 발달로 중산층이 사라지고 부자와 빈곤층이 늘어날 것이라는 전망을 했으며, 기계가 노동자를 대체하는 블루칼라의 종말에 대해 다룬『노동의 종말』을 쓰고, 3차 산업혁명이라는 말을 처음 언급한 제레미 리프킨(J. Rifkin)은 인류가 더 광범위하면서도 더 빠르게 거침없이 수평적 커뮤니케이션을 할 수 있게 된 것은 인터넷이 있었기에 가능했다고 말한다.

● 4차 산업혁명

한편, 3차 산업혁명을 기반으로 조성된 4차 산업혁명은 혁신적인 신기술이 결합된 변화와 관련된다. 특히 4차 산업혁명의 핵심자원 중 하나인 IT산업(정보통신산업)은 '21세기의 원유'로 비유될 만큼 그 중요성이 부각되고 있다. 4차 산업혁명의 시작은 독일의 인더스트리 4.0에서 시작된 것으로 알려진바, 제조산업이 발달한 독일이 정보통신(ICT)기술을 융합해, 생산성과 효율성을 극대화하는 스마트팩토리로의 전환을 추구한 것이 계기라고 알려진다. 즉, 4차 산업혁명은 기존의 단순프로그래밍된 수동적인 전자기기들이 실시간으로 데이터를 주고 받으며, 인공지능(AI)의 분석을 통해 개인에 맞는 최적화된 해결책을 찾아내는 등 능동적인 기능이 강조되는 방향으로 변화되었다. 4차 산업혁명을 대표하는 핵심기술은 캄테크(Calm-Tech; 소리 없이 정보를 모으며 이를 분석해서 인간에게 편리한 정보를 제공하는 기술-현관 센서 등, 유통기한과 부족한 식재료를 주문하는 냉장고 등), 즉 사물인터넷(IoT), 인공지능(AI), 가상현실(VR), 증강현실(AR), 빅데이터, 3D 프린팅, 자율주행차 등이다. 즉, 4차 산업혁명 시대에 있어 초연결화는 사람, 사물, 공간 등 모든 것이 인터넷으로 연결되며 그 데이터가 생성, 수집, 공유되며 새로운 정보로 활용되는 상황을 의미한다. 초연결화를 통해 얻게 된 빅데이터는 기계학습 등을 통해 초지능화 부문까지 그 활용영역을 넓힐 수 있게 되었다. 예컨대, 초지능화된 인공지능(AI)이 고객의 전화를 받아, 영화나 식당 예약을 처리하거나, 제시된 주제에 대해 글이나 (연구)논문을 작성하거나, 금융활동 데이터 분석을 통해 개인 맞춤형 상품을 추천하는 등으로 우리의 일상으로 하나씩 자리잡고 있는 것이 4차 산업혁명이라고 할 수 있다.

(이현식, 최현진, 2021, 『1일 1페이지 부자수업』 참조)

참고문헌

가와기타 미노루(2003). 설탕의 세계사(장미화 역). 좋은 책 만들기.

구정화 외(2023). 고등학교 사회·문화. 지학사.

김문조 외(2015). 오늘의 사회이론가들. 한울아카데미.

김승식(2010). 공정한 사회란? 고래실

김태진, 백승후(2015). 아트 인문학 여행. 카시오페아.

김호기(2014). 예술로 만난 사회. 돌베개.

다나 카플란, 에바 일루즈(2022). 섹스 자본이란 무엇인가(박형신 역). 한울아카데미.

랠프 페브르, 앵거스 밴크로프트(2013). 스무살의 사회학(이가람 역). 한울.

리처드 호프스태터(1963). 미국의 반지성주의(유강은 역). 교유서가.

미야모토 고우지, 키미즈카 히로사토, 모리시타 신야(2004). 삐딱이로의 초대(양인실 역). 모멘토.

민경배(2016). 처음 만나는 사회학. 다른길.

민혜련(2013). 르네상스. 인문서재.

볼프강 쉬벨부시(1999). 철도여행의 역사(박진희 역). 궁리.

비판사회학회(2012). 사회학. 한울아카데미.

송선수(2011). 사람의 역사, 기술의 역사. 부산대학교출판부.

스테판 G. 메스트로비치(2014). 탈감정사회(박형신 역). 한울아카데미.

스튜어트 리 앨런(2011). 커피견문록(이창신 역). 이마고.

스티븐 핑거(2012). 하버드 교양 강의(이창신 역). 김영사.

신형민 외(2023). 고등학교 사회·문화. 비상교육.

앤서니 기든스(2011). 현대사회학(김미숙 외 역). 을유문화사.

앤서니 기든스, 필립 W. 서튼(2015). 사회학의 핵심개념들(김봉석 역). 동녘.

야코프 부르크하르트(2003). 이탈리아 르네상스의 문화(이기숙 역). 한길사.

양춘, 박상태, 석현호(2003). 현대사회학. 민영사.

에른스트 H. 곰브리치(2019). 곰브리치 세계사(박민수 역). 비룡소.

에릭 홀트-히메네스(2021). 우리는 세계를 파괴하지 않고 세계를 먹여 살릴 수 있는가(박형신 역). 한울아카데미.

우치다 다쓰루 엮음(2016). 반지성주의를 말하다(김경원 역). 이마.

윌리엄 로젠(2011). 역사를 만든 위대한 아이디어(엄자현 역). 21세기북스.

이경덕(2013). 어느 외계인의 인류학. 사계절.

이철우(2017). 현대사회문제. 학지사.

이현식, 최현진(2021). 1일 1페이지 부자수업. 지식노마드.

장대익(2016). 인간에 대하여 과학이 말해준 것들. 바다출판사.

장석주(2012). 일상의 인문학. 민음사.

장정일(2014). 빌린 책 산 책 버린 책. 마티.

잭 런던(2009). 강철군화(곽영미 역). 궁리출판.

주현성(2013). 지금 시작하는 인문학 1. 더 좋은 책.

지그문트 바우만(2009). 액체근대(이일수 역). 강.

최병권, 이정옥, 최영주 엮음(2006). 세계의 교양을 읽는다. 휴머니스트.

최진기(2013). 인문의 바다에 빠져라. 스마트북스.

크리스토퍼 소프 외(2015). 사회학의 책 THE SOCIOLOGY BOOK(이시은 외 공역). 지식갤러리.

피터 L. 버어거(1982). 사회학에의 초대(한완상 역). 현대사상사.

피터 버크(2017). 지식의 사회사(박광식 역). 민음사.

하상복(2014). 푸코 & 하버마스 광기의 시대, 소통의 이성. 김영사.

하워드 S. 베커(1999). 사회과학자의 글쓰기(이성용, 이철우 역). 일신사.

하인리히 E. 야콥(2005). 커피의 역사(박은영 역). 우물이 있는 집.

한국산업사회학회 엮음(2004; 2010). 사회학. 한울아카데미.

한스 페터 헤네카(2016). 사회학의 기본(이철, 박한경 공역). 이론출판.

허웅 편저(2023). EBS 독학사 사회학개론. 신지원.

宮島喬編(2002). 現代社會學. 有斐閣.

Berger, P. L. (1963). *Invitation to Sociology*. Doubleday & Company Inc.

Bottomore, T. B. (1971). *Sociology: Guide to Problems and Literature*. George Allen & Unwin Ltd.

Broom, L., & Selznick, P. (1973). *Sociology: A Text with Adapted Readings* (5th ed.).

Harper and Row.

Gouldner, A. (1970). *The Comming of Crisis of Western Sociology*. Basic Books.

Horton, P. B., & Hunt, C. L. (1972). *Sociology*. McGraw-Hill.

Inkeles, A. (1964). *What Is Sociology? An Introduction to the Discipline and Profession*. Englewood Cliffs. Prentice-Hall.

Macionis, J. J. (2005). *Sociology*. Pearson Prentice Hall.

Mills, C. W. (1959). *Sociological Imagination*. Oxford University Press.

Ritzer, G. (1983). *Contemporary Sociological Theory*. Alfred Knopf Inc.

문화일보(2013. 11. 29.). 커피, '神들의 음료'인가 '악마의 마약'인가.

동아일보(2013. 7. 6.). 「인문사회」깨어나라, 단결하라, 판 바꿔라, 1910년대 '자본주의 체제의 피라미드'라는 서구 노동계의 포스터.

02 사회과학이자 경험과학으로서의 사회학

INVITATION TO NEW SOCIOLOGY (7TH ED.)

사회학이라는 학문은 연구자의 관점에 따라 인간들이 몸담고 살고 있는 사회를 중시하는 입장이 있는가 하면, 사회를 구성하고 있으며 이를 이끌어 가는 개개인을 중시하는 입장이 있다. 우리는 사회가 우선이라는 전자를 사회실재론이라고 하고, 개인이 우선이라는 후자를 사회명목론이라고 한다.

사회실재론은 사회는 실제로 존재하는 것으로 인간들의 개별적 행위나 본성을 중시하기보다는 인간 개개인 밖에 존재하는 사회구조나 사회제도에 주목한다. 사회실재론은 사회구성원으로서 개인의 존재를 부정하지 않지만, 사회 그 자체는 개인의 특성과는 무관한 독자적이고도 고유한 실체라고 본다. 이 입장에 충실했던 뒤르켐에 의하면, 사회는 개인들이 뭉쳐 있는 집합체로서의 총합이 아니라 그것을 초월하는 어떤 것, 즉 개인들을 한 덩어리로 묶어 주는 겉으로 드러나지 않는 어떤 것이라고 한다. 그는 이것을 집합심성(collective mind) 또는 연대의식이라고 언급하였다. 사회실재론적 입장은 거시적인 차원에서 사회구조, 사회체계, 사회제도를 연구하는 구조기능주의이론이나 갈등이론과 깊은 관련을 맺는다.

사회명목론은 사회는 이름만 있을 뿐 고유한 실체가 없는 것으로 개인들의 단순한 집합체에 불과하다고 본다. 즉, 사회명목론에서는 사회란 단순히 개인들이 모여 이루어진 덩어리이자 고유한 실체가 없는 개인들 간의 상호작용이 축적된 곳으로, 이를 사회학의 연구대상으로 삼지 말아야 한다고 본다. 그러면서 오로지 가변적이고 복잡 미묘한 존재인 개인, 자유의지를 갖고 행동하는 사회의 구성원인 개인들의 본성을 탐구대상으로 삼아야 함을 강조한다. 따라서 사회명목론은 미시적인 차원에서 인간의 행위를 연구하는 상징적 상호작용론, 현상학과 깊은 관련을 맺는다.

한편, 사회학이라는 학문은 인간의 행위, 의식, 사회현상에 대해 연구하는 분야라고 할 수 있다. 따라서 사회학은 사회과학의 한 분야로서 시각이나 청각과 같은 감각기관을 통해 지식을 얻는 경험과학으로 인식된다. 사회학적 지식은 경험과학적 지식이어야 함은 물론, 경험과학적 지식에 바탕을 둔 경험과학이어야 한다. 그러한 경험과학적 지식을 획득하기 위해서는 대상, 즉 사회현상에 대한 관찰 · 비교 · 실험과 같은 과학적 방법으로 접근해야 한다. 사회학의 창시자 콩트가 지식발달 3단계에서 언급했던 것처럼, 과학적 · 실증적 접근방법을 통해 지식을 생산해야 한다는 것과 맥락을 같이한다.

따라서 사실에 근거한 과학적 접근을 통한 과학적 설명은 인간이 한 걸음씩 진보함에 따라 주술, 마술, 원시종교 등과 같은 환상적 관념(설명)이나 비이성적이고 비합리적인 주장, 독선, 궤변과 같은 현실적 관념을 이전보다 잘 분별하게 해 준다. 과학의 발달로 자연현상에 대한 과학적 연구방법이 확립되고 지식이 축적되면서, 과거에 자주 발생했던 재난이나 천재지변에 대한 환상적 설명도, 그로 인한 비극도 더 이상 용납되지 않게 되었다. 마르크스가 자연과학의 발달로 인간은 자연의 강제력으로부터 해방되었다고 하였듯이, 인간은 과학적 연구방법을 통하여 상식, 독단, 궤변, 그릇된 관념, 모순투성이의 이데올로기, 환상적 설명 등이 잘못되었음을 낱낱이 밝혀냈다.

또한 사회학은 인간이 몸담고 살아가는 곳 어디서나 언제든지 존재한다. 즉, 인간과 인간의 모든 관계, 그리고 거기에서 발생하는 모든 것이 사회학의 연구대상이 된다. 예컨대, 연인 사이의 친밀한 대화나 대립, 친구 사이의 우정과 갈등, 의사와 환자의 관계, 근로현장의 협동과 쟁의, 군중들의 집회와 난동, 가정 내 불화나 폭력, 학교의 주입식 교육과 왕따현상, 대중매체의 여론과 악영향, 문화전파에 의한 패션유행, 다문화사회 내에서의 인종차별과 갈등, 인터넷의 발달과 그에 따른 악영향, 원자력 발전에 관한 찬반 견해, 국경을 초월한 경제제도의 변화와 세계화, 공정무역 논의, 사회주의의 몰락, 종교 간의 대립이나 갈등 그리고 전쟁 등 사회학의 연구주제가 되지 않는 것이 없다고 할 수 있다.

1 사회학적 관심

사회학이라는 학문은 연구자의 관점에 따라 한편으로는 사회를 구성하고 이끌어 가는 개개인을 중요시할 수도 있고, 다른 한편으로는 개개인이 몸담고 살고 있는 사회를 중요시할 수도 있다. 따라서 사회학적 관심은 사회보다는 인간 개개인을 더 중요시하는 사회명목론과 인간 개개인보다는 사회를 더 중요시하는 사회실재론으로 나눌 수 있다.

사회명목론(社會名目論, social nominalism)

사회명목론적 입장은 사회는 이름만 있을 뿐 실체는 없는 것으로 개인들의 단순한 집합체에 불과한 것으로 본다. 즉, 사회를 단순히 개인들이 모여 이루어진 덩어리로 보면서, 사회는 고유한 실체가 없는 개인들 간의 상호작용이 축적된 곳으로 보는 입장이다. 이와 같이 사회현상을 분석하는 데 있어 개인의 목표(이익)를 증진해 주는 사회보다 개인들의 행위를 더 중시하는 사회명목론은 인간 개개인을 완전하다고 보는 입장으로, 사회는 단지 외형(껍데기)에 불과하다고 본다. 사회에 대한 참다운 이론은 사회구성원인 개인들의 본성을 탐구하는 것 이외의 다른 방법으로는 이해할 수 없다고 본다.

따라서 사회명목론은 인간집합체인 사회보다는 자유의지를 갖고 행동하는 개인들의 심리적 본성을 연구하는 것이 사회학의 임무라고 생각한다. 결과론적으로 사회명목론적 입장은 대체로 미시이론의 형태로 나타나게 된다. 미시이론은 사회 또는 사회현상을 잘 이해하기 위해서는 자유의지를 갖고 활동하는 개인의 행위를 연구하는 것이 중요하다고 생각하는 입장이다. 사회명목론적 입장의 대표적인 이론으로 상징적 상호작용론, 현상학 등이 있다.

사회실재론(社會實在論, social realism)

　　사회실재론은 사회현상을 분석하는 데 있어 사회는 실제로 존재하는 것으로, 인간들의 개별적 행위를 중시하기보다는 인간 개개인의 밖 어디에선가 존재하는 사회구조에 주목하는 입장이다. 사회실재론적 입장은 사회구성원으로서의 개인의 존재는 인정하지만, 사회 그 자체는 개인의 특성과는 무관한 독자적이고도 고유한 실체라고 본다. 이 입장에 충실했던 뒤르켐(Dürkheim)은 사회를 개인들이 뭉쳐 있는 집합체로서의 총합이 아니라 그것을 초월하는 어떤 것, 즉 개인들을 한 덩어리로 묶어 주며 겉으로 드러나지 않는 연대의식(집합의식)으로 파악했다. 그러면서 그는 사회학의 연구대상은 사회적 사실을 연구하는 과학이어야 한다고 주장한다.

　　사회적 사실이란 개인의 사고와 행동을 구속하고 통제하는 강제성과 개인을 초월하여 하나의 독자적인 실체로서 개인의 외부에 지속적으로 존재하는 외재성을 의미한다. 따라서 사회실재론은 인간에 외재하면서 인간을 규제하고 강제하는 법, 규범, 문화, 종교 등을 사회학의 연구대상으로 삼아야 한다고 본다. 결과론적으로 사회실재론적 입장은 대체로 거시이론의 상태로 나타나게 된다. 즉, 인간들의 개별적 행위보다는 사회구조나 사회제도 등에 주목함으로써 사회현상을 보다 잘 이해할 수 있는 입장이라고 할 수 있다. 사회실재론의 대표적 이론으로는 구조기능주의 이론과 갈등이론이 있다.

　　사회명목론과 사회실재론 중 어느 것이 옳다고 판단하기에는 무리가 따르나, 대개의 학자들은 사회실재론을 지지하는 경향이 있다. 이는 사회학이 사회를 독자적인 실체로 인정할 때 사회학은 고유의 영역을 갖게 되고, 현실을 연구하는 과학으로서 의미를 갖게 되기 때문이라고 할 수 있다.

　　사회의 본질은 어디까지나 인간과 집단의 상호작용 관점에서 이해되어야 한다. 상호작용 관점은 사회학의 기본 전제로서, 이러한 이유 때문에 사회학은 다른 사회과학과 구분될 수 있다. 즉, 사회학의 독특성은 개인과 사회를 분리하는 데 있는 것이 아니라, 양자가 어떻게 관계를 맺고 상호 관련되어 있는가를 파악하는 데 있다.

따라서 사회학은 개인들의 심리적 본성만을 혹은 개인이 완전히 무시된 집단성만을 연구하는 학문도 아니며, 단지 개인과 사회는 본질적으로 분리할 수 없는 쌍둥이 관계임을 연구하는 학문이라고 할 수 있다.

개인 간의 지속적이고 반복적인 상호작용은 동일한 행동양식의 틀인 제도나 구조[1]를 만들고, 일단 이렇게 형성된 사회관계로서의 제도는 개인의 외부에서 개인의 행동을 통제하는 외재성과 강제성을 지니게 된다. 그러나 개인은 일방적인 수동적 입장이 아닌 능동적 입장에서 사회구조나 틀을 변형시키기도 한다. 즉, 개인은 사회를 창조하는 존재인 동시에 사회에 의해 형성되기도 하는 존재이다.

---

1) 구조란 인간들이 서로 관계를 맺으면서 일정한 유형(pattern, 규칙성)을 보이는 것을 의미하고, 그러한 구조가 외부적인 힘에 의해, 즉 사회 내에 존재하는 규범, 가치, 법률 등에 의해 규제되고 강화되는 사회적 행동을 제도라고 한다. 예컨대, 어떤 회사에서 신입사원이 먼저 입사한 사원들의 지시나 가르침으로 사무실 책상을 닦는다거나, 윗사람에게 커피를 갖다준다거나 할 때, 시간이 지나면서 이러한 행동이 누가 지시하지 않아도 습관처럼 행해질 때, 즉 규칙화될 때 우리는 이를 구조화되었다고 말한다. 또한 이것이 회사 내에 존재하는 규범이나 가치, 규칙, 법률 등과 같은 요인에 의해 공식적으로 자리 잡게 되었을 때 우리는 이를 제도화되었다고 이야기할 수 있다.
사회구조란 인간들의 사회적 관계가 일정한 규칙성과 경향성을 보이는 것으로, 인간의 행위는 상호작용을 통하여 사회구조를 형성하고, 일단 형성된 사회구조는 인간의 행위를 제약한다. 다시 말하면, 사회구조란 정치, 경제, 문화, 교육, 법, 종교, 복지 등이 상호관계를 맺어 일정한 유형, 즉 규칙성을 보이는 것으로, 그것이 하나로 어우러져 전체를 형성하여 인간들의 사회적 행위를 규제하는 것을 의미한다. 또한 사회제도란 정치, 경제, 문화, 교육, 법, 종교, 복지 등이 상호관계를 맺고 이것이 규범이나 가치, 법률 등에 의해 강화되어, 지속적 관계를 형성하고 정착되어 공식화된 모습을 보이는 것을 의미한다.

2 사회과학이자 경험과학인 사회학

사회학은 사회과학(social science)의 한 분야로서, 경험적 사실을 대상으로 하지 않는 논리학, 수학, 통계학과 같은 형식과학(形式科學, formal science)과는 달리, 시각이나 청각과 같은 감각기관을 통해, 즉 경험을 통해 지식을 얻는 경험과학[經驗科學, empitical science 또는 실질과학(實質科學)]으로 인식(분류)된다. 따라서 사회학적 지식은 경험과학적 지식이어야 함은 물론, 경험과학적 지식에 바탕을 둔 경험과학이어야 한다. 그러한 경험과학적 지식을 획득하기 위해서는 대상(혹은 현상)에 대한 관찰, 비교, 실험과 같은 방법에 의한 과학적 접근이 필요하다. 따라서 사실에 근거한 과학적 접근을 통한 과학적 설명은 인간이 한 걸음씩 진보함에 따라 환상적(幻想的) 관념과 현실적 관념을 이전보다 더 잘 분별할 수 있게 해 준다. 이때 환상적 관념이란 단순한 주술 이외에도 경험적 검증 없이 생각만이 일사천리를 달리는 사변철학(思辨哲學, speculative philosophy) 등을 포함한 철학 모두를 의미한다.

과학의 발달로 자연현상에 대한 과학적 연구방법이 확립되고 지식이 축적되면서, 이제 과거의 재난이나 천재지변에 대해서 환상적 설명도, 그로 인한 비극도 더 이상 용납되지 않고 있다. 마르크스(Marx)가 언급했듯이, 자연과학의 발달로 인간은 자연의 강제력에서 해방될 수 있었음을 이해할 필요가 있다. 이와 같이 과학적 연구로 당연하게 의심 없이 받아들이는 영역, 즉 상식(常識)도, 강력한 권력(獨斷)에 의해 교묘하게 이데올로기적 형태로 우리의 의식에 잠재되어 있던 것들도 더 이상 받아들이지 않게 되었다.

사회학이 사회현상에 대한 과학적 설명으로 발전하는 것은 바로 이러한 환상적인 영역, 미지의 영역, 상식, 주술, 독단 등에 도전하는 것을 의미하는 것으로, 다음의 네 가지 영역에서의 도전(挑戰)으로 요약해 볼 수 있다.

사회학의 네 가지 영역에서의 도전

▶ 근거(根據) 없는 사실(事實)에 대한 도전(挑戰)이다. 물론 검증되지 않은 지식이라 할 수 있는 상식(常識)이 현실적 타당성으로 문제의 해결방식 역할을 할 수도 있으며, 논리적·체계적 방법에 의해 증명된 지식이 아니어도 당연히 옳은 것으로 받아들일 수 있다. 그러나 지식은 어디까지나 항상 사실에 근거한 과학적 연구에 기초하여 사실 여부가 결정되어야 한다. 따라서 관찰, 비교, 실험을 통해서 얻은 지식만이 진정한 지식이라고 할 수 있다. 예컨대, 제15대 대통령 선거를 앞두고 여론조사기관들은 대통령 당선자 선거예측조사에서 이회창 후보가 당선되고 김대중 후보가 낙선할 것이라고 발표하였다. 그러나 결과는 제15대 대통령으로 김대중 후보가 당선됨으로써 여론조사기관들의 발표와는 완전히 어긋났다. 여기에서 우리는 상식과 지식의 차이가 어떠한가를 교훈으로 알 수 있다. 김대중 후보가 당선되고 난 후, 그 결과를 가지고 마치 여러 정황을 고려해 볼 때 당선될 수밖에 없다는 결론을 도출하여 많은 사람에게 이야기하는 것은 진정한 지식이라고 할 수 없으며, 이는 검증이 안 된 상식이라고 할 수 있다. 마치 결과를 가지고 꿰어 맞추기 식으로 견강부회하면서 관찰, 비교, 실험을 거쳐 검증된 결과인 양 위장할 수 있는데, 이는 어디까지나 지식이 아니라 상식에 불과한 것이라고 할 수 있다.

▶ 편견(偏見)에 대한 도전이다. 편견은 계급, 인종, 성, 지역 등과 같은 편견과 자기중심적 편견이 있으며, 사회에는 많은 편견이 존재한다. 이것은 결국 비인간적이며 비과학적인 것으로 무서운 결과를 초래할 수도 있다. 예를 들면, 게르만 민족이 우수하다는 히틀러(Hitler)의 광기 어린 편견으로 인해 유대인 600만 명, 폴란드인 500만 명, 집시 400만 명을 학살하는 비극적 사건이 일어났다.

▶ 신비(神秘)에 대한 도전이다. 사회현상에는 인간의 능력으로는 규명할 수 없는 초자연적이고 불가사의한 영역이 존재한다. 사회학이라는 학문이 신비에 도전하는 것은 이러한 현상을 한 부분에만 국한시켜 보지 않고 전체와 관련지어 파악하고 이해함으로써 현실과 동떨어진 환상적 설명을 부정하는 것이다. 그 예로

한국 사회의 눈부신 경제발전을 가져온 압축 성장을 신비화하는 것도 마찬가지이다. 그 이면에 있는 노동자들의 고단한 삶, 비참한 삶을 은폐하고 있음을 이해해야 한다.

▶ 권위(權威)에 대한 도전이다. 과학은 언제나 사실에 의해 확인되고 검증됨으로써 진리에 도달할 수 있다. 과학은 사실이 아닌 권위(독단, dogma)에 근거할 때 쉽게 교조화되고 스스로 진리의 절대성을 포기하는 결과를 가져온다. 알다시피 동서고금을 통틀어 유명한 사상가나 지식인이 독재권력의 이데올로그(ideolog)가 된 경우가 그렇다. 다시 말하면, 과학이 정당하지 못한 권위나 권력에 빌붙음으로써 비이성적이고 비합리적인 주장이나 독단에 빠지고, 외곬으로 빠지게 됨으로써 인간의 삶의 질 향상을 위한 과학이 될 수 없으며, 더 나아가 진리의 올바름과 투명성을 포기하는 결과를 가져온다. 그리고 과학만이 지고지선(至高至善)의 진정한 학문이라고 절대성을 주장하는 편협한 과학주의를 용납해서도 안 된다. 따라서 우리는 과학이 권위나 권력과 결탁하거나 야합했을 때, 무서운 결과를 초래함을 알아야 한다. 즉, 그것은 인간의 위기를 설명하고 해결하는 수단에서 인간을 지배하고 짓밟는 도구로 전락할 수 있음을 이해해야 한다.

자연과학과 사회과학의 차이

자연과학과 사회과학 모두 인간을 위해 존재하는 경험과학으로, 인간다운 삶의 질 향상에 직접적으로 기여한다. 즉, 이 둘은 모두 경험자료에 근거하여 현상에 대한 지식을 알아내고 비사실적, 비과학적 설명에 도전한다.

그러나 견고한 과학(硬性科學, hard science)이라고 할 수 있는 자연과학과 물렁한 과학(軟性科學, soft science)이라고 할 수 있는 사회과학 사이에는 현격한 차이가 있다. 심도 있는 연구와 많은 실험을 통해 결과물을 얻는 자연과학과 달리, 인간의 마음을 대상으로 하여 지식을 얻게 되는 사회과학 역시 자연과학과 마찬가지로 정밀성, 정확성, 타당성을 얻기 위한 절차인 과학적 방법이 절대적으로 요구된다. 자연과학을 연구하는 것보다 사회과학을 연구하는 것이 더 어려운 이유는 다음에서 볼 수 있듯이, 바로 인간을 대상으로 하기 때문이다. 자연과학은 연구실이나 실험실에서 많은 노력과 시간을 들이면 어떤 결과를 정확히 도출할 수 있는 확률이 사회과학보다 훨씬 높다는 점에서 분명 큰 차이가 있다.

인간은 어떤 존재인가

▶ 인간의 행동은 변화무쌍하고 가변적(可變的)이므로 과학적 예측(科學的 豫測)이 어렵다. 예컨대, 열 길 물속은 알 수 있으나 한 길 사람의 마음속은 알 수 없다는 속담에서 그러함을 엿볼 수 있다.

▶ 인간의 행동은 너무나 복잡(複雜), 미묘(微妙)해서 범주화(categorization)하기 어렵기 때문에 인위적인 도구를 사용하기에 부적합하다. 인간의 성격분류에서 보듯이 성정이 느긋한 사람을 우리는 점액질이라고 하는데, 그러한 사람도 어떨 때는 성질이 매우 급함을 보일 때가 있다. 또한 성질이 매우 조급한 사람을 담즙질이라고 하는데, 그러한 사람도 어떨 때는 굼뜬 행동을 보일 때가 있다. 특히 한방의 사상의학에서 인간마다 타고난 체질과 성질에 따라 태음인, 태양인, 소음인, 소양인으로 분류한 것 역시 많은 모순이 있음을 경험을 통해 알 수 있다(혈액형에 의한 인간의 성격분류 역시 마찬가지).

▶ 인간의 행동은 관찰자인 인간이 주관적 왜곡(主觀的 歪曲)으로 인해 진실에 도달하는 객관적인 수속 절차 적용이 어렵다. 그래서 간주관성(間主觀性, inter-subjectivity)이 필요하며 몰가치성(沒價値性, value free, 가치중립적 자세)이 요구된다. 우리가 여기서 간주관성이라고 언급하는 것은 관찰의 오류를 범하지 않는다는 것을 의미하는 것이다. 다시 말하면, 간주관성, 즉 상호주관성이란 학문공동체에 속한 사람들이 어떤 대상을 바라볼 때 거의 같은 것을 본다는 것, 즉 같은 관점(견해)을 갖는다는 것을 의미한다.

▶ 인간은 사회현상을 예측(豫測)하고 그 예측을 원하면 쉽게 전복(顚覆)시킬 수 있는 주체자이다. 인간은 자신이 결정한 것을 언제든지 필요에 의해 번복할 수 있는 궤변적이고 허무맹랑하고 일관성 없는 존재일 수 있음을 의미한다.

만일 이러한 주장이 옳다면, 사회현상을 과학적으로 연구할 수 없다는 결론을 내리게 된다. 그러나 사회는 이미 일정한 질서를 이루고 있으므로 일정한 유형과 제일성(齊一性, 즉 규칙성, 경험성)이 존재한다. 즉, 사회현상들 사이에는 이미 일정한 질서가 존재함과 동시에 규칙성, 일반성이 존재한다. 그렇기 때문에 사회에 대한 과학적 설명과 예측도 가능하다. 따라서 사회현상이라는 연구대상의 특수성 자체가 사회학의 과학성 자체를 부인할 수도 있으나, 이를 위해서 오히려 보다 치밀하고 정확하며 정교한 연구가 요구된다.

자연과학이든 사회과학이든 비과학적 설명에 대한 도전이 과학적 접근의 기초 또는 문제의식임을 알아야 한다. 특히 환상처럼 떠다니는 사회현실(사회현상)에 대한 과학적 접근이 더욱 절실히 요구되며, 과학적 접근만이 자연과학이 인간을 자연의 강제력에서 해방시킨 것과 같이 인간에게 보다 많은 자유와 인간성을 보장할 수 있기 때문이다. 마르크스가 인간은 자연을 떠나서 그리고 자연과 관계를 맺지 않고서는 살 수 없다고 하면서 이러한 자연을 올바르게 이해하고 개조하기 위해 자연과학의 필요성을 이야기하였듯이, 사회를 올바르게 알기 위해, 올바르게 개조하기 위해 사회과학의 필요성을 언급하였음을 음미해 볼 수 있다.

 ## 3 사회학의 연구영역

사회학은 인간과 인간이 살아가면서 일어나는 모든 인간관계, 그리고 거기서 발생하는 모든 것이 사회학의 연구영역이라고 할 수 있다.

사회구조론(社會構造論)

사회구조론은 우리가 몸담고 살고 있는 사회의 기본단위를 이루는 기초 사회를 연구하는 분야이다. 또한 인간 사회가 어떤 모습으로 구성되어 있고, 또 어떻게 굴러가고 있는가를 탐구한다. 즉, 인간사회가 어떤 부분들로 구성되어 있으며, 사회의 각 부분들이 서로 어떤 관련을 맺고 있는가에 관심을 집중한다. 여기서는 인성(personality), 개인과 개인, 개인과 집단(사회집단), 집단과 집단 사이의 관계, 개인과 사회의 관계 및 도시와 농촌, 정치, 경제, 법, 문화, 종교, 복지, 교육 등 상호 간의 관계를 탐구하는 분야라고 할 수 있다. 사회구조란 법, 정치, 경제, 문화, 종교, 교육, 복지 등이 상호유기적으로 연결되어 있는 것을 의미하는바, 사회 안에서 상호작용하면서 살아가는 인간들의 사회적 관계가 일정한 패턴, 즉 규칙성, 경험성을 보이는 것을 의미한다. 인간의 행위는 상호작용을 통해 사회구조를 형성하며, 일단 형성된 사회구조는 인간의 행위를 제약한다.

사회변동론(社會變動論)

사회변동론은 사회구조의 변화과정을 연구하는 것으로 사회구조가 어떻게 변해 왔는가를 탐구하는 분야이다. 전체 사회나 사회를 구성하는 가족, 도시, 농촌뿐만 아니라 정치, 경제, 법, 종교, 교육, 문화, 인구 등이 각각 어떻게 변화되어 왔는지를 탐구한다. 그중에서도 특히 그러한 변화의 원인과 진행과정, 그 결과로 나타나는 변화의 방향에 대해 관심을 두고 있다. 여기서도 각 구성 부분들 사이의 상호작용을 중요하게 고려하고 있다. 또한 사회변동론은 사회과정 연구로 분화, 사회화, 근대화 및 사회변동 등을 다루며, 더 나아가 세계화, 다문화사회도 연구대상으로 한다. 또한 사회해체라는 주제로 사회문제, 범죄, 청소년비행, 갈등과 혁명을 연구대상으로 한다. 해방(광복) 후 50년 회고와 같은 연구작업이 한 예이다.

연구방법론(研究方法論)

연구방법론은 사회의 구조와 변동에 관한 신빙성 있는 지식을 획득하는 방법 자체, 즉 믿을 만한 지식을 획득하는 방법 자체를 연구하는 분야로, 사회학은 이와 같이 전문적 연구방법을 통해 지식을 탐구한다. 이를테면, 사회가 어떻게 변화되어 왔는가를 여러 가지 실증적인 자료, 즉 통계자료, 사회조사자료 및 각종 문헌 등을 통해 검증하는 것이다. 따라서 사회학은 실증주의적 연구방법, 비교연구방법, 통계학적 방법, 사회조사방법, 문헌고찰방법을 통해 지식을 생산한다. 또한 사회학은 사회학적 연구방법론을 통해 사회학을 보다 정확하고 객관적이고 보편적인 학문 분야로 성립시키기 위한 노력을 하며, 동시에 사회현상의 관찰법, 자료의 분석정리법, 분석결과의 해석법 등 구체적인 연구방법을 발전시킨다.

사회학 이론(社會學 理論)

사회학이라는 학문에 있어 이론은 매우 중요한바, 사회가 어떤 원리로 구성되어 있고 어떻게 움직이고 있는가를 이해하게 한다. 또한 이론은 사회의 본질을 종합적으로 파악하게 하는 것으로 사회를 어떻게 보는지, 즉 사회를 어떤 관점으로 조망하는지 그 틀을 설명하는 것이라 할 수 있다. 따라서 사회학 이론은 전체로서의 사회에 관한 부분 또는 본질적인 것에 관한 것으로 사회 일반에 적용할 수 있는 원리를 발견하기 위한 것이라 할 수 있다. 또한 이것은 인간사회의 기원, 존속, 발전에 대하여 일반적이고 포괄적인 해석을 내리기 위한 것이기도 하다. 이를 통해 각 분과(각론)에서 전개하는 지식을 정리하고 종합하는 역할을 수행한다.

대표적인 사회학 이론으로 사회는 상호의존적인 부분들로 구성된 통합된 전체라고 보는 구조기능주의이론, 인간 사회는 항상 희소한 자원이나 권력에 의해 갈등이 발생할 수밖에 없다고 보는 갈등이론, 인간들 간의 언어나 제스처 같은 상징을 이용한 상호작용 행위를 통해 사회질서가 만들어지고 사회가 굴러간다고 보는 상징적 상호작용론, 인간들 간의 관계를 주고받는 관계라고 보는 교환이론 등이 있다.

사회복지 및 사회정책연구

사회의 구조와 변동과정에서 나타나는 인간들의 삶의 질을 위협하는 조건이나 상황, 즉 사회문제를 심도 있게 체계적으로 연구함은 물론, 이러한 문제를 치유하고 해결하기 위한 정책을 펴내는 분야이다. 삶의 질 저하와 같은 사회문제, 저출산·고령화와 같은 인구문제, 도시문제, 농촌문제, 범죄(비행 혹은 일탈행위), 빈곤, 계급갈

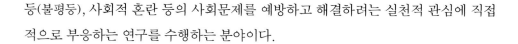

등(불평등), 사회적 혼란 등의 사회문제를 예방하고 해결하려는 실천적 관심에 직접적으로 부응하는 연구를 수행하는 분야이다.

인구학(人口學) 및 인간생태학(도시사회학)

인구학은 인간과 물리적 환경(공간)의 상호작용 관계를 연구하는 것으로, 인구의 개념(정의), 인구와 관련된 이론(맬더스와 마르크스의 인구론, 노테슈타인의 인구변천이론 등), 인구의 분포, 인구의 구조, 인구 이동, 인구 변동 및 저출산 · 고령화 현상 등을 연구한다. 이 분과는 인간활동과 자연환경 및 사회환경과의 관계를 연구하는 인문지리학과도 밀접하게 관련되어 있다.

또한 도시사회학이라고 하는 인간생태학은 인간이 주어진 공간에서 어떻게 하면 쾌적한 삶을 살 수 있는가에 대한 것뿐만 아니라 농촌과 도시 같은 지역사회에 관한 연구, 도시화, 도시성, 도시의 생태학적 과정 및 도시의 생태학적 모형 등을 탐구한다.

사회계층 · 사회계급

인류의 역사는 차별의 역사, 불평등의 역사라고 하듯이, 원시 공산제 사회를 제외하고는 어느 시대, 어느 사회를 막론하고 사회적 불평등이 존재해 왔다. 인간들은 각자가 차지하는 직업적 지위와 역할에 따라서 희소한 자원이나 가치를 상이하게 분배받아 상이한 위계체계를 이룬다. 이러한 불평등은 가치 있는 자원, 즉 사회경제적 자원의 불충분에 의해 생겨난 것으로, 이러한 현상이 구조화된 불평등으로 자리잡게 된 것이 사회계층 · 사회계급이라 할 수 있다. 이는 사유재산제의 발전과 분업의 발전, 기술의 발달에 의해서 생겨난 것이라 할 수 있다.

사회경제적 자원의 불충분에 따른 인간의 차별적 평가에 의해 자연적으로 발생된 사회계층 · 사회계급에 대해 논하는 이 영역에서는 이러한 현상이 왜 생겼으며, 그와 관련된 이론으로 불평등은 불가피한 현상으로 사회의 유지 · 존속을 위해 계급은 필요하다고 보는 데이비스(Davis)와 무어(Moore)의 기능주의적 관점, 생산수

단의 소유 여부로 계급이 발생한다고 보는 튜민(Tumin)의 갈등론적 관점, 자본주
의 사회 내에는 사무직 노동자와 기술직 노동자가 대폭적으로 증가해 이들이 자본
주의 사회의 본질로 자리 잡고 있다는 풀란차스(Poulantzas)의 중간계급이론, 자본
주의 사회에는 자본가적 위치에도 전문적인 경영을 수행하는 위치의 사람들이 있
는가 하면, 생산의 물리기구를 지배·관리하는 노동자적 위치에 있는 사람도 있다
는 라이트(Wright)의 신마르크스이론, 한 개인의 성장과정을 통해 형성된 사회·문
화적 특성이 계급을 결정한다는 부르디외(Bourdieu)의 문화자본론 등에 대해 설명
한다. 또한 계층은 무엇이고, 계급은 무엇이며, 이들을 어떻게 구분하는가를 설명
한다. 더 나아가 빈부격차를 심화시킨 양극화의 요인은 무엇인가, 왜 우리 사회에서
중산층이 감소하고 있는가를 비롯하여 극빈층, 차상위계층, 근로빈곤층 등의 개념
과 그 내용에 대해서도 탐구한다.

사회사상사(社會思想史)

사회사상사는 사회학이라는 학문을 하나의 올바른 학문으로 정립한 학자들의 지
적 배경, 즉 사상을 연구함은 물론 사회학이라는 학문의 성격, 제 학자들의 사회학
연구대상이 무엇이었는지를 심도 있게 연구하는 분야이다. 따라서 사회학을 창시
한 콩트(Comte)를 비롯하여 마르크스(Marx), 스펜서(Spencer), 뒤르켐(Dürkheim), 짐
멜(Simmel), 베버(Weber), 파슨스(Parsons), 머튼(Merton), 푸코(Foucault), 하버마스
(Habermas) 등의 학자들의 생애와 역사는 물론, 사상의 사회적·역사적 원천을 탐
구한다. 또한 그들의 특정 사상이 뿌리박고 있는 사회적 맥락을 이해함과 동시에 그
들의 학문적 업적과 후대들의 평가에 대해서도 탐구한다.

부록

자본주의(1.0, 2.0, 3.0, 4.0)

최근 자본주의 4.0이 언론이나 책에서 자주 언급되고 있다. 이는 컴퓨터소프트웨어 버전이 업그레이드(발전)되는 것처럼 자본주의도 진화한다는 의미로, 네 번째 단계에 해당하는 자본주의라는 뜻이다. 경제학의 아버지라고도 불리는 아담 스미스의 자유방임형 고전자본주의에서부터 1920년대 말 미국의 대공황(The Great Depression)시기를 자본주의 1.0이라 하고, 1920년대 말 대공황 이후 1970년대 초까지 정부의 역할을 강조한 케인즈의 수정자본주의와 경제적 황금기를 누린 시기를 자본주의 2.0이라 한다. 그리고 이스라엘과 아랍권과의 중동전쟁으로 발생한 1970년대 석유파동(oil shock)시기부터 2007년 미국발 글로벌 금융위기 전까지, 즉 정부의 시장의 개입보다는 시장의 자율을 중시하는 신자유주의시기를 자본주의 3.0이라 하고, 뒤이어 2000년대 등장한 신자유주의가 가져온 폐단(문제점)에 대해 사회적 책임을 중시하고 경제민주화를 강조하는 시기를 자본주의 4.0이라고 한다. 자본주의 4.0은 공생발전, 동반성장을 추구하는 따뜻한 자본주의, 인간의 얼굴을 한 자본주의를 의미한다. 좀 더 자세히 살펴보면 다음과 같다.

● 자본주의 1.0

자본주의 1.0은 시장의 자유를 중시하는 고전적 자유주의 또는 자유방임주의(laissez-faire)를 의미한다. 합리주의적이고 개인주의적 인생관(개인의 삶은 개인이 책임짐)을 기초로 한 자유경쟁원리 및 시장경제를 추구한다. 그것은 1776년 아담 스미스의 국부론에 등장하는 '보이지 않는 손의 기능(invisible hand)', 즉 시장에서 정해지는 가격에 의해 자원의 효율적 배분(수요와 공급의 조화), 각자의 이익을 중시하는 개인의 사적 이기심이 경제발전, 사회 전체의 이익 증가 및 국가의 부를 가져온다는 자유방임주의를 표방한다.

자유방임적 자본주의는 그 핵심이 성장이 본질임과 아울러 시장자율의 효율성만을 중시함으로써 그로 인해 발생하는 자본의 독점(파산, 도산), 빈익빈 부익부와 같은 양극화문제, 시장의 주기적 경제불황(실업과 빈곤으로 이어짐), 빈곤의 심화 원인이 개인의 나태나 능력부족이 아니라 사회구조적 문제로 결국 자본주의의 부작용을 심화시켰다.

● 자본주의 2.0

이어 자본주의 1.0의 폐단과 문제점으로 발생한 세계 대공황으로 등장한 자본주의 2.0은 수정자본주의(revised capitalism)라고도 하는데, 이는 자본주의라는 좋은 제도를 좀 더 수정·보완하여 자본주의를 지속하자는 것이다. 수정자본주의는 케인즈의 구매력을 창출하기 위한 유효수요정책과 재정확대에 토대된 뉴딜(New Deal)정책과 같은 정부의 적극적 시장참여와 복지정책이 그 핵심이다.

이런 결과 미국을 비롯한 유럽 대부분 국가들은 경제적 호황과 안정을 누려 왔으며, 그에 따른 물심양면의 복지가 정부에 의해 적극적으로 전개되어 복지제도의 황금기를 가져오게 하였다. 완전고용에 거의 가까운 저실업율, 낮은 인플레이션, 높은 경제성장률이 이 시기의 특징이었다.

따라서 수정자본주의는 물심양면의 복지혜택, 완전고용, 정당 간 화해무드 등과 같은 정치경제적 황금기를 가져왔다. 그러나 1970년대 들어 중동전쟁으로 인한 오일쇼크(석유파동)로 유럽경제의 파탄 및 그 동안의 정부의 방만한 재정운영, 금융정책(과도한 통화남발), 노동권 신장을 위한 노동규제, 부자증세, 비효율성과 인간(사회적 약자와 빈자, 실업자)들의 복지의존성의 심화와 같은 복합적 요인들에 의해, 수정자본주의는 결국 투자의 사회화가 결코 좋은 방법이 아님을 인식하게 만들어 새로운 길, 즉 자본주의 3.0과 같은 길을 모색할 수밖에 없게 되었다.

● 자본주의 3.0과 4.0

자본주의 3.0은 신자유주의(Neo Liberalism)라고 한다. 신자유주의가 나오게 된 가장 큰 배경은 노벨경제학상을 받은 프리드리히 하이에크와, 통화주의 이론의 창시자이자 노벨 경제학상수상자인 시카고학파의 밀턴 프리드만 이론에 토대한다. 1930년 초 붕괴하던 자본주의를 구원한 영웅 케인즈[2]가 전개해 온 유효수요창출(구매력창출)을 위한 재정확대, 대규모 공공투자를 통한 일자리 창출, 큰 정부를 추구한 그의 정책의 폐해와 문제점이 가져온 결과에 의해 나온 것으로 신자유주의는, 자본주의 1.0과 비슷한 시장의 자유를 강조하고 정부의 경제정책이나 사회정책의 개입을 가급적 자제하는 것을 중요시하는 자본주의이다.

신자유주의 이론은 또한 1970년대 초반 제4차 중동전쟁이 발발하고 아랍권의 석유감산이라는 오일쇼크 영향으로 유럽경제 및 세계경제는 커다란 위기에 처한 결과였다.[3] 방만한 시장자유주의와 통화남발과 같은 재정정책의 결과이기도 하였다. 그간 큰 정부를 추구해 온 유럽 각국들은 시장에 적극적으로 개입할 수 없는 상황하에서 작은 정부추구, 통화량 감소(인플레이션 방지), 공기업의 민영화, 공공지출삭감 등과 같은 복지기능의 축소(일하는 자에게 혜택을 주는 생산적 복지), 탈규제화, 노동유연성 등을 강력하게 추진하였다. 특히 그동안 영국병을 앓고 있던 영국은 대처 수상에 의해 신자유주의 정책을 적극적으로 추진하였으며, 미국 역시 레이건 대통령에 의해 강력하게 추진한 결과 경제회복을 하였다.

그러나 이러한 신자유주의는 2007~2009년 미국발 금융위기(서브프라임모기지 subprime mortgage 사태)로 인한 글로벌 경제위기로 확대되어 전 세계 경제가 급격

---

2) 프랑스의 세이(J. B. Say)라는 경제학자가 언급한 공급이 스스로 수요를 창출하는 것에 반대한, 영국의 경제학자 케인즈(J. M. Kynes)는 오히려 수요가 공급을 창출한다고 강조하였다.

3) 1973년 10월 제4차 중동전쟁이 발발하게 되는데 이때 페르시아만의 6개 석유수출국들(OPEC)은 석유가격을 17%인상한다고 발표한데 이어, 이스라엘이 아랍 점령지역에서 철수하고 팔레스타인의 권리가 회복될 때까지 매월 5%씩 감산한다고 발표했다. 그 결과, 1973년 초 배럴당 2.9달러였던 원유가격이 1974년 1월 11.6달러까지 4배 넘게 상승했다(이현식, 최현진, p. 280).

하게 요동치게 되었다. 승리감에 도취한 자본주의는 시장을 가장 효율적이라는 시장근본주의의 오만과 독선에 빠지게 되었다. 그 결과 사회안전망인 복지제도가 축소되었으며(사회복지의 철회), 부익부 빈익빈으로 인한 양극화의 심화, 빈곤층의 대량발생과 영속화 등 구조화된 불평등이 심화되었다. 그리하여 이에 분노한 '월가를 점령하라(Occupy Wall Street)'는 시위대의 구호에서 보듯이, 전 세계 자본가계급(최고상위계급) 1%도 안 되는 사람들이 나머지 99%의 삶을 좌지우지해서는 안 됨[4], 가진 자들의 승자독식, 탐욕, 도덕적 해이가 세상을 지배해서는 안 됨을 주장하면서 동반성장, 공생발전, 상생 등 인간의 얼굴을 한 자본주의, 따뜻한 자본주의, 다 같이 행복한 성장가능한 자본주의, 건전한 자본주의로 가야 한다는 자본주의 4.0을 강조하고 있다.

(아나톨 칼레츠키, 2011, 『자본주의 4.0』, 참조)

---

4) 시장은 만병통치약도 아니고 만악의 근원도 아니며, 시장과 정부가 해야 할 일을 합리적으로 나누고, 공정한 시장을 조성해야 하고, 민주적인 정부를 만들어 가야 한다는 것이다. 즉, 자영업자나 중소기업에 이익이 돌아가는 공정한 시장경쟁체제로 바뀌어야 하고 성장과 과실을 공평하게 분배해야 한다는 것을 강조한다. 다시 말하면, 사회 전체를 위해서 올바른 재벌개혁도 필요하고 건전한 노동개혁도 필요하다는 것이다.

참고문헌

구정화 외(2023). 고등학교 사회·문화. 지학사.

김경동(1980). 현대의 사회학. 박영사.

김광기(2014). 이방인의 사회학. 글항아리.

김민섭(2016). 대리사회. 와이즈베리.

김윤태(2012). 새로운 세대를 위한 사회학 입문. 휴머니스트.

김홍중(2016). 사회학적 파상력. 문학동네.

랠프 페브르, 앵거스 밴크로포트(2013). 스무살의 사회학(이가람 역). 한울.

리처드 오스본(2001). 사회학(윤길순 역). 김영사.

미야모토 코우지, 키미즈카 히로사토, 모리시타 신야(2004). 삐딱이로의 초대(양인실 역). 모
멘토.

민경배(2016). 처음 만나는 사회학. 다른길.

스테판 G. 메스트로비치(2014). 탈감정사회(박형신 역). 한울아카데미.

스테펜 샌더슨(1999). 사회학(김정선 외 공역). 도서출판 그린.

신형민 외(2023). 고등학교 사회·문화. 비상교육사.

아나톨 칼레츠키(2011). 자본주의 4.0(위선주 역). 컬처앤스토리.

안계춘 외(1992). 현대사회학의 이해. 법문사.

앤서니 기든스(2007). 현대사회학(김미숙 외 공역). 을유문화사.

앤서니 기든스, 필립 W. 서튼(2015). 사회학의 핵심 개념들(김봉석 역). 동녘.

양춘, 박상태, 석현호(2003). 현대사회학. 민영사.

오구마 에이지(2014). 사회를 바꾸려면(전형배 역). 동아시아.

이장현 외(1982). 사회학의 이해. 법문사.

이현식, 최현진(2021). 1일 1페이지 부자수업. 지식노마드.

정수복 외(2014). 사회를 말하는 사회. 북바이북.

지그문트 바우만(2015). 사회학의 쓸모(노명우 역). 서해문집.

최병권, 이정옥, 최영주 엮음(2006). 세계의 교양을 읽는다. 휴머니스트.

크리스토퍼 소프 외(2015). 사회학의 책 THE SOCIOLOGY BOOK(이시은 외 공역). 지식갤러리.

하워드 S. 베커(1999). 사회과학자의 글쓰기(이성용, 이철우 공역). 일신사.

한국산업사회학회 엮음(2010). 사회학. 한울아카데미.

한규석(2010). 사회심리학의 이해(3판). 학지사.

홍승직(1979). 사회학이란 무엇인가. 도서출판 헤스.

홍승직, 임희섭, 노길명, 정태환, 김문조(1995). 사회학개설. 고려대학교출판부.

宮島喬編(2002). 現代社會學. 有斐閣.

Berger, P. L. (1963). *Invitation to Sociology*. Doubleday & Company Inc.

Blau, P. M. (1964). *Exchange and Power in Social Life*. Wiley.

Bottomore, T. B. (1971). *Sociology: Guide to Problems and Literature*. George Allen & Unwin Ltd.

Broom, L., & Selznick, P. (1973). *Sociology: A Text with Adapted Readings* (5th ed.). Harper and Row.

Garfinkel, H. (1967). *Studies in Ethnomethodology*. Prentice-Hall Inc.

Goffman, E. (1959). *The Presentation of Self in Everyday Life*. Doubleday & Company Inc.

Gouldner, A. (1970). *The Coming of Crisis of Western Sociology*. Basic Books.

Horton, P. B., & Hunt, C. L. (1972). *Sociology*. McGraw-Hill.

Inkeles, A. (1964). *What Is Sociology? An Introduction to the Discipline and Profession*. Prentice-Hall Inc.

Macionis, J. J. (2005). *Sociology*. Pearson Prentice Hall.

Mead, G. H. (1968). *Mind, Self and Society*. University of Chicago Press.

Mills, C. W. (1959). *Sociological Imagination*. Oxford University Press.

Ritzer, G. (1983). *Contemporary Sociological Theory*. Alfred Knopf Inc.

03 사회학을 발전시킨 학자들

사회학이라는 학문을 창시한 콩트는 자연의 법칙을 기초로 하여 사회과학을 정립시키려고 노력하였다. 그러면서 그는 사회를 하나의 통합된 전체라고 언급하면서, 사회의 질서와 변동을 조화적인 측면, 즉 사회통합적 차원에서 연구하였다. 사회과학의 창시자 중의 한 사람으로 추앙받는 마르크스는 자본주의가 엄청난 물질적 발전을 가져왔음에도 불구하고 왜 인간들의 삶은 더욱 더 피폐해졌으며, 산업혁명은 왜 노동자들의 삶의 질 향상에 아무런 기여도 하지 못했는지에 의문을 가졌다. 그의 사상은 예수 사후 세계사에 큰 영향을 미쳤는바, 그것은 17세기 이후 유럽의 사상을 지배했던 계몽주의 사상을 기반으로 하고 있다. 그는 엥겔스와 공통으로 저술한 『자본론』에서 정연한 논리로 영국 사회를 비판함과 아울러 자본주의의 비인간적이고 잔인한 경제시스템의 모순을 제대로 보려고 하였다. 또한 그는 자본주의사회의 구조와 변동을 역사적 과정을 통해 연구하였으며, 인간의 사상과 삶을 분리해서 생각할 수 없다고 주장하였다. 한편, 사회는 정적인 상태로 머물고 있는 것이 아니라 발전(진화)하고 있다고 본 스펜서는 사회체계를 이루는 각 부분이 사회 전체의 안정과 존속을 위해 기능적으로 작용함으로써 사회통합을 이룬다고 주장하였다. 그의 사회진화론은 유럽 국가들에 좋은 명분을 주었는바, 인종차별, 우생학 등과 연결되어 식민지정책과 제국주의정책이 확산되는 데 빌미를 제공하였다.

사회학을 오늘날의 현대사회학으로 정립시킨 고전사회학의 아버지 뒤르켐은, 사회는 개개인들이 모인 총합이 아니라 그것을 초월한 어떠한 것이라는 사회실재론적 입장을 취했다. 다시 말하면, 그는 사회란 그 속에서 상호작용하며 살아가는 사람들을 보이지 않게 강제하고 규제ㆍ통제하며 외부에 존재하는 것으로 보았고, 그러한 역할을 하는 것이 바로 법규, 관습, 규범, 종교, 문화라고 언급하였다. 독일에서 최초로 사회학 교수가 되었으며 형식사회학을 창시한 짐멜은 사회 안에서 관계를 맺으면서 살아가는 인간들 사이에서 보이는 상호작용의 형식인 다양한 인간관계, 집단관계, 지배와 복종관계, 갈등, 투쟁, 협동, 교환 등을 사회학의 연구 대상으로 하여야 한다고 주장하였다. 이해사회학을 창시한 베버는 사회학의 연구대상으로 거시적인 사회구조보다는 인간들의 사회적 행위, 즉 인간들의 상호작용 행위에 초점을 맞추면서, 그 행위들의 보이지 않는 의미를 이해할 필요가 있다는 것을 주장하였다. 즉, 인간의 행위는 타자의 행동 뒤에 숨어 있는 의도에 대한 반응이라는 것이다.

구조기능주의이론을 집대성하고 체계화한 파슨스는 사회는 생물유기체처럼 상호의존적인 부분들로 구성되어 있는 하나의 통합된 전체라고 보면서, 사회가 유지ㆍ존속되기 위해서 각각의 하위체계들이 상호유기적으로 맞물리면서 자신들의 역할을 제대로 수행할 때 잘 굴러간다고 언급하였다. 뒤르켐의 아노미이론을 체계화한 머튼은 사회과학의 연구가 의미 있기 위해서는 추상적이고 모호함으로 가득한 이론들과 이론적 근거 없이 허무맹랑한 경험적 연구만이 난무하는 허구적 상황을 극복해야 한다며 중범위이론을 주장하였다. 프랑스의 사상가이자 사회비평가이며 사회학자였던 푸코는 서구사회의 근대성의 일방적이고도 폭력성(야만성)에 주목하였는바, 인간의 이성으로부터 어떤 희망도 찾아볼 수 없다고 서구 사회의 근대를 비판하였다.

현대사회의 대중문화를 비판한 프랑크푸르트학파와 밀접한 관련을 맺는 하버마스는 부르주아지 공론장으로 불리는 서구 근대사회의 의사소통모델이 변질되기는 했지만, 서구 사회의 근대성이 민주주의의 정신적 잠재력과 이성의 잠재력의 가능성에 매우 희망적이라고 주장하였다.

1 콩트(Auguste Comte)

1789년 세계 최초의 시민혁명이자 사회혁명인 프랑스 대혁명이 성공하였지만 19세기 중엽까지 프랑스 사회는 혁명파와 왕당파의 대립으로 극도의 혼란과 갈등 속에 있었다. 파리공과대학에서 자연과학을 공부한 콩트(Comte)는 이러한 사회모순적인 상황을 목도하고 프랑스 사회의 앞날을 위하여 사회의 무질서를 극복할 수 있는 방법이 무엇일까에 대해 고민하였다. 콩트는 사회의 무질서는 지적인 무질서에서 비롯된다고 생각하였다. 따라서 그는 자연의 법칙을 기초로 하여 사회과학을 정립하는 것을 자신

콩트
(Auguste Comte,
1798~1857)

의 최대 과업으로 생각하였다. 콩트의 이러한 연구작업의 결과, 1839년에 모든 학문의 여왕으로서 사회학이라는 학문을 창시하게 되었다. 그러면서 그는 사회학의 연구대상으로 사회구조 및 사회질서를 연구해야 한다고 주장하였다. 또한 그는 사회학을 사회의 질서와 안정을 연구하는 사회정학(社會靜學)과 사회의 변화와 제도의 발전을 연구하는 사회동학(社會動學)으로 구분하고, 이 두 측면을 사회학의 연구대상으로 삼아야 한다고 했다. 질서(안정)와 변동(발전)은 사회의 두 측면으로, 전체로서의 사회는 질서(안정)와 변동(발전)을 조화적인 측면에서 연구해야 한다고 주장하였다. 이를 토대로 콩트는 사회를 부분과 부분이 서로 밀접하게 연관되어 있는 통합된 하나의 전체라는 입장을 취하였다.

콩트는 인류의 지식발달이 다음의 세 단계 과정을 거쳐 왔다고 주장하였다. 즉, 신학적 단계에서 형이상학적 단계로, 형이상학적 단계에서 과학적·실증적 단계로 발달하였다고 역설하였다. 이는 미신, 독단, 권위, 계시, 계명 등 공상적 정신이 지배하는 신학적 단계에서, 계몽주의 사상을 토대로 하는 사변철학(과학적 검증 없이 생각만 끝없이 달리는 것) 등 추상적 정신이 지배하는 형이상학적 단계로, 형이상학적

단계에서 관찰·비교·실험에 근거한 지식만이 진정한 지식이라는 과학적·실증적 단계로 발전해 왔다는 것이다. 콩트는 인간들이 이 과학적·실증적 단계에 도달함으로써 비로소 지적인 무질서에서 비롯된 사회의 무질서를 극복할 수 있다고 주장하였다. 이처럼 콩트는 지식이란 것이 반드시 관찰, 비교, 실험을 거쳐야 함을 강조하면서 마지막 단계인 과학적·실증적 단계에 토대를 둔 사회야말로 가장 진보한 사회라고 하였다.

그러면서 그는 과학적·실증적 체계하에서 만들어진 자신의 사회학이 혁명 등으로 인해 갈등과 혼란 속에 있던 당시의 프랑스 사회를 하나로 통합하며 무질서를 극복하는 역할을 해 주기를 기대했었다.

2 마르크스(Karl Marx)

마르크스
(Karl Marx,
1818~1883)

사회과학의 창시자 중 한 사람으로 추앙받는 칼 마르크스(Marx)는 부유한 유대인 변호사의 아들로 태어났으며, 빨간색과 생선을 좋아했다. 20세기를 마르크스 유산의 시대라고 할 정도로 그의 사상은 예수 그리스도 이후 세계사에서 가장 큰 영향을 끼쳤으며, 세계 인구의 3분의 1이 마르크스주의 국가에서 살게 했다. 그는 자본주의가 엄청난 물질적 발전을 가져왔음에도 불구하고 왜 인간들의 삶은 더욱더 피폐해졌으며, 산업혁명은 왜 노동자들의 삶의 질 향상에 아무런 기여도 하지 못했는지에 주목하였다. 그에 대한 이유로 마르크스는 자본가계급의 이윤은 노동이라는 상품가치를 판 임노동자들의 잉여노동을 착취함으로써 생겨나며, 자본주의 생산방식은 자본가들의 이윤 추구를 목적으로 조직되기 때문에 결국 잉여생산물을 빼앗고

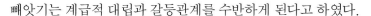

빼앗기는 계급적 대립과 갈등관계를 수반하게 된다고 하였다.

　이러한 것에서 짐작할 수 있듯이, 마르크스의 경제학 이론은 노동자와 자본가 간의 끊임없는 갈등관계에 주목하여, 비인간적이고 잔인한 자본주의 경제시스템을 제대로 볼 수 있게 했다는 점에서 높은 평가를 받고 있다. 그가 자본주의 사회의 구조와 변동을 역사적 과정을 통해 연구하는 데 모든 노력을 다해 왔음을 알 수 있다.

마르크스의 지적 배경

　그의 사상은 독일의 헤겔철학, 영국의 고전경제학, 프랑스의 초기 사회주의이론을 습득한 결과였다. 그는 인간의 역사는 계급투쟁의 역사라고 하면서 원시 공산제 사회를 제외하고는 고대 노예제 사회, 중세 봉건제 사회, 근대 자본주의 사회는 계급사회였다고 강변한다. 그러면서 그는 자본주의 사회에서는 경제적 잉여물을 둘러싼 가진 자와 못 가진 자 간의 끊임없는 갈등이 역사발전의 추동력이 되어 왔다고 하였다.

　그는 사적 유물론에서 기술과 같은 생산력(노동수단)과 경제조직 같은 생산관계의 모순이 역사를 진전시켰다고 주장한다. 노동이 주가 되던 무계급 사회였던 원시 공산제 사회에서 분업이라는 기술이 생겨나면서 고대 노예제 사회로 이행하였으며, 고대 노예제 사회는 축력과 농기구의 출현 및 노동력인 노예를 더 많이 확보하는 과정에서 다른 나라들과의 전쟁에서 패함으로써 중세 봉건제 사회로 이행하였다고 주장했다. 또한 중세 봉건제 사회는 상인계급(길드)의 출현과 기술의 발달에 의해 봉건제 사회체제로는 더 이상 이를 수용할 수 없음으로 말미암아 근대 자본주의 사회로 이행하였다고 주장했다. 마찬가지로 자본주의 사회도 자체 모순에 의해 계급 없는 사회인 공산주의 사회로 이행할 것이라고 예측하였다.

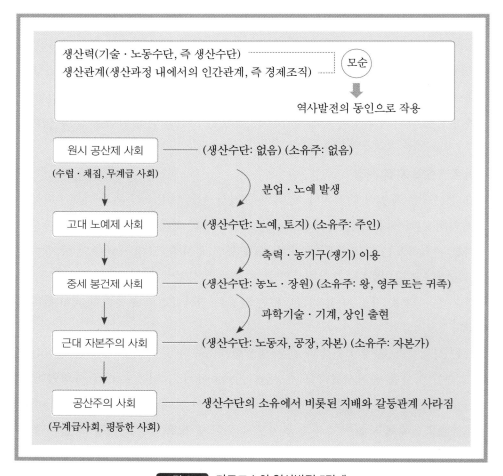

생산력(기술·노동수단, 즉 생산수단) ┄┄┄┄┄┄┄ 모순
생산관계(생산과정 내에서의 인간관계, 즉 경제조직) ┄┄┄

역사발전의 동인으로 작용

원시 공산제 사회 ——— (생산수단: 없음) (소유주: 없음)
(수렵·채집, 무계급 사회)

분업·노예 발생

고대 노예제 사회 ——— (생산수단: 노예, 토지) (소유주: 주인)

축력·농기구(쟁기) 이용

중세 봉건제 사회 ——— (생산수단: 농노·장원) (소유주: 왕, 영주 또는 귀족)

과학기술·기계, 상인 출현

근대 자본주의 사회 ——— (생산수단: 노동자, 공장, 자본) (소유주: 자본가)

공산주의 사회 ——— 생산수단의 소유에서 비롯된 지배와 갈등관계 사라짐
(무계급사회, 평등한 사회)

그림 3-1 마르크스의 역사발전 5단계

마르크스의 견해

마르크스는 "지금까지의 모든 인간의 역사는 계급투쟁의 역사였다."라고 하면서 계급갈등이 역사발전의 동인, 즉 역사발전의 추동력으로 작용하여 왔다고 언급하였다. 또한 그는 『포이어바흐에 대한 테제』에서 "지금까지 인간(철학자)들은 세계를 다양하게 생각했지, 이를 변혁시키려 하지 못했다(Die Philosophen haben die Welt nur verschieden interpretiert; es kommt aber darauf an, sie zu verändern)."라고 언급하

면서, 변혁을 위해 공산주의 혁명의 중요성을 암시하였다. 또한 마르크스와 엥겔스와 같이 쓴 『독일 이데올로기』에서 "의식이 존재(삶)를 규정하는 것이 아니라 인간들의 사회적 존재(삶)가 그들의 의식을 규정한다."라고 언급하였다. 마르크스는 여기서 말하는 물질적 존재가 되는 하부구조가 토대를 이루어 상부구조로 이행한다고 지적했다. 즉, 하부구조라 할 수 있는 경제적 관계가 정치, 법, 종교, 문화 등과 같은 상부구조를 조건(결정) 짓는다고 주장했다(그림 3-2) 참조).

그림 3-2 상부구조와 하부구조(토대)

　마르크스는 이와 같은 명제를 토대로 전체 사회의 구조와 변동을 이해하고자 하였다. 그러면서 어떤 사회의 구조와 변동은 그 사회가 존립기반으로 삼고 있는 물질적 전제조건 또는 경제생활의 조건에 의해 규정되는 것으로 파악했다. 또한 그는 『공산당선언』의 마지막 구절에서 공산주의 혁명을 의미하는 다음과 같은 말을 언급하기도 하였다.

> "우리가 잃을 것은 쇠사슬이요, 우리가 얻을 것은 세계이다. 세계의 모든 노동자들이여, 뭉쳐라 (The Proletarian have nothing to lose but their chains. They have a world to win. WORKING MEN OF ALL COUNTRIES, UNITE)!"

마르크스의 유럽 배회 및 영국 이주

　마르크스는 독일에서 사상적 전통 훈련을 쌓았다. 젊은 시절 마르크스는 1841년에 예나 대학교에서 철학박사 학위를 받았으나 교수로서의 생활을 하지 못한 대신, 급진적 신문이었던 『라인신문』의 편집인으로 활동하였다. 그러나 급진적 민족주의자라는 낙인이 찍히는 바람에 낙후된 프로이센의 반동적 정권에 의해 폐간을 맞게 되었다. 그러자 마르크스는 1843년에 프랑스 파리로 망명하여 제정 러시아의 혁명가이자 무정부주의자 바쿠닌(Bakunin) 및 유토피아적 사회주의 운동가이자 사상가 푸리에(Fourier), 그리고 소유는 절도(모든 재산은 도둑질한 것이다)라고 주장한 프루동(Proudhon)과 교류하였으며, 능력에 따라 일하고 필요에 따라 분배해야 한다고 주장한 블랑(Blanc) 및 공상적 사회주의자 생시몽(Saint-Simon)과 교분을 맺어 사회주의자(혁명적 공산주의자)로 변신하였다. 그러나 마르크스는 이들이 주창하는 공동체주의의 공상성을 비판하여 이들과 거리를 두기도 하였다. 한편, 마르크스는 여기서 부유한 직물업자의 아들인 평생의 동지인 엥겔스(Engels)와 교분을 맺으면서 잉여가치의 법칙을 발견하였으며, 이를 철폐하려고 노력하기도 하였다. 이러한 그의 행적이 프랑스 사회에 알려지면서 급기야 추방되기에 이르렀다.

프랑스 파리에서 추방된 마르크스는 1845년에 벨기에 브뤼셀로 망명한 후 1848년에 "세계의 모든 노동자들이여, 뭉쳐라!"라는 구호를 마지막 장에 기술한 『공산당선언』을 발표하였다. 그 후 마르크스가 다시 독일로 귀환하여 지내는 가운데 유럽 전역에서 혁명이 발생하였다. 그러나 그의 급진적인 사상을 우려한 독일 당국에 의해 다시 파리로 추방되었다. 마르크스는 혁명가로서 한계를 느끼면서 서유럽 노동자들의 혁명봉기 좌절에 실망감을 감추지 못하다가 결국 1849년에 영국 런던으로 망명하여 인생의 마지막 7년을 보냈으며, 그곳에서 극심한 가난과 병고에 시달리다 사망하였다. 그의 유명한 저서이자 사회주의의 바이블로 평가되는 『자본론』(1869) 역시 런던에서 저술되었다. 그가 심혈을 기울여 쓴 『자본론』은 변증법적 유물론의 방법에 따라서 자본주의 생산양식(생산력과 생산관계는 생산양식을 형성함)의 구조와 발전법칙을 총체적으로 설명하고자 한 노력의 결집체였다.

마르크스의 위대한 지적 발견 중 하나는 인간의 삶과 사상을 분리해서 생각할 수 없다고 한 주장이었다. 그는 자본주의 경제가 발전하여 엄청난 물질적 발전을 가져왔음에도 불구하고, 왜 노동자들의 삶은 더욱더 피폐해지는가에 커다란 관심을 가졌다. 그의 경제학 이론은 비인간적이고 잔인한 자본주의 경제시스템을 제대로 볼 수 있게 해 주었다는 점에서 중요하게 평가받고 있다.

마르크스의 변증법적 유물론(dialectical materialism)

마르크스를 추종하는 일부 학자들은 현대사회의 사회과학이론은 마르크스 방법론에 크게 힘입었다고 주장한다. 초기의 다른 사회과학자들처럼 다윈(Darwin)의 진화론에 영향을 받은 바 있는 마르크스는 그의 변증법적 유물론에서, 궁극적으로 존재하는 것은 의문의 여지없이 그 자체로 확인할 수 있는 감각적인 물질세계 그 자체인데, 물질세계의 오랜 변화과정을 거쳐 진화되어 온 인간도 이와 같다고 주장했다. 그러면서 물질세계는 부단히 변화하며, 그 과정은 '정－반－합'이라고 하는 변증법적인 과정을 거친다고 주장했다. 따라서 궁극적인 존재를 물질세계 그 자체로 본다는 점에서 마르크스주의는 유물론적 입장이라고 언급할 수 있다.

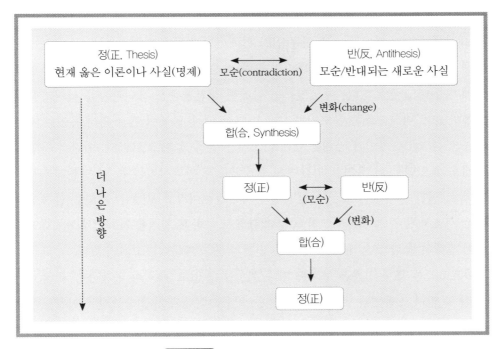

그림 3-3 변증법(辨證法, Dialectic)

마르크스의 총체적 파악(totalistic understanding)

마르크스는 총체적 파악에 대해서도 언급하였다. 총체적 파악이란 사회현상(겉으로 보이는 것) 이면(속)의 요소들과 그것들 간의 관계를 파헤치고, 그것을 현상형태(겉)와 관계 짓는 것이다. 그럼으로써 대상세계(즉, 겉과 속을 모두 의미하는바 현실세계 혹은 대자연)의 전모를 객관적으로 알 수 있게 되는 것, 즉 사회의 겉과 속, 전체를 파악하는 것을 총체적 파악으로 언급하였다. 그러면서 마르크스는 보이지 않는 요소들 간의 관계를 인지하기 위해서는 추상력의 동원이 필요함을 주장했다. 즉, 추상을 위해서는 풍부한 자료(소재)들을 통해 소재를 자기 것으로 소화하고, 내적 연관, 즉 내적 관계를 감지해야 함을 주장하였다. 그다음에는 실천을 통해 검증이 필요함을 역설하였다.

마르크스의 실천(praxis)

마르크스주의 철학에서 실천(praxis)은 매우 중요한 의의를 갖는다. 실천은 인간과 대상세계(현실세계)를 관계 짓는 인간 편에서의 활동을 의미하는데, 인간은 이를 통해 대상세계와 자기 자신, 그리고 양자 간의 관계를 변혁해 감으로써 역사 창조의 주체가 된다고 강조했다. 마르크스는 이러한 실천활동을 자연과학과 사회과학에 접목하였다. 마르크스는 물고기가 물을 떠나서 살 수 없듯이 인간 역시 자연을 떠나서는 살 수 없고, 자연과 관계를 맺지 않고서는 살 수 없다고 보았다. 인간은 자연과 관계를 맺으면서 이 자연을 인간에게 유리하도록 변화시키는데, 이 자연개조활동이 바로 인간의 가장 중요한 실천형태인 생산활동이라고 보았다. 자연을 합목적적으로 개조하기 위해서는 자연의 속성에 관해서 올바른 지식을 가져야 하며, 자연과학이 탄생하게 된 것은 바로 이와 같은 인간의 욕구 때문이라고 주장했다.

마르크스는 또한 인간은 사회를 떠나서는 살 수 없고, 사회와 관계를 맺지 않고서는 살 수 없다고 하였다. 이 사회개조활동이 바로 인간의 가장 중요한 실천활동이라고 보았다. 사회를 합목적적으로 개조하기 위해서는 사회의 속성에 관한 올바른 지식, 즉 사회과학적 지식이 필요하다고 주장했다. 또한 그는 인간이 변혁을 지향하는

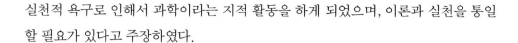

실천적 욕구로 인해서 과학이라는 지적 활동을 하게 되었으며, 이론과 실천을 통일할 필요가 있다고 주장하였다.

마르크스의 종교관

마르크스는 종교에 대해서도 언급하였는데, 종교란 인간의 정신을 좀먹는 사악한 것이며, 신이란 인간의식의 산물이자 인간정신의 산물이라고 간주하였다. 마르크스는 종교를 민중의 아편(레닌은 종교를 민중의 정신적인 술로 표현)이라고 하면서 종교도, 자본주의도 혁명에 의해서 종지부를 찍음으로써 진정한 행복을 찾을 수 있다고 주장했다. 또한 일부 종교에서는 생명이 없는 물질이 마치 초자연적인 힘을 발휘한다고 하면서 신상(神像)이나 토템(totem)이 그러한 것들이라고 비판하였다.

자본주의 사회에서는 돈이나 상품이 마치 힘을 갖고 있고 생명력을 가지고 있다는 환상에 사로잡히게 함으로써 인간을 물질의 노예, 즉 돈과 자본을 신으로 떠받드는 물신숭배(fetishism)에 매몰되게 한다고 주장하였다. 마르크스는 자본주의적 생산방식을 기반으로 하는 사회에서는 인간들 사이의 관계가 마치 상품이나 물건들 사이의 관계처럼 전도되는 현상이 비일비재한데 이를 물화(Versachlichung, 물신주의)라고 언급하며, 자본주의 사회에서 인간은 자기 자신이 만든 상품으로부터 소외되고, 노동으로부터 소외되고 있다는 점을 강변하였다.

마르크스에 대한 비판 및 지식인의 역할

한편, 미국의 실증주의 학자들은 마르크스의 사회이론이 과학의 한계를 넘어선 것으로 보았다. 또한 그의 철학이나 사회사상을 과격한 이데올로기로 보았다. 그러나 마르크스는 인간사회를 유물론적으로 파악하였으며, 인간사회를 초역사적으로 보지 않고 역사적으로 보았다는 점에서 중요한 인식을 보여 주었다. 그는 대다수의 노동자와 농민을 의식화되지 않은 즉자적 계급(Klasse an sich, Class in itself)에서 정치적 공동체의 형성을 통해 의식화된 대자적 계급(Klasse for sich, Class for itself)으로 변화될 수 있는 존재로 보았다.

제정 러시아 차르체제하에서 1917년에 볼셰비키 혁명을 성공시킨 레닌(Lenin)도 사회주의 혁명은 자본주의 사회의 경제위기 때문에 자동적으로 일어나는 것이 아니라, 혁명적 지식인이나 정당의 선동이나 의식화를 통해서, 즉 인간들의 의식적이고 정치적인 노력에 의해 일어난다고 주장했다. 그람시(Gramsci) 역시 윤리적이고 정치적인 기능을 수행하면서 전문화되어 있는 사람들, 즉 유기적 지식인들에 의해서 인간들의 의지와 의식적 요인을 각성시켜 혁명의 결과, 사회주의 사회로 갈 수 있다고 언급했다.

3 스펜서(Herbert Spencer)

스펜서
(Herbert Spencer,
1820~1903)

진화론을 창시한 찰스 다윈의 동료이자 콩트의 이론을 계승·발전시킨 스펜서(Spencer)는, 사회는 정적인 상태로 머물고 있는 것이 아니라 진화하고 있다는 사회진화론적 입장을 취했다. 스펜서는 다윈의 진화론[1]의 영향을 크게 받았는데, 그는 인간사회를 생물유기체에 비유하면서 사회체계를 이루는 각 부분은 사회 전체의 안정과 존속을 위해 기능적으로 작용함으로써 사회통합을 이룬다

---

1) 다윈은 『종의 기원』(1859년)이라는 그의 저서에서 자연계에 존재하는 생물유기체들은 자신의 환경에 적응하는 것들만 살아남는 방법으로 다양한 형질을 발전시켜 왔다는 주장을 하였다. 이 세상에 존재하는 모든 생물유기체는 자연의 법칙에 따라 우연의 누적을 통해 현재의 모습을 보이는 것이라고 하였다. 그의 주장은 당시까지만 해도 이 세상에 존재하는 모든 삼라만상은 신의 지적 설계나 신의 은총, 신의 의지, 신의 손길에 의해 만들어졌다는 창조론에 정면으로 배치되는 것이었다.

다윈의 이론을 충실하게 계승한 리처드 도킨스는 신은 날조되고 조작되었다고 주장하면서 창조론을 강하게 비판하였다. 그는 『이기적 유전자』(2018)라는 저서에서 "인간은 이기적 유전자의 복제욕구를 수행하는 생존기계일 뿐", 즉 인간은 유전자를 실어나르는 운반체(vehicle)에 불과하다고 주장하였다.

고 주장하였다. 즉, 사회는 상호의존적 부분들로 구성된 전체로서, 정치, 경제, 군사, 종교, 교육 등과 같은 하위체계들이 각자의 역할을 제대로 수행함으로써 고도의 균형을 유지하면서 존속하는 것이라고 주장하였다.

　스펜서는 사회가 비교적 단순한 형태를 보이는 전근대사회, 즉 강제적 협동과 중앙집권적 통제 특성을 보이는 군사형 사회에서 근대사회와 같이 개인의 자율성과 자발적 협동 특성을 보이는 산업형 사회로 변화해 왔다고 주장했다.[2] 이는 진화론의 영향을 깊이 반영하는 것이었다. 그는 자연계에 존재하는 모든 생물유기체가 자신이 처한 주어진 환경에 적응하면서 살아가듯이 사회 역시 유지 · 존속하기 위해서 진화한다는 사회진화론적 입장을 취하였다. 또한 사회는 동질적인 부분들로 구성된 분화되지 않은 형태에서 점차 이질적인 부분들로 이루어진 분화된 형태로 진화한다고 보았다. 즉, 미개사회에서 발전된 사회로 진화하는데, 진화의 결과 분화는 통합을 수반한다고 보았다. 이렇게 볼 때 그의 관점은 사회질서와 사회변동 중에서 특히 사회변동에 지대한 관심을 가졌음을 알 수 있다.

　한편, 진정한 과학의 반열에 오른 다윈의 진화론에 기초하여 적자생존을 강조한 사회진화론을 전개한 스펜서는 1870년대 부르주아지 계급과 제국주의화되고 있는 유럽 국가들에게 좋은 명분을 제공해 주었다. 적자생존을 앞세운 그의 이론은 인종차별의 논리와 전쟁, 불평등 및 유전적 우월성만을 추구하려는 우생학 등을 설명하는 것으로 사용되었다. 결과적으로 그의 사회진화론은 무용지물이 되기는 하였지만, 자본주의가 팽창하던 그 당시에 자유방임주의의 이론적 근거가 되어 신제국주의와 식민지정책이 확산되는 데 더없는 빌미를 제공하였다고 할 수 있다.

---

2) 스펜서는 강제력에 의해 사회질서가 유지되는 전근대사회의 군사형 사회에서 자발적 협동과 자유로운 계약에 의해 사회가 유지되는 근대사회, 즉 산업형 사회로 사회가 진화한다고 본 것과 같이, 사회구성원의 결합의지에 따라 (공동체를) 공동체와 결사체로 구분한 퇴니스(F. Tönnies) 역시 본질적 의지 또는 협조적으로 행동하려는 자연적 의지(응집성, 신뢰성, 동질적, 관습적)하에 공통적인 목적을 추구하는 감정융합의 공동사회(Gemeinshaft)에서, 선택적 의지 또는 특정한 목적으로 행동하려는 합리적 의지(도구적, 계약적, 비인격적)하에 이해타산으로 연결되는 이익사회(Gesellshaft)로 변화한다고 언급했다. 이는 뒤르켐이 언급하는 기계적 연대의 사회에서 유기적 연대의 사회로 사회가 변화한다고 하는 것과 맥락을 같이 한다고 할 수 있다.

4 뒤르켐(Emile Dürkheim)

뒤르켐
(Emile Dürkheim,
1858~1917)

사회학을 오늘날의 현대사회학으로 정립시킨 고전사회학의 아버지 뒤르켐(Dürkheim)은 1887년에 프랑스 보르도 대학교에서 세계 최초로 사회학을 강의하였으며, 프랑스 최초의 사회학 저널을 창간했다. 그는 사회가 개개인들이 모인 총합이 아니라 그것을 초월한 어떠한 것으로, 사람들을 한 덩어리로 묶어 주는 연대(solidarity)라고 보았다. 특히 그는 사회학의 연구대상으로서 사회를 사회실재론적 입장에서 바라보았다. 그에 의하면 사회는 인간들 밖에 존재하는 것으로서, 그는 인간들을 강제하고 규제하는 법, 종교, 성문화된 규칙, 문화 등 사회적 사실[3]에 주목하였다. 그는 사회의 무질서는 도덕적 무질서에서 비롯된다고 보면서, 사회를 결속시키고 무질서에 빠지지 않게 하기 위해 도덕적 연대의 중요성을 강조하였다.

뒤르켐은 대부분의 사회는 동질성을 바탕으로 하면서 공유된 믿음에 토대하여 사회적 합의를 창출하는 기계적 연대(mechanical solidarity)의 전근대사회에서, 이질성을 바탕으로 하여 경제적 호혜성의 관계와 상호의존성을 기반으로 하는 유기적 연대(organic solidarity)의 근대사회로 발전한다고 보았다. 이러한 변화의 주원인은 분업의 발전과 사회분화에 의해서라고 보았으며, 이 과정에서 도덕적 무질서가 필연적으로

---

3) 사회적 사실이란 개인의 외부에 존재하는 것으로, 개인의 행동이나 사고, 감정을 구속하고 통제하고 지배하는 어떤 것을 의미하는바, 예를 들면 어떤 개인 갑과 어떤 개인 을, 어떤 개인 병 등등이 모여서 사회를 이룰 때, 개인 갑에게도 없고, 개인 을이나 병에게도 없었던 새로운 속성이 나타남을 의미한다. 뒤르켐은 사회를 잘 이해하기 위해서는 이러한 사회 구성원 개인의 속성에서 보이지 않았던 새로운 속성, 즉 출현적 속성을 연구해야 한다고 주장하였다. 이와 같이 뒤르켐은 인간 개개인들이 모여서 사회를 이룰 때 무엇인가 새로운 사실이 출현하고, 개인들의 밖에서 인간들의 행동에 영향을 미치는 사회적 사실을 사회학의 연구대상으로 삼아야 한다고 하면서, 대표적인 것으로 종교, 법, 규범, 문화 등을 언급한다(박철현, 2010).

발생할 수밖에 없는데, 도덕적 무질서를 극복하는 수단 역할을 하는 것으로 교회나 학교, 노동조합, 직능단체 등과 같은 자발적 결사체인 중간집단의 중요성을 언급하였다.

　뒤르켐은 아노미(Anomie)의 발생에 대해서 언급하였는데, 그는 사회가 급격히 변화하는 시기에 준거할 규범의 부재나 삶의 목표 상실, 삶의 방향 상실에 기인하여 아노미 상태에 이르게 된다고 하였다. 그는 문화인류학자 마르셀 모스(Marcel Mauss)[4]로부터 건네받은 프랑스 법무부 자료를 분석하여 1897년에 발표한 『자살론』에서, 자살은 개인적·심리적 측면보다는 사회적 영향, 즉 사회적 조건(원인)에 의해 좌우되는 현상이라고 지적하였다. 그는 프랑스 행정관청(법무부)의 자료를 이용하여 천주교 신자와 개신교 신자의 자살률을 비교하였다. 그 결과, 개신교 신자의 자살률이 천주교 신자의 자살률보다 훨씬 높게 나타났음을 발견하였다. 그는 그 원인으로 천주교 신자는 자신이 속한 교회공동체의 힘과 가톨릭 신앙의 반개인주의 및 엄격한 제례의식과 교리에 대한 무조건적 복종으로 인해 개신교 신자보다 자살률이 낮음을 언급하였다. 다시 말해, 개신교 신자는 교리(성서)에 대한 자유로운 탐구·해석, 자신과 하나님의 관계가 일대일 관계라는 이기적 관계로 인하여 쉽게 자살에 이르게 된다는 것이다.

　그러면서 그는 자살의 유형을 네 가지로 분류하였다. 첫째는 이기주의적 자살(egoistic suicide)이다. 이에 대해 그는 사회통합의 정도가 가장 낮거나 집단의 결속력이 약화되거나 고립되었을 때, 즉 일상적인 현실과 타협하거나 적응하지 못하는 사람들이 쉽게 자살에 이르게 된다고 언급하였다. 예컨대, 개인주의적 성향이 강한 사람이 자기연민에 빠지거나 사회에 통합되지 못하고 소속감을 잃어버리면서 시도하

---

4) 에밀 뒤르켐의 사촌인 마르셀 모스(Marcel Mauss)는 『증여론(Essai sur le don)』(1925)에서 북아메리카 인디언과 폴리네시아인들의 선물교환에 관한 관습연구를 통해, 선물은 외관상으로 자발적이고 무상인 것처럼 보여 지지만 실제는 강제적, 타산적이며 그럼에도 불구하고 평화, 우정, 결속력을 유지시켜 준다고 선물교환문화의 중요성을 언급했다. 그에 앞서 16세기 프랑스 선물문화를 연구한 데이비스(Matalle Zemon Davis)는 선물은 또한 계급과 신분의 경계를 뛰어넘어 억압적인 관계를 완화시켰다고 주장한다. 즉, 선물은 거래합의에 신뢰와 신용을 더해 주었으며 어디에서나 사회적 승진과 정치적 거래방식을 용이하게 해 주었다고 주장한다.

는 자살과 같은 것을 의미한다. 둘째는 아노미적 자살(anomie suicide)로 경제적 격변기나 공황(恐慌)과 같은 사회의 급격한 변동과 불안전성으로 기존의 규범을 더 이상 유지할 수 없을 때 발생하는 것으로 보았다. 즉, 개인이 복잡하게 전개되는 사회상황 속에서 적응할 수 없는 상태, 소속감의 상실, 규범의 부재, 희망의 부재로 인해 자살이 발생한다고 언급하였다. 혹은 가치관의 붕괴와 서로 다른 가치규범의 혼돈에서 오는 자살과 같은 것으로, 대개 파산이나 실직을 경험하고 나서 하게 되는 것을 말한다. 셋째는 이타주의적 자살(altruistic suicide)로 개인이 과도하게 자신이 속한 사회나 집단에 지나치게 밀착되어 있는 경우, 즉 사회적 결속력이 너무 강한 사회에서 발생한다고 주장한다. 다시 말하면, 사회와 자기 자신을 동일시할 때 발생하는 것이다. 예를 들어, 민주주의나 정의, 종교적 신념을 외치며 분신 혹은 투신하는 경우가 이 범주에 속한다고 할 수 있다. 집단주의적 경향이 강한 사회 또는 사회적 연대가 강한 사회, 즉 기계적 연대가 강한 사회에서 이러한 유형의 자살이 발생한다. 대표적 예로, 제2차 세계대전 시 일본의 가미카제 특공대나 할복자살, 이슬람교도들의 자살폭탄 테러(순교) 등을 들 수 있다. 넷째는 숙명론적 자살(fatalistic suicide)로, 과거 노예사회처럼 통제가 심한 집단에서 발생하는 것으로, 개인이 사회에 의해 과도하게 억압되거나 규제됨으로 인해 자살을 하나의 운명(숙명)으로 받아들이는 사회에서 발생하는 유형이다. 이는 19세기 말 인도 사회에서 남편이 죽으면 아내도 동반하여 죽는 사티(Sati)라는 풍습에서 보듯이 극심한 사회적 통제가 존재하는 사회에서 발생한다.

◤ 5 짐멜(Georg Simmel)

마르크스와 또 다른 갈등론적 시각을 선보여 이후 갈등이론의 선구자라고 평가받는 한편, 독일 지성계의 아웃사이더이자 미시사회학의 선두주자, 독일에서 최초로 사회학 교수가 되었던 짐멜(Simmel)은 1894년에 독일의 베를린 대학교에서 사회

학을 강의하였다. 형식사회학을 창시한 그는 사회학이
하나의 학문으로 자리 잡기 이전에 마르크스, 뒤르켐, 베
버 등과 함께 사회학을 하나의 분과 학문으로 정립시키
는 데 기여하였다. 근대 사회학자들처럼 합의보다는 갈
등이 사회의 기초라는 데 동의한 짐멜은, 그간의 사회학
이 확실한 연구대상 없이 복잡다단하게 연구되어 온 종
합사회학적 입장을 비판하였다. 그러면서 그는 자본주의
제도가 비약적으로 발전한 결과, 사회영역이 질적·양적

짐멜
(Georg Simmel,
1858~1918)

으로 증가함으로써 인간들의 다양한 사회적 행위가 증가하였다고 언급하였다.

　그는 사회학의 연구대상으로 개별적이고 고유한 전문영역이 필요함을 역설하면
서, 사회 안에서 관계를 맺으며 살아가는 인간들 사이에서 보이는 상호작용의 형식
과 내용 관계의 체계를 세울 필요가 있다고 주장했다. 따라서 개인과 개인, 개인과
사회와의 상호작용 관계로 생겨나는 다양한 인간관계, 집단관계, 지배와 복종관계
등을 연구대상으로 삼아야 한다고 했다. 그러면서 그는 사회학의 임무는 다양한 역
사적 시기와 문화적 환경(인간들이 사는 세계) 속에서 이루어지는 상호작용들의 형식
을 연구하는 것이어야 한다고 주장하였다.

　여기서 그가 말하는 형식이란 내용들과 구분되는 비교적 안정되고 유형(pattern)
화된 사회생활의 요소를 의미한다. 다시 말하면, 사회학의 연구대상은 인간들에 의
해서 이루어지는 목적, 동기, 효율 등 상호작용의 내용이 아니라, 그 내용들을 아우
르는, 즉 행동의 기저(근본)를 이루는 상호작용의 형식에 집중해야 독특한 인간 현
상을 이해할 수 있다는 것이다.[5] 예컨대, 인간들 사이에서 흔히 보이는 밥을 먹자거

---

5) 짐멜에 의하면, 인간들은 사회 안에서 복잡다단하게 상호교류하면서 살아가고 있지만, 여기에는 어디까지
　나 엄연히 틀이라는 형식(形式)이 존재한다고 주장한다. 즉, 갈등이라는 형식, 경쟁이라는 형식, 분업이라
　는 형식, 협동이라는 형식 등이 존재하는데, 사회학은 이러한 각각의 형식들 내에서 전개되는 다양한 삶의
　내용을 연구해야 한다고 주장한다. 예로서, 갈등 속의 조화, 사랑 속의 증오 등과 같은 것을 의미한다고 할
　수 있다. 그가 언급한 형식에 대해서 더 부연해서 설명하면, 서로 다른 인간들 간의 상호작용행위에서 비

나 만나자는 의견 제시에 그 의미의 구체적인 동기나 목적 등과 같은 상호작용 자체, 즉 만남 자체를 고유의 가치로 여기고 그것을 연구대상으로 하자는 것을 말한다. 더 쉽게 예를 들면, "어떻게 오셨나요?"라는 질문을 받았을 때 그것은 다양한 의미를 가질 수 있다. 어떤 교통수단을 이용해서 왔는지의 표면적인 의미일 수 있고, 또는 파티에 참석한 이성이라면 접근의 시도일 수도 있으며, 동성일 경우 어떤 동기로 파티에 오게 되었는지 그 동기에 대한 의미 혹은 단순한 정보 파악이거나 의례적인 물음일 수도 있다. 짐멜은 이러한 인간들의 상호작용 행위를 형식으로 보았다(주현성, 2013).

결과적으로 짐멜은 정치·경제·종교·예술 등 사회 모든 분야에서 볼 수 있는 인간들 간의 심적(心的) 상호작용, 즉 2자 관계, 3자 관계 및 그 이상의 상호관계로 형성되는 갈등·경쟁·투쟁·분화·교환·친화·협동·모방·지배·복종 등을 연구대상으로 삼아야 한다고 언급하였다. 따라서 사회학의 연구대상은 인간사회에서 일어나는 상호작용의 내용이 아니라 그 내용들을 관계 맺게 하는 형식이어야 한다고 주장했다.

한편, 그는 1900년에 펴낸 사회학의 3대 명저 중의 하나인 『돈의 철학』에서 돈이 만들어 낸 화폐경제가 어떻게 인간들의 사고, 감정 및 의지, 사회적 관계들을 그리고 사회, 법 및 제도들을 변화시켰는가를 연구했다. 즉, 근대경제의 가장 중요한 집적체(조직)라 할 수 있는 화폐가 문화의 모든 중요한 측면에 끼치는 영향을 연구하였다. 초월적 신을 대신해서 새로이 등장한 자본주의 사회의 동력이자 꽃인 화폐를 연구함으로써 삶의 소소한 측면에서 인간 삶의 모든 측면(문화)에 영향을 미치는 그 총체적 의미를 발견하려고 하였다.

또한 그의 업적 중 가장 큰 영향력을 미쳐 온 것은 바로 대도시생활에 대한 연구

숫한 특징의 예로, 18세기 영국의 귀족과 작가와의 관계는 20세기 남아메리카의 소농과 지주 사이의 관계와 비슷한 양상을 보이는데, 이러한 관계는 후견인(patronage) 관계라는 유사성을 보인다. 이러한 형태(식)의 유사성을 다른 상황, 다른 시점, 다른 사회에서도 일어날 가능성이 있다고 보았다[김윤태(2012) 책에서 인용].

성과이다. 그는 대도시에 거주하는 사람들의 태도를, 즉 무관심, 속내 감추기와 같은 이성적 장벽을 세우는 것은 도시생활에 몰두하다 겪게 되는 정신적 혼란에 대처하는 사회적 생존기법으로 이해할 수 있다고 언급한다. 그의 연구는 1920년대에 소위 시카고학파가 도시사회학을 발전시키는 데 효시가 되었다.

6 베버(Max Weber)

현대사회의 관료제(bureaucracy)를 심도 있게 연구하고, 이해의 사회학을 창시한 베버(Weber)는 거시적인 사회구조보다 인간들의 사회적 행위[6]에 연구의 초점을 맞추었다. 그는 인간들이 행동하는 방식과 그 행동이 더 넓은 사회에 영향을 미친다고 언급하였다. 즉, 사회학이 구조가 아닌 인간들의 상호작용 행위를 연구해야 한다고 주장하였다. 그는 모든 인간은 자기 나름대로의 생각을 가지고 주관적 의미를 가지면서 다른 사람들과 상호작용

베버
(Max Weber,
1864~1920)

하는데, 대개 행위자들은 다른 사람들의 행위를 염두에 두고 자신의 행위를 수행한다고 말하였다. 사회구조 역시 인간들의 복잡한 상호작용에 의해 형성되는 것으로, 그 행위들의 보이지 않는 의미를 이해하는 것이 사회학

---

6) 근대사회에 대한 베버의 사회학적 연구는 그 기제에 사회적 행위론에 있다. 네 가지 사회적 행위를 언급한 내용을 보면, 주어진 목적을 성취하기 위해 가장 효율적인 수단을 고려하는 목적합리적 행위, 내면의 양심이나 도덕적 명령에 따른 가치합리적 행위, 목적과 수단을 합리적으로 따져 보기보다는 행위자의 감정에 따라 행동하는 정서적 행위, 행위의 효율성이나 가치기준 등을 사전에 배제하고 관습에 따라 이루어지는 전통적 행위가 있다. 그는 전통사회에서는 가치합리적 행위, 정서적 행위, 전통적 행위가 지배적인 양식으로 나타나는 반면, 근대사회는 목적합리적 행위가 주류를 형성한다고 언급한다.

이 할 일이라고 주장하였다. 즉, 사회현상의 이면에 있는 리얼리티(실재)의 본질을 파악해야 한다는 것이다. 따라서 베버의 사회학적 연구가 사회적 행위에 부여된 의미의 이해를 추구하는 것이라는 점에서 그의 사회학을 이해사회학이라 일컫는다. 결국 인간은 사고, 의식, 태도, 가치를 지니고 있음으로써 행위자의 행위 역시 내면적으로 파악하는 감정이입 또는 이해의 방법으로만 설명할 수 있다는 것이다. 그러면서 베버는 인간의 사상과 동기, 가치, 믿음이 사회의 변화를 추동하는(움직이는) 힘이라고 주장하였다.

또한 베버는 사회변동의 성격과 원인을 규명하려는 연구를 하였다. 특히 자본주의 제도가 동양 사회보다는 서양 사회에서 왜 발흥하게 되었는가를 비교연구하였다. 그는 중국 사회의 유교 이데올로기에 입각한 가산제(과거제)가 자신들의 체제 유지를 위해 힘쓴 결과, 그리고 사농공상(士農工商) 중에서 사(士)만을 중시한 결과로 사회발전을 이루지 못했다고 본 대신, 서구 사회의 기독교적 신념의 특정한 측면이 자본주의 발달에 강한 영향을 끼쳤다고 보았다. 이를테면 개신교 윤리(칼뱅주의 교리, 청교도주의)가 근검절약을 강조하고 직업소명설(소명의식)과 노동윤리설을 강조함으로써 사회발전을 이루었다고 하면서, 그는 그의 저서 『프로테스탄티즘 윤리와 자본주의 정신』(1904~1905)에서 기독교 윤리에서 강조하는 '모든 부의 주인은 신이고 인간은 다만 관리자일 뿐'이라는 교리가 자본주의의 발전에 기여하였다고 말하였다.

이뿐만 아니라 베버는 정당화된 권력을 '권위'로 보았는데, 이러한 권위를 특출한 영웅적 지도자가 보이는 카리스마적 권위(charismatic authority), 카리스마적 권위가 전통으로 자리 잡은 중세 봉건제 사회에서 흔히 왕이나 군주에 의해 행사되던 전통적 권위(traditional authority), 가장 바람직하고 혁신적이며 정당성과 항구성을 가진 합법적·합리적 권위(legal-rational authority)의 세 가지로 구분하였다.

이 외에도 베버는 효율성과 미래사회의 결과를 고려한 합리화의 결정체인 관료제의 출현을 언급하면서, 관료제의 발달을 집합적 합리화로 기술하였다. 그는 산업혁명과 자본주의의 출현이 합리화를 위한 거대한 추세의 증거라고 언급하였다. 그러나 그는 관료제가 인간을 지배하는 도구[베버는 이를 쇠우리(iron cage)로 언급하였음]로 전락할 것이라고 하면서, 인간의 영혼 붕괴와 비인간화를 우려하였다.

베버는 사회현상이나 사물을 볼 때, 편견에서 벗어나 객관적인 입장에서 연구함을 강조하는 몰가치성(沒價値性, value free), 즉 가치중립성을 강조하였다. 지고지선의 진·선·미라는 것에 대해서도 이상형(理想型, ideal types; 이념형이라고도 함)을 제시하면서, 인간들은 완전한 이상형을 추구하기 위해 아무리 노력해도 단지 접근만 가능할 뿐 도달할 수는 없다고 언급하기도 하였다.

7 파슨스(Talcott Parsons)

미국 사회학계의 교황으로 불리는 미국의 대표적 사회학자인 파슨스(Parsons)는 사회체계이론, 합의론과 맥락을 같이하는 구조기능주의이론을 집대성한 학자로서, 대학에서 생물학을 전공했으며, 그 후 독일로 유학하여 베버를 이론적으로 연구하였다. 파슨스는 콩트의 영향을 많이 받았는데, 사회를 하나의 통합된 전체라고 보았다. 전체 사회의 구조를 여러 개의 작은 구조가 유기적으로 결합하여 상호 영향을 주고받는 것으로 보았으며, 그것이 전체 사회의 유지 및 존속에 필요한 기능들을 수행하는 것으로 파악하였다.

파슨스
(Talcott Parsons,
1902~1979)

그는 어떤 사회든 계속 존속하려면 사회구성원들의 부단한 생산과 사회화가 필요하며, 변화하는 자연환경과 외부환경에 적응해야 하는 등 필수적인 기능(functional prerequisites)을 수행하지 않으면 안 된다고 하였다. 따라서 사회체계는 적응기능, 목표달성기능, 통합기능, 잠재적 유형 유지 및 긴장처리 기능의 하위체계로 구성되어 있으며, 적응기능(adaption function)은 경제제도, 목표달성기능(goal attainment function)은 정치제도, 통합기능(integration function)은 법제도나 교육제도, 복지제도, 잠재적 유형 유지 및 긴장처리 기능(latent pattern maintenance and tension management function)은 문화, 종교 등의 제도가 주로 담당하는 것으로 보았다.

또한 그는 사회는 자체의 유지·존속을 위해 수행되어야만 하는 기능들이 있으며, 기능 수행의 지속성이 구조를 이룬다고 하였다. 따라서 사회 내에 존재하는 각종 제도나 조직은 사회의 유지와 존속을 위해 각기 주어진 기능을 수행하는 것으로 보았다. 균형 잡힌 상호교환이 이루어질 때 사회가 안정되지만, 그렇지 못할 때에는 기능장애가 일어나고 또 그것을 복구해 가는 과정에서 점진적 변동이 일어난다고 했다. 파슨스는 분화와 통합이 반복됨에 따라 사회체계의 상호의존성이 증가한다고 하면서 상호의존성에 기초한 사회는 동적 균형(dynamic equilibrium)을 통해 전체적으로 사회의 안정을 유지하게 된다고 언급하였다. 이처럼 그는 사회가 대체로 안정되고 조화로운 모습을 하고 있는 것으로 여겼으며, 사회가 완만하게 변화하면서 외부환경에 대해 적응능력이 커지는 방향으로 진화해 간다고 보았다.

파슨스의 유형변수(pattern variables)

파슨스는 전근대사회(pre-modern society)와 근대사회(modern society)의 관계 특성을 다섯 쌍으로 분석하여 규범과 역할기대 및 가치지향에서의 선택 가능성을 다음과 같이 분류하였다.

▶ 귀속성(ascription) 대 업적성(성취성, achievement)
▶ 확산성(광범성 혹은 무특정성, diffuseness) 대 특정성(구체성, specificity)
▶ 특수주의(개별주의, particularism) 대 보편주의(universalism)
▶ 감정성(정의성, affectivity) 대 감정중립성(정의중립성, affective neutrality)
▶ 집합지향(collectivism) 대 개인지향(individualism)

파슨스는 이러한 것들을 통틀어 유형변수[7]라고 불렀는데, 각 항의 전자는 전근대

사회의 특성으로, 후자는 근대사회의 특성으로 보았다. 따라서 근대화란 전근대사회에서 근대사회로의 전환을 의미하는 것으로, 인간들의 태도나 가치 변화에 의해 선도됨을 강조했다. 즉, 어떤 사회의 근대화 수준은 바로 그 사회 구성원들의 행위 양식과 사회제도에서 근대적 유형변수의 조합들이 얼마나 지배적인가를 통해서 확인할 수 있다는 것이다. 결론적으로 파슨스는 전근대사회와 근대사회의 사회적 상호작용에 질적 차이가 존재하는 것으로 보았고, 유형변수를 통해 사람들이 선택할 수 있는 모든 가치지향을 파악하려고 하였다.

8 머튼(Robert K. Merton)

자기충족적 예언[self-fulfilling prophecy, 피그말리온 효과(Pygmalion effect) 같은 것]과 롤 모델(role model)이라는 용어를 만들어 낸 머튼(Merton)은 뒤르켐의 아노미이론을 보다 체계화하여 일탈행위이론을 만들었다. 그는 추상적이고 모호함으로 가득한 이론들과 이론적 근거 없이 허무맹랑한 경험적 연구들만이 난무하는 허구적 현실에 대해서 비판하였다. 따라서 그는 이러한 문제점을 극복하기 위한 방편으로 중범위이론(middle range theory)[8]

머튼
(Robert K. Merton,
1910~2003)

---

7) 퇴니스의 공동사회 대 이익사회의 유형에서 실마리를 얻어 만든 유형변수에 대해, 파슨스는 전근대사회는 농업과 같은 1차 산업이 중심이 되는 폐쇄경제사회로, 인간들 간의 관계가 감정적 요소에 영향받기 쉽고, 집단적 성격과 귀속적 특성을 지니며, 보상의 배분이 신분이나 세습 등 특수기준에 의하여 이루어진다고 언급했다. 반면, 근대사회는 2차 산업 중심의 교환경제가 기반이 되는 사회로, 인구이동이 활발하고 인간들 간의 관계가 감정중립적이면서 개인적 · 업적 중심적 특성을 보이며 사회적 관계가 항상 구체화되고 보상체계는 객관적 · 보편적 기준에 근거한다고 언급했다.

의 필요성을 제시하면서, 이를 통해 사회과학적 연구가 의미 있게 될 것이라고 전망
하였다. 즉, 경험적 근거자료 없이 모든 것을 포용하여 추상적인 개념들로 체계화한
거시이론과 이론적 준거 없이 경험적 자료의 분석만을 강조하는 경험주의 사이에
존재하는 공백을 중범위이론으로 메워야 한다고 주장하였다.

　그는 기능적 대안에 대해서 언급을 하였는데, 사회에 필요한 특정 기능은 특정 제
도에 의해서만 수행되는 것은 아니라고 하면서 다른 제도에 의해서 수행될 수도 있
다고 하였다. 그리고 맞벌이 부부가 증가하고 가사노동의 사회화가 급진전되는 현
대사회에서 유아보육시설(보육원, 탁아소)이 이전 사회의 가족구성원들에 의해 수
행되던 양육기능을 대신한다고 하였다. 또한 그는 프로이트의 현재의식−잠재의
식 도식에 착안하여 기능이라는 개념으로 행위의 주관적 의미와 그 사회적 역할 사
이에 발생하는 엇갈림의 문제를 정리한바, 사회에는 동전의 양면처럼 플러스 효
과라 할 수 있는 순기능(eufunction)이 있으면 마이너스 효과라 할 수 있는 역기능
(dysfunction)이 존재한다고 언급하면서, 과학의 발달이나 공업발전(경제성장)이 인
간들의 삶을 향상시키는 한편, 공해와 환경오염을 유발함을 언급하였다. 경제성장
으로 인간들의 삶의 질이 향상되는 것은 순기능인 데 반하여, 환경오염이 극심해지
는 것은 역기능이라고 하였다.

　또한 그는 현재적 기능(manifest function)과 잠재적 기능(latent function)에 대해서
도 언급하였다. 예컨대, 미국 중서부에 거주하는 푸에블로 인디언(Pueblo Indian)들
은 몇 달씩 비가 오지 않으면 기우제를 지내는데, 이 기우제를 지내기 위해서 부족
구성원들을 불러 모으고 제사(祭祀)를 지내는 가운데 부족구성원 간의 단결, 즉 통

---

8) 중범위이론은 좁은 범위의 현상에만 적용되는 소범위이론[예: 스키너(Skinner)의 학습이론과 같은 인간들
　의 사소한 행위 연구]과 사회체제, 사회현상을 광범위하게 설명하는 일반이론(예: 파슨스의 사회체계이론,
　마르크스의 역사유물론 등)의 중간단계 이론으로서 사회현상의 부분적이고 한정된 측면만 다루는 이론을 의
　미한다고 할 수 있다. 이와 같이 머튼은 중범위이론에 대해서 추상적 이론 대신 구체적으로 이해할 수 있는
　이론을 토대로 해서 가설을 도출하여, 경험적 방법으로 조사(즉, 관찰)하여, 검증을 통하여 지식을 습득할 수
　있음을 언급하고 있다. 그 예로서 관료제론, 사회갈등이론, 매슬로(Maslow)의 욕구단계이론 등이 있다.

합을 꾀하게 된다. 기우제를 지내기 위해 부족구성원을 불러 모으는 것은 현재적 기능이며, 보이지 않게 부족의 통합을 꾀하는 것은 잠재적 기능이라고 하였다.

9 푸코(Michel Foucault)

『감시와 처벌』이라는 저서에서 사회 내 권력의 속성에 대한 연구를 시작했던 푸코(Foucault)[9]는 파리고등사범학교에서 철학 및 정신의학을 공부하였으며, 36세에『광기의 역사』로 박사학위를 받은 이후, 파리 뱅센 대학교의 철학교수를 거쳐 1970년 이래 콜레쥬 드 프랑스(프랑스 학술연구원)에서 교수로 활동하였고, 현대 사회학에 많은 영향을 미친 프랑스의 가장 대표적인 학자이다.

푸코
(Michel Foucault,
1926~1984)

푸코는 임상의학, 정신병동, 감옥, 병원 등에 관한 역사적이고 사회학적인 연구를 거쳐 르네상스 시대 이후의 근대 서구 사회의 지식체계(지성사)에 관한 변동을 추적하고, 인간이라는 존재 개념

9) 프랑스의 사상가이자 사회학자, 사회비평가였던 푸코는 서구 사회의 근대성(modernity)의 일방적이고도 폭력성(야만성)에 주목하였고, 인간의 이성으로부터 어떤 희망도 찾아볼 수 없다고 서구사회의 근대를 비판하였다. 종교가 지배하던, 중세 봉건제 사회를 붕괴시켰던 정신과 물질의 조화를 추구한 르네상스와 면죄부 판매의 부당성에 대해 95개 조항의 반박문으로 시작된 마틴 루터의 종교개혁을 통해서 비로소 형성되기 시작한 서구 사회의 지적 사유(계몽주의, 이성, 합리성 등)가 신의 굴레로부터 인간의 해방, 그로 인한 인간의 존엄과 자유, 평등, 도덕적 진보, 관용, 번영, 발전, 풍요를 가져다주었다는 것에 대해, 푸코는 서구의 근대가 오히려 근대화되지 못한 나라, 즉 유럽 이외의 많은 국가에 폭력, 착취, 억압과 같은 모순적 상황을 낳았다고 주장한다. 다시 말해, 근대의 광기(야만)가 제국주의, 식민 지배, 수탈, 착취, 전쟁, 폭압과 같은 모순을 낳았다는 것이다. 따라서 푸코는 서구의 근대이성이 과학이라는 진리의 이름으로 일방적이고도 우월적인 태도 및 왜곡된 사유를 바탕으로 무지, 미개라는 비이성적인 것들을 무시하고 짓밟는 폭력, 억압, 불평등을 일상화해 왔다고 강변했다.

의 종언을 선언하여 논의를 일으켰다.

그는 각 시대의 이론이 고유한 배제(排除)의 체계를 갖고 있다고 주장하고, 서구 사회에서는 이성과 광기, 진리와 허위를 분할하는 지(知)에 대한 의지가 권력기구와 불가분의 관계에 있다는 관점에서 감옥이나 성(性)의 역사를 다루었다. 특히 푸코는 성과 쾌락이 구성되는 것으로, 이러한 성과 쾌락에 대한 분석을 통해 사회적 억압과 기제를 볼 수 있음을 주장하기도 하였다.

그의 연구 가운데 가장 중요한 주제는 지식과 권력의 관계에 대한 사회학적 분석이다. 푸코는 이를 '권력의 미시물리학'이라고 불렀다. 그는 『감시와 처벌』이라는 저서에서 형벌제도의 변화를 통해 각 시대의 권력이 어떻게 개인을 통제하고 예속시켜 왔으며, 개인이 권력의 작용에 따라 어떻게 권력관계가 종속·변화되는지를 추적하였다.

이처럼 푸코는 현대사회의 조직체계(감옥, 정신병원, 군대, 학교, 공장, 기숙사 등)와 관련하여 권력과 이념, 담론의 관계에 대한 새로운 관점을 발전시킴으로써 오늘날 근대 세계의 사고를 과거의 것과 분리하는 이해의 전환을 시도하였다.

10 하버마스(Jürgen Habermas)

하버마스
(Jürgen Habermas,
1929~)

상대방의 의견을 존중하는 의사소통적 이성과 보편적 합리성의 재건을 주장한 하버마스(Habermas)는, 마르크스의 사상을 현대적으로 비판하고 재해석했던 아도르노(Adorno), 마르쿠제(Marcuse), 프롬(Fromm) 등과 같이 비판이론(critical theory)을 주창한 가장 대표적인 학자이다. 이처럼 프랑크푸르트학파(Frankfurt school)와 많은 관련이 있는 하버마스는 프랑크푸르트 대학교에서 철학과 사회학을 가르쳤다. 프랑크푸르트학파는「지배에 대한 비판」에서, 현대 자본주의사회에서의 지배의 초점은 이제 경제로부터 문화의 영역으로 옮겨 갔다고 보았다. 즉, 현대세계에서의 지배와 통제는 비자발적이고 허구적인 대중문화와 테크놀로지에 의한 개성의 말살과 노예화 등에 의하여 이루어지고 있다는 것이다.

이러한 현대의 비합리적 상황을 타파하는 방안으로 하버마스는 생활세계 내의 의사소통적 합리성의 복원, 즉 차별 없는 의사소통과 상호작용이 그 자체로서 규범과 목표가 되는 것을 제시하였다. 하버마스는 생활세계가 문화, 사회, 개인의 세 가지 요소로 구성되고, 의사소통 행위를 통해 경제, 국가, 가족, 법과 같은 사회체계를 구성한다고 보았다. 그리고 인간들의 생활세계는 진정한 것으로, 사회체계의 제도는 허구로 생각하기에 현대화와 합리화의 과정이 생활세계를 식민지로 만드는 것이라고 주장하였다. 또한 그는 현재 통제의 대상이 아니라 주체가 되어 버린 자본주의 사회체계에 대한 우리의 통제를 증가시키고 민주주의를 진전시킬 수 있는 방안으로서 공공영역(public sphere)[10]의 중요성에 주목하였다.

하버마스는 물적 토대인 경제제도가 사회발전의 모든 단계에서 반드시 존재할 필요는 없다고 봄으로써 마르크스주의의 관점을 수정하였다. 그는『지식과 인간의 관심』(1968)에서 실증주의와 경제적 결정주의를 더욱 체계적으로 비판하면서 지식의 형성과정에서 필요한 인간의 '상호주체성'을 강조하였다. 그는 지식은 공개적이고, 자유롭고, 방해받지 않는 '이상적이고 상세한 설명 상황' 속에서 형성되어야 한

---

10) 독일의 사회철학자이자 프랑크푸르트학파의 2세대 대표주자인 하버마스는 자신의 저서『공론장의 구조 변동』에서 공론영역, 즉 공론장이란 국가와 시민사회를 연결(매개)하고 여론을 형성하고 결집하는, 즉 합리적·이성적 토론과 비판이 벌어지는 영역(곳)이라고 언급하였다. 또한 하버마스는 반근대주의, 반이성주의 사상가였던 푸코와 달리, 그리고 정치에 대한 과도한 회의주의와 서구의 근대정신에 대한 부정적 견해를 갖고 있었던 비판이론가들의 집합체였던 프랑크푸르트학파의 학자들[호르크하이머(Horkheimer), 마르쿠제, 아도르노]과는 달리, 부르주아지 공론장으로 불리는 서구 근대사회의 민주주의적 의사소통모델이 변질되기는 했지만, 서구 사회의 근대성이 민주주의의 정신적 잠재력과 이성의 잠재력의 가능성에 대해 매우 희망적인 입장이었다. 즉, 서구 사회의 근대이성이 우리 인간의 삶에 민주주의의 발전과 가능성을 지속시킬 것이라고 강조하였다.

다고 주장했다.

또한 하버마스는 인간의 상징적 상호작용에 근거한 변증법과 자기반성, 그리고 해방 간의 관계를 재발견함으로써 고도로 발달한 기술문명의 지배력을 분석할 수 있는 방법을 제시했다. 이것은 바로 현실을 정당화하는 실증주의적 사고에 의해 사라진 비판의식을 구제하려는 노력이었다. 여기서 우리는 공공여론이나 의사소통을 통해 집단 간의 수평적 연대를 이끌어 냄으로써 지배 이데올로기를 비판적으로 해체하고 합리적인 의사소통 구조를 사회 전반에 확장하려 한 하버마스의 시도를 이해할 수 있다.

부록

최근의 사회학자들 I

● 찰스 라이트 밀스(C. Wright Mills, 1916~1962)

분노의 사회학자라는 별칭을 가진 밀은 미국의 급진적 비판사회학자이다. 그의 대표 저작으로는 새로운 중간계급의 형성을 화이트칼라라는 용어로 분석하여 제시한 『화이트칼라(White Collar, The American Middle Class)』, 미국은 다원적인 민주주의 국가가 아니라 소수의 엘리트(군사부문과 산업부문을 장악한 새로운 지배계급)들이 미국을 지배하고 있다고 폭로한 『파워엘리트(The Power Elite)』, 실증주의를 비판하면서 새로운 연구방법을 제시하고 사회학이 해야만 할 중심 연구대상은 무엇이 되어야 하는가를 제시한 『사회학적 상상력(The Sociological Imagination)』 등이 있다.

그는 사회학의 연구발전에 지대한 영향을 미친 학자로서, 사회학이 어떤 학문이 되어야 하는가를 핵심적으로 지적한 학자라는 점에서 높이 평가받고 있다. 사회학적 상상력을 소유하고 있는 사람들은 거대한 역사적 국면(상황)이 다양한 개인의 내면생활과 외적생애에 어떤 의미를 갖는지 이해할 수 있어야 한다고 언급한다. 즉, 개인의 인생, 역사, 사회의 테두리 내에서 이루어지는 서로간의 관계를 파악할 수 있어야 한다고 강조한다. 개인에게 발생하는 문제를 공공의 문제로, 즉 공공문제를 다양한 개인들의 문제로 전환하여 볼 수 있는 사회학적 상상력이 있어야 한다는 것이다. 거대한 사회적 힘과 개인행위 사이에 관계를 파악하는 능력이 필요하다는 것이다.

다시 말하면, 대다수 사람들은 자신에게 일어나는 일들이 어떤 과정을 거쳐 더 큰 사회적 맥락과 연결되는지 알지 못한 채 자신의 삶을 살아간다. 실업자가 되거나 집을 잃거나, 빚을 진 채 죽음을 맞이하는 등 개인이 겪는 모든 문제는 개인에게만 국한되어 있을 뿐, 역사적(사회적) 상황(힘)과 관련되어 있을 것이라고 생각하지 않는다고 언급한다. 그래서 그는 평범한 사람들이 자신의 개인적인 문제를 보다 더 큰 공적인 문제(사회전체)와 관련된 관점에서 바라보기 어렵기 때문에 사람들을 일깨우고, 자극하고, 가르치는 일은, 즉 꼭 필요한 지식과 정보를 제공하는 일은 사회학자가 해야 할 몫이라고 강변한다.

또한 그는 그간의 사회학이 일상생활에서 겪게 되는 일들과 동떨어진 채, 사회문제나 사회변화에 관여하기보다는 거대이론을 제시하는 데 더욱 관심을 보여 왔음에 대해 비현실적인 사회학을 비판한다. 지식은 유용해야 한다는 실용적인 관점과 객관적인 자세로 정치적, 사회적 문제에 적극적으로 관여함으로써 사회를 더 나은 방향으로 변화시키고, 개인의 삶을 탈바꿈할 수 있게 하는 것이 지식인인 사회학자의 일이라고 언급한다.

그는 『파워엘리트』라는 책에서 파워엘리트는 반드시 경제엘리트일 필요는 없으며 정치노조를 이끄는 지도자들도 포함된다고 하면서, 그는 군사부문과 산업부문(군산복합체)을 장악한 새로운 파워풀한 괴물인 지배계급이 탄생했다고 언급했다. 또한 그는 학문용어에서도 사회과학이라는 말보다는 사회연구라는 단어를 더 선호했다. 밀즈는 기본적으로 사회연구란 개인의 생활사와 역사를 사회구조 속에서 이해하려고 하고, 사회구조를 역사적이고 비교학적으로 고찰할 수 있는 안목을 가져야 한다고 언급하였다.

● 니클라스 루만(Niklas Luhmann, 1927~1998)

독일의 사회학 이론가로 미국의 구조기능주의 사회학을 독일 학풍에 결합시킨 학자이다. 그는 20대 시절 프라이부르크 대학교에서 법학을 공부한 후 공무원이 되었다. 공무원 재직시기에 안식기간인 1960~1961년 사이에는 하버드 대학교에서 사회학과 행정학을 공부하면서 탤컷 파슨스의 가르침을 받았다. 그 후 1966년 뮌스터 대학교에서 사회학 박사학위를 받았고 1968년 빌레펠트 대학교에서 교수생활을 했다. 그의 대표 저작으로는 『사회체계이론』(1984), 『사회의 사회』(1997)가 있다.

그는 근현대성의 결정적 특징인 선진 자본주의 사회가 개개의 사회체계, 즉 경제체계, 교육체계, 과학체계, 법률체계, 정치체계, 종교체계 등으로 분화된다고 하였다. 다시 말하면, 현대사회는 갖가지 사회체계, 즉 경제체계, 법률체계, 교육체계, 정치체계 등이 있다는 것이다. 그는 이것을 '사회'라는 용어로 언급하면서, 모든 체계를 아우르는 것이 사회라고 언급하였다. 정리하면, 사회는 각 체계들의 합(구조적 결합)이라는 것이다. 그러면서 그는 사회의 기본요소를 이루는 것을 의사소통이라고 보았다. 즉, 사회의 기본요소는 인간행위자가 아니라, 언어적, 비언어적 활동 및 상호작용에서 발생하는 정보, 발언, 이해의 종합인 '의사소통'이라고 언급하였다. 각 체계 내에서나 체계 간의 의사소통을 통하여 사회(체계)가 형성되고 굴러간다고 보았다.

● 지그문트 바우만(Zygmunt Bauman, 1925~2017)

독특한 이력을 가진 폴란드 출신의 저명한 사회학자 지그문트 바우만은 1925년 유대계 폴란드인 집안에서 태어나, 독일 나치스의 폴란드 침공으로 소련으로 이주했다. 그는 폴란드사단에서 장교로 복무한 후, 이스라엘로 건너가 텔아비브 대학교에서 잠시 가르치다 영국으로 이주하여 리즈(Reed) 대학교에서 사회학과 교수로 재직하다 은퇴했다. 그의 대표 저작으로는 『액체근대 (Liguid Modernity』(2000), 『현대성과 홀로코스트(Modernity and the Holocaust)』(1989) 등이 있다.

그는 현대사회는 전근대의 속성인 정체성, 계획성, 확정성, 예측 가능성으로 특징짓는 고체근대(solid modernity)사회에서 벗어나, 이제 인류는 근대의 속성인 이동성, 우연성, 불확정성, 예측 불가능성으로 특징짓는 액체근대(liquid modernity, 유동적 근대성)사회 속에 살고 있다고 언급한다. 여기서 그가 말하는 액체근대란 기존 근대사회의 견고한 작동원리였던 구조, 제도, 풍속, 도덕이 해체되면서 모호성, 상대성, 유동성과 불확실성이 증가하는 사회로 변화되었다고 한다. 그는 액체근대라는 것이 세계적, 체계적 수준에서는 물론, 개인의 경험적 수준에서도 똑같이 경험하는 것이라고 주장한다. 현대사회의 생활은 유동적이고, 사회적 흐름은 빠르고, 변화무쌍하고 무정형이고 중심점이 없으며, 수용과 예측이 힘들다는 것이다. 따라서 본질적으로 액체근대라는 것은 위에서 언급했듯이 예측불가능하고 불확실하며, 점점 더 위험한 방식으로 끊임없이 재형성되는 생활양식이라는 것이다. 현재의 서구 사회가 그렇다는 것이라고 그는 언급한다.

그러면서 그는 개인의 자유(해방)과 자아실현, 시공간의 문제, 일과 공동체라는 삶의 거의 모든 영역이 액체화되었다고 진단한다. 그는 액체근대에서 고체근대의 특징인 안정적이고 견고한 고체와 달리, 끊임없이 변화하는 성질을 가진 액체개념에 기초하여 우리가 어떻게 무겁고, 정체되고, 계획적이고 확정되고 예측통제가 가능한 고체성에서 가볍고 액체적이고 불안정성이 지배하는 근대로 어떻게 변화되어 왔는지를 연구하였다. 그는 액체근대사회에서는 우리의 영구적인 유대란 존재하지 않는다고 한다. 그가 말하는 액체근대라는 것은 오늘날 거침없이, 피도 눈물도 없이 거부할 수 없게 전개되고 있는 세계화시대를 압축 요약한 개념과도 일맥상통한다.

● 마누엘 카스텔스(Manuel Castells, 1942~)
정보사회학의 거장이자 커뮤니케이션학자인 카스텔스는 1942년 스페인 태생의 학자로서 사회과학계의 영향력 있는 사회학 사상가이다. 그의 대표 저작으로는『정보화 시대: 네트워크 사회의 도래』(1996),『밀레니엄의 종언』(1998) 등이 있다.

정보통신혁명으로 인한 인터넷, 교통, 통신의 발달로 글로벌 네트워크, 연결흐름의 급격한 증가와 영향을 경험적으로 보여 준 그는, 정보기술의 혁명적 발전이 지구적 경제와 정보화 자본주의를 통해 어떻게 네트워크를 형성하고 있는지를 언급한다. 또한 지구적 경제의 시대, 즉 세계화시대에 노동과 고용의 변화가 실은 사회의 파편화와 노동의 개별화를 가져옴과 동시에 촉진하는, 근본적인 전환구조의 존재에 대해 언급한다. 그는 현대사회에서 인터넷망으로 연결되는 네트워크가 하나의 권력으로 자리잡고 있음은 물론, 네트워크사회가 형성되고 있음을 설명하면서, 이것이 값싸고 통일적인 전기통신기술이 가져온 결과라고 한다. 그런 기술이 우리의 삶을 바꿔 놓았다고 한다. 즉, 생판 서로 만날 일이 영원히 없을 것 같은 전혀 모르는 사람들과 네트워크로 연결되어 즉각적으로 소통하여 상품을 거래하거나 정보나 생각을 교류, 교환하고 있다고 언급한다.

다시 말하면, 네트워크사회는 서로 연결된 글로벌 이익공동체로서 더 이상 지배적인 사회집단의 전유물이 아닌 사회로, 지리적 제약이나 국적의 제약을 받지 않고 누구든 어디에서든, 어떤 창조적 목적을 위해서든 전기통신기반기술을 이용할 수 있는 사회라는 것이다. 카스텔스는 인터넷기반 기술의 부상으로 말미암아 자본주의라는 사회가 정보와 지식에 초점을 두는 사회로 변모되고 있음을 지적한다. 그러면서 그는 인류사회가 네트워크로 연결되고 접촉이 빈번해짐으로써, 이제까지의 산업화시대를 지나 정보화시대로 접어들었음을 언급한다.

정보화시대는 그간의 상품과 서비스의 생산과 같은 아날로그방식으로부터 정보와 지식이 주가 되는 디지털방식의 시대로의 이행을 의미한다. 특히 선진자본주의 사회에서의 금융자본과 정보의 네트워크가 이제 생산력과 경쟁력의 중심에 있음을 정보화시대가 보여 주고 있다고 언급한다. 따라서 카스텔스는 수많은 네트워크로 묶인 글로벌사회의 출현은 궁극적으로 긍정적인 일로서, 서로 멀리 떨어진 장소의 사람들이 상호작용을 할 수 있게 됨으로써 인류의 공동생산력을 이용해 새롭고 현명한 세계질서를 만들어 나가거나 평화를 이룰 수 있을 뿐만 아니라 내적 자아탐구를 추구할 수 있다고 언급한다.

● 장 보드리야르(Jean Baudrillard, 1929~2007)

프랑스의 철학자이자 사회학자인 장 보드리야르는 프랑스의 랭스에서 태어나 소르본 대학교에서 공부한 후, 중등학교에서 독일어 선생으로 근무하다가 마르크스주의 철학자 앙리 르페브르의 지도를 받아 박사학위를 받은 후, 파리 제9 대학교에서 평생 사회학을 가르쳤다. 그는 포스트모더니즘을 대표하는 학자로 대중과 대중문화, 미디어와 소비사회이론으로 유명하다. 그의 대표 저작으로는 『시뮬라크르와 시뮬라시옹 Simulacra and Simulation』(1981)과 『소비의 사회』(1970) 등이 있다.

그는 현대사회를 소비사회로 지칭하면서 현대인들은 생산된 물건의 기능을 따지지 않고, 단지 상품을 통하여 얻을 수 있는 위세와 권위, 곧 기호를 소비한다고 주장한다. 다시 말하면, 현대사회의 인간을 규정하는 것은 이제까지의 노동과 생산, 즉 사용가치로 규정하는 것이 아니라 소비 측면으로 규정한다는 것이다(예컨대, 루이비통 명품가방, 페라리 같은 고급차 소유 등). 사물의 소비를 사용가치보다는 행복, 안락함, 사회적 권위, 현대성 등의 소비로 규정한다는 것이다.

그는 이러한 새로운 소비개념을 통해 현대 대중사회를 예리하게 분석한다. 즉, 현대인은 물건의 기능보다는 기호를 소비한다고 주장하면서, 모사된 이미지가 현실을 대체한다는 시뮬라시옹(Simulation)이론, 더 이상 모사할 실재가 없어지면서 실재보다 더 실재 같은 시뮬라크르(Simulacra; 원본과 같은 아우라가 사라진 복제의 복제품, 즉 앤디 워홀의 실크스크린으로 찍은 그림같은 것)가 나오고, 결국 실재가 아니었던 것이 더 실재처럼 보이는 하이퍼 리얼리티(Hyper Reality; 극실재, 실재보다 더 실재같은 것)가 생산된다는 이론을 전개했다. 즉, 현실은 물질계에서 일어나는 게 아니라 언제든지 모의로 복제될 수 있는 세계라는 것이다. 시뮬라크르, 즉 실제 원본이 없는 이미지인 무(無)는 현실을 반영하는 이미지보다 훨씬 더 만족스러운 결과를 낳도록 만들어질 수 있음을 언급한다.

더 첨언해서 설명하면, 성형한 사람의 얼굴 전과 후를 예를 들어 보자. 이미지는 실재의 반영이다(원래 미인의 얼굴을 더 예쁜 얼굴로 성형수술함—성형으로 이미지 바꿈). 이미지는 실재를 감추고 변질시킨다(성형 전 얼굴은 사라지고 결국 없어지는, 즉 성형한 얼굴만 보임—이것만을 인정하게 됨). 이미지는 실재와 관계를 가지지 않는다(성형 전의 얼굴은 없는 것이라 생각함과 동시에 성형 후 얼굴만 자기 얼굴이라고 생각함). 이미지는 자신의 순수한 시뮬라크르(성형한 얼굴을 자기 얼굴로 굳히게 되는 과정, 복제의 복제품, 계속 복제되는 것, 아우라가 없어진 것)이다.

또 하나 보드리야르가 언급한 차원 높은 예를 들면, 그는 미국의 사회가 감옥 같은데 감옥이 존재함으로써 사회가 감옥임을 잊게 하는 것으로 상징화하는 디즈니랜드를 분석하면서, 여가 속에서 사회의 실제 모습이 숨겨진다고 언급한다. 스포츠가 사회적 모순, 즉 사회적 갈등과 노사갈등 등을 숨기는 것처럼, 다시 말하면 계급이나 사회적 차원의 갈등이 아닌, 동료들 간의 갈등으로 전환시켜 실제 사회의 갈등을 감추듯이, 미국의 디즈니랜드는 미국 자체가 디즈니랜드임을 숨기는 역할을 한다고 언급한다. 마치 미국 사회가 거대한 감옥 같은 사회인데, 디즈니랜드 같은 감옥을 존재시킴으로써 사회가 감옥임을 잊게 만드는 것과 마찬가지라는 것이다.

참고문헌

고영복 편(2000). 사회학사전. 사회문화연구소.

고영복, 한균자(1992). 사회학개론. 한국방송통신대학.

권태환, 홍두승, 설동훈(2006). 사회학의 이해. 다산출판사.

김명숙(2003). 막스 베버의 법사회학. 한울아카데미.

김문조 외(2015). 오늘의 사회이론가들. 한울아카데미.

김승식(2010). 공정한 사회란? 고래실.

김윤태(2006). 사회학의 발견. 새로운 사람들.

김윤태(2012). 새로운 세대를 위한 사회학 입문. 휴머니스트.

루이스 코저(2006). 사회사상사(신용하, 박명규 공역). 시그마프레스.

리처드 오스본(2001). 사회학(윤길순 역). 김영사.

막스 베버(1981). 프로테스탄트의 윤리와 자본주의 정신(권세원 외 공역). 일조각.

미야모토 코우지, 키미즈카 히로사토, 모리시타 신야(2004). 삐딱이로의 초대(양인실 역). 모멘토.

민경배(2016). 처음 만나는 사회학. 다른길.

박선웅 외(2013). 문화사회학. 살림.

박철현(2010). 사회문제론. 박영사.

스테펜 샌더슨(1999). 사회학(김정선 외 공역). 도서출판 그린.

스티븐 핑거(2012). 하버드 교양 강의(이창신 역). 김영사.

아야베 쓰네오(2011). 문화인류학의 20가지 이론(유명기 역). 일조각.

안계춘 외(1992). 현대사회학의 이해. 법문사.

앤서니 기든스(2007). 현대사회학(김미숙 외 공역). 을유문화사.

양춘, 박상태, 석현호(2003). 현대사회학. 민영사.

에밀 뒤르켐(2008). 에밀 뒤르켐의 자살론(황보 종우 역). 청아출판사.

에밀 뒤르켐(2012). 사회분업론(민문홍 역). 아카넷.

위르겐 하버마스(2001). 공론장의 구조변동(한승완 역). 나남.

조지 리처(1987). 현대사회학이론(최재현 역). 형설출판사.

존 A. 워커(1987). 대중매체시대의 예술(정진국 역). 열화당.

존 A. 휴즈, 웨스 W. 샤록, 피터 J. 마틴(2018). 고전사회학의 이해(박형신 역). 한울아카데미.

주현성(2013). 지금 시작하는 인문학 2. 더좋은책.

질 핸즈(2003). 30분에 읽는 마르크스(이근영 역). 중앙M&B.

찰스 다윈(2013). 찰스 다윈의 비글호 항해기(장순근 역). 리젬.

최진기(2013). 인문의 바다에 빠져라. 스마트북스.

최훈(2020). 읽기만 하면 내 것이 되는 1페이지 철학365. 비에이블.

크리스토퍼 소프외 공저(2015). 사회학의 책(박유진 외 공역). 지식갤러리.

티마셰프, 테오도슨(1985). 사회학사(박재묵, 이정옥 공역). 풀빛.

피터 L. 버어그(1982). 사회학에의 초대(한완상 역). 현대사상사.

하상복(2014). 광기의 시대. 소통의 이성. 김영사.

한국산업사회학회 엮음(2004). 사회학. 한울아카데미.

Bottomore, T. (Ed.) (1973). *Karl Marx*. Prentice-Hall Inc.

Marx, K., & Engels, F. (1845). *The Communist Manifesto* (A. J. P. Taylor. 1979). Penguin Books.

Merton, R. K. (1968). *Social Theory and Social Structure*. The Free Press.

Parsons, T. (1951). *The Social System*. The Free Press.

Weber, M. (1958). *The Protestant Ethic and The Spirit of Capitalism*. Schribner.

04 사회학의 연구방법론

INVITATION TO NEW SOCIOLOGY (7TH ED.)

過學的 지식은 개인적인 믿음이나 상식과 달리 엄격한 절차와 방법에 따른 체계적인 연구를 통해 얻은 결과물로, 누구나 신뢰하고 타당한 것이라고 인정하는 것이다.

과학적 지식의 결과물이라고 할 수 있는 사회학은 사회과학(social science)의 한 분야로서 시각이나 청각 등의 감각(지각)기관을 이용해 지식을 획득되는 경험과학(empirical science)으로 인식(분류)된다. 그리하여 사회학적 지식은 경험과학적 지식이어야 하고, 경험과학적 지식에 바탕을 둔 경험과학이어야 한다. 그러한 경험과학적 지식을 획득하기 위해서는 대상 혹은 현상에 대한 관찰, 비교, 실험과 같은 방법에 의한 과학적 접근이 필요하다.

따라서 심도 있는 연구와 많은 실험을 통해 결과물을 얻는 자연과학과 달리, 인간의 마음을 대상으로 하여 지식을 얻는 사회과학, 특히 사회학 역시 정밀성, 정확성, 타당성을 얻기 위한 절차인 과학적 연구방법이 절대적으로 요구된다. 경성과학(硬性科學, hard science)이라고 할 수 있는 자연과학을 연구하는 것보다 연성과학(軟性科學, soft science)이라고 할 수 있는 사회과학을 연구하는 것이 더 어려운 이유는 복잡·미묘하면서도 가변적인 존재이자 필요하면 언제든지 번복이 가능한 존재인 인간을 대상으로 하기 때문이다. 즉, 인간의 행위나 의식, 인간이 만들어 놓은 사회현상을 연구대상으로 하기 때문에 보다 많은 노력과 치밀하고 정교하며 정확한 작업이 요청될 수밖에 없다.

한편, 이 장에서 수시로 거론되고 있는 이론(Theory)이라는 것은 자연현상이나 사회현상의 본질을 규명하기 위해서 둘 이상의 개념을 이용하여 이들의 인과관계나 사실적 상호관련성을 설명하는 학문적 체계이다. 따라서 이론은 복잡 다양한 사회현상을 (조직적으로) 설명하고 이해하고 예측하는 데 도움을 준다.

또한 이론에서 연역적으로 구성된 명제를 가설(Hypothesis)이라고 하는데, 가설은 아직 검증되지 않은 임시이론으로 이론적 가설(실질가설)과 작업가설(실험가설, 측정에 관한 가설)로 나뉜다. 이론적 가설은 개념과 개념 사이의 관계를 설정한 가설(예: 기회제약을 많이 받는 사람은 반사회적 행동을 할 것이다)이며, 작업가설은 이론적 가설을 측정 가능한 가설로 전환시키는 것[예: 기회폐쇄(x) → 반사회적 행동(y)]을 말한다. 또한 작업가설에서 만들어진 개념이나 변수(예: 기회폐쇄, 반사회적 행동)를 측정 가능하도록 구체적으로 조작한 것, 즉 계량적으로 치환한 것을 조작적 정의(operational definition)라고 한다.

이론과 조사가 접목된 사회조사·여론조사가 과학적인 이유는 질문지 작성과 표본추출 등을 과학적 방식으로 진행해서 여론을 객관적으로 읽는 도구이기 때문이다. 따라서 사회조사·여론조사가 미리 의도한 결과를 생산하는 수단으로 전락한다면 더 이상 과학으로 인정할 수 없다.

한편, 과학의 발전이 패러다임의 전환에 의해서 전개된다고 주장한 토마스 쿤(Thomas Kuhn)은 『과학혁명의 구조』라는 책에서 과학적 지식은 누적적인 결과가 아닌 혁명적인 발견에 의한다고 언급하면서, 그간의 과학은 논리적 구속성을 갖는 것으로, 즉 과학적 커뮤니티에서 그렇게 해야 하는 것으로 규정하고 있었기 때문이라고 하였다. 쿤은 하버드 대학교에서 물리학을 공부하고 제2차 세계대전 동안 무기 관련 연구소에서 근무한 후 하버드 대학교에서 물리학 박사학위를 받았다. 그 후 동 대학교에서 과학사 교수로 학생들을 가르쳤으며, 1962년에 출간한 『과학혁명의 구조』에서 전통적으로 과학은 객관적인 진리를 추구하며 누적적으로 진보하는 학문이지만, 패러다임의 전환, 예컨대 천동설에서 지동설과 같은 전환에 의해 과학이 발전함을 주장하였다.

과학의 진보는 누적되는 것이 아니라, 간헐적인 혁명의 변화, 즉 패러다임의 전환에 의해 이루어진다는 것이다. 그가 언급하는 패러다임이란 과학자들이 공유하는 신념, 가치, 기술 등을 망라한 총체적 집합을 의미하지만, 자연현상에는 기존 패러다임으로 설명하기 어려운 변칙현상이 생기고, 그것이 누적되면 새로운 패러다임으로 자리잡으면서 이것이 과학혁명을 가져온다고 한다.

1 사회학적 연구방법이란 무엇인가

　사회학이라는 학문은 사회과학의 한 분야로서 시각이나 청각 등의 감각(지각)기관을 이용하여 지식을 획득하는 경험과학으로서, 특히 연구방법론을 통해 인간의 행위나 의식, 사회현상에 관한 객관성 있고 신빙성 있는 지식을 획득하는 학문이다. 보다 의미 있고 정확하며 믿을 만한 지식을 획득하는 방법 자체를 연구방법론이라고 한다. 사회학은 연구방법론을 통해 인간의 행위나 의식, 사회현상을 체계적으로 이해하고 우리의 삶에 유용한 지식을 얻는다. 이와 같이 연구방법론은 사회현상에 관해서 설명하는 이론을 토대로 가설을 세우고 일련의 조사과정을 거쳐 우리의 삶에 필요한 지식을 생산한다.

　이론은 조사를 통해 검증되어야 하고, 조사결과는 이론에 의하여 뒷받침되고 체계화되어야 한다. 이런 이론과 조사의 상호관계를 통해 사회현상에 관한 이론이 확립되는 것이다. 하나의 이론이 가지를 치게 됨에 따라서 둘 혹은 그 이상의 이론이 생겨나기도 하지만, 한편으로 이론들은 수렴과 융합을 통하여 보다 좋은 이론으로 발전하거나 폐기되기도 한다. 즉, 사회현실에 대한 독립적이고 상호모순적인 설명으로서 출발하였던 이론들이 서로 접근하고 때로는 하나로 합쳐져서 좋은 이론으로 발전하기도 하는 한편, 불일치나 모순으로 수정을 요하거나 기각되기도 한다.

　월리스(W. L. Wallace)가 언급한 과학적 연구방법[1]은 항상 문제가 되는 사회현상 혹은 어떤 사회현상을 이해하거나 그 원인을 설명하기 위하여 반드시 이론적 시각을 취한다. 그리고 이론적 시각으로부터 직·간접적으로 가설이 도출되고, 이러한

---

1) 과학적 인식방법에서 논리성은 이론을 뜻하고, 경험성은 조사 혹은 관찰을 의미하는바, 이론이란 어떤 현상에 대한 논리적인 설명을 말하고, 조사는 그러한 논리들을 과학적 절차를 통해 검증해 보는 것을 말한다. 논리적이란 어떤 현상에 대한 설명이 합리적으로 부인되기 어려운 것을 의미하고, 경험적이란 주로 직접적인 관찰에 의해서 사실(인간의 의식, 행동, 사회현상)이 확인되는 것을 의미한다. 과학적 지식은 이론과 조사를 통해 만들어지며, 과학적 조사연구는 이론과 조사를 활용하여 과학적 지식을 만들어 내는 방법이 되고 있다.

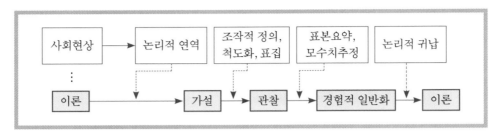

그림 4-1 과학적 연구방법의 절차

가설에 입각하여 질문지를 만들고 경험적으로 조사함으로써 문제가 되는 사회현상이 이론적 시각과 도출된 가설과 일치하는지를 밝히는 일련의 과정을 밟는다. 따라서 과학적 연구방법은 경험적 조사를 통하여 사회현상을 설명하거나 그 원인적 요인들을 규명하여 이론을 도출하는 활동이라고 할 수 있다. 나아가서 원인적 요인에 근거하여 문제가 되는 사회현상에 대한 해결책을 찾는 활동까지를 포함하기도 한다. 과학적 연구방법은 이론의 형성을 위한 귀납적 방법과 이론을 검증하기 위한 잠정적 이론(임시이론)인 가설을 구성하기 위한 연역적 방법을 이용하고 있다.

다시 말해서, 과학적 연구방법을 추구하는 사회학적 연구방법은 과학적인 방법을 통하여 어떤 사회현상을 설명하거나 관련된 원인적 요인들을 발견하는 것이라고 할 수 있다. 아니면 발견된 원인적 요인들과의 관계에 근거하여 문제가 되는 사회현상의 해결방법을 발견하는 일련의 연구활동이라고 할 수 있다.

 ## 2 귀납적 방법과 연역적 방법

귀납법(歸納法, inductive inference, 평가적 추론)

귀납법은 개개의 사실이나 명제로부터 일반적 결론이나 일반화로 유도해 가는 과학적 연구방법이라고 할 수 있다. 특히 귀납적 방법은 인과관계(因果關係)를 확정하는 데 주로 사용된다.

　따라서 귀납적 방법은 자료나 사례가 부족할 때 이를 얻기 위해 노력하는 것이라고 할 수 있으나, 이미 경험한 사례와 이 사례들의 결과에 대해서만 이야기하는 것으로 새로운 사실의 발견과는 무관하다.

- 지구, 수성, 화성 등은 둥글다.
- 지구, 수성, 화성 등은 유성이다.
- 그러므로 모든 유성은 둥글다.

- 소크라테스, 공자, 예수는 죽는다.
- 소크라테스, 공자, 예수는 사람이다.
- 그러므로 모든 사람은 죽는다.

연역법(演繹法, deductive inference, 설명적 추론, 삼단논법)

　연역이란 전제가 참일 때 결론도 반드시 참을 의미한다. 따라서 연역법은 일반적인 명제나 진리로부터 보다 특수하고 개별적인 명제나 사실(진리)을 이끌어 내는 추리과정이다. 연역적 방법은 경험을 필요로 하지 않고 순수한 사유에 의하여 이루어지며, 그 전형적인 예는 삼단논법(三段論法)이다.

- 물고기는 동물(대개념)이다.
- 넙치는 물고기(소개념)다.
- 따라서 넙치는 동물이다.

- 모든 사람은 죽는다.
- 소크라테스는 사람이다.
- 따라서 소크라테스는 죽는다.

　따라서 연역적 방법은 이미 있는 사실이나 이론에서 개별 사실을 도출하는 것이라고 할 수 있으나, 각각의 전제가 참인지 거짓인지는 확인이 불가능하다.

- 모든 사회학자는 다변가이다.
- 이철우는 사회학자이다.
- 따라서 이철우는 다변가이다.

- 모든 심리학자는 정신질환자이다.
- 홍길동은 심리학자이다.
- 따라서 홍길동은 정신질환자이다.

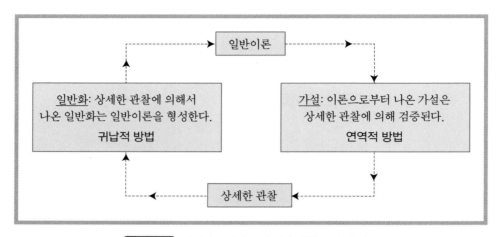

그림 4-2 연역적 · 귀납적 방법에 의한 논리적 방법

3 이론적 접근의 중요성과 필요성

이론이란 과학적인 방법에 의하여 두 가지 또는 그 이상의 현상(개념) 간의 관계를 서술하는 것을 말한다. 이론적 접근의 중요성과 필요성은 이론의 유용성을 살펴보면 알 수 있다(최일섭, 최성재, 1995, p. 30).

이론의 중요성과 유용성

첫째, 이론은 어떤 현상이 왜 일어나는가를 설명한다. 이론은 인과관계를 설명하거나 적어도 인과적 관계를 시사하고 있기 때문이다. 예컨대, 결손가정이 청소년비행의 원인이 되는가는 결손가정이나 청소년비행이라는 개념을 포함하고 있는 구체적인 이론이나 보다 추상적인 이론에서 도출해 낼 수 있고, 이러한 추론은 기존의 경험적 조사연구에서 검증한다. 다시 설명하면, 결손가정의 청소년이 온전한 가정의 청소년보다 비행을 더 많이 저지를 것이라는 가설을 세우고, 그와 관련된 이론들을 찾아 그것을 토대로 경험적 조사연구를 수행함을 의미한다.

둘째, 이론은 어떤 현상을 관찰하는 데 있어 관심의 초점을 어디에 두어야 할 것인가를 알게 한다. 청소년비행에 대한 연구를 할 때 이론적인 틀 안에서 생각하면 청소년비행의 원인을 생물학적·심리학적·사회학적 요인 중에서 어느 것을 살펴보는 것이 좋은가를 알 수 있게 한다.

셋째, 이론은 앞으로 어떤 방면으로 지식을 발전시켜야 할 것인가를 알게 한다. 정도의 차이는 있지만 이론과 실제는 일치하지 않는 경우가 많다. 그러므로 이러한 간격을 좁히기 위하여 이론의 어떤 부분을 더욱 발전시켜야 할지를 알 수 있게 한다. 결손가정이 청소년비행의 원인이 된다는 이론이 지지된다고 할 때, 반드시 결손가정의 청소년이 온전한 가정의 청소년보다 상대적으로 비행률은 높지만, 결손가정의 청소년이 비행을 범하지 않든 온전한 가정의 청소년들이 비행을 범하든 이를 포괄적으로(묶어서) 설명할 수 있는 이론으로는 적절하지 않다. 그렇다면 주요 가족원의 부재라는 사실보다는 오히려 가족의 기능적 결손이 더 문제일 수 있으므로 기능적 측면에서의 이론이 필요하다.

넷째, 이론은 장래의 상황을 예측할 수 있게 한다. 이론의 속성상 시공을 초월함으로써 과거와 현재까지의 사실로서 입증된 이론은 장래에도 적용될 수 있는 확신을 상당 부분 가지므로, 이론에 의해 장래의 현상을 예측할 수 있다. 결손가정의 청소년이 비행을 유발할 가능성이 높다면, 결손가정에서 가족 구성원의 역할 재조정이나 결손 가족원의 역할을 보충 또는 대리할 수 있는 조치를 취하면 청소년비행의 가능성을 줄일 수 있다.

이와 같이 이론은 자연현상이나 사회현상의 본질을 규명하기 위한 틀이라고 할 수 있다. 즉, 이론은 둘 이상의 개념(변수)을 사용하여 이들의 인과관계나 사실적 상호관련성을 설명하는 학문적 체계이다. 따라서 이론은 복잡 다양한 사회현상을 조직적으로 설명하고 이해하고 예측하는 데 도움을 준다.

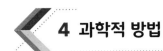

4 과학적 방법

이미 언급한 바와 같이 사회학은 경험과학이자 실천적인 학문으로서, 인간의 행위나 의식, 사회현상을 이해하고자 하는 욕구와 그 충족을 위해 과학적 방법을 통해 지식을 형성한다. 어떤 사회현상에 대해 과학적 방법을 이용하여 보다 객관적이고 의미 있는 지식을 형성한다. 따라서 우리는 보다 신빙성 있고 객관성 있는 지식을 얻기 위해서 언제나 월리스가 세운 과학적 방법과 절차를 이용한다. 월리스의 과학적 방법과 절차를 살펴보면, 먼저 이론에 입각하여 논리적으로 추론, 즉 연역적 방법에 의해 가설을 세우고, 그다음 관찰이라는 과정을 거친 후 경험적 일반화를 통해 나온 결과를 귀납적 방법을 이용해 앞선 이론과 부합되는지, 부합되지 않는지를 살펴보는 일련의 과정을 거친다.

이를 좀 더 알기 쉽게 설명하면 대부분의 가설은 검증되지 않은 이론으로서, 둘 이상 변수 간의 관계에 관한 일종의 추측이다. 가설은 기존 이론들이나 권위 있는 학자들의 언급으로 도출(설정)되기도 하지만, 때로는 사회적 현상을 토대로 연구자의 문제의식에서 도출되기도 한다. 이러한 과정을 거쳐 만들어진 가설은 가설과 관련된 주요 개념에 대해 알기 쉽게 개념적 정의를 내리고 이들을 조작적으로 정의하는 것이 필요하다. 즉, 개념과 변수(예: 빈곤, 사회불평등, 생활만족도, 신앙심과 같은 용어)를 수량적으로 측정할 수 있도록 분석적으로 쉽게 설명하는 조작적 정의(operational definition)를 하게 된다. 그리고 나서 조사가 가능하도록 지표를 만들어 질문항목을 구성하고 척도를 이용하여 질문지(조사표)를 만든다. 이때 조사해야 할 대상을 표집하는 표본추출과정을 동시에 수행하게 된다. 가설을 검증하기 위한 측정도구(질문지나 면접지)를 만드는 과정과 조사할 표본대상을 추출하는 과정을 거쳐 관찰에 임하게 된다.

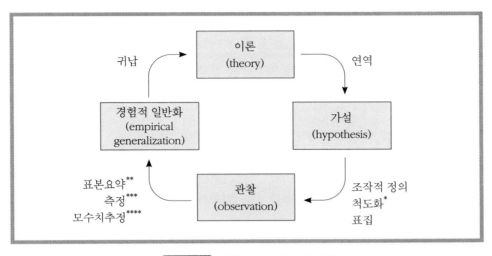

그림 4-3 과학적 연구방법의 절차

*　척도화(scaling): 관찰대상의 속성에 수치를 부여하는 것(예: 명명척도, 서열척도, 등간척도 등)
**　표본요약: 관찰된 표본들을 평균, 비율, 점수 등으로 요약한 것, 즉 특정 양식으로 평균화한 것
***　측정(measurement): 어떤 규칙에 따라 속성을 나타내고자 하는 대상에 수치를 부여하는 것으로, 특히 여
　기서 언급하는 측정이란 관찰의 결과에 체계적으로 기호(척도치)를 부여하는 모든 절차(예: 무게 측정, 연
　봉 측정, 신앙심 측정, 사고력 측정 등)를 의미함
****　모수치추정: 전수조사가 아닌 표본조사를 통해 얻은 통계치를 모집단 전체와 일치하는지를 추정해 보는
　것(예: 한 도시의 모든 가구의 평균수입이나 도시인구의 연령분포와 같은 것이 모수치)
출처: Wallace (1971).

　관찰은 질문지나 면접지와 같은 도구를 이용하여 조사대상이 되는 표본들로부터 필요한 응답을 직접 얻어 내는(보고, 듣고, 물어보는) 일련의 작업을 말한다. 이러한 관찰결과로 얻은 자료를 취합·정리하여 통계적 기법(예: SPSS PC$^+$ 혹은 SAS)을 이용하여 분석하고 해석하는 과정을 거쳐 연구결과를 도출한다. 사회현상을 분석하기 위해 과학적 방법을 이용하여 이미 세워진 가설이 검증되는지 그렇지 않은지를 측정하고 사회현실에 일반화할 수 있는가를 알아보는 일련의 과정을 거친다.

　사회학을 비롯한 대부분의 사회과학의 연구방법은 기본적으로 이와 같은 월리스의 과학적 방법을 이용하여 사회현상을 이해하고 검증하게 된다. 이를 양적 연구방법이라고 한다. 양적 연구방법은 계량적 방법으로 객관적 사실이나 이론에 근거하여 가설을 세우고, 질문지를 만들어 관찰하고, 거기서 얻은 결과를 일반화할 수 있는가 없는가를 중요시한다. 한편, 양적 연구방법과 달리 인간행동이나 사회현상에 대한 심층적인 이해를 요하거나 참여관찰이 필요할 때에는 질적 연구방법을 이용하기도 한다.

양적 연구방법

양적 연구방법(외부로부터의 설명, 계량적 방법, 설명적 방법, 즉 실증적 연구방법)은 객관적 관찰이 가능한 사실에 초점을 두고 정확한 측정을 강조하는 실증주의 방법이다. 이러한 양적 연구방법은 사회현상을 법칙(즉, 원인과 결과 사이에 내재하는 보편적·필연적인 관계를 의미함) 전제하에 수량적(계량적)으로 설명하는 경험적 연구로, 인간의 행위를 인위적으로 수량화하고 통계학적 방법을 이용하여 단편적 지식을 추구한다. 따라서 양적 연구방법은 조사대상자에게 질문지를 이용하여 면접조사를 하거나 전화조사 혹은 우편조사를 하여 자료를 수집하고 분석하는 방법이다.

이때 모집단이라고 할 수 있는 전체집단으로부터 조사할 대상자의 표본을 추출하여 표집하게 되는데, 이 과정을 거쳐 조사대상자들에게서 필요한 응답을 받아 낸다. 이러한 과정을 거쳐 자료를 취합하고 체계적으로 정리하여 분석한다. 자료분석 시에는 통계적 기법을 이용하여 둘 이상의 변수 간 상관관계나 인과관계 등 다수 변수 간의 관계를 분석한다.

통계적 기법에는 기술통계와 추리통계가 있다. 기술통계는 원자료(原資料, raw data)를 표나 그림 등으로 제시하면서 이해하기 쉬운 형태로 기술하는 방법이며, 추리통계는 모집단에서 뽑은 표본으로부터 나온 통계치로부터 모수치를 추정하거나 가설을 검증하는 방법이다. 이러한 기법은 조사자로 하여금 자료를 신속·정확하게 분석하여 연구대상에 관한 정확한 정보를 제공하게 한다.

양적 연구방법은 사회조사의 과학화와 전문성의 발전에 크게 기여하였다. 그러나 사회학 및 사회복지학 전공생들이나 현장 실무자들이 분석방법을 충분히 이해하지 못함으로써 연구결과의 타당성을 스스로 판단하지 못하고 연구자의 결론을 맹목적으로 수용하는 경우가 종종 있다. 또한 연구자 자신도 통계분석의 수학적인 논리를 충분히 이해하지 못함으로써 연구의 한계에 직면하기도 한다. 이에 따라 양적 연구방법은 경험적 세계를 무리하게 계량화함으로써 사회현실을 왜곡하는 경향이 있다는 점에서 비판을 받고 있다.

질적 연구방법

질적 연구방법(내부로부터의 이해, 이해의 방법, 비계량적 방법, 즉 해석적 연구방법)은 인간과 사회의 복잡한 현상을 양적인 척도로서는 충분히 이해할 수 없을 때 이용하는 접근방법이다. 또한 인간행위의 동기를 이해하거나 심도 있는 관찰·통찰·해석이 필요할 때, 인과적 설명을 추구할 때 주로 이용한다. 따라서 질적 연구방법은 사회현상을 주관적으로 이해하는 것으로 현상의 이면에 있는 실재의 본질을 파악하는 비계량적 지식 추구 방법이다. 질적 연구방법의 예로는 사례연구, 참여관찰, 민속학적 방법 등이 있다.

질적 연구방법은 문화인류학이나 사회학, 사회복지학 분야에서 많이 활용되어 온 대표적인 방법으로 사례연구를 통하여 개별적인 사례나 집단에 대한 정보를 얻거나 체계적이고 의미 있는 자료를 얻는다. 따라서 그것은 개인생활사, 가족생활사, 사회사 등에 대한 심도 있는 이해와 묘사에 초점을 둔다. 특히 사회복지의 임상적 접근에서 수량화하기 어려운 과제에 대하여 질적 연구방법이 활용되고 있다.

사회조사 분야에서 질적 연구방법의 필요성은 오래전부터 강조되어 왔다. 그러나 질적 연구방법을 체계적으로 활용한 연구는 많지 않다. 질적 연구방법의 발전을 저해하는 장애요인으로는 양적 연구방법만을 과학적 방법으로 강조하는 대다수 연구자의 비판적 태도 및 질적 연구방법의 적용을 위한 지침의 부족, 준거(reference)할 수 있는 연구결과의 부족 등을 들 수 있다. 그리고 질적 연구방법은 조사자의 주관적 편견이 개입할 가능성이 클 뿐만 아니라 부정확한 결과를 초래할 수 있다는 한계를 갖고 있다. 특히 20세기 중반 이후 사회과학 분야에서 양적 연구방법이 지배적인 조사방법으로 활용되면서 양적 연구방법이 질적 연구방법보다 우월하게 생각되기도 하였다. 그러나 최근에는 다시 질적 연구방법이 새로운 지지를 얻고 있으며, 그 중요성이 강조되고 있다.

그러나 양적 연구방법과 질적 연구방법이라는 두 가지 연구방법을 서로 대립적인 것으로 받아들이기보다는 각각의 단점을 보완할 수 있는 것으로 보는 것이 바람직하다. 즉, 연구대상의 성격과 연구내용에 따라 양적 방법이 적합할 수도 있고 질적 방법이 적합할 수도 있다. 알려진 사실이 거의 없는 새로운 현상을 연구하거나 현상이 갖고 있는 주관적 의미를 이해하고자 할 때에는 질적 연구가 적합하며, 반면에 이미 상당히 알려진 사회현상에 대해 가설을 검증하거나 특정 모집단의 특성을 정확히 파악하고자 할 때에는 양적 연구가 적합하다.

 ## 5 사회조사 방법과 절차

사회조사(社會調査, social survey)는 인간의 행위나 의식, 사회현상을 측정하여 설명하는 과학적 방법으로, 사회현상을 설명하는 것을 목적으로 행하는 활동을 말한다. 즉, 인간을 대상으로 조사를 실시하고 자료를 수집·정리·분석하여 그 결과를 얻는 것으로 사회현상을 파악하는 데 큰 도움을 주고 있다. 사회조사는 연구실에서 준비한 조사표(질문지)를 현장에 가지고 나가 직접 면접을 통하여 기초자료를 수집하는 방식으로 진행한다. 그러나 이러한 조사과정은 앞에서 언급한 것처럼 자의적으로 행하는 것이 아니라 과학적인 방법과 절차에 따라 이루어진다.

연구주제의 확정

사회적 장면(현실세계)   사회조사는 현실세계, 즉 사회적 장면으로부터 문제의식을 갖는 데서 출발한다. 예를 들면, 파고다공원에서 무료급식을 기다리며 그날그날을 소일하는 노인들을 보고 나서 '노인들은 왜 하루 종일 할 일 없이 지내는가? 그 원인은 무엇일까?'라는 문제의식에서 보다 구체적이고 정교한 연구주제를 확정 지을 수 있다. 노인들의 빈곤 원인에 대해 생각해 볼 때 젊은 시절의 가난을 극복하지 못했기 때문에, 게으르기 때문에, 공부를 못했기 때문에, 자식이 없거나 자식에게 경제적 능력이 없기 때문에, 국가가 노인들을 보호해 주지 않기 때문에, 노후준비를 못했기 때문에 등등 그 원인은 얼마든지 있다. 물론 이 모든 것이 틀린 것은 아니지만, 확신이나 신뢰성 없는 부정확한 지식이 될 수 있다. 따라서 이를 정확히 파악하기 위하여 사회조사의 절차와 방법에 따라 현지조사를 하여 자료를 수집하고 분석함으로써 그 원인을 찾는 것이 좋다.

　　연구주제의 도출　　사회조사에 있어서 연구계획은 논리의 세계 또는 사고의 세계에서 출발한다. 여기서 조사연구의 설계는 연구할 내용, 즉 조사하려는 목적의 확정에서 출발한다. 연구주제의 확정은 일상적인 생활세계에 대해 문제의식을 갖고 조사 가능한 주제를 구체적으로 명시하는 것이다. 이는 현재 문제가 되고 있는 사안을 설명해야 한다든가 또는 실태를 파악해야 한다든가 하는 문제의식을 갖고 연구주제를 결정하는 과정을 말한다.
　　연구주제의 설정은 일상생활 속에서도 찾을 수 있고 호기심이나 기존의 연구 또는 지적 관심에서도 문제점을 찾을 수 있다. 또한 어떤 문제가 사회문제로 부각되었을 때 그에 대한 관심에서 문제의식이 도출되기도 하고, 기존 이론에 대한 의문에서도 문제점을 찾을 수 있다.

　　연구주제로의 변환　　일상생활에서 문제의식을 도출하는 과정을 예를 들어 설명해 보자. 서울 한가운데 위치한 파고다공원에 모여 무료급식을 받는 노인들을 보고 '현재 할아버지가 가장 불안하게 느끼는 것은 무엇일까?'라는 문제의식에서 노인들의 생활불안이라든가 의존성의 증대라는 구체적인 연구주제를 도출해 낼 수 있다. 한 끼의 무료급식을 받아야 그날그날의 식사를 해결할 수 있다면, 경제적으로 넉넉하지 못한 탓에 불안을 느낄 수 있다. 이것은 경제적 의존의 문제이다. 이 노인들에게는 경제적 의존성 이외의 다른 문제도 있을 수 있다. 무료급식이 끝난 후에도 햇볕이 따뜻한 곳에 노인들이 삼삼오오 모여 손끝이 탈 정도로 담배를 피워대며 이야기를 나누고 있다. 어쩌면 집에 가도 이야기 상대가 없기 때문일지도 모른다. 이를 통해 노인의 정신적(심리적) 의존성을 연구주제로 삼을 수도 있다.

파고다공원에 모여든 노인들의 풍경은 생생한 일상생활의 사회적 장면이다. 연구자의 눈에 비친 사회적 장면을 문제의식을 가지고 보면 노후의 생활불안, 노인의 의존성 증대, 또는 노후의 정신적(심리적) 문제 등 조사가 가능한 구체적인 연구주제를 도출할 수 있게 된다. 다시 말해, 사회적 장면은 연구주제를 도출할 수 있는 실마리가 된다.

현실세계에서 빈곤노인들을 보고 '빈곤의 원인은 무엇일까?' 또는 '빈곤은 세대에서 세대로 악순환되는 것일까?'라는 문제의식에서 보다 구체적이고 정교한 연구주제를 확정 지을 수 있다. 조사 가능한 주제로 꼼꼼히 분해하여 조사를 실시하고, 수집된 자료를 분석한 후 그 결과를 재구성하고, 원점으로 돌아가 파고다공원에서 무료급식을 받는 노인들의 모습과 빈곤노인들이 모인 현장의 모습을 합성하여 사회적 현실을 설명하는 것뿐만 아니라 가설의 검증, 기존 이론의 지지나 기각 또는 수정까지를 포함하는 것이 일련의 조사 전 과정이라고 할 수 있다([그림 4-4] 참조).

중요한 것은 생생한 장면을 사회적 현실 또는 사상의 연구주제로 변환시킬 수 있어야 한다는 것이다. 그리고 조사에 의해 수집된 자료를 분석하여 가설을 검증해야만 연구주제의 결론이 신뢰성을 확보할 수 있다. 연구주제에 대한 구체적 조사를 실시하기 위해서는 사회적 현실을 여러 가지 도구를 사용하여 측정 가능한 문제로 분해하고 변환시켜야 한다. 사회적 장면이 조사 가능한 연구주제로 변환되지 않으면 조사를 진행할 수 없다. 따라서 조사를 실시하기 전에 반드시 사회적 현실을 보는 통찰력, 철저한 조사설계와 문제의 정리, 연구주제로의 변환의 신중한 검토를 통하여 조사해야 할 연구주제 확정이 수반되어야 한다.

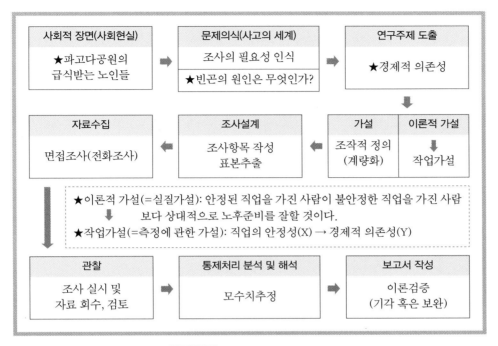

그림 4-4 조사(연구)설계의 절차

조사설계의 절차

　조사설계란 연구문제에서 나타난 이론이나 가설 혹은 순수한 의문 자체를 경험적으로 검증하기 위한 일종의 틀(frame)을 설계하는 것이다. 연구문제나 가설에서 제기된 명제들을 경험적으로 검증하기 위해서 어떤 자료들이 필요한지, 그리고 그런 자료들을 어떻게 조합할 것인지 등을 계획하는 것이 조사설계이다. 즉, 조사설계는 곧 전반적인 조사과정을 이끌어 주는 프로그램과 같은 것으로, 연구를 계획하고 진행해 나가는 일련의 모든 행위를 의미한다고 할 수 있다. 구체적으로는 양적 연구방법 또는 질적 연구방법의 선택 여부 결정, 실증적 연구 또는 기술적 연구 등 연구설계의 유형뿐 아니라 표본추출방법, 자료수집과정, 측정의 방법, 자료분석방법 등 연구수행에 필요한 모든 과정을 의미한다.

조사절차   조사연구할 문제가 확정되면, 그 연구가 현상을 기술하는 인식의 문제인지 설명적 문제인지를 정식화한다. 기술적 문제는 현상을 기술하는 것으로 조사가 종료되나, 설명적 문제는 가설을 구성하여 그 가설을 검증하는 절차를 밟게 된다. 조사할 문제(연구주제)가 확정되면 연구주제에 맞는 조사항목을 만들어 질문지(조사표)를 완성한다. 동시에 조사할 대상자를 모집단으로부터 표집(sampling)하여 표본대상을 확정한다. 질문지를 완성하고 표본대상자가 결정되면, 그다음은 면접조사나 전화조사 등과 같은 자료수집방법을 결정하여 자료를 수집한다.

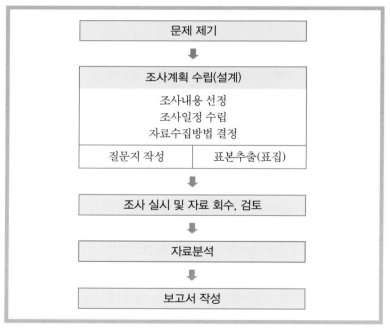

그림 4-5 조사절차

자료수집

사회적 장면에서 우리가 어떤 문제에 대해 연구할 때 무작정 현장에 뛰어들어 자료를 수집하는 것은 아니다. 자료수집을 위해서 먼저 다양한 현실세계에 어떻게 접근할 것인가, 즉 문제에 접근하는 방법이 중요하다. 이것이 결정되면 다양한 현실세계에서 연구주제와 관련된 변수를 어떻게 선택하여 처리할 것인지 그 준거틀을 생각해야 한다.

연구주제가 확정되면 연구주제를 검증하고 설명할 수 있는 자료를 수집해야 한다. 자료수집에는 여러 가지 방법이 있는데, 양질의 자료를 수집하기 위해서는 과학적인 방법과 절차에 충실해야 한다. 즉, 가설은 논리적 사고의 세계에서 구성되는 것으로 개념과 개념 사이의 관계를 설정한 이론적 가설(실질가설)로부터 검증이 가능하도록 작업가설로 변화시켜야 한다. 예를 들면, 안정된 직업을 가진 사람이 불안정한 직업을 가진 사람보다 노후준비를 잘할 것이라는 이론적 가설을 경험적으로 검증하기 위해서는, 직업의 안정성(X)이 경제적 의존성(Y)과 관련이 있다는 것을 측정할 수 있도록 개념을 조작적으로 정의하여 수량화할 수 있게 작업가설로 변환시켜야 한다. 이를 토대로 질문지를 작성하고 회수하여 통계적 기법으로 자료를 분석하게 된다.

통계분석   통계분석[2]에는 기술적 통계와 추론적 통계가 있다. 기술적 통계란 주어진 자료를 토대로 개별 변수에 대한 묘사와 그 변수들 간에 나타나는 다양한 관계에 대한 분석을 목적으로 한다. 기술적 통계는 분석하는 변수의 수와 관계에 따라 성별 분포나 평균소득을 분석하는 일원적 분석이 있으며, 두 변수 간의 관련성

---

2) 통계분석 혹은 여론조사 결과의 예를 들면, 대통령 선거 시 어떤 후보자를 지지하는 사람들에 대한 조사결과치가 95% 신뢰수준(구간)에서 오차한계(표본오차) ±2% 포인트로 오차범위는 50%의 지지율을 보인다고 하는 것은, 그 후보자의 지지율이 100번 조사했을 때 95번은 오차범위 48%와 52% 사이에 들어가 있음을 의미한다.
다른 예를 제시하면, 신뢰수준 95%에 오차범위 ±5%라고 한다면, 조사결과가 모집단 실제값의 5% 범위를 벗어나는 경우가 100번 조사했을 때 5번 정도 나오는 것을 의미한다(95% 신뢰도 구간에서 표본오차 ±4.2%포인트, 오차범위 40% → 100번 조사 시 95번은 신뢰구간 35.8%와 44.2% 사이에 있음을 의미). 더 쉽게 설명하면, 30cm 자가 있다고 하자. 이 자가 95% 신뢰도 구간에서 오차한계(표본오차) ±0.1mm라고 하면, 이는 100개의 자 중 95개는 29.9cm에서 30.1cm 사이에 들어가 있음을 의미한다고 할 수 있다.

을 분석하는 상관관계분석, 교차분석, 변량분석 등 이원적 분석이 있다. 또한 세 개 이상의 변수 간의 관계를 설명하는 공변량분석, 다중회귀분석(multiple regression analysis), 군집분석 혹은 집락분석(cluster analysis), 요인분석(factor analysis) 등 다원적 분석이 있다.

추론적 통계는 조사결과 자료가 모집단의 일부인 점을 감안하여 표본에 관한 분석결과가 모집단의 성격을 어느 정도 반영하는가를 분석하는 방법이다. 추론적 통계는 표본의 결과를 가지고 모집단의 특성을 유추하는 것으로서 표본의 결과를 모집단에 적용하여 확대해석하는 데 필요한 경험적 타당성을 제시하는 것이다. 여기에는 카이스퀘어(x^2) 검증, t-검증 등이 있다.

조사자료의 해석   현지에서 수집한 자료는 가공되지 않은 원자료이다. 이 원자료는 개념도식이나 분석에 사용하기 위해 자료의 가공이라는 과정을 거쳐야 한다. 자료에 부호(code)나 무게(가중치, weight)를 주기도 하고 합성하기도 하여 사용하기 편하도록 묶거나 분류하기도 한다. 조사자료의 해석은 연구주제에 대한 조사연구의 결론을 내리는 것이다. 여기에는 연구주제에서 제시된 가설의 검증, 결과에 대한 일반화의 가능성, 연구결과의 한계성, 연구결과의 이론적·실천적 함의 등이 포함된다. 이를 토대로 연구결과 보고서를 작성한다.

부록

20세기 이후의 사회과학 방법론의 동향

사회과학은 '과학'으로서 받아들여지기 위해서 그 성립 초기부터 자연주의(구체적 · 객관적으로 고찰 가능한 현상에 대해서 경험적으로 자료를 수집하고 이 자료를 근거로 귀납적 방법에 의한 일반법칙 발견)의 수용을 조건으로 과학으로서의 정통성을 인정받아 왔다. 이러한 입장은 경험주의(empiricism)의 극단적인 형태인 실증주의(positivism)로 이어지는 오랜 전통의 산물이다. 로크(Locke), 버클리(Berkerly), 흄(Hume) 등을 통해 발전된 경험주의 철학이 실증주의 방법론(실증주의 방법론의 모델인 연역모델과 그에 따른 구체적 연구전략인 계량적 접근을 통해서 실증주의는 객관성을 보장한다는 것)에 수용되어 19세기 콩트(Comte)의 과학적 사회학의 기초를 이룬 뒤 현재에도 라스웰(Lasswell), 런드버그(Lundberg) 등의 신실증주의로 연결되어, 경험주의적이고 실증주의적인 이론과 방법론이 오늘날의 사회과학의 주류를 형성하였다. 그 대표적인 예가 사회학에 있어서 구조기능주의이며, 또 한편으로는 마르크시즘(Marxism)도 이러한 범주에 속한다고 볼 수 있다.

과학주의 · 실증주의적 사회과학에 대한 반작용으로 여러 사회이론이 제시되고 있다. 이러한 경향은 이미 19세기 딜타이(Dilthey)에 의한 자연과학과 문화과학으로서의 과학의 구분이며 그 태동을 볼 수 있었다. 사회학 분야에서는 베버(Weber)에 이르러 이해(verstehen)의 방법론이 주장되면서 보다 체계 있는 사회학 방법론으로서 자리 잡게 되었다. 이와 같은 반과학주의적 · 반실증주의적 흐름을 크게 '개인주의적 접근'과 '총체적 · 거시적 접근'으로 구분할 수 있다.

1. 개인주의적 접근(미시사회학이론)

19세기 딜타이가 주장한 인간행위의 '설명'보다는 '이해' 방법론적 논쟁이 실존적 개인의 중요성을 강조했으며, 이와 같은 반실증주의적 · 개인주의적 사상의 대두는 인간 사회의 이해를 위한 새로운 방법론 대두를 예고한 것이다. 즉, 베버, 브렌타노(Brentano), 후설(Husserl) 등으로 이어지는 경험주의의 취약점을 극복하기 위한 현상학(phenomenology)의 대두는 경험주의 과학에 대한 중대한 도전이었으며, 이러한 방법론으로서의 현상학은 쉘러(Scheller), 비어칸트(Vierkandt), 귀르비치(Gurvitch) 등에 의해 현상학적 사회학으로 발전하였다. 현상학적 사회학은 1960~1970년대에 슈츠(Schutz)에 의해 지식사회학의 개발에 적용되기 시작하였고, 한편으로는 가핑클(Garfinkel)을 중심으로 한 민속방법론(ethnomethodology)에 의해 실증주의의 계량적 방법을 대치하는 하나의 사회학적 방법론으로 채택되기 시작하였으며[이 외에 고프먼(Goffman), 더글러스(Douglas)], 또 다른 한편으로 이러한 현상학적 사회학 이외에 제임스(James), 쿨리(Cooley), 미드(Mead), 듀이(Dewey) 등의 미국 학자들에 의해 현대의 상징적 상호작용론으로 이어지고 있기도 하다.

2. 총체적 · 거시적 접근(거시사회학이론)

마르크스(Marx)의 사회이론은 1920년대 러시아 혁명 이후 인본주의적 자유주의를 가장한 전체주의적 공산주의(totalitarian communism)를 가져왔고, 그 이후 마르크시즘의 과학주의화는 실증주의와의 구별을 어렵게 할 만큼 변질되었다. 이러한 마르크스이론의 과학주의화에 환멸을 느낀 일단의 독일 지성인들은 이른바 프랑크푸르트학파(Frankfurt School)를 형성하여 마르크스이론이 내포하고 있는 실증주의적 요소를 완전히 배제하고 인간해방을 위한 혁명에 관한 요소에만 관심을 집중시켰다. 프랑크푸르트학파의 호르크하이머(Horkheimer), 아도르노(Adorno), 하버마스(Habermas) 등 이른바 비판이론가들은 과학적 분석이 현실을 왜곡시키는 단편적인 지식밖에 낳을 수 없으며, 총체적인 사회현실에 대한 인식은 실증주의적 방법으로는 도저히 성립될 수 없다고 주장하였다. 또한 실증주의의 지나치게 단순한 환원주의적 방법과 그것을 토대로 하는 지식은 자본주의 생산양식을 정당화하는 예속적인 역할밖에 하지 못하고 인간문제 해결에는 무관심하다고 비판하였다. 과학 자체를 하나의 이데올로기에 지나지 않는다고 보는 비판이론가들은, 실증주의의 계량적 접근은 단지 피상적인 현상의 일부분만을 파악하는 자료의 수집에 그치고, 현상의 이면에 있는 실재(reality), 즉 현상의 뒤에 숨어 있는 실재의 본질을 파악하는 데 무용하다고 주장하면서 사회구조와 사회현실의 이해에 대한 총체적·거시적 접근을 주장했다. 이러한 맥락에서 총체적 접근 및 실증주의의 한계를 지적하는 밀스(Mills)를 비롯하여 성찰적 사회학(reflective sociology)을 주창한 굴드너(Gouldner)와 일맥상통하는 바가 크다.

3. 사회과학과 과학적 연구

(1) 실증주의

실증주의는 로크에게서 시작된 철학적 지식이론인 경험과학의 한 변이이다. 콩트와 그의 후예들이 관심을 두어 왔던 자연과학적 탐구가 인간사회의 전 영역에 적용됨으로써 모든 문제가 과학적인 방법으로 해결될 수 있는 과학의 시대를 꿈꾸어 왔다. 20세기에 들어오면서 이러한 흐름은 비엔나학파(Vienna circle)를 중심으로 논리실증주의 혹은 논리경험주의라는 이름으로 등장하게 된다. 제1차 세계대전 이후 사회학이 미국으로 넘어가 신실증주의를 낳게 되었다.

- 방법론적 전제: 실증주의 과학관에서 뼈대로 삼고 있는 것은 '과학은 외부의 현실에 대한 참된 설명적·예언적 지식을 겨냥하는 객관적인 탐구'라는 사고이다.
- 방법론적 견해: 현실에서 발견되는 규칙적 관계의 법칙을 발견하고 이 법칙들로 구성된 이론을 형성해야 한다. 이 법칙들은 체계적 관찰과 실험을 통해서 나타나는 현상을 설명하고 예측할 수 있다. 과학의 목표는 감각적 경험을 넘어서, 관찰할 수 없는, 즉 이면에 숨어 있는 본질에 관한 인식이며, 이는 오로지 경험적 관찰을 통해 발견되는 규칙성만이 존재한다.

(2) 이해적 방법

딜타이, 리케르트(Rickert), 짐멜(Simmel), 베버 등과 관련되는 이해적 방법은 19세기 말과 20세기 초에 걸쳐 방법론 논쟁의 핵심이 되어 왔으나, 제1차 세계대전 이후의 '실증주의' 시대를 맞이하면서 그 의의가 감소하게 된다. 그러나 1960년 이후 비트겐슈타인(Wittgenstein) 등의 주도에 의해 영미의 분석철학이 재탄생되면서 이전의 논리실증주의자들의 설명이 대폭 수정되었다. 그리고 기능주의와 체계이론의 정당성이 의심되고, 이데올로기적 각성(특히 연구자의 역할, 가치관계의 문제와 관련된 각성)이 시작되면서 사회학에서 자기반성의 분위기가 생겨나 이해적 방법 내지는 이해사회학에 대한 관심이 다시 대두되기 시작하였다. 이것은 방법론적 전제, 사회학의 대상 규정, 연구자의 역할 등에 대한 논의에서 실증주의와 구별되게 하였다.

• 방법론적 전제: 먼저 사회학의 성립과 관련된 역사적 배경에서 보면, 이해적 방법의 등장을 사회과학 초창기의 과도한 실증주의에 대한 반발로 규정할 수 있음을 의미한다. 초기 사회과학의 등장을 필요로 했던 이유들, 즉 민족국가의 성립과 자본주의의 발전은 자연히 사회과학의 실증주의적 방법들에 특권을 부여하였다.

그러나 그것은 두 가지 비판 여지를 보이는데, 첫째, 실증주의는 다양한 심리적·사회적·문화적 현상을 단순히 사물로 다룸으로써 전통적 가치의 대부분을 의심스러운 것으로 몰아세웠으며, 둘째, 실증주의자들의 논의 내용은 대부분 검증되지 않은 것이고 같은 증거로부터 서로 다른 결론을 끌어낼 수도 있다는 방법론적 비판이 대두되었다. 초기에 이러한 비판들은 특히 실증주의의 물리학적 방법과 역사적 자료의 이용에 집중되었다.

이와 같이 실증주의자들은 역사를 내용으로 하고 물리학의 방법을 그 과학적 절차로 하는 사회과학을 내세워 정신과 육체의 차이를 무시한 데 비해, 신관념주의와 신칸트주의자들은 정신과 육체의 분리에 근거해서 역사와 과학의 분리, 문화과학과 자연과학의 분리를 내세우게 되었다.

• 방법론적 견해: 자연과학은 외적이고 실험적·양적 지식을 추구하는 것임에 반하여 사회과학은 인간의 경험과 관련되어 있는바 내성적이고 비실험적·비계량적인 지식을 추구하기 때문에, 이해적 방법을 주장하는 학자들은 실증주의가 자주 원용하는 물리학의 방법이 아무리 수정된다고 할지라도 그것은 본질적으로 사회과학의 주제를 다루기에는 부적절하다고 본다.

　그리하여 여기서 말하는 직관이란 관념적 의미에서가 아니라 경험을 다루는 정상적 절차로서의 성찰적 직관, 즉 상호주관적인 준거틀 내에서 이해 가능한 해석적 직관인 것이다. 따라서 이 방법은 양적 연구방법보다는 질적 연구방법, 특히 참여관찰법을 강조하는 경향이 있다.

(3) 현대적 동향

　실증주의적 방법은 과학적 보편의 '설명적 방법'이, 이해적 방법은 인간사회 특유의 '이해적 방법'이 사회현상을 분석하는 데 보다 적절한 방법이라고 주장되고 있다. 그러나 최근에 와서는 이들 간의 방법론상의 차이에도 불구하고 사회과학이 경험과학이어야 한다는 데는 큰 이견이 없다. 특히 신실증주의자들[채핀(Chapin), 런드버그 등]의 학문적 영향으로 반실증주의적 주장의 상당한 부분이 큰 의미를 잃게 되었다.

　그리고 사회학은 하나의 경험과학으로서 사회현상에 대한 복잡한 개념, 전제, 절차 등을 재규정하고 발전시킴으로써 새롭고도 많은 과학적인 연구방법과 이론의 발전을 가능하게 하였다.

참고문헌

김경동, 이온죽(1986). 사회조사연구방법. 박영사.

김영종(2007). 사회복지조사방법론. 학지사.

김응렬 편저(2004). 사회복지학에의 초대. 고려대학교출판부.

김응렬(2005). 사회조사방법론의 이해. 고려대학교출판부.

김정운(2015). 노는 만큼 성공한다. 21세기북스.

김진호(2008). 괴짜 통계학. 한국경제신문사.

루빈 A, 바비 E. (2002). 사회복지조사방법론. 나남출판.

민경배(2016). 처음 만나는 사회학. 다른길.

왈라스(1984). 사회학방법론(김영정, 남기봉 공역). 도서출판 한울.

얼 R. 바비(2005). 사회조사방법론(고성호 외 공역). 도서출판 그린.

앤서니 기든스, 필립 서튼(2017). 현대사회학(김미숙 외 공역). 을유문화사.

에레즈 에리든(2015). 빅데이터 인문학: 진격의 서막(김재중 역). 사계절.

이만갑, 한완상, 김경동(1980). 사회조사방법론. 한국학습교재사.

이철우(2004). 사회복지이론과 연구방법론. 사회복지학에의 초대(김응렬 편저). 고려대학교출
　　판부.

자호다, 라자스펠트, 짜이젤(1983). 사회학 조사방법론의 역사 및 사례연구(이홍탁 편역). 탐구당.

정대연(2004). 사회통계학. 제주대학교출판부.

제니페 메이슨(2005). 질적 연구방법론(김두섭 역). 나남출판.

최선화 외(1999). 사회문제와 사회복지. 양서원.

최일섭, 최성재 공편(1995). 사회문제와 사회복지. 나남출판.

토머스 쿤(2013). 과학혁명의 구조(김명자 외 공역). 까치글방.

프랭클린 클라이드(2005). 이론으로 본 사회심리학(정창수 역). 도서출판 그린.

피터 버거 외(2005). 사회학의 사명과 방법(임현진 외 공역). 한울.

하워드 S. 베커(2018). 학자의 글쓰기: 사회과학자의 책과 논문 쓰기에 대하여(이성용 역). 학지사.

홍승직, 임희섭, 노길명, 정태환, 김문조(1995). 사회학개설. 고려대학교출판부.

황성동(2007). 알기 쉬운 사회복지조사방법론. 학지사.

Babbie, E. R. (1975). *The Practice of Social Research*. Wadsworth Publishing Company Inc.

Hage, J. (1972). *Techniques and Problems of Theory Construction in Sociology*. John Wiley and Sons.

Lundberg, G. A. et al. (1968). *Sociology*. Harper & Row Publishers.

Reynolds, P. D. (1971). *Primer in Theory Construction*. Bobbs Merrill Educational Publishing.

Wallace, W. L. (1971). *The Logic of Science in Sociology*. Aldine · Atherton Inc.

05 사회학의 대표적 이론

사회학이라는 학문에서 이론은 매우 중요하다. 이론이란 사회가 어떤 원리로 구성되어 있고, 사회가 어떻게 움직이고 있는가를 이해하게 한다. 다시 말하면, 이론은 사회의 본질을 이해하게 하고 사회 전체를 조망하게 해 주는 틀이다. 따라서 이론이란 사회현상의 본질을 규명하기 위해서 둘 이상의 개념을 사용하여 이들의 인과관계 나 사실적 상호관련성을 설명하는 학문적 체계라고 할 수 있다. 이 장에서 제시하는 이론들은 크게 구조기능주 의이론, 갈등이론, 상징적 상호작용론, 교환이론, 민속방법론, 해석적 이해의 방법으로 나누어 볼 수 있다.

구조기능주의이론은 사회를 하나의 통합된 전체로 본 콩트(A. Conte)를 비롯하여 사회진화론을 언급한 스펜 서(H. Spencer), 사회학을 오늘날의 현대사회학으로 만든 뒤르켐(E. Durheim)에 기원한다. 구조기능주의이론은, 사회는 사회구성원들 간의 가치합의에 기초하여 유지된다는 기본 전제하에 정치, 경제, 교육, 문화, 법, 복지 등 각 부분(체계)들이 서로 맞물려 의존하는 곳으로, 질서와 안정, 통합을 사회의 본질이자 정상적인 과정으로 본다. 그러면서 사회는 생물유기체의 삶에 기본적인 요건들이 충족되어야 하듯이, 사회가 유지·존속되기 위해서는 적응기능, 목표달성기능, 통합기능, 잠재적 유형 유지 및 긴장처리 기능이라는 기능적 필수요건이 충족되어야 한 다고 본다.

이에 반해 1950년대와 1960년대 구조기능주의이론의 대안이자 반발로서 출발한 갈등이론은, 사회는 강제에 기초하여 희소한 권력과 결핍된 자원으로 말미암아 불평등, 갈등, 경쟁, 변화가 항존하는 곳으로, 이것이 사회의 본래적인 모습이라고 본다. 또한 갈등은 인간의 본성이자, 사회의 본질로서 인간이 몸담고 살고 있는 사회를 불 평등과 갈등, 대립이 항존하는 곳으로 봄은 물론 그것들이 편재되어 있는 것으로 파악한다.

상징적 상호작용론은 사회질서가 객관적으로 존재하는 실재가 아니라 사회구성원들 간의 상호작용하면서 개념 정의 및 의미를 교환함으로써 이루어지는 것이라는 전제를 토대로, 사회는 인간들끼리 언어라는 상징을 이용하여 자신들이 몸담고 살고 있는 세계의 규범을 공유하고 의사소통하며 상호작용하면서 살아가는 곳으로 본다. 이 이론 에서는 사회는 하나의 고정된 구조가 아니라, 항상 변화하고 만들어지는 것으로 인간들의 적극적인 행위에 의해 창 조되는 것으로 본다. 또한 사회현실은 끊임없이 생성되고 변화되기 때문에 인간의 행동은 상호작용의 과정 속에 서 이해하고, 사회적 맥락으로부터 이해되어져야 함을 강조한다. 따라서 인간 개인들은 자기 주관에 따라 세상과 사물을 나름대로 규정하며, 거기에 의미를 부여함으로써 자기의 세계를 능동적으로 이끌어 나가는 주체로 본다.

교환이론은 역사가 존재한 이래로 인간들 간의 관계는 끊임없이 주고받는 관계의 역사였다는 전제하에, 우리 가 몸담고 살고 있는 사회를 인간들끼리 대면적 관계(face to face)에서 유·무형의 가치나 자원을 서로 주고받 으면서 관계를 맺으며 살아가는 곳으로 본다. 이 이론은 상대방에게 주는 교환자원을 비용(cost), 상대편으로 받 는 자원을 보상(rewards)이라는·견지에서 사회관계를 분석한다. 보상이 계속 주어지는 행동은 내면화되고 그렇 지 않을 경우에 행동은 소멸된다는 학습이론의 기본명제를 받아들이면서, 주는 가치와 받는 가치 간의 실제적 균형(practical equilibrium)이 이루어져야 인간관계가 지속된다고 본다.

민속방법론은 우리의 일상생활이 별다른 잡음 없이 잘 굴러갈 수 있는 것은 인간들끼리 암묵적으로 공유하는 상호주관성(간주관성) 때문이라고 한다. 상호주관성은 재고적 지식이라고도 하는바, 모든 인간이 마음속에 지니 는 것으로 사회세계 혹은 생활세계에서 행동하도록 해 주는 공유 규칙, 가치, 태도 같은 것이라고 보면 된다.

해석적 이해의 방법은 이해사회학이라 불리는 것으로, 인간행위는 자연현상과 달리 행위 자체 내에 가치와 목적이 포함된 것이라는 인식에 근거하고 있다. 즉, 인간의 사회적 행위는 상대방에 대한 행위자의 주관적 인식 이나 판단에 준해서 타인과 관계를 맺으면서 이루어진다. 다시 말하면, 인간행위자들은 이미 상대방의 행동 뒤에 숨어 있는 의도에 대한 반응(감정이입)에 의해 행동하게 된다는 것이다. 해석적 이해의 방법 역시 인간들은 민속 방법론에서 강조하는 상호주관성(간주관성)에 의해 행동하게 된다는 것이다.

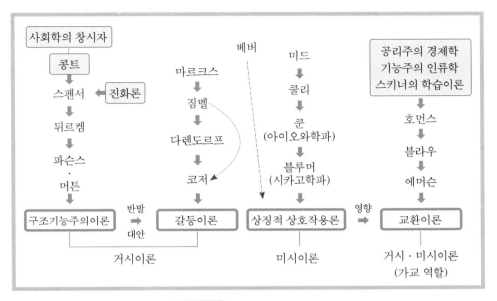

그림 5-1 사회학 이론의 계보

1 구조기능주의이론

　구조기능주의이론(structural-functionalism)은 가장 오랜 전통을 가진 이론으로, 사회를 하나의 통합된 전체로 본 콩트(A. Comte)를 비롯하여, 사회진화론[1]을 언급한

---

1) 사회진화론은 목사이자 교수였던 찰스 다윈(C. R. Darwin, 1809~1882)의 진화론에 영향을 받아 나온 이론이다. 다윈은 해군 측량선 비글호(Beagle號)를 타고 세계일주를 하였는데, 1835년에 남미 에콰도르 앞바다 태평양 쪽으로 약 1,000km 떨어진 갈라파고스군도(13개의 큰 섬과 8개의 작은 섬들로 이루어짐)에 도착해서 본국인 영국과는 전혀 다른 생태계를 보고 큰 충격에 빠졌다. 갈라파고스(스페인어로 거북을 뜻함)군도의 섬마다 핀치새를 비롯한 군함새, 부비새, 거북, 적도펭귄, 바다이구아나 등 개체들의 생김새가 제 각각임을 발견하였다. 그는 과연 창조주가 섬들마다 부리 모양과 색깔이 다른 14종의 핀치새를 왜 만들었고, 여러 종의 거북을 왜 존재하게 했을까에 깊은 의문을 가졌다. 그는 1859년에 『종의 기원』에서 자연계에 존재하는 생물유기체들은 자신의 환경에 적응하는 것들만 살아남는 방법으로 다양한 형질을 발전시켜 간다

스펜서(H. Spencer), 사회학을 오늘날의 현대사회학으로 만든 뒤르켐(E. Dürkheim)에 그 기원을 두고 있다. 특히 제2차 세계대전 후 파슨스(T. Parsons)와 머튼(R. K. Merton)에 의해 보다 정교화되었으며, 미국 사회에서 지배적인 이론으로 자리 잡았다. 즉, 이 이론은 1940년대부터 꽃피우기 시작하여 1960년대 초반까지 미국 사회를 설명하는 주요한 틀로 자리 잡아 왔다. 그러나 그 후 베트남전쟁 반전운동, 흑인 인권운동, 여성해방운동과 같은 사회적 혼란과 소요로 말미암아 갈등과 대립, 변동 등과 같은 요인들로 인해 이론으로서의 의미가 퇴색되었다.

구조기능주의이론의 기본 전제

사회체계이론, 합의론과 맥락을 같이하는 구조기능주의이론은, 질서와 평형, 균형을 사회의 정상적인 과정(상태)으로 본다. 이 이론은 사회구성원들 간의 도덕적 가치합의를 중시하며, 사회의 각 부분을 전체 사회의 안정과 연대를 위해 움직이는 복잡한 체계로 보고 있다.

이 이론의 기본 전제는 사회도 생물유기체처럼 상호의존적인 부분들로 구성되어 있는 체계라는 것이다. 여기서 체계란 서로 관계를 맺어 영향을 주고받는 부분들이 형성된 전체 혹은 조직을 말한다. 즉, 상호연관된 요소들(정치, 경제, 법, 교육, 복지 등)의 집단을 체계라고 말할 수 있다. 각 부분(하위체계)은 체계의 작동에 기여하며, 이로써 전체 체계(사회)는 순조롭게 기능하며 균형상태를 유지한다. 즉, 각 부분(하위체계)이 정상적으로 제 역할을 수행함으로써 사회라는 전체 체계가 정상적으로 유지되며 안정될 수 있음을 의미한다.

는 자연선택이론을 주장하였다. 즉, 이 세상에 존재하는 모든 생물유기체는 자연의 법칙에 따라 저절로 우연의 누적을 통해 현재의 모습을 보이는 것이라고 언급하였다. 그의 견해는 당시까지만 해도 이 세상에 존재하는 모든 삼라만상은 신의 지적 설계(intelligent design of God), 신의 은총, 신의 의지에 의해 만들어졌다는 창조론(doctrine of creation)에 정면으로 배치되는 것이었다. 따라서 그의 진화론은 종교계와 학계의 엄청난 도전과 비난을 받았는데, 차츰 그의 이론의 타당성과 진정성이 인정받게 되어 중요한 이론으로 자리 잡았으나 아직도 커다란 논쟁의 대상이 되고 있다. 현세대 가장 유명한 진화론자의 한 사람인 도킨스(R. Dawkins)는 다윈의 이론을 지지하면서 "신은 날조되었고 조작되었다."라며 창조론을 적극 부인하고 있다.

다시 말하면, 사회체계는 각 부분(하위체계)이 자신들의 역할을 제대로 수행하면, 그리고 균형 잡힌 상호교환이 이루어지면 안정을 유지한다. 하지만 그렇지 못할 때 기능장애가 일어나고, 또 그것을 복구해 가는 과정에서 점진적 변동이 일어난다. 이러한 과정 속에서 분화와 통합이 반복됨에 따라 상호의존성에 기초한 사회는 동적 균형을 통해 전체적으로 안정을 유지하게 된다.

기능적 필수요건(AGIL 도식)

사회가 정상적으로 유지되기 위해서는 어떤 필수적인 기능을 수행해야 한다. 만약 그렇지 못할 경우 사회는 해체되거나 변화를 경험하게 될 것이다. 따라서 생물유기체의 삶에 기본요건들이 충족되어야 하듯이, 사회가 존속하기 위해서는 기능적 필수요건(functional prerequisite)들이 충족되어야 한다.

이를 위해서 사회는 제도적 장치가 필요한바, 기본적으로 네 개의 하위체계(파슨스에 의해 정식화된 AGIL 도식을 의미함)를 필요로 한다. 첫째, 적응기능(Adaption function)으로, 모든 사회체계는 존속과 발전을 위해 환경에 적응해야 할 뿐만 아니라 사회구성원들이 살아남도록 하기 위한 경제제도가 필수적이다. 둘째, 목표달성 기능(Goal attainment function)으로, 각 체계는 목표를 달성하고 만족을 얻기 위하여 자원을 동원·관리할 수 있는 수단으로 정치제도가 필수적이다. 셋째, 통합기능(Integration function)으로, 사회체계 내의 각 부분들 간에 내적 통합상태를 유지하고 일탈을 규제하기 위하여 법제도, 교육제도, 복지제도가 필수적이다. 넷째, 잠재적 유형 유지 및 긴장처리 기능(Latent pattern maintenance & tension management function)으로 각 체계는 균형상태를 유지하고, 사회체계의 규범을 인간의 마음(인성) 속에 내면화하고 체계 내에 축적된 긴장을 해소하기 위해 문화나 종교제도가 필수적이다.

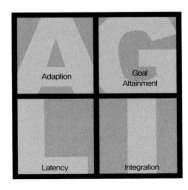

다시 말하면, 사회체계는 이러한 네 가지 기능적 필수요건(AGIL)이 기본적으로 필요한바, 이를 제대로 작동시키고 충족시키기 위해 사회는 충분한 인구, 환경을 극복할 수 있는 수단, 성원 재충원의 방법, 사회구성원들의 다양한 역할분담, 의사소통체계, 규범공유, 목표달성을 위한 수단의 규제방법, 적절한 사회화방법, 효과적인 사회통제방법, 신념체계, 리더십 등을 가지고 있어야 한다.

이와 같이 구조기능주의이론에서 언급하는 사회체계는 환경에 적응하며 존속해 나가기 위해서 기능적 필수요건들이 충족되어야 한다. 이러한 기능적 필수요건들은 소규모 집단은 물론, 국가라는 거대한 조직체에도 적용될 수 있다. 즉, 국가라는 거대한 실체에도 적용될 뿐만 아니라 큰 회사조직이나 군대, 종교단체, 학교조직 및 소규모 공동체(동아리) 등에도 적용될 수 있다.

그러면서 구조기능주의이론의 대표적인 학자라고 할 수 있는 파슨스는 사회란 기본적으로 균형(equilibrium)을 찾고자 하는 역동적 체계(dynamic system)이기 때문에 사회 속에 교란적인 요소들이 있다 하더라도 사회는 이를 포용할 수 있는 자기규제장치(self-regulating system)를 가지고 있다고 본다. 따라서 사회는 전반적으로 안정성을 유지할 수 있으며 통합된 모습을 보인다고 한다.

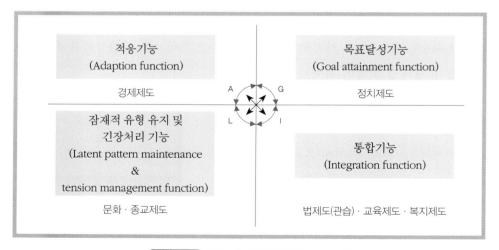

그림 5-2 구조기능주의이론의 AGIL 모형

구조기능주의이론의 비판

구조기능주의적 접근은 사회의 유지와 균형에 주로 관심을 가진 것으로 알려져 왔으며, 균형 유지를 체계의 필수적인 요건으로 전제함으로써 사회의 극심한 갈등과 변화를 적절히 설명하지 못한다는 점에서 비판을 받고 있다. 다시 말하면, 이 이론은 사회변동과 갈등에 대해 효과적으로 설명할 수 없다는 점에서 비판받고 있으며, 특히 지속적인 갈등과 격변의 시기를 경험하고 있는 사회에서 이 이론이 과연 어느 정도 타당한가 하는 의문이 제기되고 있다. 동시에 이 이론은 사회구성원인 인간들의 역동적이고 창조적인 모습에 대한 이해를 결여하고 있으며, 현실세계보다는 추상적인 사회체계를 다루고 있다는 점에 대해서 비판받고 있다. 또한 이 이론은 현재의 사회 모습을 유지하고 엘리트지배체제를 옹호하는 이론에 불과하다는 점에서 매우 보수적이라는 비판을 받고 있다.

구조기능주의이론에서 본 사회문제[2]

구조기능주의 관점은 사회복지의 가장 큰 목표이자 근원이 되는 사회문제가 전체 사회의 균형을 깨거나 통합을 해치는 요인들에 의해 발생한다고 본다. 즉, 사회문제란 사회적 균형상태의 특별한 상태를 의미하는 것으로 본다. 개인의 잘못된 사회화나 부적절한 사회화, 주어진 사회규범의 위반, 사회구성원 개개인의 미흡한 자기역할 수행, 소득분배상의 불균형(부의 불평등한 분배로 빈곤 만연) 등으로 사회문제가 야기되고 사회가 해체되는 상황까지 벌어진다고 한다.

구조기능주의이론에서의 사회문제란 전체 사회의 균형을 깨거나 사회통합을 해치는 것이라고 본다. 구조기능주의이론에서 사회문제란, 예를 들면 빈곤이라는 사회문제는 개인적 · 신체적 무능력이나 질병, 낮은 성취욕구, 낮은 교육성취 등에 의

---

2) 구조기능주의이론에서는 사회문제가 사회 전체의 기능적 결함 때문에 발생하는 것이 아니라, 사회체계의 일부 기능인 사회화기능과 사회통제기능의 실패에 의해 발생한다고 본다. 따라서 사회문제가 발생하는 것은 사회적 균형을 해치는 하나의 병리적 현상으로서 불필요한 요소로 간주하고 있다.

해 발생될 수 있다. 이를 예방하고 치유하기 위한 대안적 차원에서 사회복지제도가 적용된다고 보는 것이 구조기능주의적 관점이다. 즉, 구조기능주의는 사회를 구성하는 각 부분이 균형과 항상성을 잃거나 제 역할을 수행하지 못할 때 사회문제가 발생하며, 따라서 사회체제의 존속과 유지를 위해 사회복지제도가 필요하다고 본다.

구조기능주의이론에서 본 사회복지

구조기능주의 관점에서는 사회가 정상적으로 유지되고 움직이는 상황에서 비정상적이거나 불균형적인 요인으로 인해 발생하는 사회문제를 방치하고서는 국가나 사회가 안정을 유지할 수 없기 때문에 통합기능의 하나로서 사회복지제도를 시행한다고 볼 수 있다. 즉, 사회복지를 사회체계의 통합적인 기능을 수행하는 것으로 본다. 인구의 고령화가 급진전되고 있는 현대사회에서 가장 큰 이슈가 되고 있는 노인문제에 대해, 구조기능주의는 노인의 노동능력이 떨어짐으로써 주어진 역할을 제대로 수행하지 못하게 됨에 따라 노인문제가 발생한다고 본다.

따라서 이 이론은 사회체계의 역기능적인 상황을 극복하고 최소한 인간다운 삶을 보장하기 위해 사회통합적 차원에서 사회복지 혜택을 제공해야 한다는 입장을 취한다. 결손가정의 아이나 불우청소년, 비행청소년들을 위한 사회사업서비스 및 재사회화 교육, 장애인들을 위한 재활교육을 통해 정상적인 생활이 가능하도록 도와주는 것도 사회복지의 한 기능이라고 할 수 있다. 또한 부의 불평등한 분배로 빈곤이 만연하고 빈곤층이 증가할 때, 실직으로 소득이 중단되었을 때, 사회적으로 소외되고 낙오되는 사람들을 위해 공공부조의 근간을 이루는 국민기초생활보장제도로 이들의 최소한의 인간다운 삶을 보장하는 것도 사회통합적 차원에서 사회구조적 결함을 보완하는 제도이다.

2 갈등이론

갈등이론의 기본 전제

1950년대와 1960년대에 이르러 구조기능주의이론의 대안이자 반발로 출발한 갈등이론(conflict theory)은 사회를 각자의 이익을 중시하는 집단으로 구성되어 있는 곳이라고 본다. 그러면서 인간이 살고 있는 사회를 불평등과 갈등, 대립이 항존하는 곳으로 본다. 또한 이 이론은 사회가 왜 분열되고 어떻게 해서 나뉘게 되는가, 즉 사회분할의 과정과 그 의미, 중요성을 집중적으로 분석하였음은 물론, 사회변동에 초점을 맞추고 있다. 따라서 갈등이론이 기본적으로 가정(전제)하고 있는 사회현실이란 질서와 안정, 합의보다는 무질서, 변화, 갈등과 투쟁이 항존하는 곳이다.

이와 같은 모순적 상황이 발생하는 근본적 이유는, 역사가 창조된 이래로 사회는 항상 희소한 권력과 결핍된 자원이 존재하는 곳이므로, 인간들은 더 많은 자원과 권력을 차지하기 위해 끊임없이 갈등하고 대립하기 때문이다. 다시 말해, 서로 다른 개인과 집단은 자신들의 욕구를 충족시키기 위해, 부족한 자원을 얻기 위해 노력하는 과정에서 갈등하고 대립한다는 것이다. 따라서 갈등이론은 갈등이라는 현상을 사회 곳곳에 널려 있는 것으로서 사회의 정상적인 과정 혹은 사회의 본질로 간주한다.

갈등이론은 사회적 갈등에 대한 마르크스주의(Marxism)적 접근에서부터 갈등의 다양성과 갈등의 사회적 기능을 중시한 짐멜(G. Simmel), 다렌도르프(R. Dahrendorf)의 변증법적 갈등이론, 코저(L. Coser)의 갈등기능주의에 이르기까지 다양한 이론체계로 구성된다. 이 이론들을 갈등이론 속에 모두 포함시킬 수 있는 것은 다양한 유형의 갈등이론이 갈등의 편재성이라는 기본가정을 공유하고 있으며, 동시에 마르크스와 짐멜의 갈등에 관한 연구업적과 관련된 유산을 수용하고 있기 때문이다.

마르크스의 갈등이론

갈등의 영속성을 언급한 마르크스는 인간 사회를 유물론적 입장에서 바라보면서, 산업혁명이 탄생시킨 사회체계를 생산수단을 소유한 자본가계급과 생산수단을 소유하지 못한 임노동자들이 생산의 결과로 얻게 되는 경제적 잉여가치를 둘러싸고 계급 간에 끊임없이 갈등하고 투쟁하는 것으로 보았다.

사회를 갈등의 관점에서 바라본 마르크스는 산업혁명의 결집체로 등장한 자본주의제도가 엄청난 물질적 발전을 가져왔음에도 불구하고 왜 노동자(인간)들의 삶은 더욱 피폐해졌는가에 큰 의문을 가지고 자본주의 사회의 모순적 상황을 직시하였다. 자본주의제도가 필요악적으로 낳은 계급들 간의 갈등이 사회를 양극화하고 인간들을 사악하게 만드는데, 공산주의 혁명으로 공동생산 및 공동분배가 성취됨으로써 계급 없는 사회, 즉 인간다운 사회를 이룩할 수 있다고 보았다.

다렌도르프의 갈등이론

사회적 갈등이 생산관계에 있다고 본 마르크스와 달리, 다렌도르프는 갈등의 원인을 정치적인 요인, 즉 상명하복의 권력(권위)을 가진 지배집단과 그것이 없는 피지배집단 간의 갈등이 일어난다고 주장한다. 다렌도르프는 신갈등이론가로서 사회는 합의와 갈등이라는 두 개의 얼굴을 동시에 갖고 있다고 언급하면서, 사회에는 항상 갈등이 존재하고 그러한 사회적 갈등이 분배관계(권력의 소유 여부)에서 생겨난다고 보았다. 다렌도르프는 사회체계의 규범적 구속보다는 갈등과 억압을 중심으로 이론을 전개하였다. 그러면서 그는 모든 사회는 갈등을 내재하고 있으며, 타 성원에 대한 일부 성원의 강제에 기초한다고 주장하였다. 특히 그는 사회를 희소한 자원, 권력, 욕구, 기회, 이익을 소유하고 지배하려는 집단, 즉 강제적으로 조정된 집단(Imperatively Coordinated Association: ICA) 간의 경쟁과 투쟁, 갈등의 장으로 본다.[3]

---

3) 다렌도르프는 ICA(강제적으로 조정된 집단 혹은 불가피한 협동체)에 대해서, 사회 내에는 다양한 형태의 권위가 존재하고, 권위를 가진 집단이 권위를 갖지 않은 집단을 통제하고 강제할 수 있다고 보았다. 결국 이

다렌도르프의 주장에서는 변증법적인 갈등론의 입장이 드러나는데, 그는 사회가 어떤 이슈를 놓고 갈등하고 합의하는 과정에서 자원배분을 재조정하는 곳이라고 보면서, 현대산업사회는 갈등의 제도화를 통해, 즉 다양한 이해관계를 가진 집단(정치행위과정에서 영향력을 행사하는 세력들) 간의 변증법적 갈등의 순환(정-반-합)을 통해 다양한 정도의 변동과 갈등을 체험한다고 파악했다. 동시에 새롭게 조정되고 합의된 법의 제정과 정책과정을

다렌도르프
(Ralf Dahrendorf,
1929~2009)

통해 폭력을 예방하고 평화적으로 이익이나 욕구, 기회를 추구할 수 있다고 본다.

따라서 다렌도르프는 사회가 발전해도 계급 간의 갈등이 지속될 것이라고 주장했다. 하지만 마르크스가 언급한 혁명적 갈등과 같은 무자비한 계급투쟁이 아니라 규제되고 제도화된 개혁적 갈등을 언급했다. 즉, 노조, 법정, 의회 등의 제도(기관)를 통해서 서로 간의 갈등을 해결하고 응집과 화합을 이루어 낸다고 지적했다. 또한 국가는 교육을 통해서 하위계층의 이동(상승이동)기회를 증대할 수 있으며, 사회복지와 조세법을 통해 상층계급과 하층계급 간의 빈부격차를 완화할 수 있다고 보았다.

코저의 갈등이론

갈등의 다양성에 대해 언급한 짐멜의 영향을 가장 많이 받은 코저는 자신의 이론을 통해 갈등이 어느 사회에서나 존재하는 자연스러운 사회현상이라고 언급하면서, 사회에는 갈등이 불가피하게 편재되어 있지만 갈등은 기능적으로 작용한다는 사회적 갈등의 기능성에 관심을 가졌다. 갈등기능주의자로서 코저는 갈등이론과 구조기능

코저
(Louis Coser,
1913~2003)

권위는 집단 내부를 양분해, 권위를 강제하고 유지하려는 권위를 가진 집단과 그렇지 못한 집단이 대립한다고 보면서, ICA 안에서 갈등은 상시적이고 자연스러운 것이라고 주장했다.

주의이론을 통합하기 위해 많은 노력을 하였다. 즉, 사회는 상호이해관계가 있는 집단 간에 희소자원을 소유하고 지배하려는 과정에서 야기되는 갈등이 오히려 이해관계가 다른 집단 간의 관계를 조정하고 상호적응하게 하는 경향이 있다는 것이다. 그는 갈등이 사회체계를 유지시키고 발전시키는 데 긍정적으로 작용하는 것으로 보았으며, 갈등이 느슨하게 구조화된 집단의 단결을 도모하고, 고립되어 있는 몇몇 개인이나 집단에게 동맹관계를 유발하게 하며, 의사소통의 원활함을 가져온다고 보았다. 따라서 코저는 갈등이 반드시 사회를 해체하고 분열시키기보다는 오히려 사회를 통합하고 안정시키는 데 기여한다고 말했다.

갈등이론의 비판

갈등이론은 구조기능주의이론과 명확하게 구분되지 않는다는 점에서 비판을 받고 있다. 갈등이론은 비판적 사회이론이라기보다 일종의 수정된 구조기능주의이론으로서 갈등 이전의 균형, 갈등 이후의 균형을 추구하는 이론이라는 지적을 받고 있다. 또한 지나치게 양분론적이고 기계론적이며 경험적 기초가 결여된 이론이라는 점에서 비판을 받고 있다.

세대 간의 갈등

일반적으로 사회적 갈등의 대표적인 예는 세대 간의 갈등으로, 젊은 세대와 노인 세대는 한정된 자원이나 가치관의 차이로 심각한 갈등을 빚을 수 있다. 예를 들면, 정년제도의 연장으로 젊은 세대들의 구직이 어렵게 되거나, 노인들에게 제공되는 연금재정이 적자가 되면 세대 간에 마찰을 빚거나 대립할 수 있다.[4] 또한 현대사회의 경로효친사상이나 효 가치관의 약화도 노인세대와 젊은 세대 간의 갈등을 초래할 수 있다. 과거 젊은 시절에는 경제적 능력이 있었고 사회발전에 기여했지만 노

---

4) 2011년 초 프랑스에서 연금수령 기간의 단축으로 말미암아 노령자들의 취업기간이 연장됨에 따라 일자리가 줄어들 것이라고 염려한 젊은 세대들의 집단행동(데모)에서도 살펴볼 수 있다.

후를 맞이하여 아무런 경제적 능력도 없고 사회에 기여하는 것도 없는 노인들이 일방적으로 정부로부터 복지 혜택을 받기만 할 때, 한정된 자원을 둘러싸고 세대 간의 갈등이 심화될 수 있다.

갈등이론에서 본 사회문제[5] · 사회복지

갈등이론(마르크스 입장)은 사회 전체 구조의 거대한 모순과 거기서 비롯된 가진 자와 못 가진 자 간의 갈등과 대립, 투쟁이 사회문제를 야기한다고 본다. 사회는 강제에 기초하여 유지된다는 갈등이론의 기본전제를 받아들인다면, 빈곤문제는 힘 있는 집단이 자신들의 이익을 실현하고 유지하기 위해 힘없는 집단을 빈곤상태로 유지하는 것이 유리하기 때문에 발생하는 것으로 이해된다. 자본주의사회에서 자본가계급들이 경제적 잉여물을 착취하는 것과 같은 근본적 모순을 은폐하거나 호도함으로써 사회문제를 발생시키고 확대시킨다는 것이다. 따라서 자본주의경제의 폐해로 인하여 고통받는 임노동자들에 대한 구제 및 보호가 필요하다. 개인의 빈곤이나 불행은 개인적인 특성에 있다기보다 사회적인 조건에 의해 발생한다. 자본주의 사회에서의 사회문제는 사회구조의 근본적인 변혁, 즉 공산주의 혁명에 의해서만 극복될 수 있다고 마르크스는 주장한 바 있다. 궁극적으로 사회의 근본적인 변혁을 통한 자원의 균등한 분배가 수준 높은 사회복지를 수행하는 것이라고 본 것이다.

한편, 마르크스 계열의 학자(Marxist)들은 국가가 자본주의제도의 모순과 불완전성을 보완하기 위해 미미한 수준의 사회복지제도를 실시함으로써 사회적 불만과 희생을 최소화하려 한다고 본다. 고프(I. Gough) 역시 현재 아동은 비노동 인구지만 미래의 노동력 재생산이라는 측면에서 국가가 교육 프로그램과 같은 사회복지제도

---

5) 갈등이론에서는 사회문제란 권력을 가진 사람들이 그것을 해결하는 것을 진정으로 원하지 않기 때문이거나 구조적인 수준에서 심각한 왜곡이 있기 때문에 발생하는 것으로 본다. 즉, 사회문제란 사회구조 전체의 거대한 왜곡현상에서 발생하는 것으로 본다.

를 시행한다고 보았다. 오페(C. Offe)는 자본주의제도의 경제적 모순으로 발생하는 빈부격차 문제를 관리하기 위하여 사회복지제도가 마련된 것으로 보았다. 그들은 사회복지제도가 자본주의제도를 영속화하기 위한 하나의 술책에 지나지 않는다고 지적하였다.

다렌도르프의 변증법적 갈등주의에서는 사회문제가 언제나 희소한 권력과 자원을 사이에 둔 이해집단 간의 대립과 갈등에서 발생한다고 보았다. 그러면서 그는 사회문제가 되는 상황에 대해서 권력을 가진 사람들이 그것의 해결을 원치 않기 때문에 사회문제로 인정받지 못하는 경우도 발생한다고 보았다. 사회는 사회를 구성하는 다양한 이해관계를 가진 집단 간의 갈등과 투쟁의 장으로, 사회문제가 자원이나 권력의 희소에 기인한다는 것이다. 따라서 사회문제의 원인이 사회구조와 제도 자체에서 발생되므로, 사회제도를 재구성 또는 재조직하거나 사회갈등을 제도화하는 것을 통해, 즉 이해집단 간의 변증법적 갈등을 통해 다양한 정도의 변동과 갈등을 재조정하고 합의하는 과정을 거친다. 이를테면 세금제도의 전면적 개편(세금감면)이나 입법, 정책 등의 조정으로 폭력을 예방하고 복지사회를 이룩할 수 있다는 것이다(예: 2000년 7월에 시행된 의약분업 실시에 따른 의사와 약사 간의 갈등).

코저의 갈등기능주의에서는 자본주의 사회가 사회문제를 해결하고 경제제도의 모순을 시정하기 위해서는 보다 적극적인 사회복지제도를 도입하여 불평등한 분배를 시정하는 조치가 바람직하다. 또한 이 이론은 피치 못하게 발생하는 사회문제에 대해서 단기적인 개혁이나 개선, 보완으로 갈등 상황을 해결할 수 있다는 입장을 취하고 있다.

3 상징적 상호작용론

상징적 상호작용론의 기본 전제

상징적 상호작용론(symbolic interactionism)이 중시하는 개념은 상징(symbol)과 상호작용(interaction)이다. 이 이론은 사회구조보다는 인간의 행위에 초점을 맞춤과 동시에 사회질서가 어떻게 가능한가에 초점을 두고 있다. 그리고 사회구성원인 개인행위자들이 어떻게 행동하고 어떻게 적응하는가에 관심을 두고 있다. 사회란 주관적으로 인식된 것으로 이해해야 한다고 언급한 베버(M. Weber)를 비롯하여, 상징적 상호작용론 입장의 학자들은 인간들이 행하는 상호작용 행위는 타자의 행동 뒤에 숨어 있는 의도에 대한 반응이라고 하면서, 인간사회가 협동이 가능한 것은 타자와의 상호작용의 결과라고 주장한다.

이 이론은 사회현실을 일종의 포커게임(poker game)을 하고 있는 상황으로 비유하고 있다. 포커게임에 참여하는 사람들은 적어도 게임의 규칙을 만들고, 규칙에 동의하고, 그에 의거하여 게임을 진행한다. 이때 인간들은 언어나 문자와 같은 상징을 사용하여 게임의 규칙을 만들고, 이에 동의함과 동시에 의사소통과정을 통하여 상호작용을 하는 것이다.

상징적 상호작용론은 정치, 경제, 종교, 교육 등과 같은 비교적 큰 사회구조에 관심을 두는 대신, 개인과 개인, 개인과 집단, 개인과 사회 간에 일어나는 일상적인 상호작용의 과정에 초점을 맞춘다. 따라서 이 이론은 행위자의 정신적 능력(사고능력), 행위 및 상호작용에 관심을 둔다. 즉, 개인행위자들이 어떻게 행동하고, 어떻게 사회에 적응하는가에 관심을 두고 있다. 이 모든 것이 과정(process)이라는 견지에서 이해된다. 이는 인간들이 살아가는 세계를 정태적 구조로 보기보다 동태적 상호작용과정의 구조로 파악하는 것이다.

상징적 상호작용론의 대표적 학자

상징적 상호작용론의 대표적인 학자이자 이 이론의 문을 연 미드(G. H. Mead)는 상징은 인간들의 상호작용과정에서 형성된다고 하면서, 상징의 하나인 언어가 자기의식을 길러 준다고 하였다. 또한 미드는 자아를 자기 자신을 대상으로 삼을 수 있는 능력이라고 정의하면서, 자아 없이는 정신을 가질 수도, 자신과 대화할 수도 없을 뿐만 아니라 정신과 자아를 분리시킬 수도 없다고 언급하였다.

상징적 상호작용론을 한층 더 발전시킨 쿨리(C. Cooley)는 인간행위자들은 타자들과 상호작용할 때, 상대방이라는 거울에 비춰 자신의 행동을 할 것인가 말 것인가를 결정한다는 경상자아(거울자아, looking-glass self)이론을 언급하였다. 이 외에도 대표적인 학자로는 자아연구의 어려움을 어떻게 극복할 수 있을까를 연구한 아이오와학파(Iwoa school)의 쿤(M. Kuhn)과 인간행위를 상호작용의 과정과 맥락 속에서 이해해야 한다는 시카고학파(Chicago school)의 블루머(H. Blumer)가 있다.

상징적 상호작용론에서 본 인간의 사고방식

상징적 상호작용론은 행위자들에 대해 내면적인 심리상태나 거시적인 구조의 힘에 의해 강제당하는 존재로 파악하는 데 강하게 반발한다. 상징적 상호작용론자들은 인간은 하등동물과 달리 사고능력을 부여받았는데, 그 능력은 인간들 간의 상호작용에 의해 형성된다고 본다. 인간들은 상호작용하는 과정 속에서 언어와 문자, 몸짓과 같은 상징과 의미의 습득을 통하여 사고가 가능하게 된다. 결국 인간들은 상징과 의미를 습득하고 공유함으로써 그들의 상황을 규정하고 해석하며 그 해석에 따라 행동한다.

또한 인간들은 사고능력을 가짐으로써 자신을 객체로 놓고 자기 자신과 상호작용할 수 있는 능력을 가지게 된다. 이러한 능력으로 말미암아 인간은 상대방(타자)이라는 거울에 비춰 자신의 행동을 검토하고 수정함과 동시에 자신을 성찰할 수 있으며, 자신의 행동이 이익이 되는지 되지 않는지를 판단할 수 있게 된다. 따라서 인간들은 타인과의 상호작용 속에서 세상 사람들이 공유하는 규범을 내면화하고 그것에 따라 생각하고 행동하는, 즉 의사소통하는 존재라고 할 수 있다. 이것이 쿨리가 언급한 경상자아개념이다. 인간 개인들의 자아의식 형성은 타자들과의 사회적 상호작용의 결과이며, 상대방을 통하여 자신을 알게 되고 의미를 파악하게 되며 일상생활을 꾸려 나간다. 이미 인간의 행동 속에는 타자라는 존재가 자리 잡고 있음을 짐작할 수 있다. 이 모든 것이 상대방과의 상징적 상호작용 속에서만 이루어짐을 알 수 있다.

시카고학파의 블루머

상징적 상호작용론이라는 말을 처음 언급한 시카고학파의 블루머는 상징적 상호작용론의 중심개념인 자아개념을 측정할 수 있는 적절한 조사방법이 무엇인가에 관심을 두었다. 이를 위해 그는 참여관찰법을 이용하여 감응적 개념(sensitive concept) 차원에서 자아를 연구하였다. 그는 인간의 행동을 어디까지나 인간들끼리의 상호작용과정 속에서 이해하여야 함을 강조했다. 사회현실이란 인간들 간에 상호주관적으로 형성되는 것으로 인간들은 상호작용행위과정 속에서 그때그때의 상황에 맞춰 세상과 사물을 자의적으로 해석하고, 그에 따라 행동하며, 상대방과 상호작용함으로써 현실을 창조하고 재구성한다고 보았다. 즉, 사회현실은 끊임없이 생성되고 변화되기 때문에 인간의 행동은 상호작용과정과 그 과정이 일어나는 사회적 맥락을 통해 이해되어야 한다고 보았다.

아이오와학파의 쿤

아이오와학파의 쿤은 자아연구의 어려움을 어떻게 극복할 것인가에 관한 연구로 자아의 형성과정에 관한 일반법칙이나 규칙성을 밝히는 연구가 중요하다는 입장을 취했다. 그는 'Who Am I?'라는 주제로 20개 항목의 질문지(Twenty Statement Test: T.S.T)를 만들어 이를 통해 과학적 방법으로 자아를 연구하려고 많은 노력을 하였다. 그러면서 인간의 행위를 설명하기 위해서는 자아의 내적 과정을 파악해야 한다고 보았다. 즉, 그는 상호작용학파의 기본 전제를 수용하면서 어떻게 하면 자아를 객관적이고 경험적으로 연구할 수 있는가에 관심의 초점을 맞추어 왔음을 알 수 있다.

상징적 상호작용론의 비판

상징적 상호작용론은 인간들의 무의식이나 감정, 욕구, 동기, 의도와 같은 심리적 요인들을 무시한다는 점에서 비판을 받고 있다. 그리고 사회구조에 의해서 인간이 때로는 구속받고 규제된다는 점을 간과하고 있다는 지적을 받고 있다. 또한 즉각적인 상황을 지나치게 강조한다는 점에서도 비판을 받고 있다.

상징적 상호작용론에서 본 사회문제[6] · 사회복지

상징적 상호작용론은 사회복지의 중요한 동인으로 작용하는 사회문제에 대해서 어떤 집단이 자신들이 공유하고 있는 의미와 규정, 가치들에 의거해 어떤 상황이나 조건을 문제로 인식한다고 본다. 즉, 대다수의 사회구성원에 의해 어떤 바람직하지 못한 상황이나 조건을 하나의 문제로 규정하고, 그것이 문제로서 다수의 사람에게 어떤 행동을 야기할 때 비로소 문제로 존재한다는 것이다. 이러한 관점에서는 사회질서가 객관적으로 존재하는 것이 아니라 사회구성원 상호 간의 개념 정의와 의미의 교환에 의해 만들어진 것이라고 볼 수 있다. 예컨대, 빈곤문제는 사회 내의 특정 집단이 바람직하지 않은 것으로 지적하는 과정에 의해 생겨난 것이라 할 수 있다. 결과적으로 사회문제란 다수의 사람이 사회현상을 어떻게 정의하고 해석하느냐에 따라 결정된다고 할 수 있으며, 이에 대해 대다수의 사회구성원이 무엇인가 개선이 필요하다고 인식하는 것이다(예: 미국산 쇠고기 수입을 둘러싼 촛불시위 등).

상징적 상호작용론은 관습, 종교, 법, 도덕적 규범, 의사소통 등의 문제나 인간들끼리 상호작용이 잘 이루어지지 않는 것 등이 곧 사회문제의 원인이 된다고 한다.

---

6) 상징적 상호작용론에서는 사회문제를 사회의 한 집단이 다른 집단의 의미나 가치, 규범에 동의할 수 없는 것으로 규정하고, 그 집단의 의미나 가치, 규범대로 행동하지 않기 때문에 발생하는 것으로 본다. 즉, 사회문제는 자신들이 공유하는 의미나 가치, 규범의 차이 혹은 주관적 해석의 오류 또는 왜곡에서 비롯된다고 볼 수 있다.

그 결과, 사람들은 고통을 받게 될 수도 있고 문제를 일으키는 행위를 할 수도 있다. 한편, 이와는 달리 일부 사람들, 예컨대 일부 의사들은 알코올 중독자에 대해 이를 일탈행위와 다른 일종의 질병이라고 주장하면서 치료적 행위를 요구할 수 있다. 따라서 의사들의 주관적 판단에 의해서 알코올 중독자는 보호되고 치료의 대상자가 될 수 있다. 이와 같이 보는 사람의 주관적 판단에 의해 사회문제는 사회복지의 대상이 될 수도 있고 안 될 수도 있다. 이와 같이 상징적 상호작용론에 의하면 다수의 사람이 보는 관점에 따라 일탈자가 되거나 사회복지대상자가 될 수 있는바, 특히 후자의 입장에 있는 사회복지 관련 종사자는 그러한 사회문제를 치유하고 예방하기 위해서 사회복지서비스와 같은 사회복지활동을 수행하게 된다. 그러므로 상징적 상호작용론을 통하여 사회복지 관련 종사자는 다양한 사회현상을 사회복지적 측면에서 인식하고 서비스 활동을 수행하게 되는 것이다.

한편, 어떤 현상은 대다수 사람의 주관적 판단이나 사회적 주목을 통해 사회문제로 발전될 수 있다. 어떤 문제상황에 대하여 그 문제를 해결하고 예방하기 위한 개선의 필요성을 인식하게 될 때, 이는 사회복지 혜택을 적용하는 근거가 될 수 있다. 그 예로 노인인구가 많아지고 고령화되고 있는 현대사회에서 대다수의 사람이 노인들의 부양문제에 대해 이구동성으로 문제라고 언급하고 개선이 필요하다고 보면, 노인들의 부양문제가 하나의 커다란 사회문제가 될 수 있다. 더구나 사회적으로 효 가치관이 변화되고 경로효친사상이 약화됨으로써 노인문제가 하나의 사회문제로 확대되는 사회에서는 더욱 그러하다. 따라서 이러한 부적응·부조화를 문제로 규정하고 이를 토대로 그러한 문제를 치유하고 예방하기 위해서 노인복지정책을 시행하는 것도 한 예가 된다.

4 교환이론

유사 이래로 인간사회의 역사는 인간들끼리 주고받는 교환의 연속이었으며, 그러한 관계는 오랜 학문적 관심의 대상이었다. 상징적 상호작용론의 한 갈래이자 연장선상에 있다고 할 수 있는 교환이론(exchange theory)은 인간들끼리 주고받는 상호작용에 초점을 맞추고 있는 이론이다. 따라서 이 이론의 본질적 속성은 인간들의 행동이 사회적 관계, 즉 교환관계를 통해서만 성취될 수 있을 뿐만 아니라 사회적 결속력을 증대시킬 수 있다고 보는 데 있다.

사회체계이론인 교환이론은 인간들의 가장 기초적인 상호작용에서 발견되는 경험적 사실로부터 생겨났다. 즉, 교환이론은 인간들의 사회적 관계에 대한 체계적 연구를 위한 틀을 제공하였음을 알 수 있다. 교환이론은 최대 다수의 최대 행복, 보상, 이익을 추구하는 공리주의 경제학,[7] 사회는 선물교환에서 보이는 호혜성의 규범에 의해 움직이는 교환네트워크라고 보는 기능주의 인류학,[8] 보상(reward)과 처벌(punishment)이라는 방법으로 인간을 교육해야 한다고 주장한 스키너(B. F. Skinner)의 행동주의 학습이론의 영향을 받았는데, 대표적인 학자로는 호먼스(G. Homans)와 블라우(P. M. Blau), 에머슨(R. Emerson) 등을 들 수 있다.

---

7) 경제학의 바이블이라고 할 수 있는 『국부론』의 저자이자 자본주의의 아버지로 분업과 시장경제의 효율성에 주목한 애덤 스미스(Adam Smith)와, 경제학자이자 철학자인 제러미 벤담(Jeremy Bentham) 같은 고전경제학파가 제기한 공리주의는 사회적 존재인 인간을 자유로운 경쟁적 시장상황에서 타인과의 거래나 교환 시 최소한의 비용으로 최대한의 물질적 이익이나 효용을 추구하는 합리적 존재로 가정한다. 또한 인간은 개인적인 쾌락에만 몰두하기 때문에 사회 전체의 행복을 증진하기 위해서 정부의 규제와 간섭이 반드시 필요하다고 생각했던 벤담은 시장규제를 위한 정책들을 쏟아냈고, 분배와 평등을 강조하는 복지사상에도 영향을 미쳤다. 특히 벤담은 중앙에 감시탑을 설치해 교도관이 모든 죄수를 관찰할 수 있는 팬옵티콘(Panopticon)이라는 원형감옥을 설계하였다.
8) 남태평양에 위치하는 트로브리안드섬들 사이에는 약 30~50년에 걸쳐 조개로 만든 목걸이나 팔찌를 의례적으로 교환하는 것, 즉 쿨라(Kula) 교환을 통하여 섬들 간의 전쟁을 막고 협동, 단결을 도모하는 풍습이 있는데, 이것을 기능주의 인류학의 한 예라고 할 수 있다.

교환이론의 기본 전제

이 이론의 기본 분석단위는 개인들 간의 대면적(면접적, face to face) 상호작용으로, 사회적 행위를 적어도 두 사람 이상 사이에서 교환자원을 주고받는 반복적인 행위로 본다. 교환자원은 금전이나 가치 있는 재화와 같은 물질적인 보상과 칭찬과 같은 비물질적인 보상을 포함한다. 교환이론은 비용과 보상이라는 견지에서 사회관계를 분석한다. 상대방에게 주는 교환자원은 비용(cost)이 되고, 상대편으로부터 받는 교환자원은 보상(rewards 또는 benefit)이 된다. 교환관계에 있어 당사자들은 가능하면 비용에 비하여 보상이 크도록 행동하려 하고, 아니면 적어도 최소한 대등한 입장에서 교환관계를 유지하려고 한다. 인간들은 비용이 많이 드는 일을 피하고 보상이 큰 일을 추구하는 경향이 있다.

호먼스의 관점

상징적 상호작용론을 이어받으며 가장 먼저 고전경제학(공리주의 경제학)과 행동주의 심리학을 접목시켰으며, 사회현상에 대한 설명은 심리학 명제(성공명제, 자극명제 등)에 의존하여 이루어져야 한다고 언급한 교환행동주의자 호먼스는 인간의 행위를 경제학적 계산과 교환원리로 이해했다. 호먼스는 보상이 계속 주어지는 행동은 내면화되고 반대일 경우에 행동은 소멸된다는 학습이론의 기본 명제를 받아들인다. 그에 따르면, 인간은 이윤을 추구하

호먼스
(G. Homans,
1910~1989)

는 존재로서 모든 인간관계 혹은 사회관계는 적어도 두 사람 사이에서 일어나는 교환적인 활동을 통하여 자신에게 이익이나 보상이 주어져야 유지된다는 것이다. 그러면서 그는 인간들은 보상이나 비용의 단순한 균형만을 추구하는 것이 아니라 비용보다도 더 많은 보상, 즉 이윤을 추구한다. 그는 주는 가치(혹은 자원)와 받는 가치 간에 실제적 균형(practical equilibrium)이 이루어져야 인간관계가 지속된다고 보며, 인간관계는 이윤이 많을수록 상호작용의 빈도가 많아지고 지속된다고 언급한다.

또한 인간은 과거에 보상을 받은 경험이 있는 행동에 대해서 반복하는 경향이 있으며, 다시 보상받을 것이라고 기대하는 성향이 있다. 그러나 보상과 비용 간의 분배적 정의(justice of distribution)가 비례적이지 않을 때는 상호작용이 지속되지 못한다고 한다. 여기서 말하는 분배적 정의란 능력이나 실력, 노력 여하에 따라 차등적 분배가 전제됨을 의미한다.

블라우의 교환구조주의

『사회생활에서 교환과 권력』이라는 책을 통해 기존의 교환이론을 더욱 정교하게 다듬은 블라우는 교환구조주의자라고 불리는데, 그는 개인들의 관계보다는 사회구조에 더 관심을 가지고 이를 사회적 교환관계로 설명하려고 노력하였다. 블라우는 교환이란 '타인들로부터의 보상적 반응에 좌우되고, 이러한 기대된 반응이 나오지 않으면 중단되는 행동'을 포함하는 하나의 특정한 형태의 결합이라고 정의하였다. 그러면서 그는 현실 사회에서 개인들은 교환관계를 통하여 소집단을 형성하고, 소집단 사이에서도 개인들 사이에서와 같은 교환관계가 성립되어 집단이 정교화되고 발전되며, 일정한 형태로 유형화, 즉 보다 큰 집단으로 변화된다고 하였다.

이와 같이 교환구조주의이론에서는 사회현실이란 '모든 인간의 행동을 관계당사자들 사이에 비용과 보상[9]을 반복적으로 주고받는 관계'라고 본다. 더 나아가 블라우는 인간사회의 상호작용의 유형을 단순한 상호작용의 유형에서 더욱 복잡한 사회집단 유형으로 발전 및 형성되는 과정으로 본다. 그러면서 불평등한 교환관계가 상호작용의 쌍방 간 역학적 불균형을 초래한다고 강조하였다. 이러한 상황하에 도움을 요청하는 사람에게 박애주의적 행위를 제공함으로써 존경심, 개인적 만족감을 얻게 되기도 한다고 언급하였다.

---

9) 블라우는 보상을 돈, 사회적 승인, 존중이나 존경, 복종 등 네 가지로 분류하였다. 그는 돈을 보상으로서 가장 가치가 낮은 것으로 보았으며, 사회적 승인보다 존경이, 존경보다는 복종이 더욱 가치가 있는 보상이라고 생각하였다. 그리고 상대방으로부터 이런 복종을 이끌어 낼 수 있을 때 권력을 갖게 된다고 언급하였다.

한편, 블라우는 인간들 간의 교환과정에서 물질적으로든 비물질적으로든 매력적인 요인이 많은 사람으로부터 어떠한 것도 주는 것 없이 오로지 일방적으로 받기만 하는 개인은 그러한 관계가 부담스러운 나머지 회피하거나, 아니면 피하지 않고 오히려 원함으로써 결과적으로 예속적인 상태를 선택하게 된다고 지적하였다. 블라우는 이러한 후자의 상황하에서 권력이라는 개념이 발생한다고 언급하였다. 즉, 그는 권력에 대해 교환과정에서 사회적 매력(social attraction; 부, 재능, 지식, 잘생긴 외모 등)을 많이 소유한 사람과 적게 소유한 사람으로 나누어지고, 적게 소유한 사람이 많이 소유한 사람과 결합할 때 권력이 발생할 수밖에 없다고 보고 있으며, 적게 소유한 사람이 교환을 위해 많이 소유한 사람에게 복종하게 된다고 언급하였다.

교환이론의 비판과 평가

교환이론은 인간을 비용과 보상의 크기를 계산해서 보상이 클 때만 행동하는 이익추구적 존재로 설명한다는 점에서 한계를 보인다. 변화무쌍하고 복잡미묘하고 가변적이며 언제든지 번복이 가능한 인간을 단순히 주고받는 관계의 존재로 본다는 데에도 문제가 있다. 또한 사회구조 속에 발생하는 권력을 지나치게 도식화 · 정당화하려는 경향이 있다는 점에서도 비판을 받고 있다. 그러나 교환이론은 거시이론으로서 충분히 발전하고 있지는 못하지만, 거시적 · 미시적 접근방법을 두루 이용함으로써 인간의 상호작용관계를 포함한 사회구조의 형성과 유지, 변동의 국면을 새로운 시각으로 조망한 종합이론으로서의 위치를 확보한 패러다임이라는 평가를 받고 있다.

교환이론에서 본 사회문제 · 사회복지

사회복지제도의 근간이 되는 사회문제에 대해 교환이론은 교환관계가 단절되거나 불균형을 초래할 때 발생하는 것으로 본다. 즉, 교환자원의 부족이나 고갈 또는 가치 저하에 의해서 종속이나 굴종과 같은 비인간적인 상황이 발생하는 것으로 보는 것이다. 따라서 그러한 문제의 해결방안으로 교환관계의 균형화가 필요하다고 본다. 물질적으로 부족 혹은 결핍 상태에 있는 빈민들이나 노동능력을 상실한 사람들을 위하여 사회적 조화 차원에서 금품이나 의료혜택과 같은 사회복지혜택을 제공함으로써 정상적인 생활을 가능하게 함을 의미한다. 또한 빈자, 고아, 이혼자 등 사회적 부적응자나 소외된 자, 약자는 문제해결능력이 부족할 뿐만 아니라 교환관계에서 불균형적일 수밖에 없으므로, 이를 해결하기 위하여 사회복지 차원에서 혜택을 제공하여 자립할 수 있게 유도하는 것을 의미한다.

이는 사람들이 사회복지제도의 도움으로 정상적인 사회인이 되거나 정상적인 생활이 가능하게 됨으로써 사회에 오히려 기여할 수 있다는 점에서 교환관계의 한 형태로 볼 수 있다. 또한 젊은 시절 경제활동을 하면서 국가에 일정액의 세금 혹은 기여금(예: 국민연금)을 내고 노후에 다시 노인복지수당으로 받게 되는 것도 교환관계의 일종이라고 할 수 있다. 그리고 교환이론을 노인집단과 연계해서 살펴보면 평생을 상호작용하며 살아온 부모와 자녀의 관계도 연기된 교환과정의 하나로 볼 수 있다. 부모가 나이가 들어 생계능력이 떨어지고 건강이 악화되었을 때, 자녀가 부모를 부양하는 것도 교환과정의 예로 볼 수 있다. 왜냐하면 어린 시절 부모에게 받은 양육에 대한 대가로 자녀가 그에 상응하는 보답을 하는 것이기 때문이다.

5 민속방법론

일상생활에서 사람들이 어떻게 상호작용하는가에 대한 탐구 및 1960년대 상징적 상호작용론의 연장선상에서 출발하고 있는 민속방법론(ethnomethodology)은 기존의 사회학 이론에서 암묵적 전제로 공유하던 사회실존성의 전제를 의문시하며 등장했다. 이는 기존 주류사회학이 보통 사람들을 사회학적 범주에 넣고 그에 맞춰 설명하고 있는 가핑클(H. Garfinkel)의 비판에서 시작된 것이다.

민속방법론자들은 객관적인 사회현실 또는 사회질서가 실재(존재)한다고 서로 간에 납득시키고 설명하려는 사람들의 노력이 더욱 가시적이라고 보며, 인간행위의 미시적 측면에 초점을 맞추고 있다. 즉, 민속방법론은 평범한 사람(일상인, ethno) 대다수가 외재적 현실이 존재한다는 느낌을 서로서로 조성하고 확인하고 또는 변경해 가는 방법(method)에 관한 연구라고 할 수 있다.

민속방법론의 지도적 인물인 가핑클은 후설(E. Husserl)과 슈츠(A. Schutz)와 같은 현상학적 철학자의 영향을 받아, '사회적 사실은 우리의 감각 밖에 존재하는 객관적 실체가 아니라 감각에 의해서 지각된 경험에 불과한 것'이라고 주장한다. 이에 가핑클의 민속방법론은 주어진 규범과 가치의 조건하에서 사람들이 이들을 어떻게 해석하고 상호작용하는가를 밝혀내는 것을 목적으로 한다.

우리는 일상생활에서 누군가와 대화 도중 '있잖니……' 또는 '알잖아, 왜……' 따위의 말을 한 적이 있을 것이다. 이렇게 우리는 구태여 직접적이고도 상세한 언급을 하지 않고도 암묵적으로 사람들과 상호작용을 하는 경우들이 있다. 이것이 바로 민속방법론자들이 말하는 실존적 감각유지의 방법 혹은 일반적인 상호작용방법의 하나인 여백원리이다.

친구와 길거리에서 마주친 상황을 떠올려 보자. 나는 친구와 '안녕'이라는 인사말을 건넬 것이다. 일반적인 상황이라면 친구는 그 말이 자신의 근황을 묻는 것인지, 건강에 대해 묻는 것인지 나에게 다시 확인하지 않아도 나의 의도를 알 수 있을 것이다. 가핑클의 대화분석(conversational analysis)에 의하면, 사람들의 대화에서 사용하는 자연적 언어는 일정한 질서를 가지고 있으며, 대화가 이루어지는 사회적 틀에 대한 관리도 이루어진다고 본다. 사회적 대화도 눈에 보이지 않는 규칙의 영향을 받는 경우가 많다. 다시 말해서, 일상의 사회생활이 안정적으로 영위되는 데에는 상호작용에 참여하는 사람들이 대화에는 포함되지 않은 여러 가지 문화적 가정이나 맥락을 공유하고 있기 때문이다. 이러한 맥락의 공유가 가능한 것에 대해 가핑클은 상호작용하는 사람들 사이에 서로 공유하고 있는 간주관성(또는 상호주관성, intersubjectivity, 함께 보기 또는 의미공유)이 있다고 말한다. 즉, 앞의 예시는 친구와 나 사이에 공유되는 상식에 기초하여 서로의 행동을 이해 가능하도록 만들려는 노력에 의한 것이라는 것이다.

가핑클은 사회질서의 규칙들과 규칙들의 상호작용을 알아내기 위해 사람들의 일상적인 생활을 고의로 교란하는 이른바 '규칙파괴(rule-breaking)', 즉 말꼬리잡기라는 실험방법을 사용했다. 예를 들어, 선생님이 "어제는 즐거웠니?"라고 물을 때, "무슨 의미에서 즐거웠냐고 묻는 건가요?" 또는 "어제 하루 중에 정확히 몇 시경을 말하는 건가요?" 또는 "누구와 있을 때를 말인가요?" 등 말꼬리를 잡고 늘어지며 대답을 강요하면, 아마도 선생님은 화를 내거나 부정적인 반응을 보이게 될 것이다.

또 다른 예를 보면, 실험연구자가 연구대상자에게 "안녕하십니까?"라는 말을 걸었을 때 연구대상자가 "네, 그렇습니다."라고 대답하면, 곧바로 "어째서 안녕하십니까?"라고 되묻는다. 연구대상자가 "그건 저도 모르겠습니다."라고 응답하면, 실험연구자는 "당신은 그 이유를 알아야만 합니다."라고 계속해서 주장한다. 그리하여 연구대상자가 막연한 것으로 느끼고 있거나 말하고 싶어 하지 않는 것을 집요하게 추궁하면, 현실의 상황과 상호작용의 정상적 유형이 파괴되고 만다. 이 경우 연구대상자는 부정적인 반응, 즉 당혹감, 불안감, 내적 갈등, 고립감 같은 것을 느끼게 되고 다양한 탈인격화(depersonalization) 증후, 즉 혼란스러운 태도나 어리둥절한 모습을 보인다. 이러한 부정적인 반응이 나타나는 이유는 대화에 참여하는 사람들 사이에 공유되거나 암묵적으로 동의하는 맥락이 깨졌기 때문이다.

이에 우리의 일상생활이 별다른 잡음 없이 잘 굴러갈 수 있는 것은 간주관성의 사회적 실재 덕분이며, 사회학에서 이러한 사회적 실재를 잘 분석해야 사회현상을 보다 잘 이해할 수 있다. 가핑클의 사회적 실재에 대한 개념은 여러 학자에게 영향을 미쳤다. 후설의 생활세계(life world 혹은 독일어 lebenswelt)는 사람들이 그들의 정신생활에 스며들고 있는 하나의 '당연시되는' 세계이고, 이것은 사람들이 존재한다고 느끼는 세계이며, 이 세계는 사람들이 외부세계의 '저기 어딘가'에 있는 것으로 느껴지는 자연적 태도의 세계이다.

슈츠는 이 사회적 실재를 개인이 '언제든지 쓸 수 있는 재고적 지식(stock knowledge at hand)'이라고 말한다. 재고적 지식은 모든 인간이 마음속에 지니는 것으로 사회

세계 혹은 생활세계에서 행동하도록 해 주는 규칙, 처벌, 적합한 행동의 관념 및 기타 정보 등을 말한다. 사람들은 서로 재고적 지식을 공유하며 일련의 전형(공유된 일반적이고도 보편적인 지식)들을 만들어 가며 생활하게 된다. 그리하여 전형화(typication)를 통해 어떤 상황에서 그 상황의 뉘앙스와 특성을 모두 검토하지 않고도 적절히 신속하게 대처할 수 있는 것이다. 따라서 민속방법론자들에 따르면 사회질서는 간주관성, 생활세계 또는 재고적 지식의 창조를 통해서 이루어진다. 그러나 민속방법론은 상호작용의 미시적 측면에만 주안점을 두어 보다 큰 사회구조의 문제를 도외시한다는 비판을 받기도 한다.

6 해석적 이해의 방법

　해석적 이해의 방법은 개인의 행위에 대한 행위자 자신이 스스로 부여하는 의미를 다루는 사회학의 중요한 연구방법 중의 하나이다. 베버(M. Weber)에 의해 주장된 이 연구방법은 '이해사회학'이라 불리며, 슈츠의 '현상학(phenomenology)적 방법론'의 핵심을 이루는 등 많은 반실증주의자의 지지를 받아 왔다.

　이해사회학의 중심 주제는 바로 사회적 행위의 의미를 파악하는 것으로, 인간행위는 자연현상과는 달리 행위 자체 내에 가치와 목적이 포함된 현상이라는 인식에 근거하고 있다. 베버에 의하면, "사회학은 사회적 행위를 이해하고, 이것에 토대하여 그것의 과정과 결과를 인과적으로 설명하고자 하는 하나의 과학"이다. 그가 말하는 사회적 행위는 행위자에 의해 주관적으로 인식된 의미에 따라서 타인과 관계를 맺고, 그 과정에서 방향이 정해지고 있는 행위이다. 그 때문에 베버가 주장하는 이해는 행위 당사자에 의해 주관적으로 인식된 의미의 이해를 가리키는 것이다. 다시 말하면, 인간행위자들의 행위는 이미 타자의 행동 뒤에 숨어 있는 의도에 대한 반응이라는 것이다.

인간의 모든 행위는 이러한 의미에서 주관적인 것이며, 이에 대한 올바른 이해는 단순하게 행위 자체를 관찰하는 것만으로 이루어지는 것이 아니라 행위자의 가치, 목적, 그 행위가 일어난 상황적 조건 등에 대한 해석을 통해서만 비로소 가능하다고 할 수 있다. 따라서 이러한 해석적인 이해의 방법은 해석자가 행위자의 입장에서 왜 그러한 행동을 했는가를 이해하는 방법이다. 한마디로 '감정이입'에 의해 우리는 다른 사람이 되지 않고서도 그의 행동을 이해할 수 있음을 의미한다.

예를 들어, 삶의 방식과 문화가 다른 미국인이 한국인의 행동을 잠시 관찰하고, 그것에 대해 올바른 이해를 한다는 것은 불가능하다. 이와 같이 '감정이입'은 '생활세계'를 함께하거나 행위자의 생활세계에 대한 전반적인 이해가 있을 때에만 실제로 가능하기 때문이다. 감정이입은 다른 사람의 생활세계에 자기가 몰입된다는 것을 뜻하는 것이다. 같은 생활세계, 즉 동시대를 사는 사람들이 각자의 주관적인 행위들을 아무 부담 없이 자동적으로 이해하는 것도 이 때문이다. 이러한 성향을 '간주관성 또는 상호주관성(intersubjectivity)'이라고 한다. 바로 이 상호주관성에 의해 인간들은 인간들의 행동을 올바르게 이해할 수 있다.

그러나 베버는 이해의 방법이 충분한 사회학의 연구방법이라고 보지 않는다. 그리하여 그는 합리적 해석에 상응할 만하고 인과관계를 추구하는 과학적 작업을 촉진시키고자 노력했다. 따라서 해석적 방법에 최대한 객관적 타당성을 부여하는 데 많은 관심과 노력을 기울였다. 그는 객관적인 설명과 주관적인 해석이 서로 관련이 있는 것으로 보았는바, 해석을 통해 이해할 수 있는 모든 관계는 또한 인과적 설명이 가능한 것으로 보았다. 이는 인과적 설명의 가능성을 완전히 배제해 버리는 오늘날의 몇몇 이해사회학적 방법론자와는 큰 차이를 보이고 있다.

부록

최근의 사회학자들 Ⅱ

● 소스타인 베블렌(Thorstein Veblen, 1857~1929)

미국의 경제학자이자 사회학자로 자본주의를 통렬하게 비판한 미국의 마르크스로 불렸던 베블렌은, 미국 위스콘신주의 노르웨이 이민자 가정에서 태어났다. 존스홉킨스 대학을 졸업한 후 예일 대학교에서 박사학위를 받았다. 괴팍한 행동, 정숙하지 못한 성생활, 단조로운 수업방식, 종교에 대한 회의주의적 태도를 보인 그는 스탠포드대학에서 교편생활을 하다 해임된 후 고독하고 우울한 삶을 보내다 세상을 떠났다. 그의 대표 저서는 『유한계급론(The Theory of the Leisure Class)』(1899)이다. 그는 이 책에서 서로 다른 사회계층에 속하는 사람들이 특정 재화와 서비스를 소비하는 방식에 초점을 맞추었는바, 자본주의 사회와 그 속에서 벌어지는 다양한 형태의 소비자행동을 꿰뚫어 보는 그의 통찰력은 예리하다. 그가 유한계급론에서 제시한 과시적 소비개념은 경제학 및 사회학 이론에 큰 영향을 미쳤다.

앞서 언급했듯이 베블렌은 경제학계에 많은 영향을 미쳤는바, 소비를 설명하는 이론 중에 '비쌀수록 잘 팔린다.'라는 베블렌 효과(Veblen Effect, 보석이나 귀중품과 같은 사치품을 구입하는 것)라는 용어가 있다. 이는 어떤 재화의 가격이 낮을수록 더 많이 사려고 하는 것이 사람들의 일반적인 심성인데, 어떤 경우에는 비쌀 수록 더 잘 팔리는 경우, 즉 부자들이 높은 가격을 주고 물품을 샀다는 것을 자랑하려는 심사에 부합하는 현상을 말한다. 경제학의 아버지 아담 스미스는 그의 책 『도덕감정론』에서 사람들이 부자가 되려고 하는 가장 큰 이유는 사람들의 관심을 갖기 위한 '과시'라고 언급했듯이, 과시욕이나 허영심에 쩌든 속물근성(Snobbism, 값비싼 명품가방이나 시계, 럭셔리한 여행이나 고급호텔에 묵는 것)의 부자들인 유한계급들이 과시소비를 한다는 것이다. 즉, 과시소비란 한 사람이 자신이 소유한 경제적, 혹은 물질적 부를 다른 사회구성원에게 보여 줄 목적으로 꼭 필요하지 않은 사치품을 구입하는 데 돈을 지출하는 행위를 말한다. 과시적 여가 역시 경제적으로든 사회적으로든 전혀 생산적이지 않은 활동에 쓸모없이 엄청나게 많은 시간을 소비함을 의미한다. 과시적 소비와 과시적 여가를 통해서 유한계급은 자신의 위세를 과시하는 방법으로 스스로 유한계급임을 보여 준다는 것이다. 자본주의 체제하에서 대다수의 인간들의 행동은 사회적 인정과 지위, 권력을 얻기 위한 노력에 따라 결정된다는 의미이다.

그러면서 그는 집안에 조그마한 일만 있어도 화려한 파티를 열어, 자신의 지위를 과시하는 현대 유한계급들의 행태를 과거 아메리카 인디언들이 행하던 포틀라치(potlatch)의 과시적 소비와 다를 바 없다고 하면서, 졸부들의 형태가 미개한 원시인의 형태와 조금도 다르지 않으나, 그들은 자기가 가진 것을 모두를 다 내놓는 것, 즉 결과적으로 사회구성원들에게 분배하는 것이 특징이라고 하면서 그와는 다른 패턴을 보이는 유한계급을 비판한다. 그는 유한계급의 과시적 소비와 허영심을 비판하면서, 유한계급이 기층의 민중을 착취할 뿐만 아니라 가격체계는 산업기술의 발전을 저해하고 생산의 진보를 방해한다고 언급한다. 또한 신고전파 경제학자들이 합리적 이기심을 경제행동의 기본 동기로 본 것을 잘못이라는 것을 설득력 있게 제시하면서, 인간들은 탐욕, 공포, 순응과 같이 훨씬 더 근본적인 심리적 힘에 의해 지배받는다고 주장했다.

● 대니얼 벨(Danial Bell, 1919~2011)

현대사회에 큰 영향을 미친 이론가이자 저술가, 미래학자, 사회학자인 대니얼 벨은 뉴욕시 맨해튼에서 태어나 뉴욕시립대학교에서 이학사학위를 받고 20년 넘게 정치저널리스트로 활동했다. 그후 시카고 대학교와 컬럼비아 대학교에서 학생들을 가르쳤으며, 1969년부터는 하버드 대학교로 가서 사회학교수로서 후학들을 양성했다. 그의 대표적인 저서는 『이데올로기의 종언』(1960), 『후기산업사회의 도래』(1973) 등이 있다.

동서냉전이 한창이던 1960년에 펴낸『이데올로기의 종언』에서 벨은 서구 사회의 경제적 풍요와 복지의 확대, 과학지식의 보급과 합리적 사고의 확산 등으로 공산주의를 포함한 모든 이데올로기가 강제력은 물론 설득력조차 상실했다고 주장하면서, 대신 기술혁명에 따른 정보와 지식이 이데올로기의 자리를 대체할 것이라고 내다 봤다. 기술 분야의 발전과 서비스산업의 성장이 사회적 변화를 일으키고, 사회를 창의적이고 예측 불가능한 새로운 방향으로 이끈다는 것이다.

1973년『후기산업(탈산업)사회의 도래』라는 책에서는 농업사회와 산업사회 뒤에는 물질이나 에너지보다, 정보의 가치가 상대적으로 높아지는 정보화사회가 출현할 것이라고 전망하면서, 이 정보화사회는 인구의 팽창, 농촌의 도시화, 인구의 도시집중 등 산업사회의 여러 모순을 해결하기 위한 필연적 과정이라고 했다. 또한 그는 이 책에서 '탈산업화'라는 개념을 발전시켰는데, 탈산업사회에서는 가장 가치 있는 사회적 자원이 과학적이고 이론적인 지식이며 이런 지식을 지배하는 사람이 권력을 차지한다고 언급했다. 또한 그는 과학의 진보와 기술의 발달이 인간 사회에 완전히 펴져 인간 사회를 미래속으로 이끌고 가기 때문에 사회적 변화가 전례없는 속도로 일어난다고 주장하기도 한다. 따라서 벨은 탈산업화사회가 과학 및 기술의 발전이 인간의 상상력만큼이나 예측이 불가능하고 끝이 보이지 않는 인간 사회의 역사 속의 한 시기라고 말한다. 그러면서 그는 탈산업화사회에 핵심세력으로 등장하는 테크노크라트(전문기술관료) 혹은 기술적 역량과 전문적 지식, 논리적 문제해결 능력을 가진 사람이 사회를 이끌어 가는 중추세력으로 권력을 차지하게 된다고 언급한다.

● 앨리 러셀 혹실드(Arlie Russell Hohshild, 1940~　)

1940년에 출생한 앨리 러셀 혹실드는 미국 사회의 유명한 페미니스트이자, 감정과 노동을 연구한 사회학자로 캘리포니아 버클리 대학교에서 강의했다. 평생 여성 노동과 사회문제를 연구했으며, 사회학의 대중화에 앞장선 공로로 사회학대중화 공로상을 받기도 했다. 그녀의 대표적인 저서로는『감정노동: 노동은 우리의 감정을 어떻게 상품으로 만드는가[Managed Heart(Emotional Labor)]』(1983), 『나를 빌려드립니다(The Outsourced Self)』(2012) 등이 있다. 그는 일찍이 감정노동이라는 용어를 써서 감정이 노동과 상품의 영역임을 주장했다.

훅실드는 밀스(C. W. Mills)가 쓴 『화이트칼라』라는 책의 '위대한 매장'이라는 장을 보고 나서, 점원이 상품과 서비스를 판매하는 동안 사람들이 자신의 인격을 판매한다는 것을 생각하게 되었다고 한다. 서비스를 기반으로 하는 경제체제에서는 감정상태가 상품이라는 것이다. 그녀는 또한 상징적 상호작용론자인 어빙 고프만에게서 큰 영향을 받았는데, 고프만이 언급한 인간들은 사회적 상호작용을 할 때 자아가 탄생한다는 것을 이해하게 되었다고 한다. 그녀는 자아와 관련된 고프먼의 생각을 비판적으로 확대해, 개인과 집단 간 상호작용 속에 존재하는 겉으로 드러나는 모습은 물론 여러 가지 감정 역시 자기관리의 지배를 받는다고 주장한다. 게다가 감정과 정서는 행동과 직접적으로 묶여 있으므로, 사람들이 어떤 행동을 취하거나 타인과 상호작용하려 하는 순간 감정을 느끼게 된다고 언급한다.

그녀는 인간들은 기본적인 사회화과정을 통해 자신의 감정을 이해하는 방법을 배우고, 다양한 수준으로 성공을 거두면서 감정을 조절하고 다스린다고 한다. 훅실드는 우리가 개인으로서 감정을 생산한다고 말한다. 즉, 우리는 뚜렷한 목표를 바탕으로 감정을 느끼고 감정에 따라 행동한다는 것이다. 그녀는 이 과정을 감정작용이라고 부르고 어떤 식으로 사람들이 각각의 감정을 개조하고 강화하면서 이와 동시에 불쾌한 기분을 억누르는지를 설명한다. 그리하여 훅실드는 합리적인 사고와 인간의 행동에서 감정적인 측면을 더 많이 배제하려는 시도가 대부분 암묵적으로 이루어져 왔음을 비판한다. 다시 말하면, 그녀는 감정노동이 개인의 인격과 존엄은 완전히 무시된 채 인간의 감정을 상업적으로 이용함을 비판한다.

훅실드는 자본주의 사회가 시작되면서 노동이 자본가에 의해 관리되고 통제되어 인간의 노동이 인간과 분리되어 완전히 소외되었다고 한다. 즉, 인간의 감정도 이제는 스스로가 아닌 자본가의 통제에 의해 관리되고 통제되어, 인간이 스스로의 감정으로부터 소외되었다고 한다. 여기서 말하는 감정노동이란 직장인이 사람을 대하는 일을 수행할 때 자신이 근무하고 있는 조직에서 바람직하다고 여기는 감정을 자신의 감정과는 무관하게 행하는 노동을 의미한다. 재미있는 예를 들어 보면 감정노동이란 다음과 같다. 비행기를 탄 젊은 사업가가 여성 승무원에게 왜 미소를 짓지 않느냐고 물었다. 그 승무원이 그 쪽이 먼저 미소를 지으면 자신도 웃겠다고 하자 사업가는 웃어 보였다. 미소를 띤 승무원이 한 "좋아요, 이제 그 상태로 열다섯 시간을 계세요."라는 말이 감정노동을 상징적으로 보여 주고 있다.

참 고문헌

강정한, 김문조 외(2013). 현대사회학 이론. 다산출판사.

고영복, 한균자(1992). 사회학개론. 한국방송통신대학.

권태환, 홍두승, 설동훈(2006). 사회학의 이해. 다산출판사.

김윤태(2006). 사회학의 발견. 새로운 사람들.

김태헌, 손병노, 박강용, 유종렬(2004). 사회·문화. (주)금성출판사.

니코스 무젤리스(2013). 사회학 이론 무엇이 문제인가(정헌주 역). 아카넷.

루이스 코저(2006). 사회사상사(신용하, 박명규 공역). 시그마프레스.

리처드 도킨슨(2010). 이기적 유전자(홍영남 역). 을유문화사.

리처드 오스본(2001). 사회학(윤길순 역). 김영사.

민경배(2016). 처음 만나는 사회학. 다른길.

박길성(2013). 갈등은 사회를 만들고 사회는 갈등을 만든다. 고려대학교출판부.

박철현(2010). 사회문제론. 박영사.

비판사회학회(2012). 사회학. 한울아카데미.

아야베 쓰네오(2011). 문화인류학의 20가지 이론(유명기 역). 일조각.

안계춘 외(1992). 현대사회학의 이해. 법문사.

앤서니 기든스(2007). 현대사회학(김미숙 외 공역). 을유문화사.

앤서니 기든스, 필립 W. 서튼(2015). 사회학의 핵심 개념들(김봉석 역). 동녘.

양춘, 박상태, 석현호(2003). 현대사회학. 민영사.

어빙 차이틀린(1985). 사회학이론의 발달사(이경용, 김동노 공역). 한울.

에밀 뒤르켐(2012). 사회분업론(민문홍 역). 아카넷.

아카넷 조너선 터너 외(1997). 사회학이론의 형성(김진균 외 공역). 일신사.

이현식, 최현진(2021). 1일 1페이지 부자수업. 지식노마드.

장대익(2016). 인간에 대하여 과학이 말해준 것들. 바다출판사.

전중환(2010). 오래된 연장통. 사이언스북스.

전중환(2019). 진화한 마음. 휴머니스트.

조지 리처(1987). 현대사회학이론(최재현 역). 형설출판사.

조지 리처(2010). 현대사회학이론과 그 고전적 뿌리(한국이론사회학회 역). 박영사.

주현성(2013). 지금 시작하는 인문학 2. 더좋은책.

찰스 다윈(2019). 종의 기원(장대익 역). 사이언스북스.

프랭클린 클라이드(2005). 이론으로 본 사회심리학(정창수 역). 도서출판 그린.

한국산업사회학회 엮음(2010). 사회학. 한울아카데미.

홍승직, 임희섭, 노길명, 정태환, 김문조(1995). 사회학개설. 고려대학교출판부.

허용 편저(2023). EBS 독학사 사회학개론. 신지원.

Abel, T. (1970). *The Foundations of Sociological Theory*. Random House.

Blau, P. M. (1964). *Exchange and Power in Social Life*. Wiley.

Collins, R. (1975). *Conflict Sociology*. Academic Press.

Coser, L. (1956). *The Functions of Social Conflict*. The Free Press.

Dahrendorf, R. (1958). Toward a Theory of Social Conflict. *The Journal of Conflict Resolution*, XI, No. 2.

Homans, G. C. (1961). *Social Behavior: Its Elementary Forms*. Harcourt Brace Jovanovich Inc.

Lemert, C. (Eds.). (1993). *Social Theory: The Multicultural and Classic Readings*. Westview Press.

Macionis, J. J. (2005). *Sociology*. Pearson Prentice Hall.

Mead, G. H. (1968). *Mind, Self and Society*. University of Chicago Press.

Merton, R. K. (1968). *Social Theory and Social Structure*. The Free Press.

Mouzelis, N. (1995). *Sociological Theory: What Went Wrong?* Routledge.

Parsons, T. (1951). *The Social System*. The Free Press.

06 인성과 사회화, 자아

INVITATION TO NEW SOCIOLOGY (7TH ED.)

인간의 품성, 인간성, 개성, 자신만의 스타일이라고 할 수 있는 인성(人性)이란 문화를 학습하고 내면화하면서 형성되는 것으로, 그것은 인간들의 성격을 의미하는바, 인간들의 지문만큼이나 독특하고 다양함을 보인다. 즉, 인성은 개인의 특유한 행동과 사고, 감정을 결정짓는 것으로 인간 개개인의 사회화의 결과로 형성되는 개인의 행위지향체계이자 개인의 특성, 성격, 개성이라고 할 수 있다.

모나지 않고 원만한 사회생활을 가능케 하는 사회화(社會化)는 다른 사람들과의 상호작용을 통하여 자신이 속한 사회의 문화(즉, 생활양식)를 학습하여 자신의 마음속에 내면화하는 것을 의미한다. 다시 말하면, 사회화란 한 사회구성원인 개인이 자신이 몸담고 살고 있는 사회의 언어나 지식, 가치나 규범 등을 내면화하면서 사회적 존재로 성장, 즉 사회의 구성원이 되어 가는 과정이라고 할 수 있다. 사회화의 결과로 인간들은 비로소 사회적 동물로서 사회생활이 가능하게 된다.

1800년에 프랑스의 어느 시골에서 발견된 아베롱의 야생아, 1920년에 인도 정글에서 발견된 늑대소녀 카말라와 아말라, 1991년 우크라이나 5년 동안 개와 산 옥사나, 1970년 폭력적인 아버지에 의해 고립된 삶을 살다가 로스앤젤리스 시 당국에 의해 발견된 13세 지니와 같은 고립아들은 인간 사회로 돌아왔지만, 결국 조기에 사망했거나 적응하지 못한 것에서 보듯이, 인간은 인간 사회와 격리되어서는 정상적인 인간으로서의 발달이 어려우며, 오로지 인간들의 삶이란 타자들과의 상호작용을 통해서만 가능하다. 즉, 인간으로 존재한다는 것은 인간의 무리 속에 있어야만 진정한 인간이 됨을 의미하며, 인간들끼리의 상호작용 결과로 형성되는 사회화를 통해서만 가능하다고 할 수 있다.

따라서 사회화는 인간들로 하여금 사회적 존재로 변화하게 만드는 것은 물론, 분별력 있는 존재로, 성숙한 사회인으로, 철든 자아로 커 나가게 하는 과정이라고 할 수 있다. 인간들은 사회화를 통해 자아를 발전시키고, 인성을 형성하고, 자아의식을 갖게 됨은 물론, 문화를 학습하여 계승 · 발전시켜 문화의 연속성과 사회통합을 유지하도록 한다.

한편, 수많은 감정과 욕망이 교차하는 각축장이라고 할 수 있는 자아(自我)란 개인들이 다른 사람들과의 상호작용을 통해서 얻게 되는 자신에 대한 이미지 또는 관념이라고 할 수 있다(우리는 다른 사람의 신발을 신었을 때, 스스로 자신의 자아를 확인할 수 있는 것처럼). 이러한 자아는 크게 개인적 측면의 자아와 사회적 측면의 자아로 구성된다. 개인적 측면의 자아는 자발적이고 자기중심적, 충동적, 즉흥적, 개성적인 자아인 주체적 자아라고 할 수 있고, 사회적 측면의 자아는 사회적 규범과 가치 및 기대가 사회화 과정을 통해 내면화된 객체적 자아, 사회적 자아라고 할 수 있다. 인간들은 비로소 그와 같은 자아관념에 입각해서 타자와의 상호작용이 가능함은 물론, 타자에 대해 일관성 있는 행위지향의 특성을 가지게 된다. 특히 자아발달단계이론을 제시한 미드(G. H. Mead)는 사회학 발전에 매우 중요한 학자로 진정한 최초의 사회학이론으로 평가받고 있다.

1 인성

　인성(人性, personality)이란 개인의 행위지향체계를 의미하는 것으로, 사회화의 결과로 형성되는 개인의 특성이다. 그것은 생리적 욕구나 환경적 자극으로는 설명할 수 없는 인간의 사고, 감정, 행동의 결정요인을 의미한다. 인성을 형성하는 기본적 요인으로는 물질적 환경과 유전적 환경에 의해 형성되는 개인적 요인이 있으며, 기후, 풍토 등에 의해 형성되는 자연환경적 요인, 직업, 계층, 지위, 역할, 관습, 생활양식 등에 의해 결정되는 사회환경적 요인이 있다.

　사회학에서 인성을 다루어야 하는 중요한 이유는 인간이 비록 사회적 동물이기는 하지만 결코 사회적 환경의 피조물만은 아니며, 환경에 능동적으로 대처하고 환경을 개조하는 창조적인 측면도 있는 존재라는 점을 올바르게 이해함으로써 사회학적 환원주의의 오류를 피하도록 하는 데 있다.

　개인과 사회의 관계를 파악하는 데 있어서도 이 관계의 참모습은 상호작용적인 것이지만, 사회학도들은 오로지 사회환경에 의해서 영향받는 인간의 측면만을 일방적으로 봄으로써 사회학적 인간만이 곧 인간의 전부인 것으로 착각하는 오류를 범하고 있다. 예를 들면, 사회학자들은 한 인간이 범죄를 범하게 된 이유를 그가 성장해 온 환경적 요인이라든지 그가 범죄행위를 했던 당시의 상황적 요인을 토대로, 그가 성장하는 과정에서 범죄행위의 궁극적인 원인, 즉 범원(犯原)은 사회적인 데 있고 개인적 책임은 하나도 없는 것처럼 주장하는 경우를 자주 보게 된다.

　그러므로 인성이란 생리적 욕구나 환경적 자극만으로는 설명할 수 없는 인간의 사고, 감정, 행동의 결정요인으로 간주되는 지속적인 성향이라고 할 수 있다. 이러한 인성은 핵심적 인성(core personality)과 주변적 인성(marginal personality)으로 나뉜다.

▶ 핵심적 인성: 모든 인간에게 공통적이며 가장 근본적인 인간의 속성으로서 후천적인 생활환경을 통해서는 쉽게 변하지 않고 인간의 행동에 절대적인 영향을 미치는 인성의 차원을 의미한다. 순자나 홉스(Hobbes)의 성악설, 맹자나 루소(Rousseau)의 성선설이 이에 해당한다고 할 수 있다.

▶ 주변적 인성: 좀 더 구체적이고 직접 관찰의 대상이 될 수 있고 행동에 직결되어 있는 인간의 속성이다. 대부분 후천적으로 형성되는 인간성의 측면으로서 한 개인이 다른 사람들과 구별되는 성격 차원이다.

다시 말하면, 인성이란 각 개인이 지니고 있는 고유한 행위지향체계로서 개인의 성격 또는 개성을 보여 주는 심리적 특성이라 정의할 수 있다. 특히 건강한 인성에 관한 연구에 대해서 살펴보면 다음과 같다.

프로이트(S. Freud)는 인성을 리비도(Libido, 성적 욕망이자 삶의 본능)에서 출발한 욕구의 총체인 원초아(id), 합리적 · 균형적 의식을 가진 자아(ego), 도덕적 · 이상적 자아로 가장 늦게 시작되는 자아인 초자아(superego)의 세 체계로 구성된 것으로 본다. 그러면서 그는 자기조절능력이 원활한 사람은 정신적으로 건강한 인성을 소유한 사람이고, 생산적으로 일하는 능력자로 사회적으로 가치 있는 활동을 수행하는 사람이며, 사랑하는 능력을 소유한 사람으로 타인에 대한 이타적인 관심을 가지고 이타적인 행동을 수행하는 능력을 소유한 사람이라고 보고 있다. 신프로이트학파의 학자인 융(C. G. Jung)은 탐구적이고 창의적이며 개방적인 인성의 소유자와 내향성과 외향성의 적절한 균형을 보이는 건강한 인성의 소유자가 있다고 하였다. 인본주의 심리학자인 로저스(C. Rogers)와 매슬로(A. Maslow)는 자신의 잠재적인 능력과 소질을 최대한 발휘하고 성취욕구 및 자아실현욕구가 강한 사람을 건전한 인성의 소유자라고 하였다.

2 인간의 성격발달에 관한 이론

프로이트의 정신분석이론

인간의 본능적인 측면을 강조한 프로이트(S. Freud)는 사회화를 사람들이 개인적인 충동을 억제하고 공통의 선을 따르도록 하는 과정으로 보고 있다. 이러한 통제가 없다면 사람들은 자신의 이기적인 욕심을 추구하려고 하기 때문에 사회통합이 어려울 것이라고 주장하였다. 그러면서 프로이트는 인간의 성격발달이 어릴 때 경험했던 심리적 요인들인 무의식이나 본능, 욕구 등에 의해 좌우된다고 언급하였다.[1] 그는 인간의 성격발달단계를 5단계로 나누었다.

프로이트
(S. Freud,
1856~1939)

첫 번째 단계인 출생 후부터 1세까지의 구강기 또는 구순기는, 유아가 주로 입과 입술의 자극을 통하여 쾌감을 느끼며, 입으로 얻는 기쁨이 좀 더 성장하면 지식이나 소유물을 얻는 기쁨으로 변화되는 시기이다. 두 번째 단계인 1세부터 3세까지의 대소변 훈련이 시작되는 항문기는, 유아가 본능적 충동에 대한 외부통제를 처음으로 경험하게 되고, 이로 인해 새로운 쾌락을 조절하는 학습을 하며, 배변훈련을 통하여 불결하거나 파괴적인 행동을 하거나 창조적이고 생산적인 사고를 하게 되는 시기이다. 세 번째 단계인 3세부터 6세까지의 남근기에는 이성의 부모에게 애착을 보이며 동성부모를 질투하는 오이디푸스 콤플렉스(oedipus complex) 혹은 엘렉트라 콤플렉스(electra complex)가 발달한다. 네 번째 단계인 6세부터 11세까지의 잠복기에

---

1) 여기서 무의식이란 의식될 수 있는 어떤 것들이 억압되어 생겨나는 것으로, 정신내용의 대부분을 형성하고 있으면서도 스스로 의식할 수 없으며, 사고나 활동에 간접적으로 영향을 끼치는 것을 말한다. 프로이트는 의식에 대해서는 대상을 감각하고 식별하는 정신내용이라고 언급하며, 또한 전의식에 대해서는 의식된 것들이 저장되는 저장소로서 언제나 연합하여 의식 위로 떠오를 수 있는 것이라 언급하였다.

는 이전 단계에서 가졌던 성적 충동이 억압되어 휴지기로 들어가고 대신 사회성이 발달한다. 마지막 단계인 12세 이후는 생식기로, 이타적인 동기로 남을 사랑하게 되고, 부모로부터 독립을 추구하고, 현실적이고 사회화된 성인으로 변화되는 시기이다.

에릭슨의 심리사회이론

에릭슨
(E. H. Erikson,
1902~1994)

인간의 성격발달이 전 생애에 걸쳐 심리적 · 사회적 요인에 의해 형성된다고 본 에릭슨(E. H. Erikson)은, 인간은 생리적 성숙과 개인에게 부과된 사회적 요구 사이에서 심리발달이 이루어지는 각 단계마다 위기에 직면하게 되는데, 잠재력을 발휘할 수 있는 사회적 여건이 충족되어 각 단계에서 직면하는 위기를 극복하면 건강한 자아발달이 이루어진다고 주장했다. 인간의 심리사회적 발달을 8단계로 나눈 그는 각 단계마다 변화에 적응하는 인간의 능력이 다양함을 설명하고 있다.

특히 그는 마지막 단계, 자아통합성 대 절망감 단계인 8단계는 65세 이후의 시기를 다음과 같이 언급하는바, 자아통합성은 인생을 그대로 받아들여 인생에 대한 통찰과 관조로 자신의 유한성을 인정하고 후손을 위하여 봉사하며 죽음까지도 관대하게 수용한다. 그러나 자신이 평생 한 일에 대해 만족하지 않게 되면 상실감을 가지게 되며, 그로 인해 절망감에 빠지기도 한다.

피아제의 인지발달이론

피아제(J. Piaget)는 유기체의 정신활동이라 할 수 있는 지적 활동이나 생물학적 활동은 모든 유기체가 환경에 적응하고 경험을 조직하는 전체 과정의 일부분이라고 보았다. 그러면서 피아제는 인간발달의 기본적 요인들이 유전, 신체적 경험, 사회적 교육, 평형이라고 보았다. 유전은 신생아가 외부세계의 문제에 적응하는 최초의 상태를 결정할 뿐 아니라 성장, 발달의 각 시점에서 어떤 새로운 발달 가능성을 전개할 것인지 결정하는 요인이다. 신체적 경험은 자발적으로 심리적인 지적 발달에 기여하는 요인이다. 사회적 교육은 인지발달의 심리사회적 측면에 기여하는 것으로 외부로부터 지식을 전수받는 요인이다. 평형은 유전, 신체적 경험, 사회적 교육 등이 잘 조화를 이루어 인지적 성숙에 도달하게 되는 것을 의미한다.

피아제
(J. Piaget,
1896~1980)

　피아제는 감각 및 운동능력의 결과로 이루어지는 인지발달에서 출발하여 추상적이고 논리적인 사고의 습득과 표현, 즉 형식적 사고로 완결되는 인지발달의 4단계를 제시하였다.

융의 분석심리이론

　인간의 내면에 무의식의 심층이 있다고 언급한 융은 인간의 무의식이 개인적 무의식과 집단적 무의식으로 구성되어 있다고 주장하였다. 그는 개인적 무의식은 한번 의식되었다가 억압되거나 망각된 의식 또는 미약한 의식의 영역이라고 하였다. 집단적 무의식은 조상들의 과거 경험의 흔적들이 형성되어 내려온 잠재적 경험의 침전물과 같은 것이라고 언급하면서 집단적 무의식의 구조적 요소들을 원형(archetypes)이라고 하였다.

융
(C. G. Jung,
1875~1961)

아들러의 개인심리학

　신프로이트학파 학자인 아들러(A. Adler)는 인간은 자신이 처한 상황이나 조건을 이용하여 스스로의 삶을 창조하는 존재라고 보았다. 즉, 자신의 삶을 개인 스스로가 어떻게 받아들이고 이용하는가에 따라 삶이 달라진다고 보았다. 또한 아들러는 인간

아들러
(A. Adler,
1870~1937)

을 사회적이며 목적론적인 존재로 보았으며, 생애 초기의 경험이 성인기에 많은 영향을 준다고 하였다. 즉, 과거의 경험이 현재의 삶에 영향을 미친다고 하였으며, 인간들의 잘못된 생활양식은 상담을 통해 긍정적인 관점으로 바꾸어 좀 더 나은 생활양식이 가능하다고 하였다. 또한 유전인자나 타고난 환경 등의 선천적인 요인보다는 자신이 가진 능력을 어떻게 활용하는가가 더 중요하다고 보았다.

특히 그는 열등감이 인간들로 하여금 무엇인가를 추구하는 동기가 됨은 물론, 자기완성을 위한 필수요인이 된다고 언급함으로써 열등감을 긍정적인 것으로 보았다. 그러면서 아들러는 인간의 성격발달이 부모와 자녀의 관계(가족분위기), 가족의 크기(가족의 형태), 형제와의 관계, 가족 내에서의 아동의 출생순위 등 다양한 요소에 의해 영향받는다고 주장하였다.

스키너의 학습이론

스키너
(B. F. Skinner,
1904~1990)

행동주의 심리학의 가장 영향력 있는 학자인 스키너 (B. F. Skinner)는 다른 성격이론들과 달리 내적(심리적)인 동기와 욕구, 지각에 초점을 두기보다는 구체적으로 관찰할 수 있는 인간의 행동을 이해하기 위해서 경험적 접근을 시도하였다. 그는 인간의 행동은 환경에서 부과되는 힘의 결과라고 믿었으며, 사회문제와 인간문제를 해결하기 위해서는 환경의 힘을 적절하게 조작화해야 한다고 주장하였다. 인간의 행동은 내적 충동이나 심리적 욕구보다는 외적 자극, 즉 학습을 통해 동기화되거나 수정될 수 있다고 보았다는 점에서 그의 이론을 학습이론이라고 한다.

인간행동은 보상과 처벌에 따라 유지되는 기계적 존재로서 외부적 자극, 즉 환경자극에 의해 동기화되며, 그것이 긍정적 측면으로 작용하면 강화(reinforcement)

되고, 부정적 측면으로 작용하면 소거(extinction)된다고 하였다. 스키너는 인간의 성격이란 각 개인이 지니고 있는 행동유형들의 집합으로, '자극(stimulus)-반응(response)'이라는 학습원리를 통해 강화된 행동은 습관이 되고, 습관이 성격의 일부가 된다고 보았으며, 좋은 성격은 강화를 통해 건전한 성격을 형성한다고 하였다.

반두라의 사회학습이론

스키너와 달리 모방학습의 중요성을 주장한 반두라(A. Bandura)는 인간의 행동이나 성격은 외부적 자극에 의해, 즉 사회적 요소(환경)라고 할 수 있는 다른 사람들의 행동을 유심히 관찰하고 모방한 결과로 이루어진다고 보았다. 따라서 그는 인간의 행동은 발달단계나 고유한 특성에 의해서 이루어지기보다는 자신이 처해 있는 상황과 그 상황에 대한 해석에 의해 결정된다고 보았다. 특히 아동들은 타인의 행동을 관찰한 결과, 도덕적 행동을 학습함으로써 사회화된다고 보았다.

반두라
(A. Bandura,
1925~2021)

따라서 일반적으로 아동들에게 부모는 도덕적 규칙과 조정의 모델이 되며, 아동은 궁극적으로 부모의 행동이나 가치들을 관찰하거나 모방함으로써 자신의 마음속에 내면화(internalization)한다. 내면화가 이루어지면 아동은 어떤 행동이 도덕적이고 어떤 행동이 금지된 것인가를 판단함으로써 사회생활이 가능해지며, 철든 자아, 사회화된 자아가 된다고 볼 수 있다. 그러면서 반두라는 모방 외에도 유전적 소질이나 보상, 처벌도 성격에 영향을 미친다고 보았다. 인간의 행동은 다른 사람들과의 복합적인 사회적 상호작용을 통해 많은 부분 자기강화에 따라 결정되며, 자기효율성도 성격발달에 중요한 영향을 미친다고 보았다.

로저스의 현상학이론

매슬로와 함께 인본주의 학자라고 불리는 로저스(C. Rogers)의 이론은 인간의 주관

로저스
(C. Rogers,
1902~1987)

적 경험의 세계를 강조한다는 점에서 현상학이론이라고 불린다. 특히 자아의 개념을 강조한다고 하여 자아이론이라고 불린다. 그는 인간은 단순히 기계적인 특성의 존재가 아닐뿐더러, 무의식적 욕망의 포로도 아니라고 언급하였다. 인간은 자신을 창조하는 과정 중에 있으며, 더 나아가 생의 의미를 창조해 가는 존재, 주관적 자유를 실천해 가는 존재라고 하였다. 또한 그는 개인 존재의 고유성, 개인의 잠재력과 내적인 욕구의 중요성을 강조하였다.

그러면서 인간의 성격유형은 본래부터 태어날 때 가지고 나온 것이 아니라 다양한 주관적인 경험을 통한 삶의 경험에 따라 형성된다고 주장하였다. 즉, 인간들의 삶은 인간들에게 성장하고 발전하는 기회의 총체라고 보았다. 그는 인간은 원래 선천적으로 착한 존재라고 보았고, 만약 인간이 다른 사람의 영향에서 자유로울 수 있다면, 그것은 자아실현의 동기가 있기 때문이며, 좀 더 사회적이고 협력적이며 창의적이고 자기지향적인 인간이 될 수 있다고 보았다.

매슬로의 욕구단계이론

매슬로
(A. Maslow,
1908~1970)

로저스와 함께 인본주의 학자인 매슬로(A. Maslow)는 인간의 건강하고 긍정적인 측면에 초점을 두었다. 인간의 본성은 선하며, 자신에 대해 좀 더 알고 싶어 하고 자신의 능력을 최대한 개발하고자 하는 본성을 가진 존재라고 보았다. 그러면서 인간 개개인을 하나의 통합된 전체로 간주하며, 인간이 갖고 있는 창조성을 인간의 잠재적인 본성으로 보았다. 또한 인간은 자아실현의 욕구뿐만 아니라 본능적 욕구를 가진 존재로, 그것이 인간을 성장하게 만들고, 발달하게 하고, 자아를 실현시키고 성숙하게 만드는 원동력이 된다고 보았다. 또한 심리적인 성장과 건강에 대한 잠재력은 인간이 태어날 때 이미 갖추어진 것으로, 그 잠재력을 계발할 수만 있다면 누구나 이상적인 실존적 경지에 도달할 수 있다고 보았다. 인간행동에 대해서도 긍정적이고 성장지향적인 인간의 본질에 초점을 두었다.

그의 이론은 욕구단계이론으로 집약할 수 있는바, 인간행동의 동기를 욕구라고 하였으며, 이를 5단계의 욕구단계로 체계화하였다. 그는 인간이 가장 기본적인 욕구를 충족하고 나면, 가장 최고의 욕구수준에 도달할 때까지 계속해서 다음 단계의 욕구를 갈망한다고 하였다. 그는 인간의 욕구는 강한 것에서부터 약한 것으로, 위계를 가진 보편적이고 선천적인 동기에 의해 유발되며, 그 강도는 순서에 따라 위계적·계층적 단계인 피라미드 구조로 배열된다고 하였다.

매슬로의 욕구단계이론을 살펴보면, 제1단계인 생리적 욕구(physiological needs)는 음식, 물, 수면(잠), 배설 등 생존과 직접적으로 관련되어 있는 것으로, 명백한 욕구이자 생존을 위해 필수 불가결한 욕구이다. 제2단계인 안전의 욕구(safety needs)는 신체적 안전과 심리적 안정을 모두 포함하는 것으로, 안전, 안정, 보호, 질서, 불안과 공포로부터의 해방과 관련되는 욕구이다. 제3단계인 사회적 욕구인 소속과 애정의 욕구(belongingness and love needs)는 인간이 생리적 욕구와 안전의 욕구가 어느 정도 충족되면, 동반자와 가족에 대한 욕구가 생겨 남들과 어울리고, 애정을 나누고 싶어 하는 소속과 애정의 욕구가 형성되는바, 친구나 애인, 배우자, 자녀 등이 필요해지고, 이웃이나 직장, 동아리, 학교 등에도 소속되기를 원하는 욕구이다. 제4단계인 자기존중의 욕구(esteem needs)는 자기 자신과 다른 사람에게 인정이나 존경받고 싶은 욕구로, 명성, 존경, 지위, 평판, 위신, 사회적인 성공을 추구하는 욕구뿐만 아니라 자신에 대한 자신감과 안정감을 갖고자 하는 욕구이다. 제5단계인 자아실현의 욕구(self-actualization needs)는 지금까지의 욕구가 제1형태의 욕구(1, 2, 3, 4단계의 욕구를 합쳐서)로 이들이 결핍동기와 관련된 욕구인 데 반하여, 성장동기와 관련되는 욕구이다. 지금까지의 네 가지 욕구가 충분히 만족되고 나면, 자아실현에 대한 욕구가 등장한다. 여기서 자아실현이란 인간의 모든 능력의 최대한의 개발과 사용이며, 인간의 모든 소질과 재능의 발휘라고 정의할 수 있다. 이런 욕구의 결

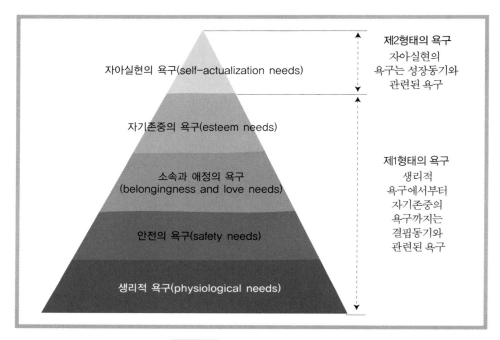

그림 6-1 매슬로의 욕구단계이론

과로 인간들은 창조하고 학습하는 일에 정성을 쏟게 된다. 정의와 진리, 질서, 조화, 아름다움을 추구하고, 늘 자기주도적이며 감사하고 타인과 만족스럽고도 새로운 관계를 유지하며 창조적이고 도덕적 가치의식 수준이 높은 욕구라고 할 수 있다.

 **3 사회화**

새롭게 출생한 사회구성원들은 부모를 비롯한 다른 사람들과의 상호작용을 통해서 자신이 속한 사회의 문화를 학습함으로써 점차 사회적 존재로 성장한다. 사회구성원들이 자신이 속한 사회의 생활양식을 학습해서 자신의 인성 속으로 내면화해

가는 과정을 '사회화(社会化, socialization)'라고 한다. 프로이트는 이러한 사회화를 개인적인 충동을 억제하고 공동의 선을 따르도록 하는 과정으로 보며, 이것이 이기심을 억제하여 사회통합을 가져온다고 한다. 다시 말하면, 하나의 인간이 사람다운 사람으로 변화해 나가는 과정을 사회화라고 할 수 있다.

이와 같이 사회화는 세대와 세대를 이어 주며 사회발전에 커다란 영향을 미치는 것으로, 개인의 입장에서 볼 때는 문화를 학습하는 과정이라고 할 수 있고, 사회의 입장에서 볼 때는 다음 세대로 문화가 전승되는 과정이다. 개인은 사회화를 통해 자아를 발전시키고 인성을 형성하는 한편, 사회는 사회화를 통해 문화의 연속성과 사회통합을 유지해 나간다.

따라서 사회화란 한 사회 내의 문화가 전승됨은 물론, 개인이 속한 사회의 생활양식에 적응하는 과정이며, 동시에 개인적인 성장과 발전을 통해서 개인 각자가 보다 성숙한 사회인으로 커 가는 과정이다.

사회화의 개념과 중요성

사회화는 개인이 사회적으로 유형화된 행위양식을 습득하는 것으로 가치, 규범, 태도, 언어 등 사회생활에 필요한 여러 가지 지식과 행위양식을 학습하는 과정을 말한다. 결과적으로 개인은 사회화를 통해 자아의식을 가지게 되며, 개인에게 독특한 사고, 감정, 행위의 유형이라고 말할 수 있는 인성을 형성한다. 또한 인간은 상징과 의미의 습득을 통하여 상호작용하면서 사고능력을 형성하는 존재이기도 하다.

이와 같은 사회화는 다른 사회구성원들과의 상호작용을 통해서만 가능하다. 인간은 거울을 보고 자신의 외양을 알 수 있듯이, 타자들의 반응을 통해서 자신의 모습이 다른 사람들에게 어떻게 비치는지를 알 수 있다. 그런 의미에서 쿨리(C. H. Cooley)는 경상자아(鏡像自我, looking-glass self)라는 개념을 만들어 내기도 하였다. 1800년에 프랑스의 어느 시골 숲에서 발견된 아베롱의 야생아, 1920년에 인도의 정글에서 발견된 늑대소녀 카말라와 아말라, 1932년에 태어나 밀폐된 방에서 약 7년을 보낸 사생아 이사벨, 개와 5년 동안 같이 살다가 1991년 8세 때 발견된 우크라이나의 옥사나 말라야, 1970년 폭력적인 아버지에 의해 고립된 삶을 살다가 로스앤젤리스 시 당국에 의해 발견된 13세 지니(발견 당시 말도 못하고 감정조절도 못하고 토끼처럼 껑충껑충 뛰었음)와 같은 고립아들은 어릴 때부터 오랜 시간 인간세계와 격리된 후, 사람들에 의해 발견되어 인간세계로 돌아와 적응하기 위해 많은 노력을 했지만 잘 적응하지 못했거나 조기 사망한 것으로 보고되고 있다. 그만큼 인간의 삶이란 인간 사회와 격리되어서는 정상적인 발달이 어려우며, 오로지 인간들과의 상호작용을 함으로써 가능한 것이라 할 수 있다. 다시 말하면, 인간이란 사회적 관계가 이루어지는 사회 속에서만 인간 존재라 할 수 있다.

사회화는 유년기나 아동기에만 일어나는 것이 아니라 성인기에도 끊임없이 일어나는 것으로, 평생의 과정이라고 할 수 있다. 특히 현대사회와 같이 사회변동의 속도가 빠르고, 다양한 외래문화와의 접촉과 교류 및 새로운 문화요소들의 혁신이 빈번히 일어나고 있는 사회에서는 성인기의 사회화도 유년기나 아동기의 사회화 못지않게 중요하다.

그러나 성인들은 가끔 자신의 인생관 또는 세계관을 구성하는 핵심적인 가치나 신념의 체계를 바꾸어야 하는 경험을 하게 된다. 또한 성인들은 자신의 생활주기가 변화함에 따라 새로운 사회화의 과정을 거친다. 이를 다음과 같은 유형의 사회화로 나누어서 살펴볼 수 있다.

▶ 재사회화(resocialization): 재사회화는 사람들이 과거에 자신이 가지고 있던 것과는 근본적으로 다른 규범과 가치를 새로이 습득하여 내면화하는 것을 의미한다. 예를 들면, 탈북자(혹은 새터민)가 한국 사회에 들어와 그들이 살았던 북한의 사회주의적 삶의 방식과는 전혀 다른 자본주의적인 생활방식을 다시 습득해야 할 때를 말한다. 군대에 입대하거나 교도소 수감 시 새로운 생활방식에 적응하거나 배우자와 사별 시 혼자 사는 방법을 터득해야 하는 것도 이러한 예이다.

▶ 탈사회화(desocialization): 탈사회화는 재사회화 과정에서 이전에 배운 것을 도로 뱉어 내거나 완전히 버려야 하는 경우로, 예컨대 탈북자가 한국 사회에서 효과

적으로 적응하기 위해서는 이전에 몸에 밴 삶의 방식을 버려야 하는 것을 의미한다.

▶ 예기적 사회화(anticipatory socialization): 예기적 사회화는 다가올 미래를 예상하고 그에 맞게 학습할 내용을 미리 준비하는 것으로, 조기영어교육, 신입생 오리엔테이션, 신입사원 연수, 군 신병 훈련교육 등이 있다.

사회화의 기관

사회화의 기관은 사회적으로 유형화된 행위양식을 상호작용을 통해 학습할 수 있도록 해 준다. 중요한 사회화의 기관으로는 가족, 동년배 집단, 학교, 대중매체(매스컴) 등이 있다.

가족　　태어나서 최초로 접하게 되는 사회환경인 가족은 최초의 사회화 기관이며, 아동의 인성발달에 가장 큰 영향을 미친다는 점에서 가장 중요한 사회화 기관이라고 할 수 있다. 특히 신생아는 가족을 통해 사회화가 진행되는데, 보상과 처벌 기제에 의한 학습을 통해 사회화가 진행된다. 행동주의 심리학자인 스키너(B. F. Skinner)의 학습이론에서 보듯이, 신생아들은 어머니의 애정 표시, 칭찬 등과 같은 긍정적 반응을 받는 행위유형을 반복하게 된다. 이러한 현상을 학습이론가들은 보상에 의한 강화(reinforcement)라고 말한다. 한편, 어머니로부터 꾸중을 들으면 불쾌감을 표시하는 등 부정적 반응을 받게 되는 행위는 아이들이 반복을 회피하기 때문에 소멸(extinction)되는 결과를 가져오게 된다. 따라서 학습은 긍정적 반응(보상)과 부정적 반응(처벌)에 의해 조건화되는 과정을 통해 이루어진다고 한다. 상호작용론자인 미드(G. H. Mead)는 신생아와 유년기의 사회화는 중요한 타자(significant others)와의 상호작용을 통해 진행된다고 하였다. 그가 말하는 중요한 타자는 어린 아이들에게 가장 중요한 보상과 처벌의 원천이 되는 타자이며, 인격적 권위를 갖는 타자로서 부모가 가장 중요한 타자이다.

동년배 집단   5~6세를 지나면서 어린이들은 차츰 가족 이외의 사람과 상호작용, 특히 동년배의 친구(cohort group 혹은 peer group)들과 어울림으로써 인간관계를 터득하게 된다. 가족 내에서는 항상 부모와 같은 인격적 권위를 가진 존재가 있어 행동의 옳고 그름을 판단해 주었으나, 이 시기부터는 동년배 집단을 구성하는 어린이들 전체가 공유하는 일반화된 규범, 즉 기대를 알고 그에 동조함으로써 사회적으로 승인되는 행위양식을 학습하게 된다. 일반화된 타자(generalized other)의 기대는 규칙의 형태로 이루어지며, 동년배 집단에서의 게임과 같은 상호작용은 비인격적 권위를 갖는 규칙을 따름으로써 이루어진다. 규칙이나 약속에 따르지 않는 행동은 동년배 집단의 친구들이 보여 주는 비난이나 따돌림과 같은 부정적 반응을 유발한다.

학교   학교는 가장 의도화된 사회화 기관이자 공식적으로 조직된 사회화 기관이라고 할 수 있다. 학교에서의 사회화는 가정이나 동년배 집단에서 이루어지던 타자들과의 상호작용과는 달리, 사회적으로 유형화된 행위양식의 학습 외에도 표준화된 교과과정에 의한 보다 체계화된 학습이 이루어진다. 학교에서의 교육은 새로운 사회성원들이 내면화해야 할 가치와 규범을 학습시킴은 물론, 사회구성원으로서 습득해야 할 여러 가지 지식과 기능을 가르치기도 한다. 또한 이런 면에서 볼 때 학교는 앞으로 접하게 될 사회, 군대, 직장을 위한 예기적 사회화 기관이기도 하다.

대중매체   대중매체는 가정이나 학교에서는 습득할 수 없는 많은 정보와 지식을 제공함으로써 사회교육의 기능을 수행한다. 이와 같이 대중매체는 다양한 사회의 문화를 습득시키기는 하나, 일방적이고도 상업적인 동기가 내포되어 있으므로 선택적 수용이 필요하다. 특히 청소년들에게는 인성 형성에 부정적인 영향을 미치는 경우도 있으므로 더욱더 선택적인 수용이 필요하다.

기타 사회화 기관   성인이 된 후에 접하게 되는 사회화 기관을 의미하는 것으로 교회, 군대, 직업집단이 있다. 인간들은 자기가 속한 집단이나 조직 내에서 사회적 교류를 통해 살아가는 데 필요한 지식과 정보를 습득한다.

한편, 짐멜(G. Simmel)은 인간의 개성이 확립되는 과정에 있어서 개인이 여러 가지 다른 가치적 환경에 노출되는 경험이 절대적으로 필요하다고 보았는데, 인간이 성장하는 과정에서 어느 정도의 가치갈등 경험은 개인 각자가 자기 나름대로의 주체적 가치관을 확립하는 데 필요한 요건이라고 볼 수도 있다.

사회화의 과정

문화동질화 과정으로서의 사회화   문화인류학자들은 인간이 태어날 때 가지고 있는 백지상태[빈 서판(書板)[2], tabula rasa]가 특정 문화에 젖어 들어 점차 동질화되어 가는 과정을 사회화라고 한다. 베네딕트(R. Benedict)를 포함한 보애스(Boas)학파에서는 어린아이들이 문화적 요소를 내면화하는 데 학습, 관찰, 모방, 상벌 등이 종합적으로 작용한다고 보고 있다.

역할훈련과정으로서의 사회화   사회학자들은 사회화는 개인이 사회의 한 유능한 구성원으로서 사회적으로 규정되어 있는 역할을 성공적으로 담당(role taking)하게 되는 과정이라고 말한다. 즉, 개개인의 사회적 존재 의의는 이러한 조직체 속에서 자신에게 주어진 역할을 성공적으로 담당하는 데 있다고 본다. 이처럼 사람들은 끊임없이 지위에 맞는 역할을 수행하면서 세상을 살아가는 존재라고 할 수 있다.

격동의 통제능력 형성과정으로서의 사회화   프로이트는『문명과 그 불만』에서 인간의 심적 체계는 원초아, 자아, 초자아로 구성되어 있다고 주장한다. 그는 인간의 초자아 형성과정을 곧 사회화의 과정으로 보았다. 인간의 타고난 이기적이고 충동적인 본능이 사회생활을 통해서 규범적으로 규제되어 가다가 차츰차츰 스스로가

---

2) 영국 최초의 경험주의자이자 근대 정치철학자였던 존 로크가, 1690년에 발표한『인간지성론』에서 인간이 태어날 때 정신은 "비어 있는 석판(石板)" 상태로 태어난다고 언급하였다. 그러므로 우리가 아는 모든 지식은 성장하면서 경험을 통해 얻는다는 것이다.

자기의 욕구를 통제할 수 있는 분별력이 생기는 과정을 사회화로 보았다.

4 자아

수많은 감정과 욕망이 존재하는 각축장이라고 할 수 있는 자아(自我, self)[3]는 개인이 타자들과의 상호작용을 통해서 얻게 되는 자기 자신에 대한 관념 또는 이미지이며, 개인은 그와 같은 자아관념에 입각해서 타자에 대해 일관성 있는 행위지향의 특성을 가지게 된다. 따라서 자아는 일관성 있는 태도, 즉 일관성 있는 행위지향을 예정해 주는 특성이라고 할 수 있다. 인간은 다음에서 설명하는 미드(G. H. Mead)의 자아발달 4단계를 통해서, 즉 역할취득을 통해서 세상을 살아가는 방법을 터득하게 된다.

▶ 준비단계(preparatory stage): 의미에 대한 이해 없이 타인의 행동이나 말을 단순히 흉내 내고 모방하는 단계이다.
▶ 놀이단계(유희단계, play stage): 한두 가지의 제한된 수의 타자 역할만을 담당하는 최초의 역할취득단계이다. 병원놀이의 의사와 간호사 역할을 예로 들 수 있는데, 상대방의 역할에 대해 낮은 수준으로 이해하고 흉내 내면서 노는 단계이다.
▶ 게임단계(game stage): 좀 더 많은 수의 타자 역할을 수행할 줄 알고, 그러한 역할들이 하나의 조직된 행동의 체계를 만들어 낼 수 있는 단계이다. 그러면서 그 속에서 자신은 어떤 역할과 태도를 취해야 하는지를 이해하는 단계이다. 야구시합에서 각자의 역할(투수, 포수, 타자, 외야수, 내야수, 공격수, 수비수)을 이해하

---

3) 사회학자 스콧 래시(Scott Lash)는 인간의 자아(나)가 '욕망(desire)' '자아(ego)' '우리(we)'로 구성되어 있다고 보았다. 프로이트의 '원초아(id)' '자아(ego)' '초자아(superego)'처럼 스콧 래시는 우리의 자아에 대해 욕망이 지배하는 '무의식적 자아', 현실을 중시하는 '의식적 자아', 사회에서 통용되는 규범과 가치를 내면화한 '공동체적 자아'로 구분하였다.

고 규칙이나 규범을 이해하는 것과 같은 것을 의미한다.

▶ 일반화된 타자(generalized other): 공동체가 기대하는 일반적인 신념이나 가치, 규범 등을 이해하고 그것을 행동으로 옮길 수 있는 능력을 가지게 되는 것을 의미한다. 말하자면 사회에서 통용되는 규범과 가치를 내면화한 일반적인 인간을 의미한다. 즉, 일반화된 타자란 자기에 대한 남들의 기대의 총체인 동시에 세상을 살아가는 규칙이고, 이것이 곧 자아 속의 개성적 자아의 'I'와 사회적 자아인 'Me'가 내면화된 입장이라고 할 수 있다.

쿨리의 경상자아

쿨리가 언급한 경상자아(looking-glass self)는 다음과 같은 세 가지 요소를 내포하고 있다.

▶ 내가 남들에게 어떻게 보이는지에 대한 나의 상상
▶ 남들에게 내가 어떻게 보이는지에 대한 나의 상상
▶ 남들의 그러한 평가에 대한 나 자신의 느낌

미드의 자아

미드는 인간의 자아 내부에는 'I'와 'Me'가 있다고 한다. 그는 인간의 자아가 능동적이고 즉흥적이며 개성적인 'I'라는 개인적 측면과 자신에 대한 남들의 기대라는 일종의 사회적 규범이 사회화 과정을 통해서 내면화된 'Me'라는 사회적 측면으로 구성되어 있다고 보았다.

그는 자아 속에 'Me'가 없으면 남들과의 체계적인 상호작용은 이루어질 수 없고, 'I'가 없으면 사회적 상호작용은 기계적이고 단조로운 것이 될 것이라고 하였다. 인간은 그들의 자아를 구성하고 있는 'I'와 'Me'의 상호적 존재를 통해서 자신의 행동을 반성하기도 하고, 자아의 지속성과 정체성을 발전시키기도 한다.

이러한 'I'와 'Me'로 구성된 인간의 자아는 남들과의 부단한 상호작용이라고 하는 사회적 경험을 통해서 서서히 형성되는 것이며, 미드는 이러한 자아 형성과정을 사회화의 가장 핵심적인 현상으로 파악했다.

또한 미드는 마음(mind)이 존재함으로써 인간은 자신을 객관화할 수 있으며, 사회생활이 가능하다고 했다. 미드는 인간이 자아관념을 가짐으로써 개인의 행동은 일관성을 가질 수 있게 된다고 하였다. 즉, 개인은 자기 자신에 대해 안정되고 일관성 있는 태도와 의미를 가짐으로써 한 개인으로서의 특성을 갖게 된다는 것이다. 따라서 미드는 인간의 자아를 주체적 자아(I)와 객체적 자아(Me)로 구분한다.

▶ 주체적 자아(I): 자발적이고 자기중심적 · 충동적 · 즉흥적 · 조직화되지 않는 능동적 주체로서 주체적 행동을 유발하는 자아이다.

▶ 객체적 자아(Me): 사회의 규범과 가치 및 기대를 의식하고 있는 객관적인 대상이다. 이러한 'Me'는 사회적 기대, 특히 일반화된 타자들의 기대를 내면화한 자아인 동시에, 'I'가 유발하는 주체적 행동을 사회적 요구에 맞게 조절하는, 즉 사회화해 주는 자아이다.

예를 들면, 초등학생인 내가 공중목욕탕에서 물장구 치고 놀다가 몇 사람에게 물을 튀겼을 때, 마음속으로 미안한 'Me'와 사과하지 않고 버티는 'I'가 공존하는 상황이라고 하겠다.

프로이트의 자아 심적 체계

인간의 심층심리에 지대한 관심을 가졌던 프로이트는 인간의 심적 체계가 원초아, 자아, 초자아로 구성되어 있다고 주장한다.

▶ 원초아(원자아, id): 1차 과정적 사고로 가장 원시적인 충동이 자리하는 원초아는 육체적 · 정서적 쾌락을 추구하는 힘으로 본능에 가깝다. 어린이들은 주로 이 원초아에 의해 행동하는 자아로서 쾌락의 원칙에 의해 지배된다.

▶ 자아(ego): 2차 과정적 사고로 원초아와 초자아 사이의 갈등을 합리적으로 해결

하는 합리적 중재자로서의 역할을 수행하는 자아이다. 개인의 행동은 이것에 의해 조정된 결과이며, 자아의 기능이 원활하고 왕성한 사람이 건강하고 성숙한 인성의 소유자라고 할 수 있다. 현실과 상호작용하는 의식적인 자기 모습이라고 할 수 있는 자아는 사회생활을 통해 규범적으로 규제되는 과정에 있는 존재라고 할 수 있다. 그것은 현실의 지배원칙에 충실하다.

▶ 초자아(superego): 사회의 도덕적 요구가 내면화된 것으로, 원초아를 통제하는 부분의 자아로서 분별력을 갖고 있다. 사회적 규범을 인식하고 준수하는 정신 요소라고 할 수 있다.

더 쉽게 설명하면, 길을 건널 때 원초아는 무조건 건너고, 자아는 살피며 건너고, 초자아는 길이 아니면 돌아서 간다. 여기서 본능인 원초아는 힘찬 말, 자아는 마부

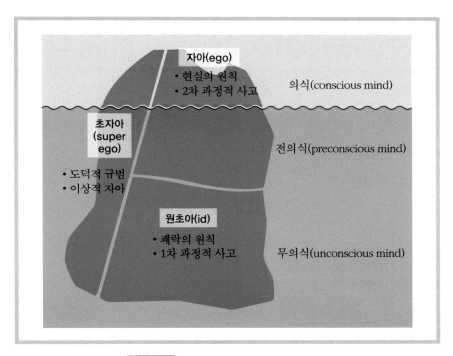

그림 6-2 프로이트의 원초아, 자아, 초자아

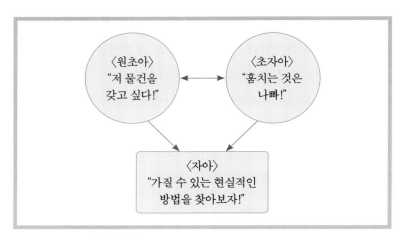

그림 6-3 원초아, 자아, 초자아 간의 역할 관계

라고 할 수 있으며, 초자아는 현실적 여건뿐만 아니라 다른 대안도 생각해 보는 존재라고 할 수 있다.

　프로이트는 쿨리나 미드의 이론체계가 어머니를 포함한 남(타인)들로 이루어진 사회와 개인의 관계가 언어라는 상징을 통하여 상호작용하는 조화로운 관계로 보고 있는 데 비해, 나와 남 그리고 개인과 사회의 관계가 갈등적인 관계(예: 엘렉트라 콤플렉스, 오이디푸스 콤플렉스)일 뿐 아니라 이러한 갈등관계가 개인의 심리상태에까지도 갈등적인 것으로 투영되고 있다고 봄으로써 상징적 상호작용론과는 매우 대조적인 사회화이론을 제시하고 있다.

5 사회적 성격

　성격이란 사람들에게 있어서 지문만큼이나 독특한 것으로, 개인의 특유한 행동과 사고를 결정하는 것이라고 할 수 있다. 이런 점에서 볼 때 사회적 성격도 유사한 측면을 보이는바, 사회 그리고 나라마다 상이함을 보인다. 즉, 사회적 성격(social characteristics)이란 사회를 구성하고 있는 특정한 사회집단의 구성원들이 공유하는 공통된 인성의 특성을 의미한다고 할 수 있다. 이러한 사회적 성격은 사회구성원들이 공유하는 기본적인 인성이라는 의미에서 기본적 인성(basic personality)이라고 부르기도 하고, 특정한 사회에서 가장 빈번하게 발견되는 인성이라는 의미에서 최빈적 인성(modal personality)이라고 부르기도 한다. 사회적 성격은 민족 또는 국민을 단위로 말할 때는 민족성 또는 국민성(national characteristics)이라는 말로 표현된다.

6 사회심리학이론에서 본 인간의 행동

행태주의학파

행태주의는 원래는 종전의 심리학을 특징지은 사색적 방법과 내성적 방법에 대한 반발로 일어났다. 행태주의자들은 종래의 연구방법이 비과학적임을 비판하고, 심리현상의 과학적 연구를 위해서는 무엇보다도 외부로부터 관찰되고 측정될 수 있는 인간의 외적 행동만을 연구대상으로 삼아야 된다고 주장하기 시작하였다. 따라서 심리학은 사람의 마음을 연구하는 학문으로부터 외부적으로 관찰 가능한 인간행태를 주로 연구하는 학문으로 변질되었다.

이들은 인간의 마음은 직접 관찰될 수 없는 것이기 때문에 과학적인 연구대상이 될 수 없다고 단정하고, 대신에 외부관찰이 가능한 인간행동을 연구하기 시작했기 때문에 자극(stimulus)과 반응(response)이 그들의 연구에 가장 중요한 개념으로 등장했던 것이다. 그들은 동물실험(쥐, 비둘기, 개 등)의 반복된 학습을 통해 얻은 결과를 가지고 인간에게 적용하였다. 이제 행태주의자들은 반복된 학습이 인간행동에 미치는 영향, 즉 외부관찰이 가능한 연구에 많은 업적을 쌓아 나갔다. 그 당시 심리학자들 사이에 유행했던 행태주의적 입장에 의해 인간의 모든 행동은 외부에서 오는 환경적 자극인 사회적 자극이나 과거의 자극에 대한 개인의 반응임을 연구하는 것이 가장 중요한 사회심리학적 관심사로 부각되었다.

상징적 상호작용학파

사회학자들은 이미 20세기 초기부터 개인과 사회의 불가분리성을 그들의 이론적 핵심으로 강하게 내세웠다. 토머스(Thomas), 엘리어스(Ellias), 페어리스(Fairs), 파크(Park), 버제스(Burgess), 미드와 같은 학자들은 인간 존재의 파악은 어디까지나 사회적 맥락 속에서 이루어져야 한다는 관점을 굳히는 데 공헌한 사람들이다. 상징적 상호작용론에서는 인간 자아의 사회성과 인간행위의 특징이 곧 상징적 행위라는 점을 가장 중요한 명제로 제시하고 있다. 특히 미드에 의하면, 인간은 타자들과의 상호작용을 통해서 습득되는 언어를 가짐으로써 자기의식을 가지게 된다고 주장하였다. 그러면서 인간의 자아는 다른 사람들과의 상호작용 속에서 형성되는 것인데, 이는 타자의 역할을 담당함으로써 자기 자신을 타자의 입장에 서서 볼 수 있게 되면서부터, 다시 말해 자기 자신을 객관화해서 볼 수 있게 되면서부터 형성되는 것이라고 하였다.

정신분석학파

프로이트는 1900년 이전에 이미 잠재적 동기와 억압기제의 중요성을 강조함으로써 인간행동의 이해에 크게 공헌하였다. 그는 삶의 본능(eros)과 성적 본능(libido), 죽음의 본능(thanatos)에 관한 이론과 원초아, 자아, 초자아로 구축된 인성이론 등을 1920년대에 접어들면서 체계화하였다. 사회학자들은 프로이트의 이론이 인간 이해에 있어서 지나치게 본능의 중요성을 강조함으로써 생물학적 관점에 치우쳤다는 점을 비판하였으며, 무의식과 정서적 요인의 중요성을 지나치게 강조한 나머지 인간의 합리적 측면과 사회상황적 요인을 무시하고 있다는 점을 비판하였다.

그럼에도 불구하고 사회학자들은 프로이트의 직관적 통찰력이 제시한 설득력 있는 이론에 공감하였다. 이후 신프로이트학파의 학자들은 프로이트가 강조한 본능이론 대신 인간의 근본적 행위동기의 바탕이 결국은 사회적 요인에 근거를 두고 있다는 점을 강조함으로써 이 입장이 사회심리학적 관점에 잘 포섭되도록 하였다. 이렇게 발전된 프로이트 이론은 특히 인간의 사회화 과정을 설명하는 데 유력한 관점을 제시하여 오늘날까지도 사회심리학계에서 무시할 수 없는 세력으로 작용하고 있다.

게슈탈트학파(인지학파 또는 장이론)

게슈탈트(Gestalt, 형태)학파는 1920년대에 독일을 중심으로 형성된 것으로, 근본 취지는 인간의 감각기관인 오감(五感)을 통해서 들어오는 부분적 정보의 단편들이 인지과정을 통해서 통합되어 하나의 의미 있는 형태를 이루게 된다는 것이다. 따라서 게슈탈트학파에서는 인지과정(process of cognition)을 통해서 인간이 정보를 습득하는 행위나 세상을 파악하게 되는 과정을 주로 연구하고 있다. 베르트하이머(Wertheimer), 쾰러(Köhler), 코프카(Koffka)와 같은 학자들은 일련의 현상을 그것을 구성하고 있는 일부분 혹은 조각으로 환원시켜서 파악하려고 하는 행태주의적 입장을 통렬히 비판하면서 전체는 부분들의 단순한 합 이상의 것이라는 점을 주장하고 있다. 이들은 인간의 특정 행위도 하나의 주어진 형태 내지 현상으로 파악하고 설명해야 된다고 보기 때문에 인간의 행위를 부분적으로 쪼개서 보려고 하는 행태주의학파나, 인간의 행위를 사회현상으로만 설명하려고 하는 사회결정론적 입장이나, 어른들의 행위도 유년기의 경험으로 설명하려고 하는 정신분석학파의 입장을 모두 배격한다.

특히 레빈(K. Lewin)은 생리적 요인을 비교적 강조하는 다른 게슈탈트학자들과는 달리, 인간의 행위는 특정 시간에 작용하는 세력의 전체 장(場)의 함수관계라는 점을 강조하였다[$\beta = f(P \cdot E)$]. 여기서 세력이란 개인의 인격적인 요소(개인의 심성)와 그 개인이 처해 있는 사회상황적 요소가 합쳐져서 이루어진 것이며, 이 세력의 의미는 그것을 구성하는 요소와는 전혀 다른 것이 되기 때문에 인간행위의 올바른 이해를 위해서는 이러한 세력의 전체 장이 한꺼번에 고려되어야 한다고 주장하고 있다. 이러한 이유 때문에 레빈의 입장을 장이론(場理論. field theory)이라고 부르기도 한다. 이 이론에서는 인간의 특정 행위를 이해하기 위해서는 인간의 행위 당시의 생활공간(life space)을 파악해야 된다고 강조한다.

부록

리스먼(David Riesman)의 고독한 군중(The Lonely Crowd, 1953)

인간들은 사회적 가면을 쓰고 살아가는 존재라고 언급하였던 리스먼은 현대사회의 인간행동 특성을 전통사회인 전근대사회와 산업화·공업화가 시작된 근대사회의 인간행동 특성과의 비교를 통해서 다음과 같이 분석하였다.

전통지향적 사회[인구의 고도증가 잠재력(high growth potential)의 사회]

이 사회는 출생률과 사망률이 모두 높은 것이 특징인 사회로서 식량 공급이 한정되어 있고, 인구와 토지의 비율이 비교적 안정되어 있는 사회이다. 리스먼은 이러한 사회를 전통이 인간행동을 지배하는 것으로 보았다.

전통지향적 사회는 상대적으로 변화가 별로 없으며, 개인의 행동이 주로 연령, 성별, 씨족, 사회계층, 직업 등에 의해 유지되고 있는 사회로 인간관계가 전통적 상하관계에 의해 지배된다. 또한 이 사회는 문화가 세부적인 인간행동에 이르기까지 절대적인 통제력을 갖는다. 이런 사회에서는 사회규범이 복잡하지 않고, 아동들이 강력한 사회화의 기간 동안에 사회에서 통용되는 규범을 용이하게 습득하며, 대체로 엄격한 예의범절이 친족관계에 중요한 영향을 미친다. 관습, 의식, 종교 등은 사회 구성원 각자를 올바른 방향으로 사회화하는 데 중요한 역할을 한다. 따라서 거의 모든 사람이 기존 사회제도와 잘 조화를 이루고 있다는 점에서 대체로 적응을 잘하고 있다고 볼 수 있다.

이와 같이 전통지향적 사회에서는 사람들이 자기 자신을 하나의 독립적인 개인(존재)으로서 거의 생각하지 않는다. 그들은 자기 자신의 운명을 자기 개인의 계획과 목표에 의해서 스스로 결정할 수 있다는 것조차도 생각하지 못한다. 그는 오직 오래 지속되어 온 전통에 의해서 자기 자신이 지배되고 있음을 확신할 따름이다. 따라서 전통지향적 사회에서는 사람들이 기존 사회규범을 준수하지 않으면 남(타자)들이 흉을 볼까 염려되어 행동을 하는 이른바 수치심이 행동의 통제적 역할을 담당한다.

내면지향적 사회[인구의 과도기적 증가(transitional growth)의 사회]

이 사회는 인구의 과도기적 증가현상을 보이는 사회로서, 출산력의 감소보다 사망률의 감소가 높은 데서 인구가 급증한다. 사망률 저하현상의 원인으로는 보건위생의 발달, 광범위한 지역에 원활하게 식량을 공급하는 개량된 교통기관 발달, 영아살해 금지, 식인풍습 소멸, 태중생명에 대한 폭행 감소 등을 들 수 있다. 개량된 농사방법으로 일정한 토지에 보다 많은 사람을 부양할 수 있다는 것도 인구증가의 한 원인이다. 그러면서 이 인구의 과도기적 증가 사회에서는 인간이 내면지향적 성격을 지니게 된다.

서구 역사에 있어 르네상스(문예부흥) 및 종교개혁과 더불어 현재에 와서 소멸 중에 있는 사회는 내면지향성이 행동의 적합성을 보장하는 중요한 양식으로서 역할을 하는 사회의 예라고 할 수 있다. 이러한 사회는 개인의 이동성 급증, 자본의 축적, 끊임없는 경제 확장 등의 현상을 흔히 보인다. 경제 확장은 재화 및 인적자원의 생산부문의 집중적 확장 및 제국주의, 식민지화, 착취현상의 광범위한 확대로 나타난다. 이 사회가 부여하는 선택의 자유는 전통지향성이 없어도 생활해 나갈 수 있는 인간형에 의해서 유지된다. 이 인간형이 내면지향적 인간형이다. 내면지향성이 지배하는 사회에서는 전통에 무조건 동조 또는 복종하는 전통지향적 사회와는 달리, 행동의 지침이 개인의 내면적 사고에 의해서 많은 영향을 받게 된다.

이와 같이 내면지향적 사회에서는 사람들이 자기 자신의 생활을 통제할 수 있다는 느낌을 가지게 되고, 자신들의 자녀들도 개별적으로 취미에 따라 여러 가지 상이한 생애(삶)를 영위할 수 있다고 믿는다. 동시에 이 사회는 공업화가 진행됨에 따라 농업에 종사하는 사람이 감소하게 되어 많은 자녀를 갖는 것이 경제적으로 불리하고, 더욱이 생활수준이 낮아지고 과학적 사고방식이 강해짐에 따라 자녀를 출산하는 행위에 보다 합리적인 생각을 가지게 되어 인구가 감퇴하기 시작한다.

이리하여 내면지향적 사회는 다음에서 보는 초기 인구 감소의 타자지향적 사회로 변하여 간다. 이 사회에서는 행동의 지침이 각자의 내면적 사고에 기초하는 까닭에, 내면화된 사회적 규범을 준수하지 않으면 죄의식을 느끼게 된다.

타자지향적 사회[초기 인구감소(incipient decline of population)의 사회]

이 사회는 인구의 초기 감소현상을 보이는 사회로서, 사회구성원의 생활양식과 가치관이 대가족보다는 소(핵)가족을 원한다. 따라서 출생률이 사망률과 더불어 계속 감소하는 경향을 보인다. 리스먼은 이런 사회에서는 타자지향적(other-oriented) 성격이 보다 중요한 의미를 지니게 된다고 한다. 타자지향적 사회에서는 극소수의 사람만이 1차 산업에 종사하고 대부분의 사람은 3차 산업에 종사하며, 노동시간도 매우 단축되고, 사람들의 생활수준이 현저하게 높아지고, 여가와 소비생활에 많은 시간을 보낸다.

이런 사회에서는 내면지향적 사회에서 중요시되었던 근면 또는 극기심이 덜 필요하게 된다. 점차로 중요해지는 것은 물질적 환경이 아니라 타인(타자)이 중심이 되는 인간적 환경이다. 따라서 사람들이 보다 광범위하게 많은 사람과 접촉을 하게 되고, 또 상호 간의 관계에 대해서 민감해짐에 따라 전통지향적 및 내면지향적 사회에서 지배했던 관습과 전통은 점점 약화되고, 인간들의 행동지침에서는 가까이 접촉하는 동료들의 태도와 반응이 보다 중요한 의미를 가지게 된다. 따라서 이 사회에서는 인간행동의 지침이 죄의식과 수치심이 아니라 가까운 동료들의 반응에 좌우되기 때문에 항상 산만한 불안감에 의해서 영향을 받는다.

(고려대학교출판부 편, 1995, 『교양명저 60선』 참조)

참고문헌

고려대학교출판부 편(1995). 교양명저 60선. 고려대학교출판부.

고영복(1973). 현대사회심리학. 법문사.

구혜영(2009). 인간행동과 사회환경. 신정.

루스 베네딕트(1976). 국화와 칼(김윤식, 오인석 공역). 을유문고.

민경배(2016). 처음 만나는 사회학. 다른길.

사회복지교육연구센터 편저(2013). 인간행동과 사회환경. 나눔의 집.

손광훈(2008). 인간행동과 사회환경. 공동체.

안계춘 외(1992). 현대사회학의 이해. 법문사.

알프레드 아들러(2017). 삶의 의미(김세영 역). 부글북스.

양춘, 박상태, 석현호(2003). 현대사회학. 민영사.

앤서니 기든스, 필립 W. 서튼(2015). 사회학의 핵심 개념들(김봉석 역). 동녘.

엄신자(2009). 인간행동과 사회환경. 인간과 복지.

앨리 러셀 혹실드(2013). 나를 빌려드립니다(류현 역). 이매진.

이광자, 엄신자, 손승연, 전신현(1999). 21세기의 사회학. 학지사.

이동원, 박옥희(2000). 사회심리학. 학지사.

이인정, 최해경(2009). 인간행동과 사회환경. 나남출판.

이와모토 시게키(2016). 나를 위한 사회학(배성인 역). 정한책방.

이훈구(1996). 사회심리학. 법문사.

전병재(1990). 사회심리학. 경문사.

조흥식 외(2010). 인간행동과 사회환경. 학지사.

프랭클린 클라이드(2005). 이론으로 본 사회심리학(정창수 역). 도서출판 그린.

한규석(2010). 사회심리학의 이해. 학지사.

홍승직, 임희섭, 노길명, 정태환, 김문조(1995). 사회학개설. 고려대학교출판부.

허웅 편저(2023). EBS 독학사 사회학개론. 신지원.

Allport, G. (1954). *The Nature of Prejudice*. Addison-Wesley.

Cooley, C. H. (1964). *Human Nature and the Social Order*. Schocken, paper back ed.

Erikson, E. M. (1968). *Childhood and Society*. Norton.

Freud, S. (1975). *The Psychopathology of Everyday Life*. Penguin.

Maslow, A. (1954). *Motivation and Personality*. Harper and Row.

Mead, G. H. (1934). *Mind, Self and Society*. University of Chicago Press.

Piaget, J. (1954). *The Construction of Reality in the Child*. Trans. M. Cook. Basic Books.

Skinner, B. F. (1971). *Beyond Freedom and Dignity*. Knopf.

Watson, J. B. (1970). *Behaviorism*. Norton.

07 문화

우리 인간들은 문화라는 시냇물 속에서 태어나서 문화의 시냇물 속에서 죽는 존재라고 할 수 있다. 이러한 초유기체적(superorganic)인 것이라 할 수 있는 문화는 인간집단이 공유하는 가치나 신념 또는 삶의 디자인이라고 할 수 있다. 이와 같이 문화는 인간 사회의 산물로서, 사회를 관통하는 삶의 양식이자 가치라 할 수 있는바, 인간 사회의 본질을 파악하는 데 문화의 이해가 필수적이다.

원래 문화라는 말은 '토양이나 식물을 경작하다(cultivate).'라는 데에서 유래하였으며, 이는 후에 '마음을 경작하다.'라는 의미로 대체되었다. 우리는 문화를 통해 현실을 이해하고 일상생활을 무리 없이 영위해 나간다. 이러한 문화는 사회에 따라 시대에 따라 변하는바, 그것은 인간들의 삶에 영향을 주는 한편, 전체 사회체계의 변화를 초래하기도 한다.

문화를 연구하는 학자들은 문화가 인간과 환경 사이에 존재하는 것으로 인간과 환경 사이를 연결하는 수단적 역할을 수행한다고 언급한다. 이러한 문화는 보편성과 공통성을 보이는 한편, 다양성과 특수성을 함께 지닌다. 즉, 모든 문화는 인간이 만들어 낸다는 점에서 그리고 인간이 지닌 생물학적 토대 위에 만들어진다는 점에서, 또한 일정한 자연환경의 테두리 내에서 형성된다는 점에서 보편성과 공통성을 지닌다. 그러면서 문화는 인종이나 민족이 지니는 생물학적 특성, 유전적 특질, 거주하는 환경의 차이, 역사적 경험이나 이웃과의 교류관계 등에 의해 다양성과 특수성을 지닌다.

이러한 문화는 유형화된 행위양식으로 어느 정도 안정성과 지속성을 지니고 있기 때문에 한 사회의 문화는 문화적 전통을 가질 수 있으며, 나름대로의 정체성 · 독자성 · 독창성을 가질 수 있다. 그러나 모든 문화는 상대적으로 지속성을 지니면서 사회환경 변화에 부응하여 끊임없이 변화한다. 특히 현대사회는 교통과 통신이 고도로 발달함에 따라 지구상의 모든 나라나 사회가 더 이상 폐쇄적으로 고립되는 것을 불가능하게 만들었고, 이로써 문화변동이 중요한 사회변동의 요인이 되고 있다. 다양한 문화요소가 빈번하게 접촉하고 교류하게 됨으로써 현대인들이 보다 많은 대안을 가지게 되어 문화내용이 풍부해지는 한편, 개발도상국이나 후진국에서 전통적으로 내려오던 고유한 문화가 잠식되고 말살되는 결과가 초래되기도 한다.

한편, 문화를 보는 시각에는 민족중심주의(ethnocentrism)와 문화적 상대주의(cultural relativism)가 있다. 민족중심주의는 자기네 문화가 옳은 것이며 가장 우수하다고 믿는 태도를 말한다. 민족중심주의는 편견임에도 불구하고 집단의 결속과 유지를 위하여 필요한 경우도 있으나, 그의 극단주의인 문화제국주의(cultural imperialism)에서 볼 수 있듯이 근대 유럽의 식민주의 세력은 이교도의 기독교화를 부르짖으며 아프리카 지역을 식민지화하는 모순된 결과를 가져오기도 하였다.

민족중심주의와 반대되는 개념인 문화적 상대주의는 한 사회의 문화적 행위나 가치를 그 문화의 맥락 속에서 판단해야 한다고 강조한다. 저명한 문화인류학자 레비 스트로스(Levi-Strauss)는 남미 아마존강 유역에서 원시적 삶을 살아가는 원주민들의 주술적 · 신화적 사고방식도 서구인들의 과학적 사고방식 못지않게 합리성을 지닌다고 언급하였다. 그는 모든 문명에 있어 우열이 없고, 나름대로 합리성을 갖고 있으며, 존재할 가치가 있다고 본 것이다.

1 문화란 무엇인가

인간 사회의 본질을 파악하는 데는 문화의 이해가 그 무엇보다도 중요하다. 그럼에도 불구하고 대다수의 사람은 그들의 일상생활이 문화에 의하여 밀접하게 영향받고 있다는 사실을 전혀 인식하지 못한 채 살아간다.

문화를 연구하는 많은 학자는 문화란 인간과 환경 사이에 존재하는 것으로 인간과 환경 사이를 연결하는 수단적 역할을 수행한다고 언급한다. 이러한 문화라는 말은 우리 사회에서 예술, 편안함, 교양, 고상함 등과 같은 의미로 쓰이는 것이 보편적인 양상이다. 문화에 대해서 구조기능주의 입장에 있는 학자들은 문화가 사회를 유지하는 필수적인 기능을 수행한다고 하였다.

문화의 개념을 제일 먼저 체계적으로 정리한 사회과학자들은 문화인류학자들이다. 그들은 색다른 미개사회들의 비교연구를 통하여 인간의 행위가 사회에 따라 매우 다양함을 발견하였고, 그러한 엄청난 다양성이 생물학적인 차이에 의해서는 설명될 수 없다고 결론지었다. 즉, 미개사회인의 이상야릇해 보이는 습속이 단순히 무작위적으로 행하게 되는 것이 아니라 집단에 의하여 반복적으로 유형(pattern)화되어서 나타나고, 후천적으로 학습된 결과라는 것을 밝혀냄으로써 문화의 개념을 정립하기에 이르렀다.

영국 옥스퍼드 대학교 최초의 인류학 교수이자 인류학의 아버지라고 불린 타일러(Edward B. Tylor)는, 1871년에 진화론적 관점에서 쓴 『원시문화』에서 문화를 "지식, 신앙, 예술, 도덕, 법률, 관습 및 사회의 한 구성원으로서 인간에 의하여 획득된 기타 모든 능력과 습관 등을 포함하는 복합총체"라고 언급하였다. 또한 사회심리학자 니스벳(R. Nisbett)은 문화에 대해서 개인의 사고방식과 행동양식은 문화에 의해 영향을 받는다고 지적하였다.

오늘날 대부분의 사회학자는 문화인류학자의 입장을 받아들여 문화를 공동생활의 테두리 내에서 인간에 의해 만들어진 모든 소산 또는 산물로, 사회구성원들이 사회적으로 학습하고 공유하는 모든 것을 포함하는 개념이라고 정의하고 있다. 이와 같이 인간이 공유하는 문화는 인간의 특성 측면에서 볼 때, 모든 인간은 동물로서 기본적 욕구나 충동을 공유하고 있으나 사회 혹은 문화에 따라서 그 내용은 얼마든지 달라질 수 있다. 대표적인 예로서 음식에 관한 기호를 살펴보면, 인도인들의 쇠고기 금식, 아랍인들의 돼지고기 금식, 유대인들의 비늘 없는 생선 금식 등을 들 수 있다. 또한 성적 욕구를 충족시키는 방식이 생물학적인 본능에 좌우되는 것이 아니고, 자기가 소속되어 있는 사회의 문화가 규정지어 주는 방식에 따라 달라진다는 근본적인 차이점을 갖고 있다.

한편, 미국의 인류학자로 인류의 문화는 에너지를 더욱 더 효율적으로 이용함에 따라 진화한다는 진화론의 입장을 받아들여 문화의 변동을 누적적·진보적 과정으로 설명한 화이트(Leslie A. White)는, 문화에 대해서 다른 동물들에게서는 찾아볼 수 없는 것이라고 했으며, 그것을 인간만이 사용하는 상징(象徵, symbol)에서 찾고 있다. 그에 의하면 상징은 인간들에게만 존재하는 것으로 그것을 통하여 문화를 형성한다. 즉, 인간들은 언어라는 상징을 통하여 서로 의사소통을 하고 자신이 몸담고 살고 있는 세계에 의미를 부여한다는 것이다.

2 문화의 구조

우리의 행동양식이자 생활방식이라고 할 수 있는 문화는 다음과 같은 구조로 이루어져 있다. 먼저, 문화의 가장 기초 단위인 문화요소(cultural element)란 문화의 최소 단위로서 더 이상 분리할 수 없는 학습된 행동이나 사물을 말한다. 예를 들면, 연필, 숟가락, 악수, 인사법 등을 의미한다. 그다음 한 차원 높은 단계인 문화복합 (cultural complex)이란 서로 관련되어 있는 문화요소 몇 개가 결합하여 보다 상위의 문화체계를 이룬 것을 말한다. 한 예로, 축구공, 축구화, 유니폼, 축구장, 축구경기

규칙 등이 합쳐지면 축구경기라는 문화복합을 이룬다. 마지막으로, 문화의 고차원적인 단계라 할 수 있는 제도(institution)란 문화복합이 일정한 목적에 따라 조직되어 문화구조 전체에 있어서의 기능적 단위를 담당하는 체계를 말한다. 가족제도는 연애나 맞선, 약혼, 결혼, 신혼, 출산, 육아, 양육 등의 수많은 문화복합이 조직되어 만들어지는 것이다. 또 다른 예로서, 숟가락, 젓가락, 그릇, 냅킨, 반찬, 밥, 찌개, 국, 디저트(후식), 차, 식사예절 등이 어우러져 식생활문화가 만들어지는 것을 말할 수 있으며, 경전(성경, 불경), 신도(신자, 불자), 성물(십자가, 부처상), 성직자(목사, 신부, 스님), 의식(예배, 미사, 예불), 건물(교회, 성당, 절), 메시지(설교, 설법) 등이 한데 어우러져 종교제도로 나타남을 들 수 있다.

3 문화의 구성요소

물질적 문화

도구문화라 하는 물질적 문화는 사회구성원들에게 자연환경에 적응하는 데 있어 직접적인 수단을 제공하는 문화를 지칭한다. 이는 사회구성원들이 행위의 수단으로 사용하는 유형 가운데 가시적이고 물질적이며 기술적인 유형들을 일컫는다. 식사도구, 의복, 농기구, 가구, 장식품, 운송기구, 기계, 건축물 등을 도구문화라고 하며, 현대인들에게 없어서는 안 될 인공두뇌라고 부르는 컴퓨터나 스마트폰(휴대전화) 등이 이에 속한다. 도구문화는 인간이 자연환경에 적응하는 과정에서 자연이 주는 한계를 극복하기 위해 발달시킨 도구가 고도화된 형태이다.

규범적 문화

사회체제의 유지를 위해 사람들에게 준수할 것을 기대하는 행동의 기준에 관한 것으로 행위의 규칙이나 규범과 같은 것을 말한다. 사회구성원들이 목표를 추구하기 위해 선택하게 되는 사회적으로 승인되는 방법 또는 수단의 유형을 의미하는 것으로, 사회구성원들의 행동을 규제하는 수단적 행위의 기준이 된다. 예를 들면, 어떻게 의사소통을 하고, 어떻게 짝을 지어 부부가 되고 가족을 이루며 살 것인가, 대표자는 어떻게 선출하는가, 집단생활의 공동목표는 어떠한 방법으로 설정할 것인가 등을 의미한다. 섬너(W. G. Sumner)는 이러한 규범을 민습, 원규, 법으로 나누고 있다.

▶ 민습(民習, folkways): 사람들이 일상생활에서 거의 무의식적으로 따르는 습관이나 전통적 행위지침을 일컫는다. 성문화되지 않고 구성원 간 묵시적 합의에 기초한 규범으로 보통 대수롭지 않은 규칙이라 부르기도 한다. 수업시간에 잡담을 하지 않거나 대중교통 이용 시 휴대전화 통화를 낮은 소리로 하는 등의 에티켓(etiquette)과 같은 행동지침과 같은 것이다. 이러한 민습은 상호존중의 의미가 담겨 있으며, 타인을 배려하고 사회질서를 유지하는 데 도움이 되게 한다. 이것을 따르지 않는 사람이 있을 경우라도 그에 대한 처벌이나 제재가 발생하지 않는다. 민습은 한없이 반복되며, 모든 사람이 동조하지 않을 수 없게 되는 것으로서 사람들의 사회생활을 지배한다.

▶ 원규(原規, mores): 민습과는 달리, 원규에 대한 위반은 강렬한 반응을 일으킨다. 원규는 사회의 안녕과 가치를 수호하는 것으로 근친상간, 도둑질, 살인, 중혼의 금지 같은 것이기 때문이다. 이와 같이 원규는 사회의 질서에 직접적이고도 중대한 영향을 끼치는 것으로 간주되기 때문에 이의 위반은 사회적 고립, 구타(동리매), 구금, 추방과 같은 강력한 처벌과 제재를 수반한다. 즉, 성문화되지 않고 사회구성원들이 묵시적으로 합의한 규범으로, 사회공동체 유지를 위해 절대적으로 필요하며 반드시 준수해야 하는 덕목으로 위반 시 강력한 제재가 따른다.

▶ 법(法, laws): 모든 사회마다 발견되는 현상은 아니지만, 대부분의 사회에서는 사회질서를 유지하기 위하여 규범을 보다 공식화하여 법으로 제정한다. 이와 같

이 법은 민습을 공식화하기도 하고 원규를 지지하기도 한다. 대체로 법과 원규는 일치하는 경우가 많으나, 반드시 그렇지만은 않다. 법과 원규 모두 살인과 간통을 규제한다. 그러나 원규가 뒷받침하지 않는 법도 있다. 도박금지는 원규의 뒷받침이 없는 법이다. 따라서 이러한 법은 자주 위반하게 된다. 법은 원규에 의해 뒷받침될 때 더욱 효과적일 수 있다. 그리고 원규는 법에 의해서 강조될 때 더욱 큰 힘을 갖는다.

관념적 문화

사회구성원들은 무엇이 바람직한 가치이고 삶의 목표로서 무엇을 추구할 것인가에 대해서도 어느 정도 공통된 관념을 가지고 살아간다. 이와 같이 유형화된 가치의 지향을 관념적 문화라고 하며, 정신문화 또는 가치문화라고도 한다. 다시 말하면, 사회구성원들이 공유하는 목표 또는 가치의 유형을 뜻하는 것으로 가치체계, 신화체계, 교의체계, 사상체계를 의미한다.

특히 가치는 인간들의 행위의 목표, 수단 및 양식의 선택에 영향을 미치는 것으로 개인이나 집단이 특유하게 공유하고 있는 바람직한 것에 대한 명시적 · 묵시적 관념으로 정의된다. 여기에는 궁극적 가치와 수단적 가치가 있다. 건강, 안전, 자유, 성공, 평등 등과 같은 가치는 궁극적 가치라고 하고, 궁극적 가치를 추구해 나가는 데 필요한 것으로 정직, 성실, 근면 등과 같은 가치를 수단적 가치라고 한다.

4 문화의 기능

문화는 사회의 유지와 존속에 중요한 기능을 한다. 베넷과 튜민(Bennett & Tumin)은 사회가 존속되기 위해서는, 첫째, 사회구성원들의 생물학적 기능의 유지, 둘째, 사회구성원의 재생산, 셋째, 새로운 사회구성원의 사회화, 넷째, 삶에 필요한 재화와 서비스의 생산 및 분배, 다섯째, 사회질서의 유지 및 외부 집단으로부터의 보호, 여섯째, 삶에 대한 의미 부여 및 개인의 동기화라는 조건들이 기본적으로 충족되어야 한다고 언급하고 있다(안계춘 외, 1992). 특히 호턴과 헌트(Horton & Hunt)는 문화가 개인생활에 대한 기능으로, 첫째, 상황을 정의하고, 둘째, 태도 · 가치 · 목표를 정의하며, 셋째, 신화 · 전설 · 초자연적인 존재를 정의하고, 넷째, 행동유형을 정의함으로써 개인의 행동을 규제하고 영향을 미치게 된다고 언급하였다.

구조기능주의 사회학자 에벌리(Aberle) 등은 사회의 유지를 위해 필수적인 기능을 수행하기 위한 문화양식들은 모든 사회에서 보편적으로 발견된다고 주장한다. 그들은 모든 사회가 사회성원의 재생산, 자연환경에의 적응, 역할의 분화, 의사소통, 공동목표의 설정, 수단과 폭력의 규제, 사회화, 감정표출과 긴장해소 등의 필수적 기능들을 수행해야 한다고 하였다. 따라서 그와 같은 기능을 수행하는 문화적 유형들 역시 보편적인 문화요소들이라고 주장한다.

5 문화의 일반적 특성

어느 사회에서든 공통된 문제는 사회를 존속시키고 사회생활을 질서 있고 만족스럽게 유지시키며 사회구성원의 심리적 욕구를 충족시켜야 한다는 것이다. 이러한 것들을 충족시키고 유지시키는 것이 문화이다. 문화는 인간이 만든 것으로 인간에 의해서 학습되고 전승된다는 명백한 특성을 가지고 있다. 문화는 사회적 산물로서 사회구성원들에 의해 공유되고 축적되며 일정한 체계를 이루고 보편적이며 다양하다. 그러면서 문화는 자신이 속한 사회의 규범과 생활방식을 받아들이고 습득하도록 돕는 역할을 수행한다.

▶ 문화는 공유(共有)되는 것이다. 사람들의 행동과 습관이 사회의 다른 구성원들에

의해 공유되었을 때 우리는 그것을 문화라고 부른다. 예를 들면, 한국 사람이 일반적으로 공유하는 생활방식, 사고방식, 즉 한국어를 사용하거나 김치를 먹는 것 등을 들 수 있다.

▶ 문화는 학습(學習)되는 것이다. 문화는 사회구성원들 간에 사회적 상호작용을 통하여 후천적으로 학습되는 것이다.

▶ 문화는 축적(蓄積)되는 것이다. 문화는 한 세대에서 다음 세대로 전승되는 사회적·역사적 산물로서 조상들의 축적된 지혜의 결실이라고 간주되는 것이다. 즉, 문화는 사회적 유산으로 문화의 전승을 통해 계승됨으로써 문화의 연속성과 정체성을 유지한다. 한 집단의 구성원들이 공유하는 생활양식의 총체인 문화는 세대에서 세대로 전승된다. 새로운 세대의 구성원들은 기성세대에게서 생활양식으로서의 문화를 학습함으로써 문화를 공유하며 사회구성원으로 성장해 간다. 한편으로 새로운 세대는 기성세대로부터 전승받은 문화에 변화를 일으키기도 하고 새로운 유형을 추가하기도 한다.

▶ 문화는 초유기체적(超有機體的, superorganic)이다. 문화는 사회의 문화적 규범이나 범주로 인간에 외재하면서 인간을 규제하는 초유기체이다. 인간은 문화의 시냇물 속에서 태어나 문화의 시냇물 속에서 죽는다고 할 수 있다. 이는 문화가 유한한 존재인 인간 유기체의 삶과는 달리 도도히 흐르는 대하(大河)처럼 영속함을 의미한다.

▶ 문화는 통합(統合)되어 있다. 문화의 각 부분이 서로 잘 조화를 이루고 유기적으로 연결되어 있음을 나타낸다. 문화는 하나의 체계를 이루고 있어서 그것의 각 부분들은 복잡하고도 미묘한 방식으로 상호 관련되어 있다. 문화는 자동차의 엔진에 비유할 수 있다. 온갖 부품이 뭉뚱그려져 있는 엔진과 같이 문화는 법, 종교, 관습, 교육, 경제 등이 한데 어우러져 유기적으로 상호 밀접한 관계를 맺으며 기능하고 있다.

▶ 문화는 보편(普遍)적이면서 다양(多樣)하다. 여러 사회의 문화를 분석해 보면 이 문화들은 기본적인 유사성을 갖고 있다. 그리고 내용 면에 있어서 다양성을 나타

내고 있다. 인간은 문화 없이 살 수 없으며, 문화란 인간과 환경 사이의 중간단계 역할을 한다. 이와 같이 적응수단으로서의 문화는 다양하며 보편적이다. 예컨대, 종교를 믿는 것은 보편적이나, 여러 종교 중에서 하나를 취사선택해서 믿는 것은 다양함을 의미한다고 할 수 있다.

▶ 문화는 사회적 산물(社會的 産物)이라는 특성을 갖는다. 문화는 개인에게 고유한 행위의 특성을 지칭하는 것이기보다 사회적으로 공유되고 있는 행위의 양식을 일컫는 것으로, 인간들의 사회적 상호작용을 통해 형성된다.

▶ 문화는 생활의 설계(生活의 設計)라고 말할 수 있다. 한 사회의 문화를 알거나 이해한다고 하는 것은 그 사회의 생활방식을 이해한다는 것이다. 가령, 외국인들이 한국의 문화를 잘 알게 되면 한국에서 살아가는 데 별로 불편함을 느끼지 않게 된다. 이처럼 이민이나 유학을 갔을 때, 그 사회의 문화를 미리 이해하거나 알게 되면 그곳에서 살거나 적응하기 편한 것과 같은 이치이다.

6 문화의 보편성과 특수성

문화는 보편성과 특수성을 함께 지닌다. 각 사회의 문화는 각각의 고유한 특성을 가지고 있기 때문에 문화와 문화 사이에는 큰 차이가 있다. 문화가 보편성과 특수성을 띠는 이유는 다음과 같다.

문화의 공통성과 보편성

모든 문화는 결국 인간이 만들어 낸 것이라는 점에서 공통성과 보편성을 지닌다. 아무리 다양한 문화를 만들어 낸다 하더라도 모든 문화적 유형은 인간이 지닌 생물학적 한계를 벗어나서 유형화될 수는 없다. 다시 말해, 문화는 생물학적인 토대 위에서 만들어진다.

문화는 일정한 자연환경의 테두리 내에서 유형화된 것이라는 점에서 역시 공통성과 보편성을 갖는다. 문화는 인간들이 제각기 주어진 자연환경의 조건 속에서 적응하면서 공동생활을 영위해 오는 동안 여러 가지 행위양식을 유형화하여 만들어 낸 것이다. 그러므로 어떠한 문화도 지구를 자연환경으로 하는 범위 내에서 유형화된 것이며, 그 한계를 벗어나는 문화적 유형을 만들어 낼 수는 없다. 그러므로 각각의 문화들은 그 다양성에도 불구하고 보편적인 문화요소를 지니고 있다.

문화의 특수성

문화가 특수성을 가지는 까닭은 인종이나 민족이 지니는 생물학적 · 유전적 특질에서도 찾아볼 수 있지만, 무엇보다도 중요한 것은 환경의 차이에서 비롯된다. 우선 각각의 사회에서 살아가는 사람들은 서로 다른 자연환경에 적응하지 않으면 안 되기 때문에 자연적 조건의 차이가 문화의 차이를 일으키게 된다. 특정한 사회구성원들이 여러 세대에 걸쳐 살아왔던 역사적 경험이나 이웃 나라를 비롯한 다른 사회들과의 교류관계 등 많은 요인이 문화의 다양성을 가져올 수 있다.

예컨대, 열대지역 사람들은 한대지역이나 온대지역의 사람들과 생활양식 면에서 큰 차이를 보인다. 열대지역의 사람들은 더위로 인해 벗고 지내는 것이 일상화되었다는 것 때문에 성적으로 조숙하며 게으르다고 한다. 한편, 사계절이 뚜렷한 온대지역에 사는 사람들은 벼농사를 짓기 위해 1년에 약 3,000시간 이상의 노동이 필요함에 따라 근면, 노력, 창의적 행동유형을 보인다고 한다. 한대지역의 사람들은 몹시 추운 지역에 살기 때문에 매우 이기적이고 거칠다고 한다.[1] 그러므로 각 사회의 문

---

1) 한편, 재레드 다이아몬드는 그의 저서 『총, 균, 쇠』에서, 열대성 기후지역에 사는 사람들은 비교적 단순한 집을 짓고 옷도 별로 중요하지 않기 때문에 해결해야 할 문제가 없어 문명의 발달이 정체되거나 거의 없었다고 한다. 반면, 한랭한 기후지역 사람들은 따뜻한 집, 따뜻한 옷이 절대적으로 필요하기 때문에, 인간의 창의성이 자극되어 문명의 발달이 이루어졌다고 한다. 즉, 철 따라 바뀌는 고위도 지방의 기후는 해결해야 할 문제가 많음과 동시에, 실내에서 발명에 몰두할 수 있는 시간이 많아 문명의 발달을 가져왔다고 주장한다(재레드 다이아몬드, 2013). 다시 말하면, 그는 민족마다 역사와 문화가 다르게 진행된 것은 각 민족의 생물학적 차이 때문이 아니라 환경적(지리적 환경) 차이 때문이라고 주장한다.

화는 그 사회구성원들의 생물학적 특질, 자연환경(자연적 조건의 차이, 즉 환경 차이), 주변 사회와의 관계, 역사적 경험 등에 의해 긴 세월을 통해 다양하게 형성되며, 그 결과 모든 문화는 독자적 특징인 문화적 특수성을 띨 수밖에 없는 것이다.

　　문화는 문화적 전통이 계승과정에서 사회적 환경변화에 대한 선택 수용, 재창조 등 수많은 개혁과 혁신 그리고 외래문화와의 문화접촉 등을 거치면서 세대에서 세대로 이어져 가는 것이다. 이와 같은 문화의 특수성과 전통의 계승은 각각의 문화에 정통성과 정체성을 형성하고 유지 · 보존과 문화적 자긍심을 가지게 한다.

7 문화의 종류

　　인류학자 린튼(R. Linton)은 모든 문화요소가 사회의 전 구성원에 의하여 공유되지는 않는다고 하였다. 따라서 어떤 문화요소들은 그 사회의 모든 구성원이 그것을 필요로 하는 데 반하여, 다른 어떤 문화요소들은 그 사회의 일부 구성원들에 의해서만 공유된다고 한다. 이러한 문화에는 여러 가지 유형이 존재한다.

▶ 보편문화: 사회의 모든 구성원에 의하여 공유되는 문화요소로서 일련의 가치, 행동, 의미와 같은 것으로, 한국어 사용, 교통법규를 지키는 것, 김치를 먹는 것 등이 그 예라고 할 수 있다.

▶ 선택문화: 사회의 모든 구성원이 자유롭게 선택하도록 허용되어 있는 문화내용을 말한다. 예를 들면, 여러 종교 중에서 하나를 선택하여 믿는 것과 같은 것이라 할 수 있다.

▶ 특수문화: 특정한 사람(특정한 직업군)들에 의하여 공유되는 특수문화는 성별, 연령별, 계층별, 직업별로 각각 상이한 문화내용을 가진다. 특수문화는 한 사회에 있어서 노동의 분화에 그 기초를 두고 있는 문화라고 할 수 있다. 유아를

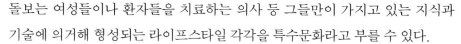

돌보는 여성들이나 환자들을 치료하는 의사 등 그들만이 가지고 있는 지식과 기술에 의거해 형성되는 라이프스타일 각각을 특수문화라고 부를 수 있다.

▶ 하위문화(부분문화): 전체 문화에 대한 부분문화로 특정한 집단의 구성원들만이 공유하는 문화를 말한다. 특수문화와 관련해서 이보다 더 광범위하게 쓰이는 개념으로 하위문화(subculture)가 있다. 다시 말하면, 부분문화라고도 하는데, 전체적 문화의 내부에 존재하면서 다른 문화와 상호관계를 맺으며 독자적 특질을 나타내는 부분적 문화를 의미한다. 예를 들면, 도시문화/농촌문화, 청소년문화/중장년층문화/노인문화, 상류층문화/중산층문화, 고급문화/대중문화/민속문화 등을 말한다. 이와 같이 하위문화는 다른 집단이나 조직, 다른 계층, 상이한 연령층에서도 특이하게 나타나면서 상호연관성을 띠는 문화를 의미한다.

▶ 반문화: 잉거(M. Yinger)가 언급한 문화로 기성세대의 문화인 지배적 문화와 공존하지 않고 이에 적극적으로 도전하고 대립하는 문화를 반문화(反文化)라고 하고, 대항문화라고도 일컫는다. 1960년대 기성세대의 주류문화, 즉 문명과 물질주의에 염증을 느낀 비교적 교육수준이 높은 젊은 세대들이 미국 샌프란시스코에서 전개했던 1966년의 히피(Hippie) 운동을 비롯하여, 그 당시 미국에서 전개되었던 여성해방운동과 흑인인권운동 등이 대표적인 반문화라고 할 수 있다.

8 문화의 변동

문화는 유형화된 행위양식으로 어느 정도 안정성과 지속성을 지니고 있기 때문에 한 사회의 문화는 문화적 전통을 가질 수 있으며 나름대로의 정체성·독자성과 독창성을 가질 수 있다. 그러나 모든 문화는 상대적으로 지속성을 지니면서도 사회환경 변화에 부응하여 끊임없이 변화된다. 이러한 문화는 시간이 흐르면서 변화하는데, 이는 내적 변동과 외적 변동으로 나뉜다. 내적 변동은 주로 발견과 발명에 의한 경우로, 산업혁명의 단초를 마련했던 방직기와 방적기의 발명, 제임스 와트의 증기기관 발명, 중국 후한 채륜의 종이 발명, 갈릴레오 갈릴레이의 지동설, 콜럼버스의 아메리카 발견과 같은 것이 인간의 삶의 양식을 획기적으로 변화시킨 것이 그 예라고 할 수 있다.

그러나 외적 변동은 이웃이나 다른 사회와 접촉함으로써, 즉 문화접촉에 의해 발생한다. 한 사회의 문화요소가 다른 사회에 소개됨으로써 문화체계에 변화가 일어난다. 이는 다음과 같은 것으로 분류할 수 있다.

▶ 문화적응(culture adaptation): 두 문화가 서로 부분적으로 수용·흡수되는 방식으로, 퓨전음식(예: 치즈떡볶이, 김치전피자 등)이나 동남아 국가들의 한류 수용과 같은 것을 예로 들 수 있다.

▶ 문화충격(culture shock): 1954년 캐나다 인류학자 칼베로 오베르그(Kalvero Oberg)가 처음 소개한 이 용어는 실질적인 문화에 적응하지 못하여 극심한 문화적 갈등을 겪게 되는 현상으로, 완전히 다른 문화환경이나 새로운 환경에 접했을 때 감정의 불안(불안감), 무엇을 할지 모르는 판단부재상태와 같은 것을 의미한다. 예컨대, 외국으로 이민을 갔을 때 이민자들이 느끼는 충격이나, 탈북자들이 한국 사회로 들어와 살 때 발생하는 충격을 들 수 있다.

▶ 문화동화(culture assimilation): 문화이식(文化移植)이라고도 하는데, 한 문화가 다른 문화로 인해 자신의 독자성이나 정체성을 상실하거나 다른 문화로 흡수·수용되는 것을 의미한다. 대표적인 예로 일제강점기에 일제가 그들의 문화를 우리 민족에게 강요한 것(內鮮一體强要; 예: 신사참배)을 들 수 있다. 또한 서구 사회가 아프리카나 남미대륙을 식민 지배하면서 그들의 종교나 문화를 이민족에게 전파하는 것, 즉 이교도의 기독교화와 같은 것이다.

▶ 문화지체(culture lag): 기계·기술문명으로 인해 물질적 요소들과 인간의 정신

사이에 갭(gap)이 발생함을 의미한다. 이 개념은 미국의 사회학자인 오그번 (W. F. Ogburn)이 기술문명과 정신문명의 발전속도 차이에 주목하여 만들어 진 것이다. 노인들에게 보이는 컴맹의 모습이나 자동차와 같은 기술문명은 유 입되었으나 질서를 지키는 정신문화는 매우 더디게 수용되는 것을 예로 들 수 있다.

현대사회는 교통과 통신이 고도로 발달함에 따라 지구상의 거의 모든 사회가 더 이상 폐쇄적으로 고립되는 것을 불가능하게 만들었고, 이로써 문화변동이 중요한 사회변동의 요인이 되고 있다. 이는 문화요소들이 빈번하게 접촉하고 교류하게 됨 으로써 현대인들은 문화적으로 보다 많은 대안을 가지게 되어 문화내용이 풍부해 짐을 의미한다. 반면에 정치적·군사적·경제적으로 보다 강대한 국가의 문화가 상대적으로 약소한 국가의 문화적 정체성을 약화시키거나 강대국의 문화에 종속시 키는 등의 문화적 침략을 가져올 수 있기 때문에 각 사회가 문화적 정체성을 지켜 나아가는 일을 문화정책의 중요한 과제로 삼기도 한다.

 ## 9 민속문화와 대중문화

민속문화

민속문화(folk culture)는 평민들의 일상생활에서 자연스럽게 형성되며 주로 입을 통해 확산되고 전승되는(口傳) 문화이다. 그것은 사회구성원들의 일상생활을 결정 짓는 원리로 작용한다. 이러한 민속문화는 고급문화에 비해 사회변동의 영향을 적 게 받으면서 잘 변화되지 않는다는 점에서, 그리고 문화의 저변을 이룬다는 의미에 서 기층문화라고 불린다. 이러한 기층문화를 레비 스트로스(Levi-Strauss)라는 문화 인류학자는 문화의 구조 또는 문화적 문법이라고 언급하기도 한다(기층문화의 대표적인 예로 각 나라, 각 민족, 각 사회마다 오랫동안 존재해 온 혼례문화, 장례문화 같은 것이 있다).

대중문화

근대사회에 이르러서 신분제도가 해체되고 산업화와 도시화가 진행됨에 따라 이른바 대중이 등장하게 되었고, 대중매체의 발달 및 문화의 민주화에 힘입어 대중문화(mass culture 또는 popular culture)가 중요한 문화현상으로 대두되었다. 우리는 이러한 사회를 대중사회[2]라고 부른다.

대중문화는 종래의 소수 엘리트계급이나 상류사회의 구성원들에 의해 독점되었던 고급문화와 달리, 광범위한 대중이 수용하고 부담 없이 향유하게 된 문화현상이라고 할 수 있다. 그러나 대중의 일상의 희로애락과 직접적으로 관련되어 온 대중문화는 영리추구를 목적으로 하는 기업에 의해 만들어지는 것으로, 이윤의 극대화를 위해 소비자의 주머니를 겨냥해서 만들어진 것이다. 또한 그것은 문화산업(culture industry)에 의해 대량생산되며, 고도로 발달된 대중매체를 통해 보급된다. 그러므로 대중문화는 대중에게 영합(populism)하는 획일적이고 규격화된 문화가 될 수밖에 없으며 오히려 고급문화를 격하시키고 질을 저하시킴으로써 문화의 하향평준화를 불가피하게 할 뿐만 아니라, 문화의 창조성을 위협하기도 한다.

한편, 대중문화는 그 속에 자본주의적 가치관과 이데올로기를 은연중에 심어 줌으로써 대중으로 하여금 무의식적으로 자본주의적 가치와 정서를 내면화하도록 유도한다. 이러한 대중문화는 노동계급의 정치적 무관심을 조장하는 자본주의의 도구에 불과하며, 기존의 불평등한 사회체계를 정당화한다고 비판받고 있다. 즉, 자본주의 체계를 유지하기 위해서는 현재의 상황과 질서에 순응하게 하는 것이 필요한

---

2) 1850년대에 유럽과 미국에서 보통 사람들로 구성된 중산층 계급이 사회에서 그들의 지배적 지위를 확립하게 되었는데, 그러한 사회를 대중사회라고 한다. 대중사회에서는 산업화와 도시화가 진행되는 가운데 커뮤니케이션의 발달로 대중매체의 위력이 날로 커져 가고 있다.

데, 대중문화가 그러한 역할을 수행한다는 것이다.

　대중문화를 부정적으로 본 호르크하이머(Horkheimer), 아도르노(Adorno), 마르쿠제(Marcuse), 하버마스(Habermas) 등 프랑크푸르트학파(Frankfurt school)에 속하는 비판이론가[3]들은 자본주의적 문화산업에 의해 생산된 대중문화가 결국 자본가계급의 지배를 정당화하는 허위의식을 형성하는 등의 이데올로기적 기능을 수행한다고 강변한다. 한편, 긍정적 입장의 학자들인 실즈(Shills), 화이트(White), 간스(Gans)[4] 등은 대중문화가 과거에 일부 소수 엘리트들에 의해서만 향유되던 문화를 광범위한 대중이 수용할 수 있도록 해 줌으로써 문화적 민주주의와 문화의 다원화를 가져왔다고 옹호한다. 과거 왕이나 귀족들만이 향유하던 음식이나 음악(클래식), 무용(발레), 옷 등의 고급문화를 일반대중도 향유할 수 있게 되는 것 등이 그러하다.

　최근에 이르러 대중매체는 통신위성, 전자통신기술의 발달(인터넷)에 힘입어 더욱더 고도화되고 있어, 문화산업은 전 세계 시장으로 급속히 확산되어 문화의 개방화와 국제화에 크게 기여하는 긍정적 측면이 있다. 이에 반해 제3세계의 문화가 문화제국주의의 침략에 의해 문화적 정체성을 상실하게 되지 않을까 하는 우려를 낳기도 한다.

---

3) 호르크하이머와 아도르노는 근세의 '계몽적 이성'이 인간을 중세의 미몽에서 해방시키는 구실을 하기는 했지만, 인간을 관료제도와 생산조직의 노예로 삼는 '도구적 이성'이 되어 버렸다고 비판한다. 인간은 더 이상 주체적으로 생각하고 행동하지 않는 의식 없는 물체와 다름없이 되어 버렸다는 것이다. 또한 마르쿠제는 그런 기존 체제에 안주하고 변화를 꾀하지 않는 인간을 '1차원적 인간'이라고 부른다. 이를 잇는 2세대 프랑크푸르트학파의 하버마스는 상대방을 설득하는 데 쓰일 뿐인 도구적 이성 대신에, 상대방을 존중하고 합의를 이루려고 하는 '의사소통적 이성'에 따라 공존장에서 토론이 자유롭고 합리적으로 이루어져야 한다고 주장한다(최훈, 2020의 p. 271 참조).

4) 간스(H. Gans)는 그의 저서 『대중문화와 고급문화』(1974)에서 대중문화 향유층은 경제적·교육적 기회를 가지지 못했을 뿐, 그들이 즐기는 문화도 하나의 취향으로 존중받아야 한다고 주장하였다. 그러면서 그는 대중문화가 고급문화를 즐기는 사람에게도, 전체 사회에도 해를 끼치지 않음을 언급하였다.

10 민족중심주의와 문화적 상대주의

민족중심주의는 자기네 문화가 옳은 것이며 가장 우수하다고 믿는 태도를 말한다. 민족중심주의는 물론 편견이지만 집단의 결속과 유지를 위하여 필요한 경우도 있다. 집단의 정체감, 일체감 또는 자부심 같은 정상적인 의식은 민족중심주의에 의해 강화되기 때문이다. 반면, 문화적 상대주의는 서로 다른 문화에는 서로 다른 도덕 규칙이 존재하기 때문에 자기가 몸 담고 있는 문화의 기준으로 다른 사회의 문화를 비판하거나 폄하하는 것은 옳지 못하다고 보는 관점이다.

민족중심주의

민족중심주의[5](자민족중심주의, 문화제국주의, ethnocentrism)의 극단적인 예로서 볼드리지(J. V. Baldridge)의 문화적 제국주의를 들 수 있다. 고대의 그리스나 로마는 그들이 정복한 광대한 지역에 자신들의 종교와 경제제도를 강요하였고, 근대 유럽의 식민주의 세력은 식민지 주민의 의사와 상관없이 모국의 문화이식을 감행하였으며, 서구인들이 사명감을 가지고 행하였던 이교도의 기독교도화 운동 역시 민족중심주의적 사고와 분리해서 생각할 수 없다.

문화적 상대주의

민족중심주의에 반대되는 개념으로 문화적 상대주의(cultural relativism)[6]가 있다.

---

5) 자민족중심주의 또는 민족중심주의는 진화론적 관점에서 계몽적 식민지와 연결되는 바, 서구인들은 아프리카나 남아메리카, 즉 비서구 사회를 식민지화할 때, 그들을 계몽하고 구원한다는 생각으로 카톨릭 신부(사제)를 군대와 함께 보냈는데, 그들은 신의 계시에 따라 먼저 계몽된 자신들이 식민지 사람들을 문명화해야 하는 사명을 띠었다고 생각했다. 그런데 그들의 문제는 문화의 다양성을 인정하지 않고 부정 및 편견의 태도를 갖고 임했다는 점에서 비판을 받고 있다.

6) 미국의 문화인류학자로 문화적 상대주의를 주장했던 대표적 학자 중의 한 사람이었던 보애스(F. Boas)는

이는 한 사회의 문화적 행위나 가치는 그 문화의 맥락 속에서 판단해야 한다는 신념을 말한다. 문화의 보편성이나 문화상대주의적 시각에서 각 나라나 각 사회의 문화를 본 프랑스의 구조주의 문화인류학자 레비 스트로스(C. Levi-Stranss)[7]는 1955년에 쓴 『슬픈 열대』에서 남미 아마존강 유역에서 원시적 삶을 살아가는 원주민들의 주술적·신화적 사고방식도 서구인들의 과학적 사고방식 못지않게 합리성을 지닌다고 언급하였다. 그는 모든 문명에 있어 우열이 없고, 나름대로 합리성을 갖고 있으며, 존재할 가치가 있다고 본 것이다. 예를 들면, 아프리카 나이지리아의 하우사(Hausa)족이라는 부족사회에서 흔히 발견되는 습관이 있다. 출산 후 성관계를 금기하는 기간이 적어도 2년 이상이라는 것인데, 이 사실에 대해 서구인들 대다수가 이를 야만적이고 무지하다고 비판하였다. 사실 이는 다시 임신을 하게 되면 여성들이 단백질결핍증인 콰시요코르(kwashiokor)에 걸릴 확률이 높기 때문에 성관계를 금기시한 것이었다. 또한 알래스카 에스키모족의 노인방기(老人放棄), 티베트족의 천장(天葬 혹은 鳥葬) 풍습 역시 척박한 자연환경 속에서 살아야만 하는 인간들의 지혜에 의해 생겨난 풍습이자 관습이다.

북아메리카 인디언 및 에스키모 부족에 관한 집약적 현지조사를 실시하여 많은 업적을 남겼다. 보애스는 이 원주민들과 부족의 생활에 관한 연구를 통하여, 인간의 문화에 우열이 없으며, 오로지 다양한 문화를 있는 그대로 보아야 한다고 주장했다. 그는 서구사회의 학자들이 다른 사회에 대해 자신이 몸담고 살았던 사회의 기준을 일방적으로 적용하고 설명하는 시도는 오류일 뿐만 아니라 오만하기 짝이 없다고 비판했다. 그는 문화적 상대주의를 주장하면서 한 문화가 다른 문화를 적용할 수 있는 절대적 기준은 없다고 하였다. 에스키모나 인디언 부족들의 사회는 서구사회와 다른 사회일 뿐이며, 이 세상에 더 우월한 사회는 없다고 주장했다.

7) 레비 스트로스는 1952년에 출간한 『인종과 역사』라는 저서에서 인간은 항상 타인을 자신의 시각으로 판단하는 경향이 있다고 하였다. 이 자기중심적 시각에 따르면, 자신은 항상 문명의 중심이고 타인은 그보다 못한 것을 상정한다. 또한 그는 열대우림지역 아마존에 사는 인디언이 서구의 문명을 모를 수 있겠지만, 자연을 존중하고 자멸을 초래하지 않는다는 점에서 오히려 서구인들보다 우수하다는 것, 또 그들이 경쟁이나 욕심 없이 이웃이나 조상에게 예의를 갖추는 모습은 결코 열등하지 않다는 것을 언급하였다. 또한 그는 아마존 강 밀림지역에 사는 원시부족의 생활을 개발과 복음전파라는 이름으로 무자비하게 짓밟았던 서구문명의 야만성을 폭로하면서, 야만적이라 불리는 문명에서도 분명 배울 것이 있으며, 아주 우수해 보이는 문명도 대단히 야만적일 수 있음을 지적한 것이다.

따라서 한 사회의 관습이나 가치는 그 자체만을 떼어서 옳고 그르다든지, 혹은 좋고 나쁘다든지를 말할 수 없다. 극단적으로 말하면 인간이 어떻게 생각해야 하고 행동해야 하며 무엇을 믿어야 하는가에 대한 보편적이고 절대적인 진리는 거의 존재하지 않는다. 즉, 각자의 문화는 그 나라의 문화적 관점에서 파악되고 이해되어야 한다. 이와 같은 관점은 문화를 과학적으로 분석하는 데 있어 꼭 필요하다.

11 한류와 그 원인, 효과, 한계

한류(韓流, Korean wave)란 한국의 대중문화가 전 지구적으로 유행하는 현상이다. 세계 각국의 현지인들이 한국의 음악, 텔레비전 드라마, 영화 등 한국의 대중문화에 대한 관심과 선호가 증가하는 사회문화적인 현상을 말한다. 한류의 기원은 1990년대 중반 중화권지역(대만)에서 유래한 말로, 처음에는 한풍(韓風), 한미(韓美)라고 불리었으나 언젠가부터 한류라고 사용되어 지금까지 이어지고 있다.[8]

---

8) 현재 한류라는 용어는 '한류 제2라운드'를 연 K팝 붐을 신한류(新韓流)라는 말로 대체되고 있는 상황이다. 신한류란 아이돌 그룹과 K-POP을 중심으로 붐을 일으키고 있는 것을 의미하는바, 2000년대 중반 이후부터 현재까지의 시기를 일컫는다. 한류가 중앙아시아, 아프리카, 유럽, 미국 등지로 확장되는 단계라고 할 수 있다. 특히 2000년대 중반까지의 드라마 중심 한류와 2000년대 후반 이후 아이돌 그룹 등 K-POP 중심의 한류를 구분하기 위해 사용한다. K-POP을 앞세운 신한류는 디지털 환경에 익숙한 10대와 20대로 팬 층을 넓혔다.

신한류의 확산은 한류의 지속 가능성을 시사한다는 점에서 의미가 있다. 신한류는 한류가 침체기에 접어들어 더 이상 부활하지 않을 것이라는 우려를 불식시키고 한류가 지속 가능하다는 것을 보여 주었다. K-POP이 주도하는 신한류는 소셜미디어(SNS), 트위터(twitter) 등를 통해 아시아를 넘어 미국, 유럽, 남미 등 전한류의 의의와 그 원인을 살펴보면, 우선 한류를 기존 질서와 기성세대에 대한 도전으로 볼 수 있다. '딴따라'로 천대받던 대중문화는, 온 나라가 IMF로 인해 힘들었던 시기에 세계를 향해 나가면서 모든 사람에게 감동을 선물하였다. 한류의 가치는 미국과 일본 베끼기로 선진 자본주의 국가들의 '문화속국'에 지나지 않았던 한국이라는 나라가, 이제는 전 세계 국가를 '한류 수용국'으로 만든 문화 발신국으로 도약했다는 것에 있다.

한류의 대표적 스타 싸이와 BTS

다시 말하면, 일제강점기는 말할 필요도 없고, 광복 이후에도 군사문화 속에 검열 등으로 자유를 속박당하며 이렇다 할 발전을 이루지 못하고 미국과 일본의 문화를 베끼기에 여념이 없었던 한국의 문화가, 1980년대 초에 시작된 민주화운동으로 전통의 맥을 되살리면서 새로운 차원으로 거듭나게 되었다. 특히 1990년대에 이르러서는 이데올로기 문제가 해소되고 자유가 꽃피면서 마침내 '한류' 문화가 태동하였다. 한류는 광복 후 오랜 시간 동안 만들어 낸 한국의 최대 걸작이다.

또한 학자들 및 문화에 관심이 있는 사람들은 한국이 경험해 온 수많은 역사적 사건과 이야기, 한국 문화의 상대적 우수성, 한국인들의 혁신적인 창의성과 풍부한 상상력, 유교와 한자문화권 국가들과의 공감대, 매스미디어의 발달, 세련된 대중문화, 동남아 국가나 그 외 국가 국민들의 문화소비욕구와 맞물려서(대체문화 부재론) 발생하였다고 언급한다. 또한 인터넷기술의 확산, 홍콩문화의 콘텐츠 부재, 중국 내부

세계로 실시간 확산되고 있다. 또한 2012년 노래 〈강남스타일〉과 경쾌한 리듬의 말춤 안무로 전 세계인들을 열광시킨 싸이(Psy, 본명: 박재상)가 한류의 절정 및 한류의 세계화를 여실히 보여 주었다. 총 18번의 '핫 100' 1위, 6번의 '빌보드 200' 1위를 차지하여 K-POP의 역사를 새로 쓰고 있는 방탄소년단(BTS)도 신한류 열풍을 가속화하였다.

의 일본문화에 대한 이질감의 반작용, 다양성을 추구하는 세계인들의 문화욕구, 자본주의 가치의 확산이라는 요인 등에 의해서도 발전하였다고 볼 수 있다. 이러한 여러 가지 요인과 맞물려 한국의 대중문화는 동아시아 지역을 기점으로 동남아시아 지역으로까지 뻗어 나갔으며, 유럽과 중동, 미주 등 서구권에도 알려졌다.

유형별로는 텔레비전 드라마, 영화, 음악 등을 선두로 연예인들의 인기가 언어, 음식, 산업제품(예: 게임산업) 등으로 옮아갔다. 한류의 효과는 한국의 국가 이미지를 제고하는 데 기여하였음은 물론, 문화상품의 수출 증대를 가져왔고, 관련 업종 동반 진출 및 전자제품, 의류, 액세서리, 중고자동차 등 한국 제품의 선호도 상승으로 이어졌으며, 더 나아가 한국의 역사, 지리, 풍습, 음식 등에 대한 호감도를 증대

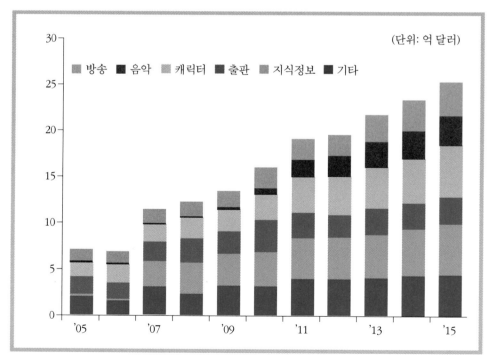

자료: 문화체육관광부, 한국문화산업교류재단.
주: 기타 품목에는 만화, 영화, 애니메이션, 광고, 콘텐츠솔루션 등이 포함됨.

그림 7-1　문화 콘텐츠 품목별 수출액

시켰다. 또한 이는 동남아 국가들에 불행한 인연이나 감정적 앙금을 해소하는 데 크게 기여하였다. 예를 들면, 한국군의 베트남전쟁 참전, 일제의 식민통치, 1950년 한국전쟁 시 중국의 개입, 타이완과의 단교 등을 들 수 있다.

한류를 바라보는 다양한 시각이 존재하는바, 프랑스의 사회학자 기 소르망(Guy Sorman)은 제1의 한국(전근대사회의 유산인 유교공동체사회)과 제2의 한국(개혁적이고 동적으로 발전·변화하는 사회)이 갈등하는 과정에서 꽃핀 한국의 현대문화예술은 연속적인 생명력을 확보함으로써 지구촌사회에서 인정받고 있다고 하였다. 미래학자 나이스빗(J. Naisbitt)은 한국 경제는 해방 이후 세계경제에 대한 의존도를 높여 세계화에 앞장섰지만, 문화적 정체성을 잃지 않으려 하였기 때문에 한류가 가능했다고 지적했다. 이들의 견해와는 달리, 일본 및 동아시아의 사회학자들은 한류열풍을 자국중심주의의 산물이며 문화패권주의의 산물이라는 등 부정적인 시각으로 보고 있다.

한류열풍이 한국의 국가 이미지를 제고하고 한국 문화의 우수성을 확산했다는 점은 매우 고무적이다. 그러나 한류를 단지 경제적 가치를 지닌 상품으로만 여기는 지나친 상업주의, 자율성과 공유성이 배제된 의도적 국가개입주의, 혐한류(嫌韓流) 등 반한류문화를 유발하는 자민족중심주의를 극복해야 하는 과제가 남아 있다. 따라서 상업적 이익을 우선시하기보다는 다 함께 공유하고 즐긴다는 글로벌 차원에서 한류 종사자들의 마음가짐의 변화가 요구되는 실정이다.

구조주의(構造主義, structuralism)

구조주의는 어떤 사물의 의미는 개별로서가 아니라 전체 체계 내에서 다른 사물들과의 관계에 따라 규정된다는 인식을 전제로 하여 개인의 행위나 인식 등을 궁극적으로 규정하는 총체적인 구조와 체계에 대한 탐구를 지향한 현대 철학사상의 한 경향이다.

1960년대 프랑스에서 태어난 현대사상의 흐름으로, 문화인류학의 중심이 된 클로드 레비스트로스를 비롯하여 미셀 푸코, 루이 알튀세, 롤랑 바르트, 자크 라캉, 페르디낭 드 소쉬르에 의해서 형성된 구조주의는 현대사상으로서 공통특질을 보여주고 있다. 특히 구조주의는 페르디낭 드 소쉬르의 언어학 이론과 레비 스트로스의 사회인류학 이론 등에 기초하고 있다.

1. 언어론적 변화

소쉬르에 의하면, 언어는 세상의 사물을 가리키는 수단이 아니며 오히려 세상이 언어에 의해 구분되어 비로소 의미 있는 사물을 이룬다고 주장하였다. 언어가 현실을 묘사하는 도구라는 사고에서 언어가 현실을 만들어 간다는 사고가 언어론적 변환이 일어난 것이다. 하여간 구조주의는 언어가 현실을 구성한다는 것, 언어가 다르다면 언어에 의해 만들어진 현실도 다르다고 본다. 즉, 그는 언어가 어떻게 현실을 만들어 가는가를 '구조'개념을 사용하여 분석하는 방법을 개척하였다.

2. 근대적 주체의 해석

근대의 이상적 주체상은 자유롭고 자율적인 주체가 스스로 이성적 판단에 따라 현실을 만들고 변혁하는 데에 가치를 둔다. 그러나 그 같은 주체의식과는 관계없이 무의식적인 구조가 현실을 만들고 인간의 사고를 규정한다는 구조주의적 관점은, 근대가 가치를 부여한 자율적 주체인 인간이나 이성을 해체해 버린다. 따라서 구조주의는 구조가 인간의 의식을 무시한다는 점에서 반인간주의라고 비판받지만, 오히려 구조주의는 근대사회의 서구 이성이 저지른 야만성에 대한 비판, 즉 서구의 근대적 인간관을 비판하여 인간관을 보다 넓게 개척하였다.

3. 진보주의적 역사관 비판

레비 스트로스의 책 『야생의 사고』(1962)의 마지막 장에서 언급한, 진보주의적 역사관, 즉 역사와 변증법에 대한 사르트르의 비판에서 잘 나타난다. 사르트르는 언뜻 부자유스럽게 보이는 상황에서 인간은 자기의 가능성을 의식적으로 그리고 주체적으로 미래를 향해 던짐으로써 자유를 내 것으로 만들 때, 그 같은 절대적 자유를 향해 인간 사회는 변증법적으로 진보해 간다는 실존주의 철학을 제청하였다. 이는 결국 비서구 사회나 미개사회인들은 자기의 가능성을 상황속에서 주체적으로 투기하지 않기 때문에 주체로서의 인간은 존재하지 않음을 의미한다. 이에 대해 레비 스트로스는 미개사회의 야생의 사고는 근대과학과 마찬가지로 합리적·이성적 사고이며, 오히려 서구 근대의 자율, 주체적 사고는 보편적 사고 중 하나의 특수한 사고에 불과하다고 본다. 즉, 그는 서구 근대가 역사의 변증법적 발전에 정점에 있다는 생각을 비판하였다.

아무튼 레비 스트로스의 미개사회에 대한 견해는 종종 미개사회, 원시사회를 지나치게 이상화시켰다는 비난을 받기도 하였다. 또한 그의 구조조의 인류학 역시 변화의 측면을 간과하고 지속, 원형, 구조의 측면에 지나치게 기울어져 있는 것이 아니냐는 비판을 받기도 하였다.

이 이론에 대한 비판을 정리해 보면, 구조주의는 너무 정태적이고 비역사적이며 관념론적이라는 비판을 받았다. 또한 구조주의는 의사소통과 문화를 탐색하는 데는 유용하지만, 보다 거시적이고 실제적인 사회생활(정치생활, 경제생활 등)과 같은 문제에 적용하기에는 어려움이 따른다고 비판받는다.

한편, 이성중심주의를 모토로 하는 모더니즘, 모더니즘의 핵심 철학이라고 할 수 있는 구조주의를 보완하기 위해 나온 것이 포스트모더니즘이다. 포스트모더니즘은 2차 세계대전을 거치면서 서구 문명의 광기를 목격하고, 서구의 이성중심주의를 반성하면서 등장하게 된 사조이다. 이와 같이 기존의 모더니즘의 반작용으로 생겨난 포스트모더니즘은 모더니즘이 내포하고 있는 이성중심주의에 대해 근본적인 회의를 내포하고 있는 사상적 및 정치적 경향에 반하는 입장을 갖는다. 해체(deconstruction; 탈구축)를 핵심 키워드로 하는 포스트모더니즘은 현실 사회를 심도 있게 분석하고 이해하려는 노력함을 특징으로 함과 동시에, 탈이성적 사고, 탈중심적 다원주의 사고를 특징으로 한다. 구조주의가 주로 사상의 영역과 관련되는 반면, 포스트모더니즘은 문화예술 영역과 밀접하게 관련된다는 점에서 차이를 보인다.

(『문화인류학의 20가지 이론』(2011), pp. 97-98에서 요약)

참고문헌

강준만(1996). 대중문화의 겉과 속. 한샘출판사.

강준만(2012). 세계문화의 겉과 속: 모든 문화에는 심리적 상흔과 이데올로기가 숨어 있다. 인물과 사상사.

강준만(2014). 감정독재. 인물과 사상사.

강현두 편(1982). 대중문화의 이론. 민음사.

강현두 편(1989). 대중문화론. 나남.

고일홍 외(2013). 문명의 교류와 충돌. 한길사.

구난희 외(2012). 열풍의 한국 사회. 이학사.

구정화 외(2023). 고등학교 사회 · 문화. 지학사.

국제한국학회(1998). 한국문화와 한국인. 사계절.

권원기(2017). 현대 사회학. 피앤씨미디어.

권태환, 홍두승, 설동훈(2006). 사회학의 이해. 다산출판사.

김광억 외(2005). 종족과 민족. 대우학술총서.

김두진(2018). 한류의 초국적 보편성과 '미디어 제국주의 역전' 테제. 아세아연구. 제61권 1호. 통권 171호. 고려대학교 아세아문제연구소.

김성수(2010). 글로컬적 관점에서 본 한류에 대한 재평가. 인문학컨텐츠, 제18호. 인문콘텐츠학회.

김윤태(2011). 캠퍼스 밖으로 나온 사회과학. 휴머니스트.

김윤태(2012). 새로운 세대를 위한 사회학 입문. 휴머니스트.

김은기, 조진구, 김두진, 이준호, 이웅현(2020). 한류와 역류. 한국학중앙연구원출판부.

김중순(2003). 내 안의 두 세계. 일신사.

김지룡 외(2013). 사물의 민낯. 애플북스.

김창남(1998). 대중문화의 이해. 한울아카데미.

데즈먼드 모리스(1967). 털 없는 원숭이(김석희 역). 문예춘추사.

레더 몽고메리(2022). 유년기의 인류학. 연암서가.

레스리 A. 화이트(1978). 문화의 개념(이문웅 역). 일지사.

루스 베네딕트(1985). 문화의 유형(황선명 역). 종로서적.

류승호(1996). 파라독스의 문화. 녹두.

리처드 콘니프(2006). 양복 입은 원숭이(이호준 역). 랜덤하우스코리아.

마빈 해리스(1982). 문화의 수수께끼(박종열 역). 한길사.

마크 펜, 킨니 잘레스니(2007). 마이크로트렌드(안진환, 왕수민 공역). 해냄.

말콤 글래드웰(2009). 아웃라이어(노정태 역). 김영사.

민경배(2016). 처음 만나는 사회학. 다른길.

박길성(2003). 한국 사회의 재구조화. 고려대학교출판부.

박선웅 외(2013). 문화사회학. 살림.

박한경(2022). 처음하는 사회학 공부. EBS 30일 인문학.

밥 애슬리 외(2014). 음식의 문화학(박형신 역). 한울.

비판사회학회(2012). 사회학. 한울아카데미.

서은숙(2009). 다문화시대 한류의 정체성과 방향. 인문학콘텐츠, 제14호. 인문콘텐츠학회.

서현섭(2002). 행복한 일본 읽기. 솔.

송상호(2008). 문명 패러독스. 인물과 사상사.

신일철 편(1992). 프랑크푸르트학파. 청람.

아야베 쓰네오(2011). 문화인류학의 20가지 이론(유명기 역). 일조각.

안계춘 외(1992). 현대사회학의 이해. 법문사.

앤서니 기든스, 필립 W. 서튼(2017). 현대사회학(김미숙 외 공역). 을유문화사.

앨리 러셀 혹실드(2013). 나를 빌려드립니다(류현 역). 이매진.

양춘, 박상태, 석현호(2003). 현대사회학. 민영사.

에바 일루즈(2014). 낭만적 유토피아 소비하기(박형신, 권오현 공역). 이학사.

이어령(1998). 신한국인. 문학사상사.

이어령(2006). 이어령 문화코드. 문학사상사.

이장현 외(1982). 사회학의 이해. 법문사.

장대익(2016). 인간에 대하여 과학이 말해준 것들. 바다출판사.

장정일(2010). 빌린 책 산 책 버린 책. 마티.

정정호, 강내희 편(1989). 포스트모더니즘론. 도서출판 터.

재레드 다이아몬드(2013). 총, 균, 쇠(김진준 역). 문학사상.

제임스 하킨(2012). 니치(고홍동 역). 더 숲.

존 A 워커(1987). 대중매체시대의 예술(정진국 역). 열화당.

주영하(2013). 식탁 위의 한국사. 휴머니스트.

찰스 페너티(1995). 배꼽티를 입은 문화(김대웅 편역). 자작나무.

최병권, 이정옥, 최영주 엮음(2006). 세계의 교양을 읽는다 2. 휴머니스트.

클로드 레비 스트로스(1998). 슬픈 열대(박옥줄 역). 한길사.

한경구 외(1999). 낯선 곳에서 나를 만나다(한국문화인류학회 편). 일조각.

한국문화인류학회(2004). 처음 만나는 문화인류학. 일조각.

허버트 갠스(1998). 대중문화와 고급문화(강현두 역). 나남.

Aberle, D. F. et al. (1950). The Functional Prerequisites of a Society. *Ethics*, vol. 60.

Adorno, T. W. (1975). Culture Industry Reconsidered. *New German Critique*. Fall.

Baldridge, J. V. (1975). *Sociology: A Critical Approach to Power, Conflict, and Change*. John Wiley and Sons Co.

Gans, H. (1974). *Popular Culture & High Culture: An Analysis and Evaluation of Taste*. Basic Books Inc.

Levi-Strauss, C. (1968). *Structural Anthropology*. Allen Lane.

Linton, R. (1936). *The Study of Man*. Appleton-Century-Crofts.

Oberg, K. (1954). *Culture shock*. Bobbs-Merrill.

Ogburn, W. F. (1964). *On Culture and Social Change*. University of Chicago Press.

Shills, E. (1961). Mass Society & Its Culture. in N. Jacob (Ed.), *Culture for the Millions*. Beacon Press.

Sumner, W. G. (1969). *Folkways*. New American Library.

Tylor, E. B. (1871). *Primitive Culture*. J. Murray.

White, L. (1959). *The Science of Culture*. Grove Press.

08 가족제도

INVITATION TO NEW SOCIOLOGY (7TH ED.)

가족은 살아 있는 생물체로서 우리 모두는 가족이라는 울타리 안에서 희로애락과 생사고락을 함께하며 산다. 가정(족)은 모든 사람에게 추억의 보고, 돌아가고 싶을 때 언제든지 우리를 받아 주는 곳, 영혼의 안식처이자 마음의 고향이다. 어떤 학자는 이런 가족을 하나의 작은 사회이자 작은 국가라고 한다. 그런 한편, 어떤 학자는 가족은 연인과 같은 존재라고 한다. 안 보면 보고 싶고, 보면 자주 다투기 때문이라고 한다. 어떤 사람들은 가족은 자석과 같다고 한다. 잘 붙었다 떨어졌다 하기 때문이라고 한다. 누구는 가족은 공기와도 같은 존재라고도 한다. 잘 보이지도 않고 만질 수도 없지만 항상 우리 주위를 맴돌면서 지켜 주는 고맙고 소중한 존재이기 때문이라고 한다. 아무튼 가족만큼 든든하고, 고맙고, 애틋하고, 다정하고, 포근한 것은 없다. 내가 아프거나 배고플 때, 삶이 버겁고 힘들 때 많은 도움과 용기를 북돋아 주는 것은 역시 가족밖에 없기 때문이다. 물론 기쁨과 즐거움, 행복을 함께 나누는 것도 가족이다. 마르크스가 언급한 것처럼 능력에 따라 일하고 필요에 따라 분배받는 것을 원초적으로 실천하고 있는 것도 가족이라고 할 수 있다.

인구에 회자되는 몇몇 사람은 가족에 대해서 다음과 같이 이야기한다. 삶의 의미를 심도 있게 천착한 러시아 소설가 레오 톨스토이는 유명한 그의 소설 『안나 카레리나』 서두에서 행복한 가족의 모습은 동일하지만, 불행한 가족의 모습은 제각각이라고 하였다. 희극배우 찰리 채플린은 인생은 멀리서 보면 희극인데, 가까이서 보면 비극이라고 언급하였다. 가족도 그러하다고 할 수 있다.

가족이나 가족생활을 벗어나서 인간의 삶을 말한다는 것은 거의 무의미하다. 모든 인간은 근본적으로 가족생활로부터 떨어질래야 떨어질 수 없는 존재이다. 왜냐하면 인간은 태어나자마자 자신의 삶을 자립적으로 영위할 수 없는 존재일 뿐만 아니라, 노년기에 들어서면 의존적으로 살 수밖에 없는 존재이기 때문이다. 인간이 가지는 이와 같은 생애주기상의 위험을 해결하기 위한 일차적 제도로 발전한 것이 가족이다. 이러한 가족은 성장한 남녀의 결합에 의해 동일한 공간에서 함께 일상생활을 영위해 나가는 하나의 공동체이며, 사회에 있어서는 하나의 조직이나 집단으로서 국가를 형성하는 기초단위이다. 가족은 부부와 그들의 자녀들로 이루어진 기본적인 사회집단이자, 애정적 혈연집단, 동거동재집단, 문화집단, 복지집단이라고 할 수 있다.

가족제도는 수많은 문화복합이 결합된 것으로, 대부분의 사람들이 태어나고 성장하고, 교육받고, 생계를 유지하고, 병들면 수발을 받고, 나이가 들면 노후를 보내고 죽는 것으로 가족구성원들의 생각과 생활을 지배하는 일종의 삶의 틀이라고 할 수 있다.

현대사회에 와서 가족의 체계는 사회구조의 지속적인 변화에 적응하고 있다. 가족은 과거에 주로 보였던 획일성보다는 다양성이, 정형화된 모습보다는 유연화된 모습으로, 단일한 가치가 지배하기보다는 다양하고 복잡한 가치관이 공존하는 곳으로 변화되고 있다. 또한 가족은 구성원 각자의 다양한 욕구를 수렴하는 맞춤형 가족을 지향하면서 정형화된 결혼보다는 다채로운 형태를 띤 모습으로 변화되고 있고, 앞으로도 더 변화될 것으로 전망된다.

1 가족이란 무엇인가

혼인과 입양, 혈연관계로 맺어지는 가족은 가장 역사가 오래되고 모든 사회에서 공통적으로 발견되는 보편적 제도이자 사회의 가장 기초적인 단위이다. 동양사회에서는 가족을 동고동락한다는 의미에서 동거동재(同居同財)의 집단이라고도 하고, 같이 살며 한솥밥을 먹는다는 의미로 동거동찬(同居同餐)의 집단이라고도 한다. 한편, 마르크시스트(Marxist)들은 가족을 불평등 기원의 원천으로 보면서, 가족이 가부장적 이데올로기를 재생산하는 지배이데올로기 도구로 작용해 왔다고 주장한다. 그러나 그러한 공산주의 사회에서도 가족은 여전히 존재해 오고 있다.

가족제도란 대부분의 사람이 태어나 성장하고, 교육을 받고, 생계를 유지하고, 노후를 보내는 일련의 것으로, 가족구성원들의 생각과 생활을 지배하는 일종의 삶의 틀이라고 할 수 있다.

한국 사회의 가족은 1960~1970년대부터 지금까지 50~60년 동안 서구 사회와 비슷하게 부부 중심의 핵가족화, 가족의 소규모화, 가족가치관의 변화, 남녀 역할의 혼재와 같은 변화가 급진전되어 왔다. 또한 핵가족 증가, 배우자 선택 시 본인 우선, 초혼연령의 증가, 가장과 노인의 권위 약화, 경로효친사상의 약화, 세대 간의 갈등 증폭, 졸혼 및 이혼율의 상승 등이 가속화되어 왔다.

2 가족의 정의

가족은 '두 사람 이상의 남녀가 혼인 또는 입양을 통하여 동거하면서 그들의 경제적 욕구를 충족시키기 위해 협동하는 비교적 영구적인 혈연공동체'라고 정의된다.

▶ 가족은 생물학적 단위인 동시에 사회적 단위이다. 가족은 성교, 임신, 출산 등의 생물학적 과정과 성적 욕구를 통제하는 사회적 규범이나 문화적 전통에 의거하여 통제된다.

▶ 가족은 성과 혈연의 공동체이다. 가족은 남성과 여성, 즉 양성으로 구성되며, 부모와 자녀는 피로 맺어지는 혈연공동체이다.

▶ 가족은 한 지붕 밑에서의 동거를 원칙으로 하는 거주공동체이다.

▶ 가족은 출생과 더불어 소속이 결정되므로 타인과 함부로 교체될 수 없는 운명공동체이다. 또한 생사고락을 같이하고 동고동락한다는 점에서 운명공동체라고도 할 수 있다.

3 가족의 형태

머독(G. P. Murdock)은 250개 사회의 가족을 비교연구한 결과, 가족을 구조적 특징에 따라 구분하였다. 그는 물질의 원자와 같은 모습을 보이고 있는 가족을 핵가족이라고 보는 한편, 이보다 큰 가족의 형태를 복합가족이라고 하였으며, 이에는 확대가족과 복혼가족이 있다고 하였다. 가족의 형태는 다음과 같이 사회와 시대에 따라 다양한 모습을 보여 왔다.[1]

▶ 핵가족(核家族, nuclear family): 보통 2세대로 구성되는 가족형태로 한 쌍의 부부와 미혼자녀로만 구성된 소규모 가족, 즉 부부 또는 부부와 그들의 미혼자녀로 구성되는 가족구성의 가장 기본 유형으로 복잡한 가족 형성의 단위가 됨을 의미한다. 이러한 가족의 대표적 예로 남아프리카 칼라하리 사막의 부시맨(Bushman)이라고 알고 있는 산(San)족, 지금은 그렇지 않지만 과거 먼 곳에서 손님이나 이방인이 찾아오면 아내와의 동침을 허용하는 풍습이나 노인유기 풍습을 가지고 있었던 알래스카의 에스키모족(Eskimo)이 있다.

▶ 복혼가족(複婚家族, polygamous family): 복혼은 쌍방의 당사자가 복수인 결혼 형태로, 복수의 결혼이 허용되는 사회에서 발견되는 형태이다. 이에는 일부다처

---

1) 기든스(A. Giddens)는 그의 책에서, 20세기 들어 전통적인 핵가족의 우위는 대개 선진산업사회에서 지속적인 도전을 받아 왔고, 현재 다양한 형태의 가족이 존재하고 있다고 지적한다. 사회학자 기틴스(D. Gittins) 역시 현대사회에서 가족의 모습은 통상적으로 언급되는 가족 일반이 아니라 다양한 형태의 가족이 존재한다고 강조하였다. 이를 현대사회의 흐름을 반영하여 변화하는 가족이라고 언급하는바, 그 가족의 유형으로 현재 급증하고 있는 독신가족이라고 할 수 있는 1인 가구, 한부모가족(편부모가족), 계부모가족(재결합가족), 패치워크가족, 게이와 레즈비언 파트너십, 동거 등이 있다(앤서니 기든스, 2009). 덧붙여 언급하면, 서구 사회의 가족관계는 확대가족에서 핵가족으로 그리고 다시 핵가족에서 다양한 가족의 등장으로 오랜 기간을 거쳐 변화해 왔다고 할 수 있다.

가족(一夫多妻家族, polygyny), 일처다부가족(一妻多夫家族, polyandry), 집단혼
가족(集團婚家族, group marriage)이 있다. 일부다처가족은 아프리카의 일부 원
주민들이나 중동지역의 이슬람사회 등에서 그 모습을 찾아볼 수 있다. 일처다
부가족의 예로는 인도의 토다족, 고산준령의 히말라야 티베트족 사회의 빈민
층 등이 이에 속하는데, 이런 풍습이 생겨난 가장 큰 요인은 여성인구가 부족
(여아 살해)하거나 남성 노동력이 많이 필요한 경우 또는 재산분할의 방지를 위
해서라고 한다. 집단혼은 드문 결혼 형태로 같은 세대의 두 명 이상의 남성과
두 명 이상의 여성이 동일한 시기에 결혼하는 것을 말한다. 그러나 머독은 집
단혼은 가장 낮은 발전단계의 혼인으로 어떤 문화의 이상적인 결혼 규범으로
인정된 경우는 없다고 언급한다. 집단혼의 대표적인 예로, 브라질의 카이강족,
티베트, 스리랑카 등 원주민들 사이에서 볼 수 있다.

▶ 확대가족(擴大家族 혹은 대가족, extended family): 보통 3세대로 구성되는 가족형
  태로 하나의 핵가족이나 여러 핵가족이 그들의 근친과 동거하는 형태이다. 대
  표적인 것으로는 결혼한 자녀가 양친과 함께 동거하거나 3대 이상의 가족원이
  한 가족을 이루며 살아가는 형태라고 할 수 있다. 이러한 대가족의 예는 전근대
  사회 가족의 모습이라 할 수 있다.

한편, 가족사회학자인 최재석(1982)은 한국 사회의 가족 형태를 다음과 같이 양적
으로 분류하였다.

▶ 1인 가족: 가구주만이 생활하는 가구 또는 가구주와 비가족원으로 이루어지는
  가구를 의미한다. 대표적인 예로 1인 가족(one person family),[2] 즉 독신가구를

---

2) 통계청 인구총조사 결과에 의하면, 2021년 기준 한국의 1인 가구는 716만 5,788가구로 전체 가구의 33.4%
   를 차지한다고 하며, 특히 서울시의 1인 가구 비율은 서울시 전체 가구의 36.8%를 차지한다고 한다(통계청,
   2021).

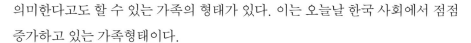

의미한다고도 할 수 있는 가족의 형태가 있다. 이는 오늘날 한국 사회에서 점점 증가하고 있는 가족형태이다.

▶ 과도적 가족: 부부관계나 친자관계를 갖지 않는 가족으로서, 대개 형제 또는 오누이 등으로 이루어진 가족, 조카 또는 그 밖의 무배우 방계친(無配偶 傍系親)을 포함하는 가족형태이다.

▶ 부부가족(핵가족+방계친): 부부만으로 이루어지거나 부부와 미혼자녀로 이루어진 가족, 그리고 여기에다 배우자를 갖지 않은 방계친이 포함되어 있는 가족을 의미한다.

▶ 직계가족(작은 대가족): 부모가 장남의 가족과 같이 사는 형태로 직계 2세대 이상의 가계계승자 부부와 이들의 무배우의 자녀로 이루어진 가족이다.

▶ 방계가족: 차남 이하의 자녀가 분가하여 이룬 가족으로, 가계계승에 참여하지 않는 가구주의 직계비속(보통 차남, 삼남)과 그 배우자를 포함하는 가족, 그리고 가구주의 유배우 방계친(보통 동생 부부)을 포함하는 가족이다.

그 외 새로운 가족의 유형으로는 다음과 같은 것이 있다.

▶ 수정핵가족(modified nuclear family): 한 쌍의 부모와 결혼한 자녀가 외형상 함께 살고 있는 가족형태로, 실제로는 한 지붕 밑에서 동거하여 살면서 생활하는 공간을 안채와 바깥채 혹은 위층과 아래층으로 분리하여 거주하는 형태이다. 서로 부딪치지 않고 어느 정도 독립성과 프라이버시를 유지·존중하면서 동거하는 형태의 가족을 말한다.

▶ 수정확대가족(modified extended family): 부모와 결혼한 자녀가 서로 근거리에 별거하며 사는 가족형태로, 마치 한집에 사는 것처럼 자주 왕래하면서 협조하며 살아가는 형태이다. 생활하는 공간은 분리되어 있으면서도 빈번한 접촉과 긴밀한 관계를 유지하는 한편, 의존성을 유지하며 사는 가족형태라고 할 수 있다. 예컨대, 한 아파트 단지 내에 동을 달리하면서 살거나 층을 달리해서 살기

도 한다.

▶ 계약결혼과 실험결혼: 결혼을 하지 않은 한 쌍의 남녀가 계약조건에 따라 서로 원하는 일정 기간 동안만 부부관계를 지속하거나 가끔 만나서 부부처럼 지내는 결혼형태를 말한다. 이는 오늘날 서구 사회에서 젊은이들 사이에 행해지는 것으로, 계약을 맺고 일정 기간 같이 사는 계약결혼 형태와 일단 살아 보고 나서 결혼을 결정하는 실험결혼 등이 있다. 남녀 한 쌍이 결혼을 할 때 상대방에 대해 좀 더 알고자 하는 것은 극히 자연스러운 일이라고 할 수 있으나, 무분별한 성생활로 성도덕이 무너질 수 있다는 비판을 받기도 한다.

4 핵가족과 확대가족

핵가족

핵가족은 한 쌍의 부부와 결혼하지 않은 자녀로 이루어진 2세대 가족형태라고 할 수 있다. 이러한 핵가족은 부모와 자녀의 관계가 전근대사회와 달리 수평적이고 비권위적이며 자유롭고 민주적이다. 생활 자체에 있어서도 자율성과 독립성이 강하며 개인의 인격과 개성을 존중하고 추구하는 경향이 높다. 또한 가족단위가 부부 중심으로 이루어지므로 거주지 이동이 상대적으로 쉽다. 반면에 후세대에게 전근대사회의 가족이 보였던 가족주의나 전통문화 전수가 어렵다. 가치관의 차이로 경로효친사상이나 효 가치관의 약화, 직업상의 이동 등 사회이동요인 등으로 노인부양이 쉽지 않다. 가족구성원 간 불화나 문제가 발생할 경우 갈등이 쉽게 조정되지 않음으로써 이혼이나 별거와 같은 가족해체 상황이 초래되기 쉽다.

특히 자녀에 대한 친족과의 관계가 소원해짐으로써 올바른 자녀교육, 조화로운 인성발달을 기대할 수 없다. 또한 가장의 실직이나 질병 등의 이유로 경제력이 상실되어 가정 자체가 쉽게 와해될 수 있다. 따라서 현대사회의 보편화된 핵가족은 전근대사회의 가족이 가지고 있던 양육, 보호기능을 비롯한 위기대처능력을 전혀 기대할 수 없을 뿐만 아니라 이를 대신할 기능도 없기 때문에, 그 어느 때보다 가족에 대한 보호장치가 절실한 상황이다.

확대가족

확대가족은 핵가족이 확대된 형태로, 자녀가 결혼한 후에도 부모와 같이 거주하며 조부모, 부모, 자녀 3세대로 이루어진 가족을 말한다. 이러한 확대가족은 흔히 전통사회에서 보여 왔던 가족형태로, 주로 일손이 많이 필요한 농업사회에 적합한 가족이었다고 할 수 있다. 확대가족은 가족구성원 간 접촉의 빈도가 높으며, 친밀감과 유대감이 상당히 높다. 특히 확대가족 내에서 가족의 어른이자 친족의 어른인 연장자는 가족 내의 지위가 높고, 재산의 소유자이며, 가족 내 갈등을 조정하는 능력이 탁월함과 동시에 가족구성원을 응집시키는 구심점 역할을 하는 존재이다.

또한 확대가족은 후세대에 대한 문화전수가 용이하고 노인 부양에 유리하다. 가족구성원이 많으므로 유아나 환자, 노약자를 보호할 수 있는 능력이 여타 가족보다 뛰어나다. 이뿐만 아니라 가족구성원의 질병이나 사망 시 이를 대신하고 보완해 주는 위기대처능력이 강하다. 그리고 부부간의 불화나 갈등으로 인해 파경에 처하거나 문제가 발생하였을 때, 부모와 자식 간의 문제가 생겼을 때, 즉 가족구성원 간 불화나 문제가 발생하였을 때 이를 중재하고 조정·화해하는 능력이 뛰어나다. 또한 가족구성원의 경제력 상실에도 불구하고 다른 가족구성원의 도움을 받는 등 상호공생함으로써 생존할 수 있는 능력이 탁월하다.

반면에 자녀가 부모에게 예속되어 있고, 형제자매 간 서열에 따른 차별이 존재한다. 여러 세대의 공동생활로 가족구성원 개인의 사생활이 보호되지 않음은 물론, 그로 인한 복잡한 갈등이 발생할 수 있다는 단점도 있다.

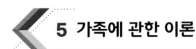 **5 가족에 관한 이론**

구조기능론적 관점

구조기능론적 관점은 가족이 산업화와 분업의 발달에 따라 많은 변화를 겪어 왔다고 본다. 이 관점은 과거에 가족이 성적 · 정서적 기능, 구성원의 재생산 · 양육, 경제적 기능, 교육적 기능, 종교적 기능 등 다양한 기능을 수행해 왔다고 보고 있다. 그러나 산업화와 분업의 발달에 따라 가족이 가지고 있던 고유 기능들이 각종 사회제도나 사회기관에 이양되고 있음을 지적한다.

파슨스(T. Parsons) 역시 가족을 사회체제 유지를 위한 중요한 기능 중 유형유지의 기능을 담당하는 제도로 보았다. 이는 사회화의 기능으로, 부모는 사회질서를 도모하고 체제의 안정을 유지하는 데 요구되는 기본적 가치관을 자녀에게 전수해 주는 역할을 수행한다. 그러나 구조기능론자들은 현대사회에 들어와서는 가족이 그동안 전통적으로 수행해 왔던 많은 역할이 약화됨으로써 가족이 해체되는 위기를 맞고 있다고 지적하였다. 이들은 가족의 갈등과 해체는 역기능적이라고 보며, 가족의 전통적 기능이 약화된 것에 초점을 두었다. 따라서 구조기능론자들은 가족 내에서 발생하는 문제는 가족의 기능이 잘 통합되어 있지 않을 때 생긴다고 보았다. 그들은 가족을 상호 관련된 체계로 보았기 때문에 부부 간, 부모와 자녀 간의 규범과 역할기대의 차이에서 가족과 관련된 문제가 발생한다고 하였다.

갈등론적 관점

갈등론적 관점의 학자들 역시 가족이 중요한 사회적 기능을 수행한다는 사실은 인정한다. 그렇지만 구조기능론적 분석이 그 전체적인 본질을 확실히 밝히지 못하고 있다는 점을 비판한다. 그들은 구조기능론적 관점이 언급하고 있는 가족의 기능이 가부장적 지배를 정당화하고 여성들을 가정이라는 울타리 안에 가두어 두려고 하는 지배이데올로기에 불과하다고 본다. 특히 가족이 여성에 대한 남성의 지배가 현실화되는 제도라는 사실에 주목하였다. 무어(W. Moore)나 자레츠키(E. Zaretsky)와 같은 학자들은 산업사회의 핵가족이 근본적으로 긴장관계에 있음을 주장하면서, 결혼과 가족제도를 남성과 여성의 불평등한 관계를 정당화하는 수단으로 보았다. 또한 가족은 사유재산을 세대에서 세대를 통해 세습하는 계급재생산의 제도이며, 사회화 기능을 통해 지배이데올로기를 재생산하는 도구적 역할을 수행한다고 보았다.

마르크스(K. Marx)와 엥겔스(F. Engels)에 의하면, 한 집단의 행복과 발전은 다른 집단의 고통과 억압에 의해 획득되며, 결혼은 인류역사상 최초의 계급 적대감을 보여 주는 제도라고 하였다. 이들과 입장을 같이하는 갈등론자들에 의하면, 가족은 평화롭고 안락한 휴식의 공간이기보다는 늘 긴장이 끊이지 않는 곳으로 가족구성원들 각자가 서로를 자신의 통제하에 두려는, 즉 지배와 피지배가 일상화되는 억압관계의 장이다. 부부는 각자 자신이 소유한 자원과 실력을 바탕으로 권력을 행사하려 하며, 양자 간의 갈등의 귀결을 자신의 승리로 이끌려고 애쓴다. 가족 내의 중대사를 결정하는 데도 남편이 아내보다 더 큰 권위를 행사하는 것이 사실이라는 점도 그러하다.

동양사회의 삼종지도(三從之道)나 고대 로마시대의 법에서도 볼 수 있듯이 대부분의 사회에서 여성은 남편이나 아버지의 소유물로 취급되어 왔다. 부모와 자녀의 관계 역시 일종의 권력관계로 이루어져 왔다. 부모는 자신의 가치관을 자녀에게 일방적으로 강요함으로써 기존의 권력구조를 은연중에 답습하게 한다. 대부분의 사회에서 여전히 자행되고 있는 가장에 의한 가족구성원들 간의 폭력행사가 이에 속한다. 이처럼 가족 내에서는 지배와 복종, 억압, 긴장뿐만 아니라 갈등관계의 원형을 얼마든지 찾아볼 수 있다.

상징적 상호작용론적 관점

가족에 대한 상징적 상호작용론자들의 연구는 가족구성원 간의 상호작용과 가족구성원 개인이 이러한 상호작용에 부여하는 의미에 초점을 맞추고 있다. 이들은 가족현상을 가족의 내적 과정이라는 측면에서 보려 한다. 예를 들면, 남자, 여자 그리

고 자녀들이 가족 내에서의 역할을 어떻게 수행하고 있으며, 규범에서 얼마나 벗어
난 행동을 하는지 이해하려고 한다. 그러므로 상징적 상호작용론자들은 가족의 제
도적 측면보다는 가족 내에서의 역할수행, 지위관계, 의사소통문제, 의사결정, 긴장
관리, 자아의 발달과 사회화와 같은 가족의 내적 과정들을 주로 다룬다. 그러나 최
근에는 그와 같은 가족의 형성뿐만 아니라 이혼이나 사망 등 가족의 해체에 관해서
도 많은 관심을 갖고 있다.

한편, 상징적 상호작용론자들은 가족문제에 대해서도 언급하는데, 가족문제는
변화하는 가족의 역할과 기능 등 가족에 대한 해석 혹은 가치판단이 그 원인이라고
본다. 대부분의 사회에서는 정상적인 가족에 대한 개념 규정, 즉 사회적 의미 부여
가 존재하고 있다고 한다. 그러나 이에서 벗어나 있는 일탈적 가족은 비정상적인 가
족으로 낙인찍히게 되고, 이를 사회문제로 규정하게 된다는 것이다. 이 때문에 가족
문제를 해결하기 위해서는 비정상 가족, 일탈행동에 대한 정의 자체가 변화해야 한
다고 보았다. 따라서 가족문제를 해결하기 위해서는 가족에 대한 정의, 예를 들면
결혼, 이혼, 성역할 등의 의미가 변화되어야 한다고 주장한다. 상징적 상호작용론은
가정의 형태, 기능, 구조, 역할 수행에 관한 개념 규정에서 가족의 문제가 비롯된다
고 본다.

여권론적 관점

가족에 대한 전통적인 관점은 가정 내 남성과 여성의 역할 구분을 당연하게 여기
면서[3] 가족을 안식처 내지 보금자리로 묘사하는 경향이 있다. 하지만 이를 위해 수

---

3) 역사 이래로 여성은 남성보다 못한 열등한 존재, 의존적 존재, 후손을 번식하기 위한 존재로 차별 · 편견의
   대상이었다. 우리는 여성차별의 대표적인 사람으로 그리스 아테네 철학자 플라톤의 제자 아리스토텔레스,
   계몽주의 철학자이자 『에밀』, 『사회계약론』을 쓴 루소, 서양근세사의 가장 위대한 관념주의 철학자 칸트,
   지구의 종말이 온다고 해도 나는 한 그루의 사과나무를 심겠다고 언급한 염세주의 철학자로 알려진 무신예
   찬론을 쓴 에라스무스의 친구였던 쇼펜하우어가 있다.
   루소는 모든 인간은 이성을 가진 평등한 존재라고 주장했다. 그러나 여성에 대해서는 남성을 기쁘게 하고,

고하는 여성의 가사노동과 희생에는 주목하지 않았다. 최근 여권론(feminist)[4]의 등장으로 남성과 여성 간의 전통적 역할분담에 대한 비판이 제기되고 있으며, 가정생활에서 여성의 희생과 억압 등에 대한 관심이 고조되고 있다.

여권론자들은 가정생활에서 여성에 대한 억압이 존재한다는 점에는 동의한다. 하지만 여성 억압의 원인과 해결방법에 대해서는 다양한 의견을 제시한다. 급진적 여권론자들은 남성과 여성 간의 조화 가능성을 회의적으로 보면서 독신, 동성애, 이혼과 같은 대안을 제시하며 결혼제도 자체를 비판한다. 자유주의적 여권론자들은 남성과 여성 간의 조화로운 결혼생활을 위해서는 점진적인 제도의 변화와 양성적 성역할의 사회화를 강조한다. 사회주의적 여권론자들은 가족생활에서의 남성 지배를 남성 개인의 문제라기보다 가부장제와 자본주의적 산물로 이해한다.

여권론자들은 지금의 가부장적 가족체계를 남성의 이익에만 기여하고 여성을 억

그들에게 유익한 존재가 되는 것이 여성의 의무, 즉 남성에 도전하기보다는 남성의 뜻에 맞는 존재가 되어야 한다고 주장하였다. 칸트 역시 "마치 너의 행위의 준칙이 너의 의지에 의해 보편적 자연법칙이 되어야 하는 것처럼 그렇게 행위하라(즉, 인간은 이성적으로 자율적 존재이기 때문에 한낱 수단으로 삼지 말고 목적으로 대하라)."라는 정언명령과 "네가 너 자신의 인격에서나 다른 모든 사람의 인격에서 인간을 항상 동시에 목적으로 대하고, 결코 한낱 수단으로 대하지 않도록 그렇게 행위하라."라는 정언명령(categorical imperative)에 모순되게 남성은 명령하고 여성은 복종하는 것이 자연적 평등에 어긋나지 않으며, 아름다운 여성은 남성만큼이나 지성을 가지고 있지만 그것은 단지 아름다운 지성일 뿐, 반면 남성의 지성은 심오한 지성임이 분명하다고 주장하였다.

그 후 여성차별에 관한 언급은 지금까지도 지속되어 오고 있지만, 18세기 중반 메리 울스턴 크래프트라는 영국의 여성철학자는 양대 페미니즘 저서인 『여성의 권리옹호』에서 루소를 비롯한 계몽주의 사상가들의 인간의 미덕은 이성이라고 주장하면서 그 인간에서 여성을 배제하는 형태를 개탄하였다. 영국의 대표적 공리주의 경제학자 존 슈트어트 밀은 『여성의 예속』에서 여성의 인격을 존중하는 차원에서 여성참정권을 부르짖었다.

4) 한편, 여성들의 성해방을 주창하는 일부 여권론자들은 현대사회에서는 친밀성이 발달하고 낭만적 사랑이라는 이상이 확산됨에 따라 결혼관계가 폭넓은 친족관계에서 분리되고 결혼 자체가 특별한 의미를 지니는 경향이 나타나기 시작했다고 한다. 남편과 아내는 점점 공동의 정서적 삶의 동반자로 인식되었고, 심지어 부부관계는 자녀들에 대한 헌신보다 우선시되었다. 이러한 경향은 가족규모의 축소로 나타났는데, 이것은 현대적 피임법 발달의 결과였다. 따라서 재생산, 즉 출산으로부터의 해방, 친족관계나 전통적 관계로부터의 해방으로써 섹슈얼리티의 탄생을 맞이하게 되었다고 본다. 여권론자들은 이를 조형적 섹슈얼리티(plastic sexuality)라고 언급한다.

압하는 체제로 본다. 따라서 여성이 해방되기 위해서는 남녀평등이 이루어질 수 있는 형태로 바뀌어야 한다고 주장한다. 여권론자들은 가족에 대한 것보다는 가족 내에서 구조적으로 발생하는 남성과 여성 간의 갈등과 착취 및 억압에 초점을 두고 있다.

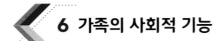

6 가족의 사회적 기능

가족은 그 자체가 여러 가지 규범과 가치를 포함하고 있으며, 이를 통해서 인간이 보다 훌륭하고 더욱 필요한 그 무엇을 획득하기 위한 수단적 기능을 수행한다고 볼 수 있다. 가족은 사회의 존속과 유지에 중요한 기능을 수행한다. 이를 좀 더 살펴보면 다음과 같다.

▶ 성행위를 규제한다. 부부간의 성적 결합을 통하여 욕구를 충족시킴으로써 성적 이탈을 방지하고, 사회적 혼란을 예방한다. 어느 사회에서든 출산과 관련된 행위는 그 사회 특유의 문화적 전통 및 사회적 규범의 통제를 받아 온 것이 사실이다. 대부분의 사회에서 근친상간 금지(incest taboo) 및 혼외성교 금지가 이루어지고 있는데, 이는 성적 이탈을 방지하고 사회적 혼란을 방지 또는 예방하기 위한 것이었다. 그러나 예외적인 사례로 과거 고대 하와이 왕국이나 이집트 왕국에서는 왕족의 혈통을 보존하기 위해서 근친 간의 결혼이 이루어졌다고 한다.

▶ 재생산을 통해 세대에서 세대로 새로운 구성원들을 충원한다. 부부간의 성적 결합을 통하여 자녀를 출산하여 사회구성원을 재충원함을 의미한다. 어떠한 사회든 영속성을 유지하기 위해서는 적절한 수준의 인구가 확보되어야 한다.

▶ 자녀를 양육하고 사회화한다. 어떠한 사회든 사회가 기대하는 문화나 행위양식을 습득시키고 문화의 내용을 학습하는 사회화의 과정을 배우게 한다. 즉, 자녀들

에게 사회생활에 필요한 가치, 규범, 행동유형을 습득케 함으로써 문화의 전승과 지속을 꾀한다. 개인적 입장에서 보면 생활방식을 습득하게 할 뿐 아니라 세상을 살아가는 규칙, 규범, 가치 및 자아를 발달시키고 인성을 형성하게 한다. 사회적 입장에서 보면 문화의 전승 및 보존, 사회통합 유지, 문화의 연속성을 가지게 한다. 그러나 이러한 기능도 현대사회에 와서는 학교(교육제도)나 육아시설 등 다양한 사회화 기관이나 시설로 이전되고 있는 실정이다.

▶ 사회적 계승을 통해 사회적 위치 및 특권을 유지한다. 부모세대의 사회경제적 지위가 자녀세대의 사회경제적 지위와 밀접한 관계를 맺는다. 이는 전근대 신분제사회에서 흔히 보여 왔던 것으로, 생득적 지위(ascribed status), 즉 획득적 지위를 의미한다. 이는 부모세대의 사회적 지위가 자식에게 아무런 노력 없이 그대로 승계됨을 의미한다. 한편, 현대사회에 와서는 성취적 지위(achieved status), 즉 업적적 지위를 강조하는 사회로 변화되었다. 부모에게서 물려받는 세습적지위보다는 자신이 열심히 노력해서 달성하는 지위를 당연시하고 있다.

▶ 가족구성원들은 애정적 교류 및 정서적인 면에서 친밀한 유대감을 형성한다. 가족은 연극무대의 분장실과 같이 사회생활에서 오는 긴장과 스트레스를 풀고 몸과 마음을 편히 쉴 수 있는 곳으로, 다른 인간관계에서 찾아보기 힘든 깊은 심리적 안정과 만족을 느끼게 함은 물론 새로운 에너지를 제공한다. 즉, 가정은 정신적 안정기능을 제공하는 동시에 몸과 마음을 재충전(recharge)하게 하고 이완(relax)시키는 곳이라고 할 수 있다.

▶ 유아와 노인을 포함한 피부양자 및 환자, 사회적 실패자 등을 보호해 주는 보호기능을 수행한다. 전근대사회에서 가정은 종합사회복지관 역할을 수행하였지만, 현대사회는 도시화·산업화 등의 전반적인 사회변동과 개인주의 사상의 보급으로 보호기능이 점차 약화되고 있다. 따라서 현대사회에 와서는 이러한 기능을 국가에 의한 사회복지제도가 대신해 주고 있는 실정이다.

▶ 가족은 경제의 기본단위로서 구성원들에게 경제적 안정감을 제공한다. 전통적인 농경사회에서의 가족은 자급자족적 단위로서, 전 가족 전일노동을 통하여 생산

과 소비 기능을 동시에 수행하였다. 가족구성원 개인이 경제적 어려움에 처해 있을 때 도움을 주는 것은 결국 가족구성원임을 알 수 있다.

▶ 가족은 조상숭배와 같은 종교적 기능(제례적 기능)을 수행하기도 함은 물론, 친족이 단위가 되어 정치활동을 하기도 한다. 그러나 최근 현대사회에 이르러서는 조상제사나 추모식, 추도식 같은 제례기능은 불교, 개신교, 천주교 등 종교기관이나 시설 등에 위임하는 경향이 늘어나고 있다.

7 가족 변화를 바라보는 시각

결혼율 감소, 출산율 하락, 이혼율 증가, 1인 가구 증가, 한부모가족 증가 등 현대사회의 가족에서 나타나는 변화를 바라보는 시각은 크게 두 가지로 나뉜다. 이는 부정적 시각의 가족쇠퇴론(또는 가족위기론)과 긍정적·필연적 시각의 가족진보론(또는 가족진화론)이다.

가족쇠퇴론

가족쇠퇴론(또는 가족위기론, family decline perspective; D. Popenoe, G. Glenn)적 시각은 주로 정치적 보수주의자들이 지지하는 견해로, 가족을 기존의 전통적 가족 기능을 수행하는 사회적 제도로 정의한다. 따라서 이들은 가족을 성별 분업에 기초하여 사회체제를 유지하기 위해 아동양육, 사회화, 노동력 재생산 기능을 가장 잘 수행할 수 있는 가장 이상적인 형태로 본다.

그러나 산업화와 도시화로 개인주의적인 가치가 증대하고 자아실현욕구가 강조되는 사회 속에서 점차 가족이 자녀의 양육과 사회화 기능, 사랑과 안정감, 연대감 제공이라는 정서적 기능들을 원활히 수행하지 못한 채, 이혼과 한부모가족, 무자녀 부부가족, 독신가구 등이 증가하고 출산을 거부하면서 가족문제가 발생한다고 언급한다(Popenoe, 1988). 이 입장의 학자들은 동거, 독신, 별거, 혼외출산, 이혼 등과 같은 변화가 사회통합과 안정을 해침은 물론, 극단적인 개인주의, 가족주의 약화가 사회통합과 안정을 해친다고 본다. 따라서 이들은 가족의 사회적 역할과 사회체제의 유지를 위해 또는 사회통합을 위해 전통적인 핵가족형태와 친가족주의를 강화할 수 있는 방안 마련이 필요하다고 언급한다.

가족진보론

가족진보론(또는 가족진화론, family resilience perspective; S. Coontz, J. Stacey)적 시각은 가족을 다양하게 변화하고 있는 경험적 실체로 정의하면서, 가족을 서로 사랑하고 배려하는 사람들의 집단이라고 본다. 이 시각에서는 기존의 전통사회의 가족은 여성들의 희생과 억압을 바탕으로 가족이 유지되어 왔다고 본다. 따라서 이 입장은 현대사회의 가족변화를 야기한 근본적 요인으로 종래의 가부장제적 가족구조와 경제구조의 불안전성을 지적한다(Scanzoni, 1987). 현대사회의 가족은 민주적이고 평등한 가치를 중시하는 전체 사회의 변화 속에서 점차 전통적 가족의 위계를 거부하고 민주적인 가족관계를 형성하고자 하는 의지를 성숙시켜 나가고 있으며, 이에 따라 가족구조가 변화하고 다양한 가족형태로 변화되고 있음을 당연시한다.

이들은 이혼가족과 한부모가족, 동거부부 및 동성애 부부같은 비전형적 가족이 정상 가족에서 벗어난 비정상 가족이 아니라 자율성과 평등성을 기본 가치로 하는 현대사회의 대안적 가족이 될 것으로 본다(Scanzoni, 1987). 이혼이나 저출산문제의 근본 원인은 전통적인 성역할을 거부하려는 여성의 이기심에 있는 것이 아니라, 자녀 양육 및 출산의 모든 책임이 여성에게 과부하된 전통적 가부장적 이데올로기에 토대된 성별분업체계, 일과 가정의 양립을 지원하기 위한 보육정책 및 사회적 지원체계 부족, 여성의 가족보호역할에 대한 사회적 경시 등에서 비롯된다고 본다. 따라서 이들에게 가족변화는 당연하며, 가부장제적 가족구조와 경제구조의 불안정성을 타파하는 방향으로 나아가야 하고, 적극적인 사회복지정책을 통해 전통적 가족기능을 사회화해야 함을 강조한다.

8 변화하는 가족

가족의 변동

전통사회가 붕괴되고 사회분화가 촉진됨에 따라 가족제도는 새롭게 나타나는 문화적·제도적 상황에 대해 자신의 모습을 변화시키면서 적응하여 왔다. 기든스 (A. Giddens)는 특히 가족의 획기적인 변화요인은 산업화와 자본주의의 성장 이후부터라고 언급한다. 현대가족은 급속한 기능 약화로 가족의 구조 변화, 가족가치관의 변화, 가족기능의 약화를 초래하였다. 기든스는 그동안 가족이 가지고 있던 기능이 산업화, 도시화, 자본주의제도의 정착으로 변화되어 왔음을 다음의 세 가지로 언급하였다.

▶ 사회분화로 가족기능이 새로운 사회제도나 사회집단으로 이양되었으며, 교육제도의 발전과 매스미디어의 보급은 가족으로부터 사회화의 기능을 박탈하였다.
▶ 산업화·도시화로 인한 주거·직장의 분리, 빈번한 직업적·지역적 이동(우리는 이를 사회이동이라고 함), 지가 상승 등은 가족구조의 단순화를 보다 가속화하였다.
▶ 가족규모의 단순화는 전통가족의 토대가 되었던 친족의식을 약화해 가족주의나 가족공동체의식의 약화를 초래, 즉 친자관계에 기초한 가부장제도와 권위주의의 약화를 촉진함으로써 현대가족을 부부중심 가족으로 전환하는 한편, 가족내의 권위주의적 관계를 평등주의적 관계로 대체하였다. 그로 인해 여성들의 지위 상승, 노인들의 지위 약화, 출산율 저하와 같은 현상이 심화되었다.

가족기능의 분화

산업혁명 이전의 가족은 자급자족적 단위였으나, 산업혁명이 진행되면서 자족적·생산적 기능이 점차 가족과 분리되어, 생산기능은 주로 공장이나 산업조직체에서 전문적으로 담당하게 되었다. 이에 따라 가족구성원 사이에도 역할의 분업화가 진행되었다. 역할분업의 기준은 성별과 연령에 근거하여 이루어졌다. 이에 대부분의 남성은 가족의 생계를 담당하는 역할을 맡게 되고, 여성은 어린이를 양육하고 가사를 책임지는 역할을 수행하였다. 또한 정치적 기능은 정부나 정당으로, 경제적 기능(생산기능)은 공장이나 회사로, 종교적 기능은 교회나 절로, 교육적 기능은 학교로, 오락적 기능은 여가산업이나 스포츠로 이양되었다.

유아 노동력의 착취를 방지하기 위해 마련된 근대교육제도는 가족이 담당했던 사회화의 많은 부분을 대신 수행하였으며, 대중매체의 정보전달기능은 어린이에서부터 성인에 이르기까지 남녀노소를 불문하고 중요한 사회화의 담당자 역할을 수행하였는데, 여기에는 선별적 수용이 필연적으로 수반되었다.

그러나 우려되는 바는 가족주의나 가족공동체의식 및 친족과의 유대가 약화됨으로써 가족의 생명(질병, 사망 등)과 안전을 지키는 데 위협을 받게 된 결과, 국가의 도움을 받지 않을 수 없게 되었다는 것이다. 이러한 국가에 의한 사회복지정책은 사회변화에 가족을 적응시키려는 정책적 배려라고 할 수 있다.

사회가 1차적 사회(gemeinschaft, 공동사회)에서 2차적 사회인 계약사회(gesellschaft, 이익사회)로 점차 변화되어 경쟁이 치열해질수록 인간관계가 2차적인 성격을 띠게 됨으로써 정서적인 안정을 얻을 수 있는 장소로서의 가족은 새삼 그 필요성이 절실해지고 있다.

가족구조의 단순화

산업화·도시화로 인해 주거·직장의 분리, 빈번한 직업적·지역적 이동, 지가 상승 등에 의해 가족구조의 단순화가 보다 가속화되었다. 또한 산업혁명 이후의 핵가족은 도시생활에 적응해 가면서 부부중심의 가족으로 변화해 갔다. 도시생활은 직장 이동의 기회가 빈번함에 따라 소규모 가족이 편하고, 어린이가 앞으로의 노동력 자원으로 활용되던 예전과 달리 오히려 경제적 부담으로 작용함으로써 되도록 자녀를 적게 두려는 경향이 보편화되었다.

이처럼 활발한 사회적 이동의 결과, 친족과의 관계가 소원해지고 가족의 규모도 축소된 상황에서는 필히 부부가 중심이 되어 애정과 정서적 만족을 갖는 가족기능을 수행하지 않으면 안 되게 되었다.

가족생활주기상의 변화

현대사회의 가족은 산업의 발달이나 의학의 발달과 같은 사회변화에 따라 가족생활주기(family life cycle)상의 변화가 급진전되고 있다. 초혼연령의 연장에 따른 결혼연령이 상승하고(2022년 기준 한국 사회의 평균 초혼연령은 남성은 평균 33.72세, 여성은 31.26세), 그로 인한 출산연령의 상승 및 출산자녀 수의 감소, 기혼여성의 취업 증가, 평균기대수명 등의 연장으로 인한 가족 내 노인부양부담의 증가와 같은 현상으로 가족생활주기상의 변화가 일어나고 있다. 즉, 자녀출산 시기와 양육 시기가 비교적 짧아진 반면, 자녀 출가 후 노인부부만 남는 시기(빈 둥우리, empty nest) 점차 길어지는 특징을 보인다.

또한 이혼과 재혼의 증가, 재혼 후 출산, 그로 인한 양육기의 혼란이 오게 되고 여러 가족 형태에 소속되는 과정을 겪으면서 기존의 가족 질서나 기능이 무너지고 있다. 또한 경제위기로 인한 조기퇴직(명예퇴직)과 실업, 실직 및 기혼의 성인자녀가 독립하지 못하고 여전히 부모세대에 의존하는 모습(비좁은 둥지, crowded nest) 등 가족생활주기의 수정과 재편이 불가피하게 전개되고 있다. 결과적으로 오늘날의 가족은 어떠한 유형의 가족생활주기를 정상적이고 보편적인 가족생활주기로 보기에는 한계가 있으며, 가족구성원의 발달과업을 제시해 주고, 가족생활주기에 따라 물질적·심리적 준비를 할 수 있도록 돕는 가족지지적 접근방법이 필요하다.

가족가치관의 변화

가족규모의 단순화는 전통가족의 토대(정신적 지주 역할)가 되었던 친족의식을 약화시켰으며, 가족주의나 가족공동체의식의 약화도 초래하였다. 이에 따라 권위주의적 가치관이 약화되었으며, 노인들의 지위도 함께 약화되었다. 반면에 여성들의 지위는 향상되었다.

　전통적 가족제도에서는 가부장의 권위가 가족구성원의 행위와 사고방식을 통제하는 동시에 가족성원 상호 간의 유대를 지속시킴으로써 가족 내 사회적 응집력을 유지하였다. 즉, 전통적 가족에서는 가족 간의 관계가 수직적이고 종적인 관계의 형태를 유지해 왔다. 그러나 현대사회의 핵가족체제는 개성과 독립성, 주체성을 보다 중시함으로써 사회구조가 유연성을 갖는 평등주의적 관계로 변모되어 가부장이나 연장자의 권위를 지탱할 수 있는 구조적 바탕이 점차 무너져 내렸다. 그 결과, 노인들의 지위 하락, 부양가치관의 변화를 초래하였다.

　또 다른 변화 중의 하나는 부부간의 관계가 동반자 관계로 변화되고 친족과의 관계가 분리됨에 따라, 현대사회가 소자녀 가족을 대세로 받아들이게 됨에 따라 여성들은 점차 재생산, 즉 출산으로부터 해방되었다는 것이다. 따라서 자녀출산으로부터 자유로워지고 친족관계로부터 보다 자유로워진 여성들은 부부관계에서 별 만족을 느끼지 못할 때 쉽게 이혼을 결정하게 되는 결과가 나타났다. 또한 여성들은 이전 사회보다 자신의 행복이나 편안함, 즐거움 등을 추구하는 성향이 높아짐은 물론, 직업을 통하여 자신의 능력을 최대한 발휘함으로써 자아실현을 추구하는 경향이 그 어느 때보다 높아졌다.

9 현대가족의 문제점과 미래의 가족

현대가족의 문제점

　현대가족이 나타내는 문제들은 그것이 가족 내에 국한되지 않고 많은 사회문제와 밀접히 관련된다는 점에서 사회적 관심과 논란의 대상이 되고 있다. 실제로 오늘날 급증하는 각종 일탈행동은 일차적으로 그 원인이 가족에 있는 경우가 대부분이다. 가족해체, 노인문제, 청소년비행, 아동문제, 여성문제 등이 그러하다. 가장 심각한 것은 이혼·별거·실직·사망·질병 등으로 인한 가족해체현상이다.

특히 이혼은 과거에는 문제로 보였으며 수치로 여겨졌으나, 지금에 와서는 덮고 감추어야 할 문제라기보다는 하나의 사회적 흐름(경향)으로 자리 잡고 있다. 그것은 잘못된 결혼에 대한 바로잡음과 아울러 개인의 행복을 우선시함을 의미한다. 따라서 이혼은 개인의 행복을 위해 선택하거나 파기할 수 있는 것으로 인식이 전환되고 있다. 이는 우리가 몸담고 살고 있는 현대사회에서 결혼의 의미가 크게 변화되고 퇴색되고 있음을 반영한 것이라고 할 수 있다.

이혼의 원인으로 크게 거론되는 것은 가부장적 태도에서 벗어나지 못한 배우자와의 갈등, 시댁과의 갈등, 배우자의 무능력, 성격차이, 부부간의 신뢰성 상실, 개인주의의 만연, 여성의 경제적 능력 향상 등이라고 할 수 있다. 또한 사회변화에 조응하는 종교제도나 법제도가 이혼을 관대하게 보는 것도 한몫을 한다고 할 수 있다. 그러나 이혼은 당사자에게 자아상실감, 버림받았다는 의식, 자존감 상실, 슬픔, 혼자 된 느낌을 가져온다. 또한『우리가 꿈꾸는 행복한 이혼이란 없다』(주디스 월러스타인, 2002)라는 책의 제목처럼 이혼(별거, 졸혼)은 당사자의 정서적·경제적 문제가 자녀와 다른 가족구성원에게까지 부정적 영향을 미친다는 점에서 문제의 심각성이 있기도 하다.

여성들은 취업률 증가로 인해 심각한 역할갈등(role conflict)을 경험하게 됨은 물론, 친족으로부터 전혀 도움을 기대할 수 없는 현재의 상황에서는 자녀에 대한 올바른 교육 및 조화로운 인성발달에도 지장을 초래하는 문제가 발생하여 지금보다 더 악화될 경우 가족이 해체될 수 있는 소지가 다분하다.

오늘날의 핵가족이 안고 있는 가장 커다란 문제는 친족이나 공동체의 다른 구성원들로부터 점차 고립되고 있다는 점이다. 가령, 확대가족제도에서 가족구성원이 사망하거나 기타 사정으로 그에게 부과된 역할을 수행할 수 없게 되는 경우에 다른 구성원이 이를 대신해 줄 수 있어 기능상으로는 별 타격을 받지 않는다. 그러나 핵가족은 물질적 의존뿐만 아니라 정신적 의존을 한층 더 필요로 하기 때문에 만일 가족 내에 어떤 위기가 발생하였을 때 이 상호의존도에 대한 기대가 충족되지 못한다면 쉽사리 와해될 소지를 안고 있다.

가족구성원 사이의 결속력을 유지시켜 주었던 끈이 약화되었다는 사실은 이혼율이 급증하고 있는 사실에서도 그대로 나타나고 있다. 이제 부부 중심의 핵가족은 부부관계에서 별 만족을 얻지 못할 경우 굳이 함께 살아야 할 이유를 발견하지 못하게 된 것이다. 이러한 핵가족문제가 자녀들을 통제할 수 있는 부모의 권위를 점차 약화시킴은 물론, 노인문제를 발생시키는 요인이 되고 있음도 간과할 수 없다.

미래의 가족

앞으로의 가족의 모습은 초혼연령의 증가, 이혼가정의 급증은 물론 재혼가족의 증가, 독신가족의 증가, 노인 단독가구의 증가 및 졸혼[5]의 증가가 예상된다. 보다 급진적인 입장에 있는 가족사회학자들은 새롭고 다양한 가족유형으로 자녀 없는 가족(childless family), 부부가 함께 동등하게 맞벌이를 추구하는 가족(two-career marriage), 부부 각자의 자율성을 최대한 보장하는 결혼(open-marriage), 결혼의 본질은 계약임을 공식적으로 표명하는 계약결혼(일정 계약 기간 동안 동거) 및 실험결혼(일단 살아 보고 나서 결혼 여부 결정) 등을 언급하고 있다.

앞으로 한국 가족도 어떤 모습으로 나타날지 관심의 대상이 되고 있는 바, 배우자를 자유롭게 선택하고, 부부간의 역할을 혼용하고, 가족기능의 많은 부분을 여타의

---

5) 졸혼(卒婚, 소츠콘)은 일본의 작가 스기야마 유미코(杉山 由美子)가 2004년에 쓴 『졸혼(卒婚のススメ)』이라는 책에서 나온 용어로, '결혼을 졸업한다'는 뜻으로 부부가 이혼하지 않은 채 각자의 삶을 자유롭게 사는 것을 말한다. 결혼생활 20년 이상 된 사람이 배우자의 이기적인 태도나 가부장제적 태도에 질려서 이혼하는 황혼이혼이나 이혼, 별거의 대안책이기도 한 졸혼은, 결혼의 의무에서는 벗어나지만 부부관계는 유지한다는 점에서 이혼이나 별거와는 차이가 있다. 졸혼은 수십 년 동안 부부로 지내다가 헤어짐으로써 발생하는 허무감이나 박탈감을 완화할 수 있는 한편, 주변의 시선에 따른 체면유지나 자식들의 반대에 따른 부담감을 덜어 준다는 점에서 긍정적으로 평가되고 있다. 이것은 이혼하지 않고 앞으로 각자의 주거지를 정해 따로 생활하면서 가족 내 명절이나 경조사와 같은 일이 있을 때는 서로 만나 모임을 지닐 수 있다는 점, 배우자의 간섭이나 통제에서 벗어나 인생 후반부 삶을 주도적으로 살 수 있다는 것, 즉 젊은 시절에 해 보고 싶었던 것을 각자 추구할 수 있다는 점에서 긍정적 기능을 수행한다고 볼 수 있다. 또한 배우자와의 관계를 재설정하여 좋은 관계를 구축할 수 있다는 점에서 긍정적으로 받아들여지고 있다. 그러나 단점으로 이혼으로 가는 수순으로 악용되기도 하고, 질병이나 사고 시 의지할 사람이 근처에 없다는 불안감, 새로운 고독에 적응해야 하는 문제를 낳기도 한다.

사회제도가 대신 수행할 것으로 예상된다. 분명한 것은 한국 가족의 토대가 되고 있는 구조적 특징과 문화적 전통이 서구의 그것과는 매우 다르다는 사실을 고려할 때, 한국의 가족은 서구의 미래가족과 똑같은 형태는 띠지 않을 것으로 전망된다.

또한 한국 사회의 가족은 현재와 미래의 사회적 힘들(social forces, 즉 가족제도와 정치·경제제도 간의 갈등에서 야기되는 것)이 가족생활에 미치는 상호 모순적이고 상호관계적인 영향력에 의해 크게 좌우될 것으로 전망된다.

10 변화하는 한국 사회의 가족관

가족은 부모와 자식 등 한 집안을 이루는 사람들로 구성되는 것으로 혈연적 유대와 정서적 관계를 토대로 지지고 볶고 얽히고설키면서 살아가는 공동체이다. 가족은 가족구성원들끼리 동고동락하면서 수시로 생로병사를 접하며 살아가는 기초적 사회단위이다. 이러한 가족은 사회적으로 중요한 의미를 가지는데, 이는 가정이 건강하고 건전해야 국가나 사회도 건강하고 건전하다고 할 수 있기 때문이다.

그러나 최근 한국 사회의 가족의 모습도 많이 변화되고 있다. 여성가족부는 2011년 1월에 가족실태조사 결과를 발표하였다. 2005년 1차 조사에 이어 5년 만인 이 조사 결과에 의하면, 한국인 10명 가운데 6명가량만 형제자매를 가족으로 인식하는 것으로 나타났다. 또한 두 명 가운데 한 명은 시부모와 장인, 장모 등 배우자의 부모를 가족이 아니라고 생각하고 있는 것으로 나타났다.

좀 더 자세히 살펴보면, 형제자매를 우리 가족으로 여기는 응답자가 63.4%(2010년)로 5년 전의 81.2%(2005년)에 비해 큰 폭으로 줄었다. 자신의 부모를 가족이라고 생각하는 사람도 77.6%(2010년)로 5년 전의 92.8%(2005년)보다 많이 줄었다. 배우자의 부모도 내 가족이라고 답한 사람은 50.5%(2010년)로 5년 전의 79.2%(2005년)보다 많이 감소되었다. 친조부모와 외조부모를 가족으로 인식하는 비율도 2010년

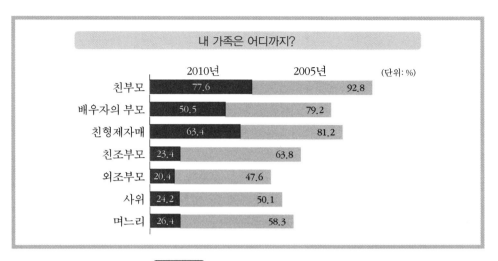

내 가족은 어디까지?

	2010년	2005년	(단위: %)
친부모	77.6	92.8	
배우자의 부모	50.5	79.2	
친형제자매	63.4	81.2	
친조부모	23.4	63.8	
외조부모	20.4	47.6	
사위	24.2	50.1	
며느리	26.4	58.3	

그림 8-1 최근 가족공동체 태도의 변화

출처: 여성가족부(2011).

에 각각 23.4%, 20.6%로 5년 전인 2005년의 63.8%, 47.6%보다 급감했다. 사위, 며느리를 가족이라고 생각하는 사람도 2010년에 24.2%, 26.4%로 5년 전인 2005년의 50.1%, 58.3%에 비해 대폭 줄었다. 한편, '노후를 누구와 지내고 싶은가?'라는 질문에는 응답자의 82.7%가 배우자와 단둘이라고 밝혀 노후를 자녀에게 의존하려는 이전의 사고방식과는 크게 달라진 것으로 나타났다. 또한 조부모와 손자, 손녀가 같이 사는 3세대 이상 가구가 응답자의 4.8%밖에 안 되는 것으로 나타났다.

이처럼 가족이라고 인식하는 가족관계의 범위가 크게 축소된 것은 한국 사회의 핵가족화 경향이 심화되고 있음을 보여 주는 한편, 핏줄보다는 같이 사는 것을 더 중요시하는 가족관이 우세해지고 있음을 알 수 있다. 더구나 전통사회의 핵심적이고 중요한 기능 중의 하나였던 자녀양육과 부모봉양(부양), 특히 부모를 봉양하는 기능이 뚜렷하게 쇠퇴하고 있는 것으로 나타났다. 따라서 노후의 삶을 막연히 수동적으로 자식세대에게 맡기기보다는 적극적으로 노인 자신이 스스로 책임져야 함을 시사한다. 노인부양에 대한 태도 변화를 비롯하여 가족에 대한 태도변화는 앞으로 우리 사회가 겪게 될 가장 큰 변화이다. 이러한 변화에 맞춰 한국 사회도 가족에 대한 대책이 융통성 있고 실효성 있게 마련되어야 한다.

11 배우자의 선택과 결혼

어떤 사람들은 결혼에 대해 단테(Dante)의 『신곡(新曲)』과 반대, 즉 천국에서 시작해 연옥으로 갔다가 지옥으로 끝난다고 우스갯소리를 한다. 또 어떤 사람은 결혼은 열병과 반대, 즉 신열로 시작해 오한으로 끝난다고 언급하기도 한다. 왜냐하면 살아갈수록 부부의 애정이 식기 때문이란다. 또 어떤 사람은 결혼에 대해 3주간 서로 연구하고, 3개월을 사랑하고, 3년을 싸움하고, 30년을 참고 견디게 만드는 것이라고 언급한다. 그리스 철학자인 소크라테스(Socrates)는 결혼은 해도 후회, 안 해도 후회라고 언급하기도 했다. 그만큼 결혼은 우리 인생사에서 없어서는 안 될 것으로 쉽지 않은 통과의례라고 할 수 있다.

결혼이란

가족형성의 시발점이 되는 결혼은 사회를 구성하는 가장 원초적인 단위이기 때문에 규범과 관습이 존재한다. 결혼은 두 사람만의 관계인데도 혼인 당사자들의 가족이나 친척은 물론, 주위 사람들의 영향이 크게 작용한다. 따라서 결혼은 남녀 간의 단순한 결합이 아니라, 그것을 초월한 보다 새로운 사회적 세계로의 진입을 의미한다. 이와 같이 결혼은 혼인 당사자 간의 결합임에도 불구하고 사회적 승인을 통해서만, 즉 법률적으로 승인된 절차와 과정을 통해서만 적법성을 인정받는다. 결혼의 형태 중 전근대사회에서 이루어졌던 중매혼의 형태를 제도적 결혼이라고 하고, 근대사회의 결혼을 우애적 결혼이라고 한다.[6]

---

6) 제도적 결혼은 과거 전통사회에서 흔히 보여 왔던 결혼제도로 결혼의 유지와 안정을 중시한다. 또한 제도

결혼의 사회적 의미

결혼을 통하여 혼인 당사자들은 새로운 인간관계를 맺게 되고 새로운 지위와 역할을 부여받게 되기 때문에 결혼의 과정이나 절차에는 혼인 당사자들의 가족이나 친척은 물론, 주위 사람들의 영향이 크게 작용하게 된다. 이뿐만 아니라 대부분의 사회에서는 결혼에 대해 여러 가지 규칙과 관습을 제도적으로 마련하고 있다. 대부분의 문명사회가 법제화하고 있는 중혼 금지(重婚 禁止)와 근친상간 금지(近親相姦 禁止, incest taboo) 등은 이러한 제도적 장치의 대표적인 예이다.

이러한 점에서 결혼은 문화적으로 승인된 제도를 통하여 이루어지는 문화 형태의 한 표현이라고 할 수 있다. 혼인의 연령, 배우자의 수와 선택범위, 혼인의 절차(예: 지참금 제도) 및 의식, 혼인의 적법성, 혼인 후의 주거 및 의무 등은 문화에 따라 상당한 차이를 나타낸다.

결혼에서의 배우자 선택

인생에 있어서 결혼[7]이란 가장 중요한 통과의례이자 의미심장한 사건이라고 할 수 있다. 우리는 이 인륜지대사(人倫之大事)인 결혼을 통해서 삶의 의미를 찾고 가족의 중요함을 깨닫는다. 결혼은 배우자를 선택하는 일련의 과정이라고 할 수 있는바, 인간들은 보다 나은 배우자를 선택하기 위해 지대한 관심과 노력을 기울인다.

학자들, 특히 진화심리학자들에 의하면, 남성과 달리 여성은 배우자를 선택하는

적 결혼은 가계계승을 위한 자녀출산 등 실용적 필요성을 우선시하는 결혼제도라고 할 수 있다. 제도적 결혼은 20세기에 와서 부부간의 신뢰와 애정, 동료감, 친밀감 등 개인의 정서적 만족을 중시하는 우애적 결혼으로 변화되었다.

7) 미국 플로리다주는 1998년 이혼이나 부부갈등 해결을 돕기 위해 결혼과 관련된 「결혼준비 유지법」을 제정하였는데, 그 법에는 다음과 같은 내용이 수록되어 있다.
  첫째, 고등학교에서 결혼 및 대인관계 기술에 관한 강좌 의무 수행하기
  둘째, 이혼하려는 부부에게 이혼 억제를 위해 요금 부과 및 미성년자 자녀를 위한 4시간 이상의 부모교육 의무 수강하기
  셋째, 예비부부들은 법원이 인정하는 결혼 전 준비 강좌를 4시간 이상 수강하기
  넷째, 결혼과 이혼 과정에서 배우자와 자녀에 대한 법적 권리와 의무에 관한 소책자를 읽고 사인하기 등

데 있어 남성의 경제적 능력, 즉 자원제공능력을 가장 중요하게 여긴다고 한다. 여성은 임신과 출산, 자녀양육 등 일련의 삶의 과정 속에서 의도치 않게 발생하는 위험한 상황에 처하게 되거나 삶에 필요한 자원을 스스로 획득하는 데 제한을 받을 수밖에 없다. 따라서 자신은 물론, 자신의 몸에서 자라나는 아이의 생존가능성을 높이기 위해서, 생활의 안전성을 높이기 위해서 충분한 자원을 가진 남성을 필연적으로 선택할 수밖에 없다고 한다. 이는 여성들의 원초적인 생존본능이라고 할 수 있기 때문에 사회적으로 비난의 대상이 되거나 지탄의 대상이 될 수 없는 이유라고 설명한다.

결혼에 의한 세 가지 변화

▶ 혼인 당사자들은 결혼을 통해 새로운 인간관계를 형성한다. 결혼을 통하여 독립적 존재에서 공존적 존재로, 나(I)에서 우리(We)로, 책임 없음에서 책임 있음으로 변화된다. 또한 성적 · 심리적 · 사회적 욕구를 충족하는 한편, 애정적 · 혈연적 · 경제적 관계를 맺게 된다. 이렇게 하여 이루어진 두 사람 간의 관계는 다른 어떤 인간관계에 있어서보다도 가장 강렬하고 정의적 · 포괄적이며 지속적인 성격을 갖는다.

▶ 혼인 당사자들은 결혼에 의해 새로운 친족관계를 형성한다. 결혼에 의해 이들은 물론 이들의 친족들도 새로운 친족관계를 가지게 된다. 처가(妻家), 처족(妻族), 시댁(媤宅), 사돈(査頓) 등은 결혼을 통해 새롭게 이루어지는 친족관계들이다.

▶ 혼인 당사자들에게는 새로운 사회적 지위와 역할이 부과된다. 이들은 새롭게 형성된 친족체계에서 특정 지위를 부여받게 되고, 사회적으로도 성인으로서의 대우를 받게 되며, 가족부양과 자녀양육의 의무를 가지게 된다. 또한 이들은 부부로서 가져야 할 새로운 윤리와 규범을 사회로부터 부과받게 된다. 이렇게 볼 때 결혼은 남녀 간의 단순한 결합이 아니라 그것을 초월한 보다 새로운 사회적 세계로의 진입을 의미한다고 할 수 있다. 그렇기 때문에 어떠한 사회에서나 결혼은 개인이 하나의 위치에서 다른 위치로 전환되는 통과의례(通過儀禮, rites of passage, 예컨대 보통 관혼상제와 같은 것을 의미함)[8]라고 할 수 있다.

이와 같이 결혼은 혼인 당사자 간의 결합임에도 불구하고 사회적인 승인을 통해서만 적법성을 가지게 된다. 즉, 결혼은 법률적으로 승인된 절차와 과정을 통해서 비로소 사회적으로 인정된다고 할 수 있다.

---

8) 프랑스 인류학자 반 겐넵(Van Gennep. A)은 인생의 전환점에 해당하는 시기에 이루어지는 성인식이나 결혼식 등을 통과의례라고 불렀다. 그는 의례에서는 일반사회나 일상세계로부터 분리된 후, 다른 시간과 공간으로 이행하는 기간을 거쳐 원래의 일상세계에 재통합되는 3단계를 거치면서 사회적 신분의 변화가 공공연이 인정된다는 사실을 밝혔다. 1단계는 익숙한 기존 사회에서 분리되어 밖으로 나온 단계(분리의례), 2단계는 과거의 나를 버리고 새로운 나를 얻는 과정, 전이단계 혹은 끼어 있는 단계(전이의례), 3단계는 원래의 사회구조 속으로 돌아와 재결합(재통합)하는 단계로 나뉜다.

부록

가족, 무너지는 가정, 아버지 없는 가정

작은 사회, 소우주, 막다른 순간 기댈 수 있는 근거지라고 하는 가정이 해체되고 있다. 아버지 없는 가정이 많아지고 있다는 이야기다. 편안히 쉬고 안주할 수 있는 가정이 드물어지고 있다. 이혼, 별거 등으로 인한 가족해체가 심각한 수준이다. 젊은 세대들은 취업이 안 된다고 아우성이고, 그러니 연애고, 결혼이 어렵고 힘들어진다. 이로 인해 합계출산율이 1.0 이하로 떨어지고 있는 초저출산사회이다. 살기가 점점 빡빡해지고 고단하다. 이럴 때일수록 가족, 가정의 중요성이 더욱 부각되는 요즘이다.

가족은 사회의 산물로, 인류의 역사만큼 가장 오래된 사회적 기초단위이다. 이러한 가족은 우리가 태어나 처음으로 관계를 맺는 곳으로 이 세상에서 가장 편히 쉴 수 있는 안식처이자, 재미와 즐거움이 넘쳐 나는 곳이라고 할 수 있다. 또한 가족은 이 세상 어느 곳보다 안전한 보호처, 마지막 피난처라고 할 수 있는 곳으로 최초의 보호처이자 아프거나 노후시기와 같은 막다른 순간에 기댈 수 있는 근거지이기도 하다. 동시에 가족은 타인이 함부로 침범할 수 없는 고립되고 소외된 곳이기도 하다.

감정적으로 얽혀 있는 하나의 감정덩어리라고 할 수 있는 가족(가정)은 친밀함과 소속감의 근원지이자 따뜻함과 그리움, 안락감, 보호를 제공해 주는 곳인 한편, 상처나 갈등, 폭력을 생산하는 곳이기도 하다. 가족은 끊임없는 의사소통, 힘겨루기와 갈등, 용서와 화해, 새로운 타협을 이루어 내고 새로운 욕구를 충족시키며 삶을 이루어 나가는 현실체이라고 할 수 있다(울리히 벡 & 벡). 누구 말대로 아무도 보지 않는 밤에 몰래 내다버리고 싶을 때가 자주 있는 것이 가족이기도 하지만, 가족은 사회의 토대를 제공하는 근원지이자 작은 세계라 할 수 있다. 그렇지만 그 가족도 세월(시대)의 흐름과 사회의 변화에 따라 우리가 알고 있는 가족의 개념도 변화하고 있다. 탈물질적 가치관 팽배(만연), 급격한 사회변동, 시대의 변화에 따라 가족구조도 다양하게 변화되고, 가족가치관도 크게 변화됨에 맞춰 그에 조응하고 적응해 가고 있는 중이다.

과거 한 가족의 가장 중심이 되는 인물은 아버지였다. 어린이 성장발달에 있어 아버지는 필수불가결한 존재인 반면, 현대사회에 와서 그의 본연의 역할은 명확히 정의되지 않고 있다. 가정에서 돈만 열심히 버는 기계로 전락해 버린 가장은 가족에게 손님이나 다름없이 되어 버렸다. 어느 초등학교 여자아이의 일기를 봐도 이러한 모습은 확연하게 드러난다. '아빠는 왜?'라는 제목의 글에서 여자아이는 "엄마가 있어서 좋다. 나를 예뻐해 주셔서, 냉장고가 있어서 좋다. 나에게 먹을 것을 주어서, 강아지가 있어서 좋다. 나랑 놀아 주어서, 아빠는 왜 있는지 모르겠다".라고 썼다.

『아빠의 자녀』를 집필한 브래너 매닝(B. Manning)은, 어제 아버지를 잃고 아이들 4명을 데리고 뉴욕의 지하철을 탄 흑인엄마가 아이들이 울면서 전철 안을 돌아다니는 모습을 무표정하게 방관함을 보고 아버지의 존재를 감동으로 느끼는 경험을 했다고 한다. 아동범죄연구소에서 나온 통계를 보면, 교도소에 수감된 문제아들의 45%는 아버지와 함께 자라나지 못했고, 다른 40%는 아버지를 미워하면서 자라났다고 한다. 도시에 난무하는 폭력은 아버지의 보살핌 없는 성장환경이 빚어낸 결과라고 하면서 아버지 위상의 중요성을 언급하고 있다. 아버지 결핍증(father-hunger)이라는 말을 처음 언급한 미국의 심리학자 스티븐 비덜프는 아버지 없음은 비타민 결핍과 같은 것으로 표현하며 아버지는 자녀의 성장에 반드시 필요한 존재라고 언급했다.

가족을 연구하는 미국의 벨렌 밀즈 박사는 자녀에게는 아버지가 채워 주어야 할 자리가 있는데, 이것을 보충하지 않으면 결코 균형 있는 교육을 받을 수 없다고 언급한다. 그는 아버지 없이 자란 아이들은 시험성적이 낮고, 학업성취속도는 느리고, 가난해질 확률은 정상인보다 5배나 높고, 극빈자가 될 확률은 10배 더 높으며, 성적으로 문란해질 가능성이 높으며, 미혼모가 될 확률이 70%나 더 높다고 언급했다. 그는 아버지는 아이들에게 놀이의 친구일 뿐만 아니라, 주위를 탐색하고 새로운 모험을 시도하게 해 주는 안전기지 역할을 수행하다고 언급한다. 즉, 역할모델이 될 뿐만 아니라 공포감을 적게 갖게 하고, 정서적 안정을 제공하며, 새로운 환경에 더 잘 적응하게 한다는 것이다.

2015년 9월 동아일보 기사에 의하면, 그해 9월 미국을 방문한 프란치스코 교황은 완벽한 가정이란 존재하지 않는다. 사랑이 태어나고 계속 자라나는 곳이 가정이다. 접시가 날아다녀도 가정이 행복의 근원이라고 언급하였다. 이와 같이 사랑과 가장의 중요성을 언급한 그는(9월 27일 필라델피아 야외 미사) 아버지는 가정에서 권위가 있어야 하고 자녀들에게 삶의 모범이 되어 주어야 한다며 가정의 중요성 및 아버지의 중요성을 강조하였다. 『무쇠 한스 이야기』의 저자 로버트 블라이는 여자(어머니)는 태아를 소년으로 만들 수 있으나, 그 소년을 남자로 만드는 일은 남자만이 할 수 있다고 언급했다(로버트 블라이, 2005).

페미니스트들에게는 매우(다소) 가부장적이고 성차별적이라는 지적을 받겠지만, 가정에서 아버지라는 존재는 딸에게 중요하지만, 소년이 어른이 되는 데 있어서 아버지의 역할은 거의 절대적이다. 함께 무엇인가를 만들면서 기술과 팀워크를 습득하고, 세상에 맞설 수 있는 용기와 지혜를 배우고, 힘을 발휘할 때와 통제할 때를 구분하게 하며 자신을 책임질 어른으로 성장하게 한다. 그렇지 않으면 마초적 남성, 아니면 어머니에게 밀착되어 마마보이 같은 무기력한 남성으로 자라나게 된다. 아버지들은 자식들에게 어떻게 말을 타야 하는지, 자전거를 어떻게 타야 하는지를 가르쳐 온 존재라는 것이다.

그러면서 아버지는 다음과 같이 행동해야 한다고 한다. 즉, 아버지는 자식들에게 실패해도 좌절하지 않는 굳건한 의지력을 길러 주어야 하며, 아이들이 지켜야 할 기준, 가치관, 가치의 척도를 꼭 가르쳐 주어야 한다. 또한 아버지는 한 집안의 기둥처럼 리더십과 넓게 볼 수 있는 시야를 가르쳐 주어야 한다. 권위주의적(authoritarian)인 아버지보다, 권위(authritative) 있는 아버지가 되는 게 중요하다. 즉, 자녀의 감정을 잘 이해하고, 엄격함과 자상함을 잘 활용할 줄 알아야 하며, 자녀의 입장을 존중하고 합의를 이끌어 내 주는 아버지가 필요하다는 의미이다. 결혼이 낭만적 사랑의 결과물이 되어 버린 근대에서 사이좋은 부부에게는 가정생활(일상)이 놀이라고 하지만, 대부분의 가정은 그렇게 살지 못한다. 불완전한 남성과 여성이 나름대로의 개별성과 독립성을 유지한 채로 살고는 있다고는 하지만 그렇지 않다. 화목과 행복, 편안함을 주는 가정은 못되더라도 가정의 안주인인 엄마는 남편이 완벽하지는 않더라도 아이들의 아버지를 세워 주고 높여 주어야 가정의 기강이 서고 가정이 제대로 굴러간다. 물론 아버지들도 자신이 자녀의 모범이 되려면 우선 아내의 존경을 받아야 한다는 사실을 잊어서는 안 된다는 것을 명심해야 한다.

이러한 가족의 현재의 모습을 더 살펴보면, 가족관계 안에 위계질서가 확실하고, 엄마, 아빠, 자녀 등 각각 기대하는 역할이 분명하지만, 배려와 절제를 기본으로 하는 타인과의 관계와 달리 가족 안에서는 구성원들에게 이타주의와 희생을 강요한다. 그 과정에서 친밀함을 무기로 상대를 억압하거나 과도한 책임감을 부여하여 죄책감을 느끼게 만든다. 즉, 한계설정이 제대로 이루어지지 않은 곳에서 제 역할을 못한다고 느낄 때, 사람들은 그 안에 계속 머물기가 어려워진다. 또 하나는 경제적 부양자 역할만 충실히 해 왔지, 가족 간의 바람직한 관계를 챙기지 않았던 것이 부메랑이 되어서 가정 내 쌓였던 문제가 길거리로 나온 경우도 많다. 여기에 더하여 한국 사회에서는 개인의 복지에서 가족이 감당하는 부분(부담)이 너무 커서 결혼기피, 출산기피, 결혼비용, 육아부담, 노후걱정 등 경제적, 심리적 부담이 너무 큰 것도 가정문제를 일으키는 큰 요인으로 작용하고 있는 실정이다.

가족은 가장 친밀한 관계를 가진 타자라고 할 수 있다. 그 때문에 예기치 않게 가장 큰 상처가 되기도 한다. 가족의 친밀함은 상대방도 자신과 같은 생각을 할 것이라는 믿음을 낳고 그것이 충족되지 않았을 때 더 큰 실망과 갈등을 낳는다. 내 마음대로 정한 어떤 특정한 행동을 상대가 그대로 수행할 것이라고 믿기 때문에 그렇지 않았을 때 실망이 더 크다는 의미이다. 하지만 아무리 가족이라도 개별 존재인 사람들에게 이런 기대를 하는 것은 안타깝게도 언제나 빗나가고 실망감을 안겨 준다. 가족으로부터 상처를 입고 떨어져 나온 사람들은 더 이상 갈 곳이 없고, 결국 고립 속에서 살다 죽는다. 게다가 가족관계의 실패는 다른 사회적 관계에도 영향을 미친다. 가족의 관계에서 인정받지 못한 사람은 사회나 직장에서 인정받지 못한다고 느끼고, 가정에서 버림받은 경험이 있는 사람은 집밖의 관계에서도 자꾸 그런 상황으로 몰아간다고 한다. 그만큼 가족이나 가정은 인간의 삶과 떨어질래야 떨어질 수 없는 곳으로 우리의 인생관과 세계관을 형성하고 인격과 인성을 형성하는 곳이다. 희노애락과 생사고락을 같이하는 이러한 혈연공동체, 운명공동체, 거주공동체를 잘 다듬고 가꾸어야 이 험난한 고해의 세계를 잘 헤쳐 나갈 수 있다.

참고문헌

고정자, 전효정(2014). 행복한 결혼과 가족. 형설출판사.

권태환, 홍두승, 설동훈(2006). 사회학의 이해. 다산출판사.

권원기(2017). 현대 사회학. 피앤씨미디어.

김두섭 외(2005). 가족구조와 관계의 변화 및 전망. 정보통신정책연구원.

김미애(2016). 가족연습. 시그마북스.

데이비드 모건(2012). 가족의 탐구(안호용 역). 미학사.

데이비드 엘킨드(1999). 변화하는 가족(이동원, 김모란 공역). 이화여자대학교출판부.

로버트 블라이(2005). 무쇠 한스 이야기(이희재 역). 씨앗을 뿌리는 사람.

로스 D. 파크, 아민 A. 브롯(2010). 나쁜 아빠(박형신 외 공역). 이학사.

민경배(2016). 처음 만나는 사회학. 다른길.

베스 베일리(2015). 데이트의 탄생(백준걸 역). 앨피.

스기야마 유미코(2017). 졸혼 시대(장은주 역). 더퀘스트.

시마 무쓰히코(2013). 시마상, 한국 길을 걷다(서호철 역). 일조각.

시마다 히로미(2011). 사람은 홀로 죽는다(이소담 역). 미래의 창.

안계춘 외(1992). 현대사회학의 이해. 법문사.

앤서니 기든스(2009). 현대사회학(김미숙 외 공역). 을유문화사.

앨리 러셀 혹실드(2016). 가족은 잘 지내나요?(이계순 역). 이매진.

양춘, 박상태, 석현호(2003). 현대사회학. 민영사.

에릭 클라이넨버그(2013). 고잉솔로 싱글턴이 온다(안진아 역). 더퀘스트.

여성가족부(2011). 가족실태조사.

오카다 다카시(2016). 나는 왜 형제가 불편할까?(박재현 역). 더난출판사.

오쿠 쇼코(2015). 남성표류(서라미 역). 메디치미디어.

우에노 치즈코(2012). 싱글, 행복하면 그만이다(나일등 역). 이덴슬리벨.

우에노 치즈코(2014a). 독신의 오후(오경순 역). 현실문화.

우에노 치즈코(2014b). 여성 혐오를 혐오한다(나일등 역). 은행나무.

유영주(1986). 가족관계학. 교문사.

이광규(1990). 한국의 가족과 종족. 민음사.

이철우(2017). 현대사회문제. 학지사.

이효재(1983). 가족과 사회. 경문사.

전병재 외(1998). 위기에 선 가족. 다산출판사.

정창수, 정기선, 차종천(1997). 산업화 과정에서의 한국가족의 실태와 전망. 집문당.

조정문, 장상희(2002). 가족사회학. 아카넷.

주디스 월러스타인(2002). 우리가 꿈꾸는 행복한 이혼은 없다. 명진출판사.

준 카르본, 나오미 칸(2016). 결혼시장(김하현 역). 시대의 창.

최광현(2012). 가족의 두 얼굴. 부키.

최광현(2014). 가족의 발견. 부키.

최재석(1982). 한국가족연구. 일지사.

최재석(1983). 한국가족제도사연구. 일지사.

최재율(1992). 가족사회학. 전남대학교출판부.

통계청(2018). 인구총조사.

패트리사 코헨(2016). 중년이라는 상품의 역사(권혁 역). 돈을새김.

페이스 R. 엘리엇(1998). 가족사회학(안병철, 서동인 역). 을유문화사.

프리드리히 엥겔스(2012). 가족, 사유재산, 국가의 기원(김대웅 역). 두레.

하용출 편(2001). 한국가족상의 변화. 서울대학교출판부.

한남제(2002). 현대가족의 이해. 일지사.

후지와라 토오미(2014). 폭주노인(이성현 역). 좋은 책 만들기.

A. 반 겐넵(1992). 통과의례(전경수 역). 을유문화사.

EBS 가족쇼크 제작팀(2015). 가족쇼크. 월북.

NHK무연사회 프로젝트 팀(2012). 무연사회(김범수 역). 용오름.

Blood, R. O. Jr. (1962). *Marriage*. The Free Press.

Burgess, E. W., & Lock, H. J. (1953). *The Family*. John Wiley & Sons.

Coltrane, S., & Collins, R. (2000). *Sociology of Marriage & the Family: Gender, Love and Property*. Wadswirth.

Fursteinberg, F., & Cherlin, A. (1991). *Divided Families*. Harvard University Press.

Goode, W. J. (1964). *The Family*. Prentice-Hall Inc.

Linton, R. (1936). *The Study of Man*. Appleton–Century–Crafts.

Murdock, G. P. (1965). *Social Structure*. The Free Press.

Morgan, L. H. (1877). *Ancient Society*.World Publishing.

Popenoe, D. (1988). *Disturbing the nest: Family change and decline in modern societies*. Aldine De Gruyter.

Scanzoni, J. (1987). Families in the 1980s: Time to refocus our thinking. *Journal of Family Issues, 8*, 394–421.

09 종교제도

INVITATION TO NEW SOCIOLOGY (7TH ED.)

종교는 인류가 시작된 이래로, 오랜 세월 동안 인간 삶의 모든 영역과 밀접한 관련을 맺으면서 때로는 국가나 사회, 문화의 중심 역할을 수행하면서 오늘에 이르렀다. 생의 철학자 앙리 베르그송은 과학이나 예술, 철학이 없는 사회는 얼마든지 있지만, 종교 없는 사회는 일찍이 존재한 적이 없다고 언급했다.

이처럼 유사 이래로 인간의 삶에 크나큰 영향을 미쳐 온 종교는 사회의 요구에 의해 생겨난 제도로서 인간이 모인 곳, 인간이 모여 사는 곳에서 발생한다고 한다. 인간이 지구에 존재를 드러내기 시작한 시기부터 존재해 온 종교에 대해 학자들은 종교를 정의하는 것은 궁극적으로 불가능하다고 하면서도 신이나 절대자를 인정하여 그것을 믿고, 숭배하고, 받듦으로서 마음의 평화와 행복을 얻고자 하는 정신문화의 한 체계로 본다. 또한 사회학자들은 종교가 사회라는 주어진 상황과 밀접히 관련된다는 사실에 주목하면서, 종교를 사회체계를 이루는 신념체계, 상징체계로 보고 있다.

최초로 종교를 체계적으로 연구한 뒤르켐(Dürkheim)에 따르면, 공동체의 충실한 사람들을 하나로 묶는 성스러운 것과 관련된 신앙과 관습의 통합된 체계라고 언급한다. 뒤르켐은 종교는 신성한 경험(The Sacred)을 특징으로 하는 태도로서, 의례와 의식(성물에 명예를 부여하는 미사나 예불을 의미)을 통해 세속과 근본적인 격리상태를 지속시키는 것이라고 언급한다. 그러면서 그는 종교란 전통이 신성화된 것으로, 신성한 경험 뒤에 잠복해 있는 실체는 인간들이 몸담고 살고 있는 사회의 도덕과 규범이라는 사회통합적 차원에서 종교를 바라보았다.

한편, 마르크스(Marx)에게 많은 영향을 미친 포이어바흐(Feuerbach)는 종교란 인간이 스스로 만들어 낸 관념이자 가치로서 인간의 가장 높은 열망을 절대적인 것, 즉 우주적으로 투사한 것에 불과하다고 언급하였다. 따라서 종교란 환상에 불과한 것으로 인간 자신의 상실을 의미함은 물론, 인간 소외의 극단적 형태가 겉으로 드러난 것이라고 보았다.

마르크스 역시 종교는 인간이 만들어 낸 생산물이자 창조물에 불과한 것으로 인간의 자기 소외의 극치를 보이는 것으로 비인간적이고 냉혹한 사회, 소외와 고통을 안겨 주는 사회에서 종교가 발생한다고 언급하였다. 따라서 좋은 사회, 인간적인 사회에서는 종교가 존재하지 않는다고 언급하였다. 이와 달리 베버(Weber)는 종교의 기원이나 본질에 대해서보다는 종교의 사회적 역할과 기능에 자신의 관심을 집중시켰다. 즉, 종교가 기존의 사회체제를 유지하게 할 뿐만 아니라 사회변동에 중요한 동인으로 작용한다고 언급하였다. 동양 사회보다는 서구 사회에서 자본주의가 발흥한 원인이 프로테스탄티즘 윤리와 예정설, 즉 내세의 복락을 누리기 위해 현생의 삶을 절제(금욕)하면서 근면 · 검소하게 살아가는 정신이 사회발전을 진작한 결과라고 언급하였다.

『신 없는 사회』(2012)의 저자 필 주커먼은 그의 책에서 종교성이 약해도 위험한 사회는 오지 않고, 도덕적으로 더 풍요로운 사회가 될 수 있다고 종교근본주의자와는 반대되는 입장을 언급하였다. 그는 루터교를 국교로 삼아 온 북유럽의 덴마크와 스웨덴 사람들의 종교태도연구에서, 이 두 나라 사람들은 초월적 존재인 신이 우주를 창조했다는 창조론을 수용하지 않으며, 오히려 진화론이 인간의 생명과 우주의 탄생을 설명하는 것이 더 설득력 있음을 수용한다고 하였다. 현세는 죄악으로 가득 찬 지옥이고, 내세는 구원 · 복락을 준다는 것을 부정하였다. 이들은 대부분의 죽음을 자연현상으로 받아들이며, 이후의 삶과 일은 상상하지 않고, 그 대신 현재의 삶에 충실하다는 것이다. 즉, 가족을 잘 건사하고 좋아하는 사람과 행복하게 잘 사는 것에 관심이 많다고 한다.

한편, 『종교본능』(2012)의 저자 제시 베링은 신은 인간의 마음이 진화하면서 만들어진 부산물로, 인류가 생존하기 위해 생긴 적응적 환상이라고 언급하기도 한다. 인간은 유전자를 실어나르는 생존기계(운반체)에 불과하다고 언급한 진화생물학자이자, 영국의 대표적 무신론자인 리처드 도킨스는 『만들어진 신』(2007)에서 모든 종교는 틀렸으며, 정신 바이러스이자 전지전능한 신은 착각이며 날조된 것에 불과하다며 과감하게 신의 존재에 도전장을 내민다.

1 종교란 무엇인가

종교는 우리의 삶에 지대한 영향을 미치는 것으로서 인간이 모인 곳, 인간이 모여 사는 곳에서 발생한다. 종교학자 프레이저(J. G. Frazer)[1]는 종교가 주술에서 비롯되었다고 한다. 이에 대해 컴스톡(R. Comstock)은 종교와 주술의 차이는 신봉자의 마음 자세 여하에 달려 있으며, 양자 간의 차이라는 것도 매우 불분명하다고 언급하였다. 이러한 종교에 대해 학자들은 신이나 절대자를 인정하여 일정한 양식하에 그것을 믿고, 숭배하고, 받듦으로써 마음의 평안과 행복을 얻고자 하는 정신문화의 한 체계라고 말한다.

또한 기능주의자들은 종교가 인간의 실존상황에 대해 어떠한 의미를 갖는가를 파악함으로써 종교의 사회적 기능을 발견하려고 노력하였다. 그들은 인간이 종교를 믿고 의지하고 추종하는 이유는 미래에 대한 불확실, 우리 자신의 능력에 대한 무기력성, 자원의 결핍이나 희소, 슬픔과 고통의 극복, 어렵고 외로울 때 마음의 평화와 위안을 얻기 위해서라고 한다.

이러한 종교는 하나의 실체로서 신비한 체험, 초월적 존재, 경험적 지식과는 일치되지 않는 신화적 사건 등을 포괄하면서 사회적 속성을 지닌다. 알다시피 중세사회에서의 종교는 사회의 거의 모든 영

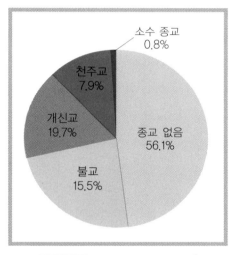

그림 9-1 한국의 종교인구 비율[2]

출처: 통계청(2016).

---

1) 프레이저는 『황금가지』라는 책에서 인간의 사고방식은 주술에서 종교로 종교에서 과학으로 진화한다고 언급했다(아야베 야쓰오, 2011, p. 28에서 인용).

2) 한국갤럽조사연구소의 한국인의 종교현황조사(2021. 3. 18.~4. 7.)에서는 만 19세 이상 1,500명을 대상으로 면접조사한 결과, 불교신자 16%, 개신교신자 17%, 천주교신자 6%, 종교 없음이 60%로 나타났다.

역에서 주도적 역할을 수행하였으며, 더 나아가 정부에 대한 교회의 주도적 역할, 많은 영지를 거느린 주권자, 교육의 주된 담당자, 사법권에 대해서도 일정 정도의 영향력 행사, 신자인 주민들의 행정적 관리 등 상당한 역할을 맡아 왔다.

2 사회과학자들의 종교연구

사회학은 초기부터 종교에 대해 지대한 관심을 가져왔다. 사회학의 창시자인 콩트(Comte)를 비롯하여 고전사회학자인 뒤르켐, 마르크스, 베버 등은 종교연구를 통해서 서구 사회의 구조와 변동을 파악하고자 하였다. 사회학자들은 종교의 발생, 종교의 기능, 종교의 변동은 사회라는 주어진 상황과 밀접히 관련된다는 사실에 주목한다. 그들은 신이나 초자연적인 현상의 존재 여부보다는 그것을 신봉하는 신앙인(신자)들이 나타내는 종교적 행위의 표현양식, 그러한 믿음이 신봉자에게 끼치는 영향, 사회제도로서의 종교와 사회의 관계 등에 관심을 가져왔다.

현대사회의 많은 사회학자는 종교를 사회체계를 이루는 신념체계 또는 상징체계로 간주한다. 그러면서 그들은 종교가 사회체계에 대해 끼치는 영향과 사회체계가 종교에 대해 미치는 영향, 즉 종교와 사회 간의 변증법적인 관계에 대해 연구한다.

종교진화론자들이 본 종교

종교진화론자들은 종교란 원래부터 신에서 출발한 것이 아니라, 원시인의 여러 가지 경험에 대한 반응 때문에 발생한 것이라고 보았다. 이들은 종교는 그 본질상 미숙한 과학이며 과학의 초기 형태라고 파악하였다. 즉, 종교는 다양한 경험을 이해하고 해석하려는 원시인들의 노력의 산물에 불과한 것이며, 그것은 훈련되지 않은 원시인들의 그릇된 사고와 이성의 산물이므로 대수롭지 않은 미숙한 과학이라고 보았다. 그래서 진실한 과학적 지식이 발전하면, 종교는 필연적으로 약화되고 결국에는 소멸될 운명에 놓일 것이라고 보았다. 이렇게 보면 종교진화론자들은 이전의 세속화이론을 보강하였고, 왜 종교가 과학에 의해 밀려날 수밖에 없었는지를 더욱 이론화하였다고 할 수 있다.

뒤르켐이 본 종교

최초로 종교를 체계적으로 연구한 학자인 뒤르켐은 종교가 사회를 하나로 묶어 줌으로써 사회적 갈등과 긴장을 해소시켜 집합의식(집합심성)을 마련함으로써 사회를 통합시킨다고 언급하였다. 또한 그는 사람들이 종교행위에 참여함으로써 도덕적 의무감을 부여받고, 이로 인해 생겨나는 집합적 행위와 공동의 유대에 관심을 가지게 된다고 언급하였다. 뒤르켐에게 종교는 현존하는 사회질서를 정당화하는 거룩한 힘, 즉 공통된 가치관과 도덕적 의무감을 갖게 해 주는 것이자 사회통합과 연대·유대를 강조하는 구조기능론적 시각과 맥락을 같이하는 것임을 엿볼 수 있다.

뒤르켐은 종교를 인간 경험의 산물로 보았다. 그는 종교를 정의하기 위한 전제로서, 인간의 경험을 신성한 것(聖, The Sacred)과 세속적인 것(俗, The Profane)으로 구분하였다.[3] 전자는 범속한 일상세계와는 다른 영역으로 세속 밖에 존재하며, 두려움과 외경의 감정을 불러일으키는 경험을 말한다. 후자는 노동과 범속한 세계가 중심을 이루는 일상생활의 경험을 말한다. 따라서 종교란 신성한 경험을 특징으로 하는 태도이고, 공동체적 유대감을 강화하는 기제인 의례(rite)와 의식(ritual)을 통해서 세속과의 근본적인 격리상태를 지속시킨다고 보았다.

그러면서 종교란 격리되고 금기시된 신성한 것과 관련된 것으로 믿음과 관행의 통합된 체계로서, 그러한 믿음과 관행을 고수하는 사람들의 집단인 교회라고 불리는 하나의 도덕적 공동체 속에 통합되어 있는 것으로 정의하였다. 그는 종교가 성립

---

3) 뒤르켐은 성(聖)과 속(俗)의 구분이 종교적 신념의 근저에 보편적으로 깔려 있는 본질로서, 성은 오직 속과의 관계 속에서만 규정된다고 언급한다. 그러면서 그는 신앙, 신화, 교리, 전설 등의 종교적 사상은 성스러운 것들의 본질로 종교적 실천인 의례를 통해 성의 오염을 방지하고 성의 지위를 유지시킨다고 보았다. 여기서 의례란 성물(聖物, 예수상, 부처상 등)에 명예를 부여하는 행위를 의미한다.

되기 위해서는 신성한 경험을 토대로 한 존경의 대상, 즉 숭배의 대상이 존재하여야 하고, 의례와 의식이 갖추어져 있어야 하며, 구성원들 사이에 공동체적 관계, 즉 신자공동체가 형성되어야 한다고 주장했다.

뒤르켐은 종교적 대상은 상징(신) 뒤에 잠복해 있는 집단 자체인 사회이며, 신은 사회가 실체화(객체화)된 것으로, 집단이 인격을 가진 살아 있는 구체적인 대상으로 변화되어 나타난 것이라고 설명하였다. 따라서 그는 종교란 전통이 신성화된 것이며, 신성한 경험 뒤에 잠복해 있는 실체는 사회의 도덕과 규범이고, 종교의 원리는 사회의 권위에서 유래하는 것이라고 간주하였다.

그에 따르면 신에 대한 예배란 개인이 의존할 수밖에 없는 위대한 실체인 사회에 대한 예배로, 종교를 신봉한다는 것은 결국 자신이 몸담고 살고 있는 사회를 믿는 것이다. 그렇기 때문에 뒤르켐은 종교의 실제적인 사회적 기능은 사회를 보다 강하게 믿고 의지하게 함으로써 사회적 유대를 조성·강화·유지하는 데 있다고 설명하였다. 그러나 그의 정의는 지나치게 사회결정론적이라는 점에서 비판의 대상이 되고 있다.

포이어바흐가 본 종교

헤겔(G. Hegel)에게서 가르침을 받은 철학자이자 종교비판가였던 포이어바흐(L. Feuerbach)는 종교에 대해 1841년에 저술한 『그리스도교의 본질』에서, 그리스도교가 믿고 있는 하나님이나 신앙체계는 따로 존재하는 어떤 초월적 존재나 내세에 대해 말하는 것이 아니고, 인간의 소망을 말하고 있는 것이라고 하였다. 따라서 종교는 인간의 가장 높은 열망을 우주적으로 투사한 것에 불과하다는 이론을 전개하였다. 또한 그는 하나님은 인간이 성취하고자 하는 힘과 재능, 미래와 완성을 표현하는 상징적 언어에 불과하다고 보았다.

그의 말에 따르면, 종교는 인간에 대하여 말하는 것이지 신에 대하여 말하는 것이 아니다. 종교는 인간의 영광스러운 운명에 대하여, 삶에 숨겨져 있는 의미와 힘, 희망에 대하여 말하는 것이다. 사람들은 자신의 높은 열망을 절대적인 것에 투사해서 숭배하였기 때문에 자신들을 무능하고 도움이 필요한 존재로 간주하게 되었고, 그 결과 자신 안에서 분열이 발생하고 자기소외가 발생하였다는 것이다. 그래서 종교는 인간소외의 한 형태이며 인간이 자신을 상실하였다는 것을 말해 준다. 종교 안에서 인간은 자신의 소망을 투사해서 절대적인 신으로 만들어 놓고 그 사실을 모른채, 그 투사물에 대하여 공포를 느끼고 복종을 서약하는 것은 인간들의 최악의 비극이라는 것이다. 이렇게 보면 신은 인간의 상상력의 산물이자 창조물인데도 사람들은 그것을 별도의 존재로 착각하고 그 지배를 받고 있다는 점에서 볼 때, 종교는 인간의 심각한 소외를 의미한다는 것이다.

다시 정리하면, 포이어바흐가 언급하는 종교란 인간 스스로 만들어 낸 관념과 가치들이며 하나의 환상에 불과한 것이다. 또한 그는 인간은 무능하고 도움이 필요한 존재로서 인간 스스로 자신의 능력을 포기하고, 대신에 열망을 신에게 투사한다고 하였다. 따라서 우리 자신이 창조한 종교적 상징들의 본질을 이해할 필요가 있다고 주장하였다.

마르크스가 본 종교

포이어바흐의 많은 영향을 받은 마르크스는 종교를 인간이 만들어 낸 생산물이자 창조물에 불과하다고 보면서 동시에 인간 열망의 투사물이라고 하였다. 따라서 인간이 만들어 낸 하느님은 인간의 자의식과 자부심 이외에 아무것도 아니라고 하였다.

또한 마르크스는 비인간적이며 냉혹한 사회, 인간에게 사회적 소외와 고통을 안겨 주는 사회에서 종교가 발생한다고 주장하였다. 그리고 비인간적인 사회에 사는 사람들 중에서도 특히 소외되고 고통스럽게 사는 인간들이 자신의 소망을 투사하여 종교를 만든다는 것이다. 그러면서 종교는 하나의 의식으로 사회에 의하여 생산되는 사회의 산물이라고 하였다. 신앙체계와 신은 사회의 생산품에 불과하며, 좋은 사회와 인간적인 사회에서는 종교가 발생하지 않는다고 보았다.

그러면서 그는 종교가 민중의 아편(레닌은 종교를 민중의 정신적인 술이라고 하였다)으로, 불쌍하고 억압받은 사람들에게 내세의 보다 나은 삶을 약속함으로써 현재의 불평등을 정당화하는 강력한 이데올로기적 요소로 작용해 왔다고 주장하면서 종교는 심장이 없는 사회의 심장, 즉 일상적 현실의 가혹함을 잊게 하는 피난처와 같은 것으로 표현하였다. 그는 종교란 인간의 자기소외의 극치를 보이는 것이라고 주장하였다.

베버가 본 종교

베버[4]는 서양의 천주교와 개신교, 중동(Middle East)의 이슬람교와 고대 유대교, 인도의 불교와 힌두교, 중국의 유교와 도교에 주로 관심을 두었다. 종교연구를 통해서 베버는 종교가 초자연적인 존재에 대한 관념과 행동을 보여 주기는 하지만 현대사회에서 사회구성원들은 종교적 관심, 상징, 제도의 영향을 점차 덜 받는다고 했다. 이를 통해 알 수 있듯이 베버는 종교의 본질에 대한 것보다는 오히려 종교와 종교가 아닌 것을 구분하고 분별하는 것, 종교의 경계선에 대해 더 많은 관심을 보여 왔다고 할 수 있다. 당시의 마르크스를 비롯한 학자들이 종교의 본성이나 기원에 많은 관심을 둔 데 비하여, 베버는 종교의 기원보다는 그 사회적 역할과 기능에 자신의 관심을 집중시켰다.

종교의 사회적 역할은 기존 체제를 유지하는 것만이 아니라 진정한 사회변화를 초래하기도 한다고 주장하였다. 따라서 종교가 사회변동에 중요한 동인으로 작용한다고 보았다. 동양사회의 종교는 사회변화를 막는 중요한 요인으로 작용한 반면, 서구사회의 종교는 오히려 사회발전에 기여하였다고 본 것이다. 즉, 청교도주의의

---

4) 베버는 종교의 기원보다는 사회적 역할과 기능에 중점을 두었다. 베버는 그의 제자 오펜바허(M. Offenbacher)가 한 경험적 연구로부터 비롯한다. 당시에 가톨릭 신자들과 프로테스탄트 신자들을 비교하는 것이었는데, 상당히 높은 비율의 프로테스탄트들이 자본을 소유하고 있고, 기업가였으며, 현대 상업에 있어서 아주 자질이 높은 기술자들이면서, 두드러지게 경제적 합리주의의 성향을 가지고 있었던 데 반해, 가톨릭시즘은 보다 비세속적이고 금욕적인 여러 특징을 가지고 있음으로써 현세의 재화에 대해 한결 무관심한 태도를 취하였다는 점에 주목하였다. 다시 언급하면, 개신교 윤리가 근대 자본주의 생성에 커다란 영향을 미쳤다는 것이다. 그 이유는 역사적으로 개신교를 믿는 지역이 가톨릭을 믿는 지역보다 상대적으로 산업화가 되어 있고, 개신교도들이 가톨릭교도보다 부유하기 때문이라고 그의 문헌에 제시하였다.

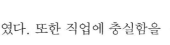

예정설이 자본주의 확산과 발전의 근원이 되었다고 하였다. 또한 직업에 충실함을 강조한 소명의식, 이성적인 삶, 직업적인 성공, 금욕주의 등이 자본주의 발전에 커다란 영향을 미쳤다고 보았다.

3 종교의 기능과 양면성

　종교는 인간과 사회의 요구에 의해 생겨난 제도로, 그 요구를 충족시키기 위한 여러 가지 기능을 수행한다. 이러한 종교는 사회갈등을 유발하는 이데올로기적 기능을 수행함은 물론, 사회변화의 근원이 되기도 한다.

종교의 개인적 기능

▶ 종교는 개인에게 정체감을 부여한다. 종교집단에의 참여와 신자공동체 내에서의 친교를 통하여 귀속의식(소속감)을 더욱 강화한다.

▶ 종교는 인간의 사회화를 촉진시킨다. 종교적 가치와 규범은 인간의 성장발달에 준거기준을 제공함으로써 그의 학습과정에 관여하여 사회화 및 정체감을 조성한다.

▶ 종교는 개인에게 정서적인 안정을 부여함으로써 사회적 적응을 돕는 기능을 수행한다. 종교는 인간들로 하여금 불확실성에 대해서는 정신적인 지주가 되고, 슬픔과 고통에 대해서는 위로를 제공하며, 사회적 목표와 규범에서 소외되었을 때는 사회와 화해하도록 돕는 기능을 수행한다.

▶ 종교는 개인으로 하여금 초월적인 존재와 교감하는 경험을 할 수 있게 한다. 결과적으로 종교는 인간들로 하여금 삶과 죽음, 나아가 우주의 궁극적 의미 및 가치를 찾는 데 도움을 준다(죽음에 직면한 인간에게 두려움에 대한 해답을 제시).

▶ 종교는 인간들로 하여금 슬픔과 고통을 극복하도록 하고, 어렵고 힘들고 외로

울 때 마음의 평화와 위안을 얻도록 도와준다. 인간의 삶은 신의 계획의 일부분에 속한다는 가르침이 고통과 슬픔으로 가득 찬 세상을 참아 나갈 수 있도록 도움을 주기도 한다.

종교의 사회적 기능

▶ 종교는 사회의 접착제(bond) 구실을 한다. 종교는 사회통합의 기능을 수행하며 일상사의 지침 역할을 한다(예: 네 이웃을 사랑하라).

▶ 종교는 사회의 기본 구조를 정당화해 준다. 종교는 기득권을 가진 집단의 권익을 강화시켜 준다. 에덴동산의 신화에서 보듯이 남성 우위를 정당화하거나 부(富)가 불공평한 사회에서는 '부'란 신의 축복이라고 강조하는 것 등이 그러하다.

▶ 종교는 사회적 적응을 도와준다. 미국과 같이 여러 인종과 민족이 혼합된 사회에서는 종교의 적응기능이 뚜렷이 나타난다. 즉, 불확실한 상황에서 종교가 같다는 것은 친교를 증진시켜 주며, 주체의식을 갖는 데 절대적인 도움이 된다.

▶ 종교는 그 사회의 문화적 전통과 가치를 지지함으로써 사회통합에 기여하며 화해적 가치를 제시하여 사회통합에 기여한다.

▶ 종교의 예언자적 기능으로, 종교는 기존 사회질서의 모순과 부조리, 경제적 불평등, 부정의, 부패, 타락 등을 고발하고 새로운 가치기준을 제시함으로써 사회발전에 기여한다.

종교의 역기능

▶ 종교는 주어진 현실에 대한 항거를 억제하고 상황변화에 따른 사회변동을 저지하기도 한다.

▶ 종교는 초월적 존재와 관계를 맺는 사제(司祭)적 기능을 수행함으로써 한정된 이념과 편협한 태도를 강화시켜, 환경을 변화시키려는 인간의 노력을 저지하기도 한다[예: 인샬라(Insala)—신의 뜻으로].

▶ 종교가 수행하는 귀속기능은 사회적 분열이나 갈등을 유발하는 원인이 되기도

한다[한 종교 내의 종파 간 싸움을 의미하는 것으로, 대표적인 사례로는 약 10만 명의 전사자와 부상자를 낸 1980년의 이란(시아파)과 이라크(수니파) 전쟁이 있다].

▶ 종교는 인간 자신의 능력계발보다는 초자연적 존재나 종교집단에 의존케 하여 인간의 자주적인 능력계발을 억제하고, 나아가서는 사회발전을 저지하는 역기능적 역할을 수행한다.

▶ 종교의 예언자적 기능은 기존 사회질서의 해체나 전복을 가져와 사회변화의 근원이 되기도 한다. 기존 사회질서의 전면적인 개편을 요구하면서 혁명을 외치는 극단주의적 종파운동이나 새로운 사회의 도래를 약속하는 메시아(구세주, Messiah)[5] 출현에서 흔히 보인다.

4 종교와 사회변동

유사 이래로 인간의 삶에 크나큰 영향을 미쳐 온 종교와 인간이 몸담고 살고 있는 사회는 상호 밀접한 관계를 맺어 왔다. 마르크스로 대표되는 유물론자들은 종교가 사회변동을 촉진시키기보다는 오히려 그것을 저지한다고 주장한 반면, 베버는 종교도 사회변동의 중요한 동인이라고 강조하였다.

마르크스

마르크스는 사회구조를 경제적 생산관계를 의미하는 토대인 하부구조와 관념, 제도 등을 의미하는 상부구조로 구분하면서, 종교는 상부구조에 속한다고 주장하였다. 종교는 주어진 사회의 경제질서를 반영하는 인간의 의식에 불과하므로 생산

---

5) 메시아는 기독교에서 예수를 의미하는바, 황금기의 영광을 되찾아 줄 선지자, 초인적 능력을 가진 이스라엘 통치자, 즉 구세주를 의미한다.

관계가 변화하면 당연히 변화될 수밖에 없는 것이라고 하였다. 따라서 마르크스는 모든 종교가 사회변동을 저지하고 현재의 사회구조를 정당화함으로써 사회변동 내지는 혁명을 저해하고 기득권층인 지배계급의 이득과 부를 정당화하여 피지배계급의 희생을 묵과하는 기능을 수행한다고 언급하였다.

그러면서 마르크스는 종교를 인위적 종교와 자연종교로 구분하였다. 인위적 종교는 분업의 발전과 계급의 분화에 따라 지배계급이 피지배계급을 기만하고 착취하기 위해 만든 종교라고 하였고, 그것은 기존 사회질서를 정당화 · 합법화함으로써 사회개혁이나 사회변동을 억제하는 보수적 기능을 수행한다고 주장하였다. 반면, 자연종교는 원시인, 미개인들의 그릇된 관념이나 무지에서 발생한 자발적 종교라고 하였다.

베버

베버는 종교가 사회변동의 중요한 역할을 수행해 왔다고 주장하였다. 그는 종교가 사회발전에 중요한 동인으로 작용해 왔다고 하였다. 칼뱅주의(Calvinism, 프로테스탄티즘)의 교리 속 노동윤리, 금욕사상 등이 자본주의의 성장에 기능적으로 작용하여 왔음을 강조하였다. 그는 『프로테스탄티즘 윤리와 자본주의 정신』에서 '모든 부의 주인은 신이고 인간은 다만 관리자일 뿐'이라는 교리로 인해 축적된 부는 사회에 재투자되며, 이러한 재투자는 자본을 형성함으로써 서구사회의 자본주의 발전에 기여하였다고 주장하였다.

벨라

베버와 입장을 같이하는 벨라(R. Bellah)[6]는 일본 근대화에 영향을 준 도쿠가와(德

---

6) 벨라는 일본의 근대화에 대해서 신도이즘뿐만 아니라 메이지유신 이래의 사무라이정신(武士道)도 커다란 기여를 하였다고 보았다. 즉, 사무라이정신이 칼뱅주의 교리와 마찬가지로 근면하고 겸손한 생활태도, 군주에 대한 헌신적 기여, 효도를 미덕으로 하는 태도로 정치제도(정치적 조직체)의 혁신을 가져왔으며, 자본주의 경제체제를 활성화하는 데 강력한 힘으로 작용하였다고 지적한 것이다.

川)종교 연구를 하였다. 그는 일본의 고유 종교인 신도이즘(神道, Shintoism)이 근대 일본 사회의 핵심가치에 적극적으로 관여하여 정치적 혁신을 동기화·정당화하였으며, 근면과 검약을 통해 금욕주의 윤리를 진작시킨 결과, 경제와 정치에 있어서 합리적인 행동을 고무시켜 일본의 근대화에 기여하였다고 주장하였다.

인본주의 사회학자

인본주의 사회학자들은 인간이 종교를 만들었다는 점에서 신이란 인간의 권력이나 자의식을 가상적인 물체에 투사함으로 인해 나타난 결과로 인간소외의 극단적인 표현이라고 본다. 따라서 종교는 현재 삶에서 억압받고 있는 사람들에게 내세의 보다 나은 삶을 약속해 줌으로써 현세에 더 나은 삶을 창조할 수도 있는 가능성을 봉쇄하는 보수적 기능을 수행한다고 보고 있다. 이는 인간이 종교를 만들었지, 종교가 인간을 만든 것은 아니라는 입장이다. 다시 말해, 인간이 창조한 신은 인간소외의 극단적 표현이라고 본 것이다.

급진적 신학자

남미의 급진적 신학자들 사이에서는 성직자들의 예언자적 역할을 강조함으로써 종교는 가치관의 혼란과 도덕의 부패를 방지하고 부당한 권력에 대항하여 저항할 수 있는 세력으로 남아 충분히 혁신적인 기능을 할 수 있다고 본다. 그런데 종교가 보수적인가, 혁신적일 수 있는가의 문제는 종교가 기반을 두고 있는 사회 전체의 구조적 특성을 고려하지 않고서는 그 판단이 불가능하다.

5 변화하는 종교와 종교의 제도화

제도화과정 속의 종교

종교제도도 다른 집단과 마찬가지로 조직이 정비되고 행위규범이 체계화되는 제도화의 과정을 거친다는 사실을 보여 준다. 몇몇 사람이 모여 성물을 대상으로 독특한 의식을 행하는 소집단으로부터 일종의 공동체로 확대되는 과정을 거치면서 종교는 비로소 기본요소들을 갖추고 소기의 기능을 수행하게 되는 것이다. 이 과정에서 내부적으로는 보편성을 띤 교리가 정립되며 의식이 정교해지고, 이에 따라 성직자의 역할이 전문화되어 나오게 된다. 외부적으로도 안정된 기반을 마련해 가는데, 즉 사회로부터 종교제도의 존속에 필요한 인적 · 물적 자원을 지원받는 동시에 사회 및 개인에 대해서는 그들의 욕구를 충족시켜 줌으로써 상호의존적 관계를 공고히 하게 된다.

종교의 제도화

종교는 창시자와 추종자의 종교적 경험을 토대로 발생한다. 이때의 경험은 카리스마적 경험이다. 종교 창시자가 갖는 카리스마적인 권위는 추종자를 불러 모으고 그들에게 소명의식(召命意識)을 불러일으키는 원천이 된다. 이와 같이 카리스마적 경험에서 종교집합체가 형성되고, 종국에 가서는 하나의 거대한 조직체로 발전하게 되는 것이다.

종교의 제도화란 카리스마적 경험을 토대로 한 초기의 종교집합체가 하나의 확립된 종교로 발전되어 가는 과정을 말한다. 대부분의 종교는 초기에 소멸되는 경우가 많다(위기극복이 중요). 그러나 이러한 위기를 극복하는 경우 초기의 종교집합체는 사회와의 관계를 통하여 제도화의 과정을 거치면서 더욱 발전하게 된다. 이러한 위기의 극복은 대체로 창시자의 카리스마를 관습화하고 자체의 응집력을 강화하며 지식계층을 영입함으로써 이루어진다.

종교의 제도화과정은, 첫째, 지적 차원으로서 신학과 교리의 체계화로 나타나고, 둘째, 숭배의 차원으로서 의식의 발전으로 진행되고, 셋째, 조직체의 차원으로서 신자공동체 또는 교회집단의 조직화로 구체화된다.

6 종교의 세속화

오늘날 종교의 움직임 가운데 주목할 것으로 종교의 세속화(secularization)[7] 현상을 들 수 있다. 현대사회에서 사회에 대한 종교적 영향력이 감퇴되는 현상을 세속화라고 부른다. 세속화란 사회·문화가 종교제도 및 종교적 상징의 지배에서 벗어나는 과정을 의미한다. 과거에는 종교사상이나 종교적 해석을 통해 이해되었던 많은 현상이 이제는 과학적이고 합리적인 세계관에 힘입어 설명됨으로써 종교의 의미가 상대적으로 축소된 것이 사실이다.

버거(P. Berger)는 세속화를 사회나 문화의 어떠한 영역이 종교적인 제도, 상징체계에서 벗어나는 과정이라고 정의하였다. 윌슨(B. Wilson)은 세속화를 초자연적인 실체나 법칙에 관한 확신이 엷어짐으로써 결국 교회와 같은 종교제도의 사회적 영향력이 약화되는 현상이라고 정의하였다.

이 밖에도 세속화는 종교로부터 이탈, 탈그리스도화, 이교도화, 공적 생활에서의 종교적 권위가 후퇴하여 개인적 세계에 한정되는 현상 등을 지칭한다. 윌슨은 세속화의 근본적 요인으로 다음의 네 가지를 언급하고 있다.

---

7) 세속화라는 용어는 1618~1648년, 즉 역사상 최대의 종교전쟁이었던 30년간의 종교전쟁이 끝나고 맺어진 베스트팔렌조약(Peace of Westfalen)에서 유래한다. 이 조약의 체결로 인해 그동안 교회가 갖고 있던 영토나 재산이 왕에게 귀속되는 현상을 세속화라고 하였다.

▶ 산업화의 진전으로 경험과 합리성을 바탕으로 하는 과학주의 정신이 초월주의
적 신앙을 대신하게 됨에 기인한다.

▶ 산업화에 따라 강화되는 국가의 지배력이 종교의 권위를 상대적으로 약화시켜
종교를 상징적인 수준으로 국한시킴에 기인한다.

▶ 산업사회에 점증되는 공리주의적이고 현세적인 가치관이 내세적 가치 대신 현
세적 가치에 대한 관심을 고조시킴에 기인한다.

▶ 지역적 · 사회적 이동의 증대로 인해 종교적 심성이 안주할 수 있는 공동체적
기반이 상실됨에 기인한다.

그러나 종교의 세속화 현상을 긍정적으로 해석하는 편에서는 종교의 관심이 죽
음, 영혼, 내세 등과 같이 추상적이었던 것에서 이 세상의 구체적인 문제로 돌려짐
으로써 오히려 더욱 보편화될 수 있다고 보기도 한다. 결국 이와 같은 움직임은 보
수적이든 혁신적이든, 급격한 사회변동으로 인해 파급된 제도와 의식 간의 지체현
상을 메우거나 어느 한편에 적응하려는 노력이라고 볼 수 있다.

 ## 7 보이지 않는 종교와 시민종교

벨라는 미국 사회가 다양한 인종으로 구성되어 있고 고도의 산업화과정을 걷고
있지만, 민주주의와 사회통합의 근원이 종교적 상징체계에 있다고 설명한다. 그
는 미국의 정치행태나 대통령들의 취임연설을 분석해 보면, 메시아적이고 출애굽
(Egypt)적인 선민사상[8]이 내포되어 있다고 강조한다. 미국에는 국교는 없지만 메시

---

8) 출애굽적인 선민사상은 이스라엘 민족이 해방되어 모세에게 인도되면서 이집트 땅을 떠나 젖과 꿀이 흐르
는 가나안 땅으로 들어갔던 것에 기초하여, 신이 특정한 민족이나 특정한 사람들을 구원하기 위해 선택했
다는 사상을 의미한다.

아적인 종말론을 강조하는 시민종교(또는 공민종교, civil religion)가 있다는 것이다. 이것이 미국 사회의 민주주의를 지탱하고 국민을 통합하는 원천이라고 설명하였다. 즉, 종교적 상징이 도덕적 규범을 제공해 주고 있으며 모든 사회성원을 일치시킨다고 주장한다.

미국 정치가들은 연설 중에 신을 자주 호칭(거명)하는바, 신이라는 말로 뒷받침하려는 그들의 정치적 주장은 기존의 종교들이 강조해 온 전통적인 종교적 덕목과는 다른 현대사회의 세속적 가치를 지향하는 것이며, 신은 십계를 의미하는 신이 아니라 자유, 평등, 인권, 복지 등을 의미하는 신이다.

루크만(T. Luckman)은 산업사회에서는 사회구성원들 사이의 연대성이 단절됨으로써 자기 나름대로의 삶의 의미를 묻고 자신의 행동을 목적(자신만의 신념이나 우상, 목표)으로 삼는 경향이 높게 나타난다고 주장한다. 그는 현대사회의 종교는 전통적인 종교개념으로는 도저히 포착할 수 없는 개인 종교 내지는 보이지 않는 종교(invisible religion)의 형태로 변화된다고 설명한다.

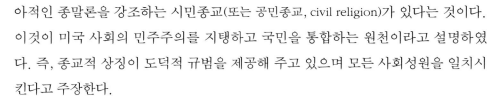

8 신흥종교(사이비종교)

한국 사회의 신흥종교는 유교의 퇴행 이후 다양한 종교의 각축전 속에서 생겨난 것으로 기성종교인 제도종교로부터 소외된 사람들이 믿는 성향이 강하다. 또한 IMF로 야기된 사회적 불안, 종교 자체의 광기 혹은 광신성의 내재에 기인한 것이라고도 한다. 이는 사회가 정의롭지도 못하고, 사회적으로 많은 문제를 안고 있기 때문에 발생한 것으로 풀이된다. 이러한 신흥종교는 사회의 혼란과 무질서, 병든 사회, 상대적 박탈감의 만연, 제도종교와 기성종교의 권위주의화, 급격한 사회변동, 사회병리현상의 팽배로 인해 창궐하는 것으로 지적된다.

신흥종교가 사회문제로 대두되는 이유로는 교리 자체의 비윤리성, 종교지도자

개인의 비도덕성(신도들을 성폭행하거나 신자들의 재산을 갈취함), 반사회적 종말론, 극단적인 구원에 대한 맹신과 독선, 자기공동체에 대한 절대적 순종과 단절, 매우 배타적인 인간관계 등이 거론된다.

 ## 9 한국 사회 종교의 문제점과 대책

　한국인이 종교를 믿는 이유는 사업번창, 무병장수, 자녀의 대학시험 합격, 승진이나 출세 등에 많은 관심을 가지는 기복적인 성향에서 찾아볼 수 있다. 이와 관련하여 한국인의 관념을 구성하고 있는 종교관을 살펴보면, 윤리관은 유교적, 인생관은 불교적, 행동철학은 기독교적, 숙명관은 무속적이라고 지적되기도 한다. 한국 사회의 종교 중 유교, 불교, 기독교 등의 특징을 살펴보자.

▶ 유교는 과거의 사회규범이자 도덕적 잣대로서의 역할을 담당하여 옴으로써 정치, 사회, 문화에 지대한 영향을 끼쳤다. 다시 말해, 한국인의 의식구조를 지배하여 왔으나 현재는 종교로서의 영향력을 상실하고 있다.

▶ 불교는 인격 도야, 자기성찰을 통해 욕심 없이 평화롭게 깨끗한 마음을 가질 수 있는 것으로 자비, 생명존중, 타 종교에 대한 관용, 나의 내면세계를 중요시하고 있다.

▶ 기독교는 그들이 믿는 하나님이 절대적으로 옳고 정의로운 신이며, 모든 인간은 죄인이므로 이를 믿지 않는 것은 죄라고 여긴다. 신과의 직접적인 소통(기도)과 간접적인 소통(성경)을 중시하고 있으며, 배타적 유일신교로 자리 잡고 있다.

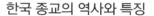

한국 종교의 역사와 특징

1960년대 이후의 종교 성장은 한국의 거의 모든 종교의 공통된 현상이었다. 그러나 1980년대까지 놀랍게 성장해 왔던 한국 종교들이 1990년대에 와서는 그 성장이 현격하게 둔화되어 쇠퇴의 기미까지 보이고 있다. 중요한 것은 한국 종교의 성장에 결정적인 영향을 미친 것이 사회변동 상황이라면, 그 성장을 둔화시키거나 교세를 감소시키는 데 중요하게 작용한 것도 또 다른 사회변동의 상황이라는 점이다.

한국 종교 급성장의 상황적 요인(1960~1980년대)

한국 종교 성장의 밑거름이 되었던 것은 문화적 요인이다. 한국의 수용적이고 적극적인, 감정적이고 열정적인, 무교적이고 기복적인 종교문화가 개신교를 포함한 한국 종교 전체의 성장에 기여한 원동력이다. 그러나 특히 1960년대 이후 몇십 년 간의 한국 종교들의 양적 급성장은 급격한 사회변동이라는 상황적 요인에 결정적으로 힘입은 바가 크다.

▶ 정치적 변동: 1960년대 이후의 한국의 정치 상황은 불안과 공포, 긴장과 갈등의 연속이었다. 군부에 의해서 장기화·절대화된 독재정치권력은 사람들에게 심리적인 불안과 긴장을 가중시켰다. 이러한 한국의 불안한 정치적 상황 가운데 종교들은 안정과 복지감을 마련해 주면서 성장할 수 있었다.

▶ 경제적 변동: 한국 사회는 1960년대 이후 급격한 경제 성장이라는 경제적 변화를 겪어 왔다. 그러나 분배정책의 실패로 인하여 경제적 불평등이 심화되고, 이에 따라 상대적 박탈감이 확산되었다. 이러한 경제적 상황은 사람들에게 물질적 축복의 기대에 대한 강한 동기를 부여하였다. 특히 희망을 주고 용기를 북돋아 주는 종교의 메시지와 분위기는 박탈감을 느끼고 물질적 보상을 기대하는 이들에게 커다란 위안과 힘이 될 수 있었다.

▶ 사회적 변동: 한국 사회는 1960년대 이후 산업화가 이루어지면서 급격한 도시화 과정을 겪게 되었다. 급격한 도시화는 공동체성의 붕괴와 정체성의 상실을 초

래하였다. 이때 한국 종교들은 사람들에게 소속의식을 제공하고 삶의 의미를 부여함으로써 공동체성과 정체성을 마련해 주었다.

한국 종교 쇠퇴의 상황적 요인(1990년대)

▶ 대체종교(여가산업)의 발달: 여가산업은 현대인의 긴장 해소 및 정신적 치유의 좋은 수단이 되며, 따라서 사람들의 개인적인 위기 극복의 대안이 되고 있다. 여가산업이 급격히 발달하기 시작한 시기와 종교 성장이 둔화되기 시작한 시기가 대체로 일치하고 있는 것은 우연이 아닐 것이다. 그러나 여가산업만이 기성종교에 대한 대체종교는 아니다. 민족주의, 민주주의와 같은 확립된 이데올로기, 정신의학과 상담기술 등도 기성종교에 대한 경쟁세력이 되고 있다. 많은 사람이 과거에 종교로부터 얻을 수 있었던 것(긴장 해소, 정신적 치유, 심리적 안정)을 이제는 대체종교에서 얻고 있는 것이다.

▶ 경제 성장에 따른 사회경제적 동기의 약화: 생존문제의 절박성에 대한 보상 효과가 있는 종교에의 기대심리는 상대적으로 감소된다. 경제적인 여유는 사회적·심리적 여유까지 만들어 내면서 종교 이외의 것, 예를 들면 '인생을 즐기는 것'에 대한 관심을 증대시킨다.

▶ 정치적 상황의 변화: 정치적 혼란과 불안의 사회적 상황에서는 사람들이 심리적 안정과 복지감을 종교에서 추구하는 경향이 많다. 반면에 정치적인 안정과 민주화가 이루어질수록 정치적 긴장과 불안, 공포와 불만은 감소되고, 이에 따라 종교를 통하여 문제를 해결하려는 사회심리적 동기는 약화된다.

그러나 한국 사회의 종교, 특히 교회는 많은 문제를 안고 있다. 이를테면 종교조직 자체의 거대조직화[예: 메가처치(mega church)], 엄격한 서열제도 확립, 물량주의화, 성장지상주의, 자본주의 제도와의 영합, 종속화 등을 거론할 수 있다. 그리고 헌금(獻金)의 10% 미만만을 사회봉사에 쓰는 것으로 나타나, 종교가 종교 본연의 자세에서 상당히 어긋남을 보여 주고 있는 실정이다. 또한 정치 혹은 권력과 결탁하거나 종교가 정치적·사회적 문제에 지나치게 많은 관심을 보이고 있다. 그러면서 수행이나 영성마저 상업화되고 있고, 성직자가 비즈니스맨에 가까운 모습을 보이고 있으며, 타 종교를 인정하지 않는 배타적 선교(종교 간 갈등과 마찰 초래), 파벌주의, 집단이기주의, 불투명한 재정관리, 부동산 투기 등의 문제를 보이고 있다.

따라서 가난, 질병, 슬픔, 고통으로 가득 찬 삶을 힘겹게 살아가는 사람들, 희망 없이 살아가는 사람들, 사회적으로 소외된 자, 불우한 이웃들을 도와야 하는 종교 본연의 모습과 정신, 즉 나눔과 베풂, 돌봄, 치유로 돌아가는 초심의 자세가 더욱더 필요하게 되었다. 이를 토대로 하여 정치 및 사회와의 거리 유지(권력지향성으로부터 거리를 둠), 물량적 성장주의 지양, 재정관리의 투명성 제고, 교역자 양성기관의 요건 강화, 종무행정의 대폭적 지방 이양, 타 종교 배려 및 종교 간 대화를 위한 주기적 모임 등이 필요한 상황이다.

종교는 과연 유익한가

요즘 한국 사회 종교의 숨은 신은 바로 돈이라고 한다. 그만큼 종교가 영성 추구보다는 자본의 굴레에 예속되어 있다는 의미이다. 교회와 성당건축물의 초대형화, 사찰의 외모지상주의가 그 대표적인 예라 할 수 있다. 어떤 사람은 오늘날 한국 종교는 스스로가 가난하지 않기 때문에 가난한 사람을 제대로 돌보지 못한다고 한다. 모름지기 종교는 가난의 정신이 시작이고 끝이 아닌가? 종교가 초심을 잃고 헐벗고 굶주린 자와 멀어지고 있다는 지적이 슬프다. 어떤 목회자는 루터의 500년을 맞은 종교개혁에 빗대어 새로운 종교개혁이 필요하다고 언급한다. 이렇게 크게 변해 버린 종교에 대한 제 학자들의 견해를 부정적 측면과 긍정적 측면을 중심으로 살펴보자.

종교를 믿는 사람들이나 성직자들은 이 질문 자체가 불경스럽다고 한다. 왜냐하면 종교는 경험적 진리를 넘어선 것으로 실재와 관련되어 있다고 보기 때문이거나 또는 종교는 도구적 합리성보다 가치합리성을 더 추구하고 있기 때문이라고 한다.

프로이트(Freud), 엘리스(Ellis)로 이어지는 진영의 입장은 종교의 부정적 측면을 부각시켜 왔다. 프로이트는 인간이 과도한 욕망으로 조상을 살해하면서 생긴 죄의식 때문에 종교를 필요로 하였다고 본다. 종교는 죄의식을 해소하는 데 도움을 주는 강력한 귀속대상을 제공한다는 것이다. 그래서 종교는 결국 원죄라는 강박관념적인 죄의식에 뿌리를 두고 있기 때문에 정신질환의 원천이 되고 있다고 생각한다(Belzen, 1992). 그에 따르면 종교는 지성의 합리적인 노력에 의해 어느 정도 극복될 수 있지만, 개인들의 신경증에 기여하는 역사적 유산이라는 것이다. 엘리스는 종교는 절대적인 정명을 믿도록 함으로써 유연성, 개방성, 관용성, 변화에의 적응을 해친다고 보았다(Ellis, 1980). 그는 독실하고 정통적이며 교조적인 종교성은 문제에 대한 객관적, 합리적인 판단을 저해하여, 독실하고 종교적인 사람들을 경직되고, 폐쇄적이며, 불관용적이고 변화에 저항적이게 만든다는 것이다.

프루이저(Pruyser, 1977)는 종교가 개인 및 사회에 미치는 부정적 영향을 언급하였는 바, 첫째, 종교는 맹신을 독려함으로서 이성적 판단을 흐리게 하고, 둘째, 사랑과 관용보다는 억압된 증오, 분노, 복수심 그리고 집단 밖의 사람들에 대한 편견을 내면화하여 공격적 충동을 축적시키고, 셋째, 이성적 사유를 마비시키고 종교적 권위에 맹목적으로 복종케 하여 의존심을 심화시키고, 넷째, 사건의 원인들을 사탄이나 악의 세력 등 외부로 귀속해 자아통제감을 약화시키며 자기 행위에 대한 책임감을 상실케 하고, 다섯째, 자신이 선택된 사람이라 생각하고 타인들에 대한 편파적이고 일방적, 독선적인 판단을 조장하고, 여섯째 과도한 죄의식에 사로잡혀 정상적인 판단이나 삶을 영위하지 못하게 함은 물론 자신을 학대하게 만들고, 일곱째 종교적 불안감과 자의식이 강박관념으로 작용하여 과도한 종교적 몰입을 부추겨 현실생활을 곤란케 한다고 하였다.

종교의 이중성을 고발한 알코크(Alcock, 1992)는 한편으로 종교는 보편적 가치를 위해 자기희생을 강조하지만, 또다른 한편으로 종교는 편견과 불관용, 박해, 전쟁의 주도자였다고 언급했다. 종교는 또한 과도한 죄의식과 왜곡된 종교적 양심이 강박관념적 정신질환을 조장하여 왔다고 한다. 보텀과 그의 동료들(Bottom et al, 1995)은 종교적 신념이 어린이들에게 정신적, 육체적 학대를 조장하고 정당화하여 왔다고 주장했다. 의료처치와 같은 것을 소홀히 하여 위험에 빠트리게도 한다고 언급했다. 후드(Hood, 1992)는 종교가 개인들에게 죄의식을 강화함으로써 자아존중감을 낮추고 우울증과 불안감 증가에 기여한다고 언급했다. 쾨니그(Koenig, 1997)는 종교가 정신질환에 대해 과학적 접근을 부정하고 신앙치료에 몰두하게 하여 육체적, 정신적 건강에 긍정적 영향을 미친다고 주장했다.

한편, 종교를 긍정적 측면으로 보는 입장을 살펴보면, 챔벌레인과 지카(Chamberlain & Zika, 1992)는 종교가 생애만족도, 심리적 복지감에 긍정적 영향을 미친다고 하였다. 레빈과 토빈(Levin & Tobin, 1995) 역시 노인들에게 육체적 건강이 종교활동에 큰 영향을 미치는데 건강한 노인은 예배나 기타 활동 참여과 같은 공적 종교행동으로 심리적 복지감이 높으며, 비건강노인도 기도나 성경읽기 등으로 심리적 복지감이 높다고 언급했다. 로스(Ross, 1990)는 1984년 일리노이주 거주자 조사 시, 종교가 사기를 진작시키고 삶에 희망과 의미를 제공한다고 했다. 즉, 종교성과 심리적 복지감 또는 생활만족도 간 긍정적 상관관계가 있음을 밝혔다. 또 도나휴와 벤슨(Donahue & Benson, 1995)은 종교가 청소년들에게 친사회적 행동이나 가치증진에 기여함으로써 자살의도 감소, 약물남용이나 혼전성교, 비행에 부정적 영향을 미친다고 하였다. 즉, 종교는 비교적 건전한 태도나 행위를 갖게 함은 물론 건전한 정신을 갖도록 하는 데 기여한다고 보았다.

덜과 스코칸(Dull & Skokan, 1995)은 종교적 신념은 통제감이나 낙관주의를 진작시키고 자아강화를 통해 정신건강을 향상시킨다고 하였다. 라이언과 리그비, 킹(Ryan, Riby, & King, 1993)은 종교가 자아존중감을 증진시키고 자아실현에 긍정적 영향을 미친다고 보았다. 즉, 종교가 자아개념과 정신건강에 긍정적 영향을 미친다고 하였다. 쾨니그(Koenig, 1995)는 종교가 우울증이나 불안감을 감소시키고 스트레스를 낮추는 데도 기여한다고 보았다. 종교활동을 통해 사람들은 의미감이나 목적감을 증진시켜 높은 주관적 복지감을 갖게 하기도 하고 인적 그물망을 통해 다양한 사회적 지원을 받아 복지가 증진되고 우울증이 감소된다고 하였다.

레빈과 채터스(Levin & Chatters, 1998) 역시 종교가 건강관련행동을 증진시키거나 삶에 대한 긍정적 감정을 갖게 한다고 하였다. 매톤과 웰스(Maton & Wells, 1995)는 종교가 개인들에게 귀중한 사회적 지원을 제공한다고 하였다. 이는 인간이 주변의 인적 그물망을 통해 문제를 긍정적으로 해결하는 힘과 방법을 공급받기 때문이다. 종교는 이러한 신념과 지원망 구조의 원천이기도 하다. 또한 종교는 곤혹스런 생애사건들을 적극적이고도 긍정적으로 해결해 나갈 수 있도록 해 준다(Pargament & Park, 1995). 많은 사람이 스트레스를 경험할 때 예배참석과 같은 공적 종교활동과 기도와 같은 사적 종교활동을 통해 정신적 건강을 찾고 문제에 대한 긍정적 의미를 부여하여 적극적인 문제해결방안을 모색한다고 언급하였다.

(한내창, 2022, 「종교성이 건강에 미치는 영향에 관한 연구」, 『한국사회학』 제36집 3호의 내용을 요약)

참고문헌

권태환, 홍두승, 설동훈(2006). 사회학의 이해. 다산출판사.

김성권 외(2013). 21세기 종교사회학. 다산출판사.

노길명(2005). 한국의 종교운동. 고려대학교출판부.

류상태(2017). 교양으로 읽는 세계종교. 인물과사상사.

리처드 도킨스(2007). 만들어진 신(이한음 역). 김영사.

박세준(2015). 천도교에 대한 역사사회학적 연구. 고려대학교 대학원 박사학위논문.

박승길, 최현종 외(2013). 21세기 종교사회학. 다산출판사.

부르스 링컨(2005). 거룩한 테러(김윤성 역). 돌베개.

송상호(2008). 문명 패러폭스. 인물과 사상사.

스테펜 샌더슨(1999). 사회학(김정선 외 공역). 도서출판 그린.

아야베 야쓰오(2011). 문화인류학의 20가지 이론(유명기 역). (주)일조각.

안계춘 외(1992). 현대사회학의 이해. 법문사.

앤서니 기든스(2007). 현대사회학(김미숙 외 역). 을유문화사.

앤서니 기든스, 필립 W. 서튼(2015). 사회학의 핵심 개념들(김봉석 역). 동녘.

오경환(2006). 종교사회학. 서광사.

울리히 벡(2013). 자기만의 신(홍찬숙 역). 도서출판 길.

윤용복(2006). 한국종교의 폭력성. 사목, 6월호.

이원규(1998). 한국종교의 세속화에 대한 경험적 연구. 신학과 세계, 37호.

이장현 외(1982). 사회학의 이해. 법문사.

이찬수, 최준식, 박영대(2010). 한국의 종교를 컨설팅하다. 모이는 사람들.

장석만(2000). 한국종교, 열광과 침묵 사이에서. 당대비평, 12. 가을.

장정일(2014). 빌린 책 산 책 버린 책. 마티.

제시 베링(2012). 종교 본능(김태희, 이윤 공역). 필로소픽.

조흥윤(2002). 한국종교문화론. 동문선.

존 티한(2011). 신의 이름으로(박희태 역). 이음.

최준식(1998). 한국의 종교, 문화로 읽는다 2. 사계절.

크리스토퍼 소프 외(2015). 사회학의 책 THE SOCIOLOGY BOOK(이시은 외 공역). 지식갤러리.

피터 싱어, 마이클 서머, 그렉 이건 외(2012). 무신예찬(김병화 역). 현암사.

필 주커먼(2012). 신 없는 사회(김승욱 역). 마음산책.

한내창(2002). 종교성이 건강에 미치는 영향에 관한 연구. 한국사회학. 제36집 3호.

홍승직, 임희섭, 노길명, 정태환, 김문조(1995). 사회학개설. 고려대학교출판부.

한국갤럽조사연구소(2021). 한국인의 종교현황조사. 갤럽리포트.

Bellah, R. N. (1957). *Tokugawa Religion*. The Free Press.

Bellah, R. N., & Hammond, P. Z. (1980). *Varieties of Civil Religion*. Harper & Row.

Berger, P. L. (1973). Religious Institutions. In Neil J. Smelser (Ed.), *Sociology: An Introduction*. John Wiley & Sons.

Dürkheim, E. (1961). *The Elementary Forms of the Religious Life* (originally published in 1912). Collier Books.

Geertz, C. (1975). *The Interpretation of Culture*. Basic Books.

Gordon, M. (1964). *Assimilation in American Life: The Role of Race, Religion and National Origins*. Oxford University Press.

Luckman, T. (1967). *The Invisible Religion*. The Macmillan Company.

Weber, M. (1963). *The Sociology of Religion*. trans. by Ephraim Fischoff. Beacon Press.

Willson, B. (1976). *Contemporary Transformation of Religion*. Oxford University Press.

Yinger, M. J. (1957). *Religion, Society and Individual: An Introduction to the Sociology of Religion*. Macmillian.

10 인구:
저출산과 고령화

인구는 주어진 시대 및 장소와 밀접히 관련되는 것으로 자연적·문화적·경제적·사회적 제 조건을 반영한다. 늘어도 문제, 줄어도 문제인 인구에 대하여, 사회학자들은 인구를 하나의 사회현상으로 간주하며, 인구가 사회의 구조와 변동에 끼치는 영향은 대단하다고 언급하고 있다.

서기 1년경, 세계의 인구는 약 2~3억 명이었다. 그러던 인구가 1650년에는 5억 명으로 2배나 늘어났다. 1815년에는 그의 두 배인 10억 명으로 늘어났으며, 1900년에 16억 명, 1927년에는 20억 명으로 급증하였다. 1960년에 이르러서는 30억 명, 1974년에는 40억 명으로 늘어났다. 그야말로 기하급수적으로 늘어나는 세계의 인구는 1987년에는 50억 명으로 늘어났으며, 새 천 년이 되기 한 해 전인 1999년에는 60억 명으로 급증하였다. 이렇게 과포화 상태로 늘어나는 세계의 인구는 2011년 70억 명을 넘어선 후, 11년 만인 2022년 11월에 80억 명을 돌파했다고 유엔이 공식적으로 발표했다. 이러한 가운데 현재 전 세계적으로 급격한 출산율 저하와 평균수명 연장에 따른 인구의 고령화 문제가 심각한 문제로 대두되고 있는 상황이다.

21세기 사회에서 인구증가에 가장 큰 부분을 차지하고 있는 중국의 인구는 공식적으로는 약 14억 명이라고 하지만 비공식적으로는 약 15억 명에 이를 것으로 거론되고 있으며, 인도의 인구는 최근 신문보도(2023. 4.)에 의하면, 약 14억 3,000만 명을 넘어서 공식적으로 중국 인구수를 앞지르고 있다고 언론에서 보도한 바 있다. 한편, 이슬람의 인구는 2006년에 세계 인구의 1/5였는데, 2030년에 이르면 세계 인구의 1/4을 차지할 것으로 전망되고 있는바, 중동지역의 인구증가 문제가 국제사회의 큰 이슈로 등장하고 있는 상황이다.

이와 같이 기하급수적으로 늘어나는 인구에 대해 커다란 우려를 표시했던 맬서스(Malthus)는 변하지 않는 무절제한 인간의 강한 성적 욕구가 인구를 기하급수적으로 증가시키고, 식량은 산술급수적으로 생산됨을 경고한 바 있다. 즉, 그는 인간들의 강한 성욕으로 인해 인구는 25년마다 기하급수적으로 증가하지만 식량은 유감스럽게도 25년마다 산술급수적으로 증가한다고 언급하였다. 결국 인구의 증가는 빈민으로 연결될 수밖에 없는데, 빈곤이 바로 인구수를 조절하는 자연의 법칙이라고 언급하였다. 그는 이를 위해 결혼을 늦추거나 출산을 조절할 필요가 있으며 빈민구제를 위한 구빈법 등은 폐지되어야 한다고 주장하였으나, 과학기술 진보의 위력을 간과하였다.

한편, 마르크스(Marx)는 맬서스의 인구이론을 비판하였는바, 상류계급이 인구증가 문제를 하류계급의 잘못으로 돌리고 있음을 지적하면서 인구증가로 야기되는 사회경제적 불안이 상류계급에 의해 조작되고 있다고 하였다. 그러면서 마르크스는 인간의 역사를 인간과 자연의 투쟁이 아니라 인간과 인간의 투쟁으로 보면서, 상류계급이 인구증가 문제를 하류계급의 잘못으로 돌리는 것을 비판하고 가난한 사람들이 주를 이루는 저임금 노동층인 잉여노동력이 자본주의 체제를 유지시키는 요인으로 작용한다고 언급하였다. 따라서 그는 인구증가 문제를 해결하기 위해서는 자원의 배분과 같은 사회경제적 변화, 즉 체제변혁이 필요하다고 언급하였다.

인구는 사회의 존속과 발전(변동)에 지대한 영향을 미친다. 경제적으로 풍요한 나라가 인구를 늘리는 경향이 있으며, 인구가 증가되면 경제성장은 물론이고, 모든 것이 성장한다고 한다. 현재 중국이 전 세계의 자원을 빨아들이면서 급속한 경제성장률을 보이고 있는 이유도 1960년대부터 1980년대까지의 인구폭발(특히 대다수 저임금 노동자) 때문이라고 한다. 따라서 인구는 국가의 성장잠재력, 흥망성쇠와 밀접한 관계가 있는 것으로 한 국가의 참모습, 한 국가의 위상을 보여 주는 척도라고 할 수 있다.

한편, 미국의 저명한 경제학자 해리 덴트(Harry Dent)는 그의 책 『인구절벽(The Demographic Cliff)』에서 생산가능인구(15~64세)의 비율이 급격히 줄어드는 현상을 인구절벽, 즉 인구 오너스(ONUS)라고 하면서 특히 40대 중후반의 인구가 줄어 대대적인 소비위축현상이 발생하여 생산과 소비가 줄어들게 되면 경제활동이 위축됨으로써 심각한 경제위기가 발생할 수 있다고 주장했다. 참고로 생산가능인구가 많아지는 현상을 인구 보너스(BONUS)라고 한다.

1 인구의 개념과 속성

인구에 대한 관심은 고대사회에서부터 나타났다. 고대사회에서 인구사상은 식량 공급이 충분할 때는 사망률이 감소하고, 조혼은 영아사망률을 높이며, 전쟁은 인구성장을 억제하고, 많은 혼례비는 결혼율을 감소시킨다는 것으로 집약된다. 플라톤(Plato)은 적절한 인구로 이상국가를 건설하자고 하였으며, 아리스토텔레스(Aristoteles)는 유산을 통하여 증가하는 인구를 억제하는 정책이 필요함을 언급하였다. 중세시대에 와서는 인구증가를 위해서 결혼을 장려하였는데, 이는 신의 창조산업에 동참하는 것이라고 강조하였다.

이와 같이 인구는 사회학의 한 분야로서 오래전부터 관심의 대상이 되어 왔다. 사회학자들은 인구를 하나의 사회현상으로 간주하면서 인구가 사회의 구조와 변동에 끼치는 영향에 많은 관심을 두어 왔다.

인구는 사회의 존속과 변동에 지대한 영향을 미친다. 인구의 질적 수준은 곧 인적 자원의 질을 의미하는 것으로 사회발전에 기여한다. 양질의 교육을 받은 인구가 많은 사회에서는 그들이 사회가 발전하는 데 강력한 견인차 역할을 한다.

인구란 사회생활을 영위하는 집단으로 일정한 시간과 일정한 공간에 존재하는 인간의 수효, 즉 시간성 · 공간성 · 수효성을 내포하고 있는 하나의 집단현상이다. 인구는 주어진 시대와 장소의 자연적 · 사회적 · 문화적 · 경제적 제 조건을 반영한다. 기후나 토질과 같은 자연적 조건, 다산의 장려나 출산의 억제 또는 인구의 질에 대한 정책과 같은 사회적 조건, 남아선호사상이나 가족제도와 같은 문화적 조건, 식량과 같은 경제적 조건은 인구의 양과 질을 결정짓는 중요한 요인들이라고 할 수 있다. 따라서 인구현상은 특정 시대의 사회적 소산물이라고 할 수 있다.

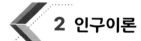

2 인구이론

맬서스의 인구이론[1]

19세기 고전경제학의 창시자 중 한 사람인 맬서스는 그의 『인구론』(1798)에서 인구에 대한 이론을 제시하였다. 정치경제학자이자 목사이기도 한 그의 이론은 두 가지 기본 전제를 깔고 있는데, 하나는 무절제한 인간의 성욕이고, 다른 하나는 식욕을 충족시키기 위한 수단의 한계라고 지적한다. 자세히 살펴보면, 인구는 생계수단의 제약을 받는바, 생계수단이 허용할 때 식량의 생산은 산술급수적으로 증가하는 반면, 인구는 기하급수적으로 증가하며, 인구증가를 사전에 적절히 억제하지 않는한 인류의 빈곤은 피할 수 없다고 강조하였다.

따라서 만일 인간이 식량의 궁핍에도 불구하고 계속 생존하려면 인구증가를 억

---

1) 맬서스는 인구를 억제하기 위해서 만혼과 금욕 및 성적 순결을 강조하였음에 반하여, 인구억제의 가장 효과적인 수단인 피임(contraception)은 종교적인 이유로 반대하였다. 그 결과, 그의 인구억제책은 실제적으로 실패하게 되었고, 인구억제의 가장 효과적인 피임법의 적극적 보급에 앞장선 신맬서스주의(Neo-Malthusism)가 탄생하였다. 대표적인 인물로 플레이스(F. Place)를 들 수 있다.

제하는 강력하고 영속적인 대책이 있어야 한다는 결론을 도출하였다. 이에 맬서스는 인구증가 억제방법으로 전쟁이나 기근, 질병과 같은 적극적 억제와 결혼을 늦게 하거나 금욕으로 출산율을 낮추는 예방적 억제로 인구를 조절할 필요가 있다고 언급하였다(맬서스는 예방적 억제를 더 강조). 그러나 산업혁명 이래 서구 자본주의 사회는 맬서스의 예측과는 정반대의 길을 걸어 왔다. 즉, 맬서스를 비롯한 고전경제학자들이 과학기술 진보의 위력을 과소평가하는 실수를 저질렀다는 점에서 그의 이론의 모순됨을 알 수 있다.

마르크스의 인구이론

마르크스는 『자본론』에서 맬서스의 『인구론』을 비판하면서 상대적 잉여인구의 개념을 사용하였다. 그는 순수한 과잉인구란 존재하지 않으며, 상대적 잉여인구는 본질적으로 자본주의의 산물이고 자본주의 경제체제를 유지하기 위해서 존재하는 것이라고 하였다.

그러면서 그는 상류계급이 인구문제나 빈곤문제를 하류계급의 잘못으로 돌리려 했다는 점을 비판하였다. 그는 인구증가로 야기되는 사회경제적 불안이 상류계급에 의해 조작되고 있으며, 이는 사회제도적인 결함에서 비롯되고 있다고 하였다. 마르크스는 인간의 역사를 인간과 자연의 투쟁과정이 아니라 인간과 인간의 투쟁과정으로 보았다. 그는 자본주의 체제가 저임금 수준을 유지하기 위해 잉여노동력을 필요로 하고 있음을 지적하였다.

마르크스의 입장은 인구문제를 식량공급과 관련시킨 것이 아니라 사회경제적 체제와 관련된 자원의 배분문제에 의해 생긴다고 보고 사회경제적 체제의 변혁으로 인구문제를 해결해야 한다는 것이다.

인구변천이론

인구변천이론은 인구는 특정 단계를 거치면서 성장한다고 보는 이론으로, 대표적인 학자로는 노테슈타인(F. W. Notestein)을 들 수 있다. 노테슈타인은 출생과 사망의 수준에 따라 세계 여러 나라의 인구를 4단계 혹은 5단계로 분류([그림 10-1] 참조)하고 있다. 그의 분류는 일련의 발전단계를 가정하고 있는데 이를 살펴보면, 첫 번째 단계로 전통적으로 높은 출산율과 높은 사망률 단계, 두 번째 단계로 높은 출산율과 떨어지기 시작하나 아직도 높은 사망률 단계, 세 번째 단계로 떨어지기 시작하나 아직도 높은 출산율과 상당히 낮아졌으나 계속 떨어지는 사망률 단계, 네 번째 단계로 떨어지고 있는 출산율과 상당히 낮은 사망률을 보이는 단계, 마지막 단계로 낮은 출산율과 낮은 사망률 단계가 있다.

한편, 신맬서스주의로 불리는 톰슨(W. S. Thompson)의 인구변천이론을 보면 인구를 세 가지 변천과정으로 분류하였다.

▶ 정지형 인구: 사망과 출생이 모두 억제되어 자연증가율이 낮은 모습을 보이는 것으로, 고도로 근대화되고 경제적 생산력과 생활수준이 높은 서구 사회가 이에 해당된다.

▶ 증가형 인구: 출생과 사망 둘 다 저하되지만 사망률이 출생률보다 낮아 현격한 인구증가를 보이는 것으로, 개발도상국가가 이에 해당되며 세계 인구의 21~22%를 차지하고 있는 것으로 본다.

▶ 전산업형 인구: 출생과 사망이 조절되지 않아 인구증가가 불안정하고 장기적 침체를 보이고 있으며, 장차 증가형 인구로 변화될 것으로 전망한다. 저개발국이 해당될 것으로 보고 있으며, 세계 인구의 58~59%를 차지한다고 본다.

톰슨은 인구변천은 공업화의 진전에 따라 전산업형 인구에서 증가형 인구로, 나중에는 증가형 인구에서 정지형 인구로 나타날 것으로 전망하였다. 그러나 톰슨의 이론은 서구 사회의 인구변천과정을 토대로 한 것으로 제3세계의 인구성장이나 인구변천에는 적용할 수 없는 인종중심주의 성격이 강하다는 점에서, 그리고 인구변천이나 공업화의 속도가 각 나라와 각 단계마다 다르기 때문에 이 이론을 획일적으로 적용할 수 없다는 점에서 비판을 받고 있다.

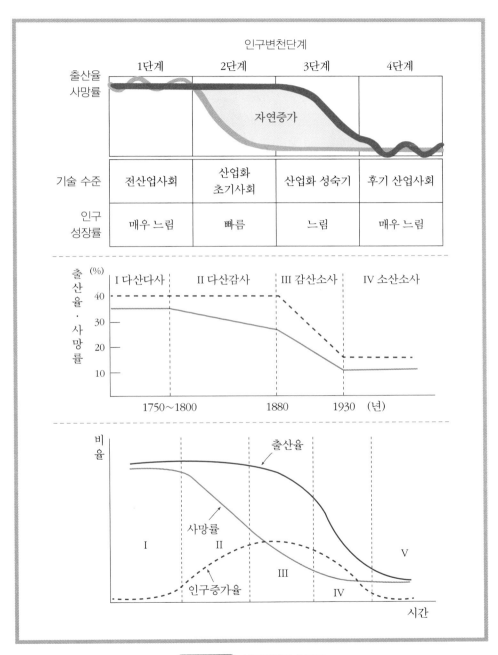

그림 10-1 인구변천단계 도표

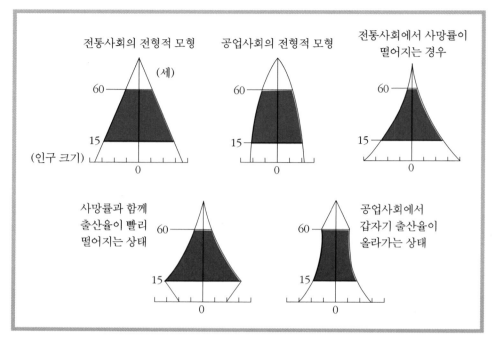

그림 10-2 여러 사회의 인구피라미드 형태

3 현대사회의 저출산 이론

소득과 출산력의 상관관계이론

소득수준의 향상이 출산력을 높이는 요인으로 작용을 하는바, 정의 상관관계를 가진다는 이론이다. 즉, 소득이 증가하면 결혼시기가 빨라지게 되어 자연스레 출산력이 증가하고, 소득이 늘어날수록 자녀에 대한 욕구도 늘어난다고 주장한다.

기회비용이론(opportunity cost theory)

기회비용이론은 자녀양육과 관련된 직접비용 및 간접비용의 상승이 출산율의 감소로 이어진다는 견해이다. 교육비와 같은 직접비용은 자녀양육에 대한 부담으로 이어지고, 여성의 사회진출 증가는 자녀양육과 관련된 기회비용을 증가시켜 출산 자녀 수의 감소로 이어진다고 본다.

합리적 선택이론(rational choice theory)

합리적 선택이론은 개인의 출산행위를 비용과 효용이라는 측면으로 바라보는 이론이다. 이 이론은 자녀양육과정에서 비용의 변화에 주목하여 저출산현상을 설명한다. 합리적 선택이론의 입장에 있는 학자들은 양육비용이 자녀를 출산함으로써 얻게 되는 효용보다 높아 출산을 기피하는 현상으로 나타났다고 주장한다. 대표적으로 콜드웰(Caldwell)은 자녀양육비용의 증가로 인해 각 개인이 출산 기피라는 합리적 선택을 추구했다고 주장하였다. 그는 자녀양육비용이 19세기 유럽에서의 의무교육의 시작과 더불어 자녀의 질적 측면에 관심을 두는 현상과 함께 증가하기 시작했다고 하였다. 또한 자녀양육비용은 노동시장의 경쟁화로 인하여 지속적으로 상승해 왔음을 지적한다. 콜드웰은 자녀양육비용이 양육을 위한 주택비와 같은 직접적 비용뿐 아니라, 일과 육아의 양립불가로 인한 경력 단절과 같은 간접적 비용까지 포함한다고 보았다. 그러나 콜먼(Coleman)은 자녀출산은 경제적 비용-효용 측면보다 심리적 비용-효율 측면에서 고려해야 한다는 관점을 제시하였다. 그에 따르면 자녀를 하나 더 갖게 됨으로 인해 얻는 심리적 혜택, 즉 효용보다 다른 재화로 효용함수가 선회할 때 또는 자녀양육비용이 증가할 때 개인은 자녀출산을 포기한다고 보았다.

선호이론(preference theory)

선호이론을 제시한 하킴(Hakim, 2000)은 자녀 출산과 일, 취업이라는 갈림길에서 현대사회 여성들이 겪게 된 변화를 설명하며 저출산현상의 설명 기반을 제시하였다. 그는 라이프스타일 선호의 이질성이 가족과 출산에 핵심적인 역할을 한다고 주장하였다. 그러면서 그는 크게 여성의 라이프스타일 형태를 가족지향적, 일지향적, 적응적 여성의 세 가지로 나눈다. 먼저, 가족지향적 여성은 과거의 여성들처럼 일을 하지 않으면서 가족생활과 자녀들을 자신의 생활에서 가장 우선적으로 고려한다. 그 결과, 이러한 성향(지향)은 자연적으로 다출산을 발생시킨다. 또한 현대사회의 교육 수준이 높은 일지향적 여성은 일에 중요한 가치를 두기에 미혼이거나 무자녀 가정일 경우가 많다. 한편, 적응적 여성은 특별한 선호 없이 두 형태 모두를 가지기 원하는데, 첫아이를 출산한 후 경력 중단을 겪거나 아르바이트를 하는 경우가 많다. 결국 이것은 저출산으로 이어지게 된다. 그는 이러한 라이프스타일이 나타난 역사적 배경으로 피임혁명, 동등한 기회혁명, 화이트칼라 직종의 확산, 2차 소득원으로서의 직장 출현, 개인적 가치관의 강조 등을 언급하였고, 이러한 여성들의 가치관 변화로 인해 저출산현상이 나타났다고 보았다.

위험회피이론(risk avoidance theory)

맥도날드(McDonald)는 합리적 선택이론에서 진일보한 위험회피이론으로 저출산현상을 설명한다. 합리적 선택이론은 개인이 비용과 효용을 확실히 안다는 전제 아래 이루어지는 데 반해, 위험회피이론은 개인이 비용과 효용을 알 수 없는 상황을 가정한다. 즉, 비용과 혜택은 미래의 것에 해당하므로 개인이 이를 확실히 알 수 없다는 것이다. 그러므로 개인은 근본적으로 위험을 피하기 위하여 출산을 기피하게 된다는 것이다. 한편, 한국 사회의 저출산현상에 대해 장혜경은 자녀투자비용이 증가하고 유교적 규범이 변화하여 부모 노후에 대한 자녀의 의무나 물질적 제공이 어려워짐에 따라 노후의 위험을 회피하기 위한 선택으로 출산율 저하가 나타난다고 설명하는 한편, 김혜영은 탈물질주의적 가치이론에 이론적 기반을 두고 가치관의 변화에 따라 가족 형성이 지연되고 약화된다고 주장한다. 이와 별개로 IMF 경제위기와 신자유주의의 확산으로 인하여 미래에 대한 불확실성이 높아진 상황 또한 저출산현상을 가속화한다고 보았다.

탈물질주의적 가치이론(post-materialism values theory)

탈물질주의적 가치이론은 사회적 가치관의 변화로 물질주의적 가치보다 탈물질주의적 가치가 더욱 중요시되는 이론으로서 제2차 인구변천이론과 밀접하게 연결되어 있다. 잉글하트(Inglehart)는 제2차 인구변천이론이 출산력 저하 원인을 가치관 변화로 본 것에 영향을 받아 탈근대적 시기에 나타나는 탈물질주의 개념을 제시하였다.

그에 따르면 제2차 세계대전 이후 선진국에서의 경제적 풍요는 대중들의 삶의 목표에 변화를 가져왔고, 이러한 과정에서 경제적·물질적 안전을 강조해 왔던 물질주의적 가치관은 점차 사라지고 개인의 자유, 자아실현, 삶의 질을 강조하는 가치관이 지배적으로 등장하게 되었다고 한다. 즉, 전통적 권위로부터의 자유와 같은 탈물질주의적 가치관은 혼인과 출산에 대한 가치관 변화를 낳고, 이러한 혼인과 출산에 대한 가치관 변화는 출산력의 저하로 이어진다는 것이다.

탈물질주의적 가치관은 이혼율의 증가, 동거의 증가, 혼외출산의 증가 등 전통적·보수적 가치와 반대되는 현상의 증가와 밀접하게 관련된다고 할 수 있다. 물질주의적 가치관에서 탈물질주의적 가치관으로의 변화는 기성사회에 반발하고 개인과 자유의 중요성을 강조할 뿐만 아니라, 자아발전과 자아성취의 생각이 강해지게 함으로써 저출산에 크게 영향을 미치고 있다.

양성평등이론(gender equity theory)

사회제도에 적용되는 양성평등 수준이 서로 불일치함으로써 출산을 꺼리게 된다는 이론이다. 고용과 교육 부문에서는 양성평등 수준이 높으나 가족지원제도나 사회복지제도 부문에서는 양성평등 수준이 낮음으로써 출산을 기피한다는 것이다. 즉, 임신과 출산으로 교육과 고용에 있어서 동등한 기회가 박탈당한다고 느끼면 출산을 기피한다는 것이다. 또한 출산력에 관한 이론적 접근의 하나로 양성평등 수준이 출산 수준을 결정하는 역할을 한다고 본다. 체스네이스(Chesnais)는 성평등 수준이 낮을수록 출산율이 높게 나타나는 것을 개발도상국가의 경우로 보았고, 성평등

수준이 높을수록 출산율이 낮게 나타나는 것을 페미니스트 패러독스로 명명하였다. 그는 사회의 성평등 수준이 동등한 기회, 평등한 성역할, 규범, 가치 등을 포함한 젠더관계를 함의하는 것으로 보고, 성평등 수준과 출산율의 관계를 U자형 그래프로 제시하였다. 이를 더욱 발전시킨 토르와 쇼트(Torr & Short)는 미국 맞벌이 가구를 대상으로 부부간 가사분담률과 둘째 자녀의 출산 가능성의 관계를 검증하였다.

성역할이론(sex role theory)

성역할이란 성별에 따라 그 사회의 문화권 내에서 인정되고 기대되는 일체의 행동기준을 말한다. 성역할은 각 문화마다 다르고 동일한 문화권 내에서도 시대에 따라 변화된다. 과거 남편이 생계부양자이고 아내가 전업주부였던 사회에서 시대가 변화함에 따라 성역할이 달라짐을 저출산현상과 상호 관련지어 설명한다.

질적 관심증대이론(quality theory)

질적 관심증대이론은 현대사회에 들어서면서 부부가 자녀를 많이 낳기보다는 소수의 자녀를 출산하여 질적으로 우수하게 키우고자 한다는 이론이다. 이 이론은 소득과 수요의 개념을 사용하여 출산율을 분석한다는 점에서 매우 독특하다. 이 입장의 듀젠베리와 오쿤(Dusenberry & Okun)은 소득이 증가할수록 내구소비재와 마찬가지로 자녀에 대한 욕구도 증가한다고 주장한 베이커(Baker)의 주장에 대한 반론으로써 이를 주장하였다. 즉, 그들은 자녀가 기펜재(Giffen재-가격이 내렸음에도 불구하고 수요량이 줄어드는 재화)와 유사하다고 보았는데, 소득이 증가할수록 그 수를 줄이고 더 좋은 것을 선택한다는 것이다. 다시 말하면, 기존의 다산을 통한 질적으로 떨어지는 자녀양육보다는 소산을 통해 질적으로 우수한 자녀양육을 선택한다는 것이다.

젠더, 가족, 시장, 국가 등과 같은 제도의 변화

젠더, 가족, 시장, 국가 등과 같은 제도들의 변화는 출산 결정에 영향을 주는 기회, 제한, 위험 및 수요 등의 근원을 이룬다. 사실상 출산력 변천에 대한 설명은 이러한 제도들이 사회마다 매우 상이하기 때문에 각 사회에 대한 분석은 각각 독특한 설명을 제공하고 있다. 하지만 공통적으로 자유시장경제에서 가족에 대한 사회의 영향력 약화 및 가족 형태의 변화, 여성의 성역할 변화 등에 의해 출산력이 약화되었다는 점을 설명한다.

4 인구구조

인구구조는 일정한 지역 안에 거주하는 인간들의 양적 · 질적 특성을 보여 주는 지표이다. 이러한 인구구조는 통계집단으로서 계층질서 분류의 기초가 되기도 하는바, 인구의 정태적 단면을 나타낸다. 인구구조가 갖는 의의는 대단히 큰데, 인구구조에 대한 조망을 통하여 한 사회의 발전단계와 그 특성을 이해할 수 있다.

▶ 성별 구조: 남녀라는 개체의 속성을 분류기준으로 한 질적 구조라고 할 수 있다.
▶ 연령별 구조: 연령을 분류기준으로 한 연속선상의 가변구조로, 크게 유소년 인구(0~14세), 생산연령인구(경제활동인구, 15~64세), 노인인구(65세 이상 연령층)로 나눌 수 있다. 연령별 구조는 부양비 산출에 큰 기여를 하고 있다.
▶ 인구피라미드: 성별 구조와 연령별 구조가 결합하여 모형화된 것으로 축의 왼쪽은 남자, 오른쪽은 여자, 세로축의 각 눈금은 5년 간격으로 이루어진 모습을 보인다([그림 10-3] 참조).

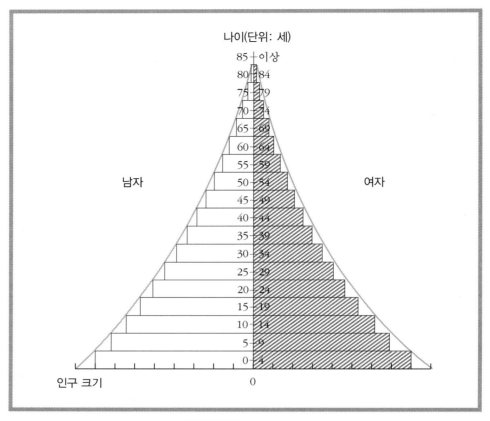

그림 10-3 인구피라미드

　이를 유형별로 살펴보면([그림 10-4] 참조), 피라미드형은 고출생, 고사망의 다산 다사형으로 후진국과 밀접히 관련되는 것으로 소년인구의 비중이 매우 커 부양비의 부담이 대단히 크다. 이상적 형태라고 할 수 있는 종형은 주로 선진국에서 나타나는 것으로 저출생, 저사망의 특징을 보이며 소산소사형이라고도 한다. 소산소사형은 부양비 비중이 낮고 생산연령 인구비율이 높아 생산성은 높으나, 노년인구의 비중이 커 노인문제가 제기되기도 한다. 항아리형은 소년인구의 비율이 상대적으로 낮아 점차 인구가 감소되는 경향을 보인다. 표주박형은 청장년층에 비해 노년인구와 소년인구의 비율이 더 많은 형태로 농촌형이라고도 하는데, 이 형태는 농촌인

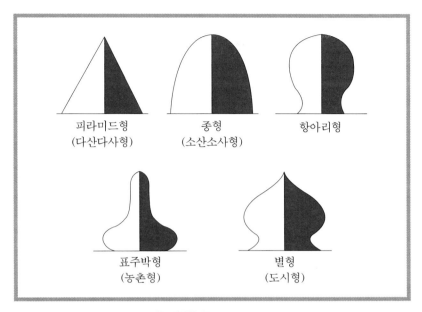

　　피라미드형　　　　종형　　　　　항아리형
　　(다산다사형)　　(소산소사형)

　　표주박형　　　　　별형
　　(농촌형)　　　　(도시형)

그림 10-4 인구의 유형

구 중 생산연령층이 도시로 흡수되면서 나타나는 모습이다. 별형은 생산연령층인
청장년층의 인구가 다른 연령층에 비해 상대적으로 많은 형태로 도시형이라고도
한다. 이 형태는 농촌인구 중 생산연령층을 흡수함으로써 나타나는 모습이다.

5 인구이동

　　인구이동은 두 지역 사이에 인구의 전출과 전입이라는 형태를 나타내는 것으로
사회변동과 밀접히 관련된다. 인구이동은 사회적·경제적·정치적·문화적 제 현
상의 산물이다. 결과적으로 인구이동은 생활수준이 낮은 곳에서 높은 곳으로, 정치
적으로 불안정한 곳에서 안정된 곳으로, 교육기회가 낮은 곳에서 높은 곳으로, 의료

시설이나 수준이 열악한 곳에서 우수한 곳으로, 문화적 기회가 낮은 곳에서 높은 곳으로 나타나며, 인적 자원의 사회적 재배치와 불가분의 관계를 맺는다.

인구이동은 이동지역에 따라서 국내이동과 국제이동으로, 인구의 본질에 따라서 사회이동과 지역이동으로, 시간에 따라서는 일시적 이동과 계절적 이동 및 영구적 이동으로 구분된다. 인구이동의 법칙에 대해서 라벤스타인(E. G. Ravenstein)은 인구이동은 단거리 이동에서 시작되는데, 먼저 도시 근처의 농촌지역에서 이루어지며, 먼 거리 농촌지역의 인구는 도시 전입의 속도가 느리다고 하였다. 즉, 농민이 현재 거주하는 지역과 도시와의 거리는 농민의 도시 전입속도와 정비례한다고 언급하였다.

라일리(W. J. Reilly)의 이동이론에 의하면, 어떤 '가' 지역에서 '나' 지역으로의 인구이동의 확률은 '나' 지역에서의 취업기회에 정비례하고, '가' 지역과 '나' 지역 간의 거리에 반비례한다고 한다. 그러나 그의 이론은 환경요인, 사회문화적 요인이 인구이동에 미치는 영향력을 도외시하고 있다는 점에서 한계를 보인다.

인구변동은 출생률과 사망률에 의해 이루어지기도 하고, 사회적 요인에 의해서도 영향을 받는다. 더욱이 출생률과 사망률이라는 자연적 증가 혹은 감소도 사회적 요인에 의해 크게 영향을 받는다.

6 인구변동요인과 그 의미

출생력

출생력은 한 인구 속에서 일어나는 출생아 수에 기초를 둔 현실적인 출생 수준을 의미하는 것으로, 주어진 모든 조건을 토대로 하여 실제로 이루어지는 출생의 정도를 말한다. 따라서 출생력은 한 여자가 자녀를 출산할 수 있는 생물학적 잠재능력을 뜻하는 출산력과는 구분된다. 한 여자가 임신할 수 있는 연령, 즉 가임연령은

15~49세이다. 그러나 이 시기에 있는 여자들이라고 해서 모두가, 언제나 자녀를 출산하는 것은 아니다. 실제 출산행위가 이루어지는 데에는 생물학적 요인뿐 아니라 사회경제적 구조 및 제도적 요인이 복합적으로 작용하게 된다.

출생력에 영향을 미치는 요인에는 여러 가지가 있다. 그중 출산력이 가장 큰 영향을 미치는바, 출산 그 자체는 생물학적 과정의 결과임에 틀림없으나 한 사회의 출산수준은 그 사회의 사회구조에 의해 결정된다. 한 명의 자녀가 출생하기 위해서는 성교, 임신, 출산이라는 생물학적인 과정이 기본적으로 작용한다. 그러나 이때에도 여성의 가임능력, 피임, 사산과 유산, 인공임신중절 등과 같은 요인들이 개입되기 마련이다. 그리고 개인의 사회적 배경에 따라 출생력은 다르게 나타난다. 일반적으로 보면 출생력은 낮은 교육수준보다는 높은 교육수준, 낮은 계층보다는 높은 계층, 농촌보다는 도시 등에서 낮게 나타난다.

또한 출산력을 자녀출산에 높은 가치를 부여하는 가족주의와 결부시켜 최근의 출산력 저하현상을 설명하려는 이론이 있다. 가족주의적 가치관이 특히 현저한 사회에서는 자녀출산이 자연스럽고 바람직한 목표가 되기 때문에 젊은 부부들은 결혼 후 곧 자녀를 출산하게 된다는 것이다. 따라서 최근 출산력의 급격한 저하현상은 곧 이와 같은 가족주의적인 가치관의 퇴조와 더불어 나타난 현상이라고 볼 수 있다.

성역할의 변동과 결부해 출산력의 저하를 설명하는 블레이크(J. Blake)는 전통사회에서 여성은 정서적·지지적·통합적·표현적 역할을, 남성은 가족의 보호자이자 경제적인 부양의 책임자로서의 수단적·도구적 역할을 요구받았다고 하였다. 그러한 사회에서는 누구나 부모가 되는 것이 당연한 의무가 되기 때문에 다른 선택적인 역할은 경멸을 받거나 금지된다는 것이다.

한편, 개인의 경제적 열망과 출산력 간의 관계를 통하여 출산력을 설명하는 뱅크(J. A. Bank)는 경제적 불황기에는 중산층 가족에서 출산력이 떨어진다고 주장하였다. 지위상승의 열망이 높기 때문에 불황기 중 그들이 상실할 우려가 있는 지위를 유지하고자 하는 경향이 강해져 출산을 억제하게 된다는 것이다.

사망력

출생과 더불어 인구구조에 영향을 끼치는 또 다른 생물학적 요인은 사망이다. 사망의 원인은 사회의 유형에 따라 큰 차이가 있다. 근대 이전 서구 사회에서 사망의 중요한 원인은 전쟁, 기근, 식량부족, 전염병 등이었다. 그러나 산업화와 더불어 의학의 발전, 영양상태의 호전, 보건위생관념의 향상 등에 따라 사망률은 급격히 떨어졌다. 산업화된 사회에서 사망력의 중요한 원인으로 노년층에서 흔히 발생하는 심장병이나 암과 같은 치료하기 어려운 질병이 등장함과 아울러 교통사고, 사고사, 자살 등과 같은 요인들도 새로운 주요 요인으로 등장하고 있다.

오늘날 개발도상국들에서 보이는 사망률의 저하는 사회적·경제적·정치적 발전의 결과라기보다는 주로 공중보건 및 예방의학적 수단의 도입 결과라고 볼 수 있다. 그러나 이 국가들 간에도 사망률은 커다란 차이를 나타낸다. 이는 사회에 따라 사망을 통제하는 예방적 관행을 받아들이기를 꺼리는 독특한 사회구조가 있으며, 의료보험제도와 같은 제도의 수용속도가 다르기 때문이다. 그러나 저개발국가에서는 여전히 낮은 생활수준과 교육부족으로 인한 무지, 공중보건 및 의료시설의 부족 등이 사망력을 높이는 요인으로 작용하고 있다.

언급한 바와 같이 인구변동은 인구이동뿐만 아니라 출생력과 사망력이라는 핵심 요인에 의해 결정된다. 이러한 인구변동은 사회의 산물이기도 하지만 사회에 중대한 변화를 초래하기도 한다. 결과적으로 인구변동은 사회구조의 변동에 영향을 미쳐 전체 사회체계의 변동을 초래한다. 즉, 인구변동은 직간접적으로 기존의 사회구조 및 사회체계를 해체하는 중요한 요인으로 작용한다고 할 수 있다.

7 한국 사회의 저출산·고령화 현상(빠르게 늙어 가는 대한민국)

　한국에서는 현재 급격한 출산율 저하와 평균수명 연장에 따른 인구의 고령화, 인구증가 정체가 심각한 사회문제로 대두되고 있다. 특히 지난 한세기 동안 아무도 겪어 보지 못한 인구감소에 대한 두려움이 국가와 사회에 엄습하고 있다.

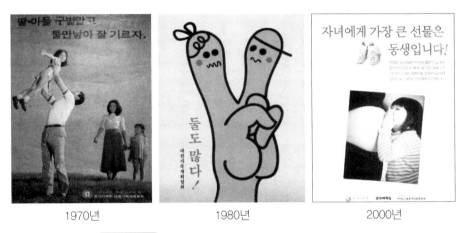

1970년　　　　　　1980년　　　　　　2000년

그림 10–5 인구변화에 따른 우리나라 출산정책의 변천사

출처: 인구보건복지협회. 보건복지부의 가족계획포스터.

　인구대체수준(적정한 인구규모의 유지에 필요한 출산율은 약 2.1명을 의미) 미만의 저출산현상을 1985년 이래 현재까지 40년 가까이 경험하고 있으며, 최근에는 초저출산현상(2022년 통계청 발표에 의하면 출산율은 0.81%)을 겪고 있는 상황이다. 합계출산율(total fertility rate) 현황을 살펴보면, 산업화가 시작된 1960년에는 6.2명에서 1970년 4.53명, 1980년 2.70명, 1990년 1.63명, 2000년 1.28명, 2010년 1.18명, 2015년 1.24명, 2020년 0.84명으로 나타났고, 이미 1985년부터 인구대체수준 이하로 떨어지고 있다.

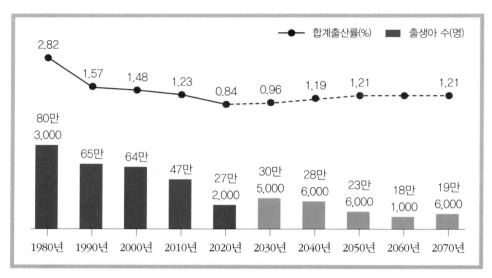

그림 10-6 출생아 수와 합계출산율

출처: 통계청(2022).

　이러한 현상의 원인을 살펴보면, 초혼연령의 상승으로 인한 가임기간의 단축, 결혼 및 자녀에 대한 가치관의 변화(Dink족, Yolo족 증가), 과중한 육아비용 부담, 여성의 경제활동 증가, 일과 가정의 양립 곤란, 경제적 기반의 불안정, 고액의 결혼비용과 주거비용, 여성정책의 부재 등이 있다. 따라서 국가적 차원의 모성에 대한 중요성 강조(모성친화적 정책), 출산 및 육아와 관련된 수당지급 정책, 영유아 보육시설과 같은 육아인프라 확충, 직장과 가정이 양립할 수 있는 제도적 장치 마련, 가족친화적 사회분위기 조성 등이 필요한 상황이다.

　또한 의약의 발달, 영양상태의 호전(식생활 수준 향상), 보건위생관념의 향상 등의 요인으로 평균수명이 꾸준히 증가하여 노인인구가 급증하고 있다. 65세 이상의 노인인구증가 현황을 살펴보면, 1960년에는 2.9%였던 것이, 1970년 3.1%, 1980년 3.8%, 1990년 5.1%, 2000년 7.2%, 2010년 10.1%, 2015년 13.1%, 2020년에는 15.7%에 이르렀다. 따라서 한국 사회는 2000년에 이미 고령화사회(65세 이상의 노인인구가 7% 이상에서 14% 미만인 사회)로 진입하였고, 2018년 고령사회(14% 이상)로 진입하였으

연도	평균출생아 수(명)	65세 이상 노인인구(%)		평균수명(세)
1960	6.20		2.9	52.4
1970	4.53		3.1	63.2
1980	2.70		3.8	65.8
1990	1.63		5.1	69.8
2000	1.28	7.2	고령화사회로 진입(7% 이상)	75.6
2010	1.18		10.1	81.0
2015	1.24		13.1	82.1
2018	0.98	14.3	고령사회로 진입(14% 이상)	82.4
2020	0.84		15.7	83.5
2026	–	20.0	초고령사회로 진입(20% 이상)	–

그림 10-7   저출산 · 고령화율과 평균수명

출처: 통계청 KOSIS(2022).

며, 조만간에 초고령사회 진입을 목전에 두고 있다. 문제는 노인인구가 많아짐으로써 경제활동인구는 줄어드는 데 반해 부양비 부담이 대폭 늘어남은 물론, 유병장수(有病長壽)하는 노인들이 늘어남으로써 의료비 부담이 크게 증가한다는 것이다.

한국 사회는 2020년 전후에 이르러서는 베이비붐 세대가 노인세대로 진입하여 향후 인구고령화가 가속화될 전망이다. 유럽 대부분의 국가는 1세기 이상의 긴 기간 동안 고출산사회에서 저출산사회로 변화되어 왔고 고령화가 점진적으로 진행되어 왔기에 충분한 준비기간을 가졌다. 그러나 한국의 경우 출산율 감소와 고령화가 단기간에 급격하게 진행되고 있는 데 반하여, 국가와 사회 차원의 준비는 매우 미약한 상태로 저출산 · 고령화의 충격이 점점 심각하게 나타나고 있다.

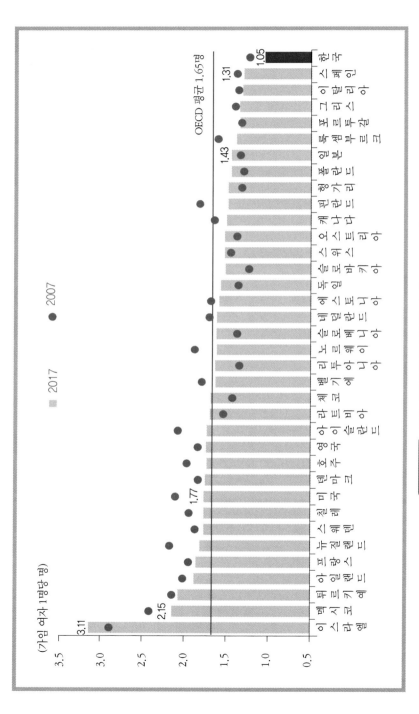

그림 10-8 OECD 회원국의 합계출산율 비교(2007, 2017년)

출처: www.oecd.org/els/family/database.htm

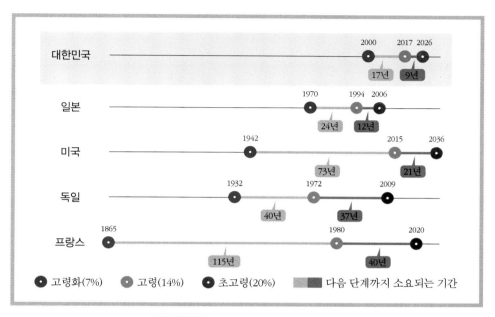

그림 10-9 급속한 한국의 인구 고령화

출처: 통계청(2018).

인구와 경제발전

캠브리지에서 수학과 자연철학에 우수함을 보인 세계 최초의 경제학자이자 경제학 교수로 일하다가 성직자가 되었던, 세계 최초의 인구학자인 토머스 맬더스(T. Malthus)는 인구가 계속해서 증가할 경우, 식량의 생산성이 이를 따라갈 수 없기 때문에 인류는 영원히 빈곤의 덫에서 헤어 나올 수 없을 거라고 주장했다. 따라서 인간의 강한 성적욕구가 인구를 기하급수적으로 증가시킴을 막기 위해서는 인구증가 억제방법으로 전쟁이나, 기근, 낙태, 질병과 같은 적극적 억제와 결혼을 늦추거나 금욕생활로 출산율을 낮추는 예방적 억제를 언급하였다. 하지만 그의 이런 예측과 억제방법은 틀린 것으로 판명되었다. 인류의 지적능력이 발전함에 따라 인구증가에 따른 문제점들을 차근차근 해결해 나가고 있기 때문이다.

농약과 비료, 새로운 품종의 개발, 그리고 과학기술의 진보에 힘입어 과거에 비해 더 적은 사람들이 농업에 종사하지만 식량생산량은 비약적으로 증대되었다. 게다가 피임법의 발달로 인구통제가 훨씬 쉬워졌다. 오히려 이제 한국을 비롯한 상당수 선진국들은 피임의 활성화로 인한 인구감소를 고민해야 할 시기이다.

그런데 과연 맬더스가 이야기했던 인구의 폭발적인 증가에 따른 비극적인 결말이 단순히 인류의 지적 능력의 발전 때문에 해결된 것일까? 이에 대해 마이클 크레이머(M. Kremer)는 조금 색다른 의견을 제시한다. 그는 오히려 인구증가가 인류의 경제적 번영을 이루어 냈다고 주장했다. 인구가 많을수록 기술의 진보를 이끌어 갈 과학자나 발명가, 기술자들이 더 많이 늘어나기 때문이다. 인류 역사상 인구가 많을수록 더 많은 진보가 이루어지는데 전 세계 인구가 1억 명 수준인 기원전 500년경보다는, 전 세계 인구가 10억 명 수준인 1800년경에 세계경제가 급속도로 발전했다는 점을 그 근거로 제시하였다.

또한 그는 인구가 많은 지역이 그렇지 않은 지역에 비해 더 급속한 성장을 이루었다는 근거도 들고 있다. 콜럼버스가 아메리카를 발견했던 시점을 기준으로 본다면 인구수가 가장 많았던 유럽과 아시아, 아프리카의 기술적 발전 수준은 아메리카의 아즈텍문명이나 마야문명보다 훨씬 앞서고 있다는 것이다. 게다가 인구수가 적고 고립된 지역일수록 기술적 진보수준이 거의 이루어지지 않은 채 발전이 멈추거나 퇴화한 곳도 있었다. 이런 곳은 시간이 지날수록 자연스럽게 소멸되기도 했다.

이러한 이유로 그는 충분한 인구가 경제적 발전을 이끌어 낼 수 있는 혁신적인 기술을 개발할 수 있는 계기가 된다고 주장하면서 인구증가가 기술진보를 위한 선행조건이라고 결론 내렸다.

(이현식, 최현진, 2001, 『1일 1페이지 부자수업』, p. 314 참고)

참고문헌

고려대학교 인구교육위원회 편(1978). 인구폭발과 미래. 고려대학교출판부.

권태환, 홍두승, 설동훈(2006). 사회학의 이해. 다산출판사.

니혼게이자이신문사(2008). 인구가 세계를 바꾼다(강신규 역). 가나북스.

리기성(1999). 인구학 개론. 한국문화사.

맬서스(2011). 인구론(이서행 역). 동서문화사.

새로운 사회를 여는 연구원(2014). 분노의 숫자. 동녘.

시마다 히로미(2011). 사람은 홀로 죽는다(이소담 역). 미래의 창.

앨런 와이즈먼(2015). 인구 쇼크(이한음 역). RHK.

양춘, 박상태, 석현호(2003). 현대사회학. 민영사.

윤종주(1982). 인구학. 인구문제연구소.

이장현 외(1982). 사회학의 이해. 법문사.

이찬 외(1985). 인구와 자원. 한국방송통신대학.

이철우(2006). 한국사회의 고령화현상과 정책적 대응방안 연구. 한국학술정보.

이현승, 김현진(2004). 늙어가는 대한민국: 저출산 고령화의 시한폭탄. 삼성경제연구소.

이홍탁(1987). 인구학: 이론과 실제. 법문사.

이현식, 최현진(2021). 1일 1페이지 부자수업. 지식노마드.

이희연(2005). 인구학. 법문사.

장 클로드 세네(2008). 인구학 입문(박은태, 전광희 공역). 경연사.

전영수(2014). 인구충격의 미래 한국. 프롬북스.

조엘 코트킨(2007). 도시의 역사(윤철희 역). 을유문화사.

조지 매그너스(2010). 고령화시대의 경제학(홍기수 역). 부키.

조혜종(2006). 새 인구론. 푸른길.

토마스 맬서스(1964). 인구론(이극찬 역). 을유문화사.

통계청(2018). 인구총주택조사.

통계청(2022). 인구로 보는 대한민국.

파멜라 드러커멘(2008). 지구촌 불륜사유서(공효영 역). 담담.

필립 롱맨(2009). 텅 빈 요람(백영미 역). 민음인.

한스 로슬링, 올라 로슬링, 안나 로슬링 뢴룬드(2019). 팩트풀니스(이창신 역). 김영사.

해리 덴트(2015). 2018 인구절벽이 온다(권성희 역). 청림출판.

헤르비히 비르크(2006). 사라져 가는 세대(조희진 역). 플래닛미디어.

홍승직, 임희섭, 노길명, 정태환, 김문조(1995). 사회학개설. 고려대학교출판부.

NHK 스페셜 제작팀(2016). 노후파산(김정환 역). 다산북스.

Ehrlich, P. R. (1968). *The Population Bomb*. Sierra Club/Ballantine Books.

Harry S. Dent, Jr.(2014). *The Demographic Cliff*. Penguin Publishing Group.

Macionis, J. J. (2005). *Sociology* . Pearson Prentice-Hall.

Peterson, W. (1970). *Population*. The Macmillan Co.

Thompson, W. S. (1958). *Population Problems*. McGraw-Hill Book Company.

OECD https://www.oecd.org/els/family/database.htm

11 도시화

INVITATION TO NEW SOCIOLOGY (7TH ED.)

학자들은 도시의 형성과 문명의 성립은 기원전 5,000년 무렵부터였다고 언급한다. 인류는 도시를 통해서 정보와 지식을 교류하고, 생활에 필요한 물자를 교환하고, 새로운 기술을 만들어 내고 문화를 창조했다. 고대의 도시 (그리스의) 아테네가 있었기에 플라톤과 소크라테스의 철학이 발전하였고, 이탈리아의 피렌체가 있었기에 르네상스가 가능하였다. 영국의 버밍햄과 런던이 있었기에 산업혁명도 가능했으며, 프랑스의 파리라는 도시가 있었기에 프랑스 대혁명을 통해 민주주의가 가능했다. 이처럼 도시는 인류발전의 엔진 역할을 해 왔다.

영국 시인 윌리엄 쿠퍼는 신은 자연을 만들었고, 인간은 도시를 만들었다고 하였다. 노벨문학상을 받은 영국의 수상 처칠은 인간은 도시를 만들고, 도시는 인간을 만들었다고 하였다. 또한 어떤 이는 신은 인간을 만들고 인간은 도시를 만들었다고 하였다. 그리고 도시는 자신을 만든 인간들에게 자유를 가져다주었다고 하였다. 한편, 어떤 이는 농촌은 신이 만들고 도시는 인간이 만들었다고 하였다. 또 어떤 이는 사람은 도시를 만들고 도시는 사람을 만든다고 이야기한다. 이와 같이 도시는 하나의 사회공동체로서 인간들의 생활터전이라고 할 수 있다. 또한 도시는 경제활동의 중심지이자 정치·행정의 중심지, 문화창조의 중심지라고 할 수 있다.

알다시피 공식적으로 최초의 도시들은 B. C. 3500년경 나일강, 티그리스강, 인더스강 유역의 비옥한 대지에 위치해 있었다. 현재 세계 인구의 약 60%가 도시에 거주하고 있는 것으로 보고되고 있으며, 한국의 도시화율은 2015년 기준 90%를 넘은 것으로 나타나고 있다.

1800년에 영국의 수도인 런던 인구는 110만 명이었고, 미국의 뉴욕 인구는 6만 명이었다. 그러던 인구가 1900년에 이르러서는 런던이 700만 명, 뉴욕이 480만 명으로 각각 급격히 증가하였다. 2000년에 런던의 인구는 약 750만 명, 뉴욕 인구는 약 810만 명으로 집계되었다. 도시로 인구가 집중되는 현상을 도시화라고 하는데 선진국의 도시화율은 2000년 현재 80% 수준에서 정체되고 있으나, OECD 국가 중 영국은 90%, 일본 91%, 미국 82%, 한국은 90%를 넘어섰다.

한편, 조선시대의 수도였던 한양의 인구는 1428년에 10만 3,328명이었으며, 1699년에는 19만 4,030명, 1798년에 19만 3,700명이었다고 한다. 19세기 중반에는 약 50만 명, 19세기 말에는 약 60만 명인 것으로 추정되고 있다. 2023년 서울의 인구는 약 940만 명으로 집계되고 있으며, 수도권 지역에 우리나라 전체 인구의 약 50%가 거주하고 있는 것으로 나타났다. 현재 수도권 지역에는 도시인구 팽창으로 과천, 산본, 평촌, 일산, 분당, 교하지구, 동탄지구 등 외곽에 아파트촌을 건설하는 등 주거지 중심의 신도시들이 자리잡고 있다. 이는 서울이라는 대도시의 과밀로 도시인구를 억제하기 위해 인구를 분산·재배치하고자 펼친 정책에 기인한다.

그러나 도시화와 반대되는 역도시화(counter urbanization) 또는 탈도시화 현상도 전개되고 있다. 즉, 역도시화는 도시지역의 인구가 도시 밖의 지역으로 벗어나는 현상으로, 도시인구가 농촌으로 이동하는 귀농이나 귀촌(U턴 현상)을 말하며, 농촌이 아닌 중소도시로 이동하는 것(J턴 현상)과 같은 현상도 포함한다.

1 인간생태학이란 무엇인가

　　인간생태학(human ecology)이란 인간 자신이 생존에 필요한 것들을 얻기 위해 자연환경에 순응하거나 그것을 정복하는, 즉 인간과 환경의 상호적 관계를 연구하는 분야이다. 원래 생태학[1]이라는 용어는 19세기 독일의 동물학자이자 진화론자인 헤켈(Ernst Heinrich Haeckel)에 의해 처음 사용되었다. 그는 생물과 유기적·무기적 환경의 관계에 대해서 이 용어를 사용하면서 동식물이 그들의 환경에 어떻게 적응하고 있는가를 관찰함으로써 생물생태학을 하나의 과학영역으로 발전시켰다. 즉, 인간생태학은 자연계에 존재하는 동식물 유기체들이 서로 다른 종들 사이에 균형 또는 평형을 이루는 것과 같이 인간들이 어떤 지역에 체계적으로 분포하고 적응하는가를 연구하는 학문으로, 인간 자신이 생존에 필요한 것들을 얻기 위해 자연환경에 순응하거나 자연환경을 정복함으로써 인간 자신이 주어진 자연환경에서 얼마나 쾌적한 삶을 살 수 있는가를 연구하는 학문이라고 할 수 있다.

　　이와 같이 생물생태학의 관점과 방법을 인간이 거주하고 있는 사회연구에 적용시킨 학자들은 시카고학파의 파크(Robert E. Park)와 그의 동료들이었다. 그들은 인간생태학을 인구와 제도의 공생적 상호관계를 공간적 측면에서 다루는 영역, 즉 인구와 주어진 공간적 환경에 대한 적응과정으로 보았다. 이와 같은 그들의 언급은 지역사회의 구조와 변동을 연구하는 데 대단히 유용한 것으로 밝혀짐으로써 도시사회학이라고 할 수 있는 인간생태학이라는 학문 분야는 그 후 급진적으로 발전하게 되었다.

---

1) 생태학이라는 용어는 1866년 헤켈이 그리스어의 오이코스(oikos, 집)와 로고스(logos, 논리)를 어원으로 해서 만든 것으로서, 살아 있는 유기체의 습성, 생활양식 및 주변 환경과의 관계를 다루는 생물학의 한 분야이다. 이것을 도시사회학 분야의 파크(R. Park), 매켄지(R. Mckenzie), 버제스(E. Burgess) 등 시카고학파에서 인간사회에 적용한 것이 인간생태학의 출발이라고 한다.

2 지역사회의 유형(농촌사회와 도시사회)

지역사회라는 말은 정의하기는 쉽지 않으나, 다의적으로 사용되고 있는 용어이다. 오늘날 대부분의 사회학자는 작은 마을, 촌락, 읍, 시, 거대도시 지역 등과 같은 사회적·지역적 조직의 단위를 나타내기 위해서 지역사회라는 말을 사용한다. 간단히 말하면, 지역사회란 인간이 가정을 유지하고, 생계비를 벌고, 자녀를 양육하고, 대부분의 활동을 수행하는 장소라고 할 수 있다. 힐러리(Hillery)는 이러한 지역사회의 구성요소로서 지리적 영역, 사회적 상호작용, 공동의 유대 등을 지적한다.

지역적 단위로서의 지역사회를 언급한 갤핀(Galpin)과 샌더스(Sanders) 등과 같은 학자들은 지역사회를 공간적 단위로 파악하거나 일정한 지리적 영역 내에서 생활하는 인간의 집합체 또는 장소로 규정한다. 사회집단의 단위로서 지역사회를 언급한 매키버(MacIver), 워런(Warren), 라이스(Reiss)와 같은 학자들은 기본적으로는 구성원들의 전반적인 욕구를 충족시켜 주고 일정한 지리적 영역을 갖는 사회집단과 동일한 것으로 파악한다. 또한 심리문화적 단위로서 지역사회를 언급한 학자들은 지역사회 구성원들 간에는 가치관, 규범, 목적 등을 타인과 동일하게 공유하고 있으며 공동의 유대와 결속의식을 가지고 있다고 한다.

한편, 지역사회를 연구한 초기의 사회학자들은 지역사회를 농촌과 도시로 분류하고 그 특성을 비교하는 데 초점을 두었다. 대표적인 연구로 소로킨과 짐머만(Sorokin & Zimmerman)의 농촌지역사회와 도시지역사회의 구분이 있다. 이들은 양 지역사회가 가지는 특성을 여덟 가지 차원에서 비교함으로써 각각의 지역사회가 갖는 성격을 파악하고자 하였다. 이러한 분류방법은 농촌과 도시를 서로 단절되거나 대립되는 지역사회로 간주하고 각각의 지역사회가 가지는 성격을 이상형으로 제시한다는 점에서 의미가 있다고 할 수 있다.

지역사회에 대한 이분법적 분류방법이 가지는 한계를 극복하기 위해 레드필드(R. Redfield)는 민속-도시연속체론(the Folk-Urban Continuum Theory)을 언급하였다. 그는 현실적인 지역사회는 농촌 또는 도시의 어느 한쪽으로 명확히 분류될 수 없다고 주장하였다. 그러면서 그는 한편에는 이상형의 농촌을, 그리고 다른 한편에는 이상형의 도시를 상정하고, 이 양극을 연결하는 선상에서 지역사회의 현실적인 위치를 찾아야 한다고 설명하였다. 즉, 현실의 도시와 농촌은 서로 확연히 구별되기보다는 양자의 특징이 혼합된 정도에 따라 이 연속선상의 어딘가 한 지점에 위치한다는 것이다.

그는 이상형의 농촌지역사회를 민속사회라고 부르면서 이 사회는 규모가 작고 고립적이며 문맹자가 많고 구성원들은 동질적이라고 보았다. 따라서 연대의식이 강한 사회로 정의하였다. 반면, 도시사회는 규모가 크고 비고립적이며 문화적이고 이질성과 이동성을 특징으로 하기 때문에 세속적이고 개인주의적인 성격이 강한 사회라고 정의한다. 그러면서 그는 민속사회에서 도시사회로의 변동과정을 도시화라고 설명한다. 요컨대, 도시화란 바로 어떤 지역이 이 연속선상에서 더욱 도시적인 방향으로 이동함을 의미한다. 그는 멕시코의 여러 지역사회에 관한 실증적인 조사를 통하여 민속사회가 도시사회로 진행되는 과정에서는 문화해체, 세속화, 개인주의화의 세 가지 변화가 수반된다는 사실을 찾아냈다.

3 도시의 유형

도시의 유형은 분류기준에 따라 여러 가지 방법으로 구분할 수 있다. 역사적 유형에 따라서는 고대도시, 근대도시 등으로 구분하기도 하고, 도시의 기능에 따라서는 행정도시, 산업도시, 문화도시, 주택도시, 상징도시 등으로 구분하기도 하며, 인구의 규모에 따라서 대도시, 중소도시 등으로 구분하기도 한다.

호설리츠(B. F. Hoselitz)는 도시가 경제 성장에 유익한 영향을 미치는가 또는 아닌가에 따라 생산도시와 기생도시로 구분하였으며, 레드필드와 싱어(M. Singer)는 도시의 문화적인 역할에 따라 과거 문화의 체계성을 지켜 나가는 정통발생의 도시

(orthogenetic city)와 새로운 독창성을 발생시키는 이질발생의 도시(heterogenetic city)로 분류하였다.

베버(M. Weber)는 도시를 서구적 도시와 동양적 도시로 구분하였는데, 서구적 도시는 시민자치단체로서의 도시로 독립된 공동체로서의 정체감을 심어 주는 상대적 자율성과 여러 사회단위 간의 상호 관련으로 이루어지는 결사체가 존재하고 있다고 설명하는 한편, 동양적 도시는 시민성이 결여되어 있으며 자치단체로서의 성격이 존재하지 않는다고 언급하였다.

쇼버그(G. Sjoberg)는 테크놀로지를 주요 지표로 삼아 도시를 갖지 못한 이전의 사회, 전산업형 문명사회, 산업사회의 세 단계로 설정하였다. 전산업형 문명사회를 전산업형 도시라고 하면서, 인력과 축력을 원동력으로 하는 테크놀로지하에 형성된 도시로 동서양을 막론하고 전통사회에서 흔히 볼 수 있는 도시라고 하였다. 산업사회를 산업형 도시라고 하면서 전산업형 도시에서 보이는 것과는 완전히 다르게 신분에 기초한 계층적 질서의 와해, 비엘리트에 의한 지배, 경제활동의 중시, 증가되는 인구구조, 활발한 이동성 및 유동성 등을 특징으로 한다고 설명하였다.

4 도시성

워스(L. Wirth)는 1938년에 「생활양식으로서의 도시화」라는 논문에서 도시성 (urbanism)을 "도시사회에서 전형적으로 나타나는 생활양식(도시인들의 독특한 생활양식 또는 도시문화)"이라고 정의하면서, 농촌사회와 도시사회를 구분할 수 있는 특성을 찾아내고자 하였다.

그는 도시화를 특징짓는 세 가지 기본 요소로 인구의 증대, 인구밀도의 증대, 인구의 이질성 증대를 지적하였다. 다시 말하면, 도시사회는 다양한 배경을 가진(이질성), 많은 사람이(인구규모), 밀집하는(인구밀도) 것으로 언급하였다. 그는 이 세 가지

인구학적 특징이 도시사회의 구조는 물론, 도시인의 인간관계와 심리적인 성격의 변화를 가져오게 한다고 보았다. 즉, 그가 사용하고자 한 도시성 개념은 도시화라는 동적 변화를 정태적으로 파악한 개념이라고 할 수 있다.

도시성에 관한 워스의 고찰에서 일관되게 주장되는 것은 전통적인 사회집단은 도시화됨에 따라 점차 사회통제력을 상실하게 되며 아노미적 상황을 나타내게 된다는 것이며, 이는 사회해체론 또는 사회병리론에 그 기초를 이루고 있다.

워스가 정의한 도시성의 특징을 요약하면, 이질성, 경쟁성, 익명성, 개방성, 활동성, 대중성이라고 할 수 있다. 그러나 그의 이론은 도시성이 자본주의 사회의 도시에서만 발견되는 현상이라는 점에서 일반화하기에는 한계가 있다고 지적되고 있다. 또한 그가 정의한 도시성의 개념 중에서 생태학적 측면에만 한정시켜야 하고, 도시화라는 개념과도 구분되어야 한다고 지적되고 있다.

5 도시화

도시화(urbanization)[2]란 도시가 형성되고 변화하는 과정을 의미하는 것으로, 도시에 거주하는 인구의 규모와 밀도가 커지는 경향 혹은 현상을 말한다. 즉, 물리적·공간적·사회적·경제적 변화를 수반하는 전체적인 변모과정임과 동시에 비도시지역이 도시적 성격의 지역으로 변화되는 것 또는 어떤 지역에 도시적 요소가 점차 늘어나는 과정이라는 동태적 의미로 사용된다. 다시 말해, 도시화란 일정 지역에 인구가 집중하여 인구밀도가 높아지고, 도시적 생산양식을 가지며, 이를 뒷받침하기 위

2) 도시화와 반대되는 개념으로 역도시화(counter urbanization)가 있다. 탈도시화라고도 하는 이 개념은 도시의 인구가 도시지역에서 농촌지역을 비롯한 비도시지역으로 이동하는 것을 의미한다. 흔히 농촌지역으로 가는 귀농·귀촌과 중소도시로 이전하는 것들이 있다.

한 구조물이나 토지 이용 상태의 변화와 주민의 의식구조 변화가 현저하게 나타남으로써 결과적으로 주변 지역에 대해 상당한 영향력을 가지게 되는 상태를 말한다. 도시 내부에서는 도심지역, 중심업무지구가 형성되어 변화하는 것과 더불어 대도시의 경우에는 부차적 중심지인 부도심 등도 형성되어 변화하며, 시가지 내부가 주택지역, 공업지역, 상업지역 등으로 분화하는 현상이 나타난다. 또한 도시 주변부에서는 시가지의 외연부가 더욱 바깥쪽으로 확대되는 한편, 근교지대가 형성되어 발전한다. 이뿐만 아니라 일반 농촌지역에서도 국민경제 면에서 2, 3차 산업의 비중이 높아짐으로써 고용 면이나 토지 이용 면에서 도시화가 진행된다고 볼 수 있다.

　도시화의 과정은 크게 세 가지 단계로 분류한다. 첫 번째 단계인 초기 단계(initial stage)는 대다수 인구가 전국적으로 분산된 농업중심의 사회로 전통사회를 벗어나지 못한 시기이며, 도시인구의 비율이 약 20% 미만일 시 이 단계에 해당한다. 두 번째 단계는 가속화 단계(acceleration stage)로, 농촌 거주 인구가 공업발달로 이촌향도(離村向都) 현상이 나타나 도시지역으로 이주함으로써 도시거주 인구의 비율이 급속하게 증가하는 시기이다. 이 시기는 급속도로 도시화가 진행되는 단계로, 그 부작용으로 각종 도시문제가 크게 발생한다. 마지막은 종착 단계(terminal stage)로, 전체 인구 중 70% 이상이 도시지역에 거주하는 시기이다. 도시화의 과정이 종착 단계에 이르면 도시화가 점차 둔화되고 일부 도시의 인구가 농촌으로 U턴하는 귀농현상이 일어나는 등 도시인구가 대도시 주변이나 농촌으로 이동하는 역도시화가 진행되는 경우도 있다. 경제 규모에 따라 초기 단계는 주로 후진국(저발전국가), 가속화 단계는 중진국(개발도상국가 또는 신흥개발국가), 종착 단계는 주로 선진국에서 나타난다.

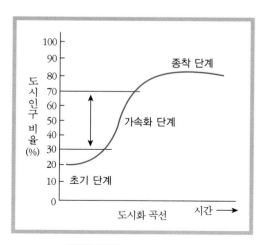

그림 11-1 도시화의 과정

도시지역 인구비율 추이

21.4　39.1　50.1　68.7　81.9　88.4　90.9　91.7　92.0

1950　1960　1970　1980　1990　2000　2010　2015　2020(년)

그림 11-2 한국의 도시화율

출처: 헤럴드경제(2018. 7. 2.).

　도시사회의 고전학파라고 할 수 있는 시카고학파에서는 도시화를 인구의 도시집중현상으로 보면서 도시를 자연의 산물로 본다. 이 학파는 도시의 생태학적 과정을 주어진 공간적 환경에 대한 인간의 적응과정으로 간주한다. 따라서 생태학적 과정을 중시하는 시카고학파의 파크(Park), 매켄지(Mckenzie)는 도시화란 인간이 집합적으로 자신의 생존에 적합한 장소를 찾기 위해 노력하는 과정이며, 이러한 과정의 결과로 특정 지역에 인구가 집중되어 도시를 형성하게 되고, 또한 그렇게 하여 형성된 도시가 거대도시로 성장하게 된다고 설명한다.

　그러나 정치경제학적 시각에서는 도시의 발전과정을 인간이 생존하기 위하여 환경에 적응하는 하나의 진화과정으로 이해하지 않고, 다만 자본의 욕구에 의해 형성되는 것으로 본다. 이 관점의 학자들은 도시공간은 자연적 산물이 아니라 자본의 욕구에 부응하여 의도적으로 산출된 곳이라고 본다. 특히 정치경제학적 입장의 대표적 학자인 카스텔스(M. Castells)는 도시공간을 자본주의 사회에서 노동력을 재생산하는 데 필요한 제반 물자와 요소를 집합적으로 소비하는 곳으로 정의하고 있다. 또한 마르크스주의 지리학자 하비(D. Harvey)와 르페브르(H. Lefebvre)는 도시는 자본축적을 보다 용이하게끔 해 주는 공간적 형태로 기능한다고 본다. 즉, 도시는 자본가들에게 유리한 공간으로 형성됨을 언급한다.

결론적으로 말해, 도시화란 도시가 형성되고 변화하는 과정이다. 도시가 형성되려면 무엇보다도 일정한 규모의 인구가 어느 한 지역의 테두리 안으로 집중되는 것이 필수조건이다. 그리고 일단 형성된 도시는 그것이 가지고 있는 여러 가지 생활상의 편익과 취업기회의 풍부함 등의 매력으로 더욱더 많은 인구가 유입된다. 이러한 점에서 도시화는 도시로 인구가 집중되는 현상을 가리키는 말로 이해할 수 있다.

압출형의 도시화

압출형의 도시화는 농촌지역에 거주하는 과잉인구를 도시로 밀어냄으로써 도시로 인구가 유입되는 이촌향도 현상을 의미한다. 그 이유는 농촌의 생산성 수준이 낮고 농촌의 출산율이 매우 높은 경우 잉여노동력이 도시로 향하여 유출됨을 말한다. 즉, 급격한 인구증가로 경작지 부족, 저생산성 및 농업의 기계화로 농업노동력의 수요 감소에 기인한다. 압출형의 도시화 결과, 농촌인구의 도시 유입으로 실업난, 주택난, 교육시설의 부족, 위생의 결핍, 빈곤의 만연 등의 도시문제를 낳게 된다. 제3세계의 저개발국이나 개발도상국가, 특히 아시아와 남미 여러 나라에서의 도시화는 산업화의 수준과는 무관하게 압출형으로 특징지을 수 있다.

흡인형의 도시화

흡인형의 도시화는 도시의 매력적인 요인에 의해 농촌인구가 도시로 유입됨을 의미한다. 흡인형의 도시화는 도시에서 고도의 산업화가 이루어진 결과, 노동력이 부족해짐과 동시에 농촌보다 더 높은 수준의 취업 기회와 삶의 기회가 제공됨에 따라 농촌인구가 도시로 흡인됨을 말하는데, 서구 선진국의 도시가 이에 해당된다. 제조업 관련 공장시설의 증가 및 생산공정의 기계화에 의한 산업화의 과정이 순조롭게 진행됨에 따라 도시가 농촌보다 상대적으로 유리한 취업 기회와 삶의 기회를 보장함으로써 농촌에서 방출되는 잉여노동력을 도시가 자연스럽게 흡수할 수 있기 때문이다. 즉, 의료시설의 접근 용이, 교육시설의 이용 편리, 위락문화시설의 이용

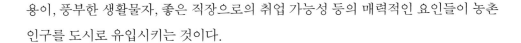

용이, 풍부한 생활물자, 좋은 직장으로의 취업 가능성 등의 매력적인 요인들이 농촌 인구를 도시로 유입시키는 것이다.

6 근교화와 거대도시화

　도시화가 진행되어 도시의 인구가 계속 늘어나면 도시공간 자체가 확장된다. 인구와 기능의 집중현상이 계속되어 어느 단계에 이르면 포화상태에 이르게 되고 도시공간의 확대가 불가피해지는 것이다.

　이러한 도시공간 확장의 가장 전형적인 과정은 근교화이다. 근교화(suburbanization)는 기존 도시의 주변지역에 새로운 거주지역이 형성되어 사람들이 교외로 주택을 마련해서 도심지를 떠나는 것뿐만 아니라 각종 활동과 기능 역시 사람을 따라 교외로 이전되는 현상까지 포함하는 개념이다. 여기에는 공장, 쇼핑센터, 각종 서비스업 등의 근교화도 동시에 진행된다.

　한편, 도시화가 오랫동안 진행되고 도시공간이 확장됨에 따라 기존의 도시를 중심으로 주민들의 생활이 전개되면서 도시를 지원하는 기능을 하는 새로운 도시가 형성되는데, 이를 위성도시(衛星都市, satellite city)라고 한다. 위성도시는 반드시 새로 형성되는 것만이 아니며, 이전에 독자적인 기능을 하던 주변도시가 위성도시로 바뀌는 경우가 많다. 이때 중심이 되는 도시와 그 주변의 비농업근교 및 위성도시들을 포괄하는 광범위한 지역을 통틀어 거대도시(metropolis)라고 한다. 따라서 거대도시는 국가의 정치, 경제, 사회, 문화, 교육 등 주요 기능을 담당하는 중심으로 주변지역에 영향을 미쳐서 권역을 형성한다(예: 런던, 뉴욕, 도쿄, 서울 등).

　그런데 이러한 거대도시가 성장함에 따라 여러 도시는 사회경제적·행정적으로 상대적인 지위의 우열을 갖게 되어 도시 간에도 일정한 위계적·서열적 관계가 형성된다. 이처럼 도시 간의 서열화가 진행되어 한 나라 안에서 거대도시–중소도시

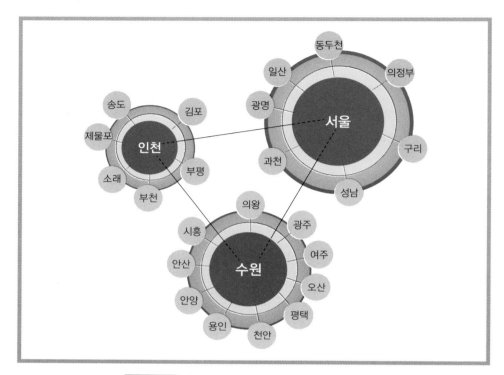

그림 11-3 한국의 초거대도시(메갈로폴리스)-수도권

의 서열로 체계화되면서 상호 관련을 맺어 가는 과정을 거대도시화라고 한다. 또한 여러 개의 거대도시가 비교적 가까운 거리에 위치하면서 서로 간에 복잡한 교환과 의존적 관계를 맺고 긴밀하게 상호작용하는 전체를 묶어 초거대도시(megalopolis)라고 한다. 이를테면 서울, 인천, 수원은 각각 하나의 거대도시라고 할 수 있으며, 그것들이 결국 수도권 지역 안에 편입됨으로써 초거대도시라고 할 수 있다. 따라서 몇 개의 거대도시가 띠 모양으로 연결되어 국제적인 기능을 발휘하게 되면 초거대도시라 할 수 있다.

　프랑스 지리학자 고트망(J. Gottmann)에 의해 초거대도시라는 용어가 처음 사용되었다. 미국 북동부의 보스턴, 뉴욕, 필라델피아, 볼티모어, 워싱턴 등 거대도시와 이 거대도시를 잇는 대도시권의 도시화 지역을 초거대도시라고 하였다. 현재 이 지역은 미국 전 국토의 1.8%에 불과하나 인구는 약 21%를 차지하며, 철도, 자동차, 항공기 등 교통수단과 통신수단이 고도로 발달됨으로써 이 지역들이 기능적으로 일체화되어 하나의 단위체로 간주되고 있다(예: 런던-리버풀 간, 도쿄-나고야 간 등).

7 도시의 생태학적 과정

　도시의 생태학적 과정의 결과로 도시의 공간구조는 어떤 수준에서 일반화가 가능할 정도의 유형성을 띠고 변천해 가게 되는데, 이러한 유형을 처음으로 탐구한 이들은 1900년대 초에서 1930년대까지 시카고 시를 인간생태학적 관점에서 연구대상으로 삼았던 시카고학파이다. 인간생태학의 창시자인 파크(R. Park)는 인간의 행위를 공생적 행위, 즉 보다 살기 좋은 환경을 얻기 위해 노력하고 경쟁하는 행위로 본다.
　한편, 매켄지는 도시의 구조를 인구집단, 토지 이용, 기능, 기관들이 도시 내에서 자신들의 욕구를 극대화하는 데 유리한 장소로 이전하기 위해 경쟁하는 상호작용의 산물로 규정한다. 그들은 도시의 생태학적 과정으로 다음의 여섯 가지를 언급하고 있다.

집중화(concentration)
　인구의 구심화라고도 하는 집중화는 일정한 지역으로 인구가 모여드는 현상으로 접근성과 편리성으로 인해 많은 사람이 모이는 것을 의미한다. 서울 동숭동에 소재한 대학로에 연극공연집단이 모여 있어 사람들이 이를 즐기러 그곳으로 모이는 것을 예로 들 수 있다.

중심화(centralism)
　사회조직과 기관들이 일정한 지역으로 모여드는 현상으로, 서울역, 남대문, 광화

문까지의 태평로 혹은 세종로 거리에 관공서(서울시청, 정부종합청사, 문화관광부 등)나 대기업의 본사들, 은행 본점들이 모여 있는 것을 예로 들 수 있다.

분산화(decentralism)

인구의 원심화라고도 하는 분산화는 인간과 제도가 도시의 중심부에서 외곽으로 흩어지는 현상으로, 도시의 중심부에 위치하던 백화점이나 쇼핑센터 등이 영등포, 천호동, 상계동, 불광동 등에 위치하는 것을 예로 들 수 있다.

분리화(segregation)

격리라고도 부르는 분리화는 잘 조화되지 않은 인구집단이나 기관들이 서로 모이게 되는, 즉 분리 혹은 격리되는 것으로 인종적·경제적·사회적 요인에 의해 발생되는바, 공통의 이해관계, 생활양식 및 욕구를 공유한다. 미국 LA에 백인들만 거주하는 베벌리힐스 지역이나 우리나라 서울의 압구정동, 동부이촌동, 성북동 등과 같은 곳을 예로 들 수 있다.

침입(invasion)

침입은 기존 지역에 잘 조화되지 않는 새로운 인구집단이나 기능 또는 기관 등이 들어오게 되는 것으로, 주택지구가 상업지구나 유흥가로 변신하는 것을 예로 들 수 있다. 백인거주지역인 베벌리힐스에 흑인이 들어오는 것과 같은 현상이라고 할 수 있다. 또 다른 예로 과거 윤락여성의 인권을 보호하기 위해 시행된 「성매매 특별법」에 의해 집창촌이 폐쇄됨에 따라, 이에 종사하던 사람들이 생계를 유지하기 위해 은밀히 일반주택가로 침투하는 것과 같은 것이다(풍선효과).

계승(succession)

침투의 결과, 기존의 것들이 새로운 것으로 대체되는 계승은 침입에서 보듯이, 시간이 경과함에 따라 침입한 요소들이 완전히 자리 잡게 되어 세력을 확장하는 것이다. 백인들만 거주하는 베벌리힐스 지역에 흑인들이 침투하여 그 지역 전체가 흑인들만 거주하게 되는 경우나 일반주택가가 유흥가로 변신하는 경우를 예로 들 수 있다.

8 도시의 생태학적 모형

도시는 계속 변화한다. 그 변화는 인구, 토지 이용, 기능 및 기관들의 지역적 분포의 변동이라는 측면으로 나타난다. 이를 살펴보면 다음과 같다.

성형이론(star theory)

허드(R. M. Hurd)는 도시가 그 중심지로부터 주요 교통로(간선로)를 따라 중심부로부터 성장한 결과, 별 모양으로 발전하게 된다는 성형이론을 제시하였다. 이 이론은 20세기 초반 철도나 전차가 주요한 교통수단으로 이용되던 시절에 적용되었다.

동심원지대이론(concentric zone theory)

1923년에 버제스(E. Burgess)는 시카고 시를 모델로 하여 도시의 성장을 연구하였는데, 현대도시가 성장함에 따라 마치 물결파장 모양처럼 방사선 모양으로 확대·발전해 나간다는 동심원지대이론을 주장하였다. 그 확대과정은 다섯 개의 지역으로 구성된 동심원 형태로 가장 잘 설명될 수 있다는 것이다.

도시의 가장 중심부는 중심상가지대(Central Business District: CBD)로서 행정관청이나 은행 본점, 대기업 본점, 고층빌딩, 대규모 백화점이나 호텔 등이 존재한다. 이러한 지역은 현재까지도 그 역할을 하고 있는 서울의 중심지라고 할 수 있는 세종로나 태평로 지역이라고 할 수 있다. 그다음 지역은 변이지대 혹은 변천지대(과도기지대, transition district)로서 빈민지역(슬럼지대, 흑인거주지역), 하급호텔, 술집, 공장

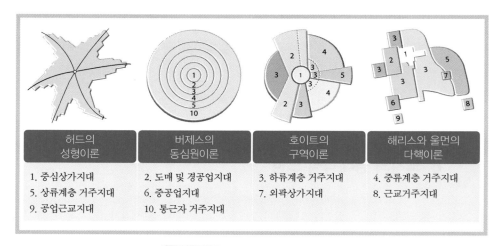

허드의 성형이론	버제스의 동심원이론	호이트의 구역이론	해리스와 울먼의 다핵이론
1. 중심상가지대	2. 도매 및 경공업지대	3. 하류계층 거주지대	4. 중류계층 거주지대
5. 상류계층 거주지대	6. 중공업지대	7. 외곽상가지대	8. 근교거주지대
9. 공업근교지대	10. 통근자 거주지대		

그림 11-4 도시의 생태학적 모형들

(경공업), 홍등가 등이 존재하는 지역이다. 이러한 지역은 도시의 발전에 따라 여러 가지 기능과 기관에 의해 침입과 계승이 반복되는 지역인 한편, 도시문제의 온상이 되는 곳이라고 할 수 있는 지역이다. 예를 들면, 과거 개발이 안 되었을 때의 서울역 주변과 종로3가, 청계천3가 지역이 그러한 지역이라고 할 수 있다. 그다음 지역은 저소득층이나 노동자 거주지역으로서 중심상가지역에 직장을 가진 일반근로자들의 주택지대가 공존하기도 하는 곳으로 중간 수준의 주택이 있으며, 직업학교, 공원, 구멍가게, 잡화점 등이 혼재해 있는 지역이다. 그다음 중산층 거주지대는 단독주택이나 아파트 등이 산재한 지역으로 주로 전망이 좋고 출퇴근이 용이한 지역이라고 할 수 있다. 마지막 지역으로 통근자 거주지대는 교외거주지역과 위성도시가 위치하는 곳으로 주로 침실지대(bed town)라고 할 수 있는 지역이다.

선형이론 또는 구역이론(sector theory)

선형이론 또는 구역이론은 호이트(H. Hoyt)가 1939년에 발표한 이론으로 미국의 142개 도시를 대상으로 집세 자료의 분석을 통해 정립한 이론이다. 그는 이 이론에서 도시는 중앙업무지역에서 방사되는 수많은 부채꼴 모양으로 나뉘는 경향이 있음을 언급하였다. 이러한 형태는 상이한 집단 및 기관들이 도시의 중심에서 도시의 외곽지역까지 외연을 확대해 나가는데, 주로 주요 교통로를 따라서 확장되는 경향이 있다고 한다. 물론 상이한 집단 및 기관들 사이사이에는 서로 격리되면서 내부적으로는 동질적인 거주지역이 형성되고 있는 지역이라고 할 수 있다.

다핵이론(multi-nuclear theory)

해리스와 울먼(Harris & Ullman, 1945)은 현대도시는 교통의 발달로 인해 하나의 중심부가 아니라 여러 개의 핵 또는 중심지를 갖게 된다는 다핵이론을 제시하였다. 그들에 의하면 현대도시들은 여러 개의 상업중심지, 산업중심지, 거주중심지를 갖게 된다고 한다. 한국의 경우 서울의 청량리, 영등포, 불광동, 천호동, 양재동, 상계동, 구로공단(현재 가산디지털단지) 등이 그러한 예라고 할 수 있다.

자연지역이론(natural areas theory)

조르보(Zorbaugh, 1929)는 도시를 하나의 유기체로 보고 도시는 일련의 독자적인 기능을 수행하는 여러 자연지역으로 구성되는 것으로 간주하였다. 자연지역이란 도시 안에서 발견되는 최소한의 유의미한 지역단위를 의미한다. 자연지역이론은 시카고학파의 원조라 할 수 있는 파크에 의해 제시된 것으로, 도시공간구조의 생태학적 유형이 인위적인 작용에 의해서라기보다는 어떤 자연적이고 물리적인 특성인 산야 · 하천 · 강 등의 지형적 특성과 철도 · 도로 등의 교통망, 공원 같은 인공적 요소들에 의해 자연스럽게 구획된다고 한다. 일종의 방어적 근린이 이에 해당되는데, 이러한 구획에 따라 인간집단의 사회문화적 활동도 동질적인 요소들끼리 유형별로 구분된다는 관점을 취한다(예: 미국 뉴욕 시의 할렘, 코리아타운, 리틀 도쿄, 리틀 이태리, 차이나타운 등).

9 한국의 도시화 과정

한국의 도시화는 세계적으로 유례없는 빠른 속도로 진행되어, 산업화와 대도시 중심의 성장에 따라 수도권과 영남권으로 양권역화되었다. 이 과정에서 기존의 철도교통으로 연결된 연담도시권, 자동차 교통시대에 따라 통근권이 확대된 메갈로폴리스가 등장하였다. 또한 도시의 선별적인 성장에 의하여 대도시 중심, 공업 중심, 다양한 신도시 중심으로 도시화를 유도하였다는 특성을 띠고 있다. 또한 도시가 공업을 주축으로 발달할 때에는 고용인구 수용 단계에서 선별적으로 나타나고 공업에 의하여 도시기능이 특화되는 과정에서 급성장을 하게 되었다. 공업이 도시화에 미친 직접적인 영향으로는 교통 발달, 상대적 접근성의 증대, 여성 노동력의 증가, 집적 경제 등이 있다.

1945~1960년

분단과 전쟁에 의해 격동적인 도시변동이 일어난 시기이다. 일제강점으로부터의 해방은 미국과 소련에 의한 민족의 분단으로 이어졌고, 이후 50년 동안 남한과 북한은 서로 다른 체제에서 상이한 도시변동을 겪어 왔다. 분단이 고착화되지 않은 가변적 시기였던 1945~1949년에는 일제강점기에 해외로 이주했던 인구의 귀환이 도시화에 가장 큰 영향을 끼쳤으며, 1949~1955년에는 한국전쟁으로 격렬한 도시변동이 발생했다. 이 시기의 도시화는 서울을 포함한 북한 접경지역의 피난민이 남쪽 도시지역으로 유입되고, 1955~1960년에 휴전 이후 서울로 귀환하는 재정착 이동이 주류를 이루면서 진행되었다.

1960~1970년

인구의 자연적 증가와 함께 산업화에 따라 도시인구가 격증한 시기이다. 1960년대 이후에는 산업화라는 경제적 변수가 도시화의 중요한 원인으로 등장했다. 이 시기의 인구 이동은 도시에서의 흡인요인보다는 농촌으로부터의 배출요인이 더욱 크게 작용하는 과잉도시화를 특징으로 한다. 그 결과, 1960년대부터 거대도시화가 두드러지고 초거대도시화 현상도 조짐을 나타내기 시작했다. 거대도시는 보통 인구 100만 명 이상의 도시를 일컫는데, 당시에 이농민이 대부분 서울로 몰려들어 서울은 만원이라는 외침이 터져 나온 것도 이 시기부터였다.

1970~1980년

농촌의 절대적 인구가 감소하는 가운데 도시인구의 증가가 이루어졌다는 점에서 앞의 단계와 차이가 난다. 이 기간에도 도시화율은 꾸준이 증가하였다. 1970년대에는 서울 주변의 위성도시가 팽창함으로써 초거대도시화가 더욱 뚜렷해졌다. 이 기간에 서울 주변의 위성도시에 정착한 비율은 각각 21%, 30%여서, 근교화가 차츰 진행됨을 알 수 있다. 1970년대에는 부산과 주변 도시들도 제2의 초거대도시로 형성되는 양상을 보였으며, 남동 임해지역의 공업도시들도 빠르게 성장하였다.

1980년대 이후

한국 사회가 도시중심의 사회구조로 변화된 배경 아래 도시화가 진행되는 시기이다. 1980년대부터는 농촌인구가 이미 크게 줄어, 이농민 역시 덩달아 감소하기 시작하였다. 그리하여 1960년 이후 처음으로 도시화의 원인 가운데 도시인구의 자연 증가가 농촌으로부터의 사회적 이동보다 두드러지는 현상이 나타나고 위성도시의 인구가 급증하는 근교화가 더욱 뚜렷해졌다. 도시화가 우리나라보다 일찍 진행된 선진국 중에는 이른바 인구의 J턴 현상이나 U턴 현상이 일어나 역도시화가 진행되는 곳도 있다. 역도시화란 인구가 도시로 집중되던 상태에서 인구가 농촌으로 분산되는 생태로의 변화를 의미한다. 도시의 종말 단계에 이르면 이촌향도의 인구 이동이 멈춰지고 인구의 U턴 현상과 J턴 현상이 나타나 대도시 주변의 인구 증가가 두드러질 것이다.

부록

현대도시는 슈퍼스타도시의 전성시대

『도시는 왜 불평등한가』를 집필한 리처드 플로리다는 슈퍼스타도시의 전성시대를 언급하면서, 슈퍼스타도시[3]는 시간이 갈수록 인재를 끌어들여서 번성하게 되고 나머지 그저 그렇고 그런 도시는 몰락하게 된다고 하였다. 그는 이러한 이유를 부동산가격의 격차로 설명하였다. 그 결과 슈퍼스타도시와 다른 도시 간의 격차는 더욱 더 벌어지고 불평등이 확대되는 현상은 피할 수 없다고 언급하였다.

그는 그 이유에 대해, 첫째, 기존 기업이나 혁신산업, 혁신기업[4]은 자신의 이익을 찾아서 슈퍼스타도시로 몰리기 때문이라고 하였다. 플로리다는 노벨경제학상을 수여한 폴 크루그먼 교수가 언급한 기업의 운송비를 예로 들었다. 기업의 운송비가 낮은 경우에는 여러 곳에서 분산해서 생산되던 것을 한 곳에 집중해서 대량생산을 하면 생산단가가 떨어지기 때문이다. 또한 여러 기업이 모여서 산업단지(클러스터)를 만들면 중간재와 노동력을 구하기 쉬워서 더 유리해진다. 다수의 기업이 한 곳에 집중되면, 이익이 생기기에 자연스럽게 산업클러스터가 생긴다는 것이다. 이는 도시의 속성 중의 하나인 인구가 도시로 집중되는 도시화와 거기서 자연스럽게 형성되는 분업과 협업이라는 상호의존적인 요인들이 슈퍼스타도시를 만드는 근간이 되고 매력적인 요인이 된다는 것이다.

---

3) 슈퍼스타도시는 전통산업인 제조업의 몰락과 더불어 세계화, 기술혁신이 주가 되는 사회로 변화하면서 혁신산업과 기업, IT, 바이오산업이 성장한 결과이다. 그리고 아울러 이러한 것들을 견인하는 인터넷 및 통신 인프라와 훌륭한 인적자원이 풍부하게 집중되어 있는 곳으로 지식자본주의 사회의 핵심인 경쟁력을 두루 갖추고 있는 곳이라고 할 수 있다.

4) 혁신산업이란 자원보다 아이디어, 특허, 기술(지식, 정보 등) 같은 것이 더 중요한 산업을 말한다. 예를 들면, 인터넷, 바이오산업, 4차 산업(AI), 첨단기술을 말하며, 혁신기업이란 IT, 바이오, 소프트웨어, 금융벤처, 벤처캐피탈회사, 엔터테인먼트회사 등을 말한다.

둘째, 많은 인재(과학자, 기술자, 전문지식인, 예술가 등)가 슈퍼스타도시로 모인다는 것이다. 인재가 모이면 서로 자극을 주고 상호의존, 상호보완이라는 시너지효과(senergy effect)를 가져와 더 좋은 아이디어와 기술이 생겨나고 혁신이 일어난다. 또한 인재가 슈퍼스타도시로 모이면 인적자본의 외부효과(external effect)[5]라는 게 발생한다. 즉, 각자 자신의 이익을 위해 도시로 몰려드는 인재 덕분에 인재뿐만 아니라 다른 평범한 사람도 덕을 본다는 것이다. 경제학자들 역시 언급하기를 인재들과 같이 일하면 다른 사람도 생산성이 높아진다고 하였다. 또 인재가 능력을 발휘해서 참신하고 좋은 아이디어를 내면 인재 자신도 큰 이득을 챙기지만 주변사람의 소득도 늘어난다는 것이다. 흔히 한 명의 천재가 10만 명을 먹여 살린다고 하듯이, 인재가 슈퍼스타도시로 몰리고, 이것이 슈퍼스타도시에 인적자본이라는 외부효과를 낳고, 덕분에 슈퍼스타도시의 주민은 다른 도시주민보다 소득이 높아지게 된다. 그러면 인재가 슈퍼스타도시로 몰리고 더욱 더 몰리게 되는 연쇄반응이 일어나 점점 더 슈퍼스타도시는 부동산 가격이 상승하고 삶의 기반시설이 더 좋아지게 된다는 것이다.

『도시의 승리』의 저자 에드워드 글레이저가 세계슈퍼스타도시 랭킹을 열거한 것을 보면, 1위 뉴욕, 2위 런던, 3위 도쿄, 4위 홍콩, 5위 파리, 6위 싱가포르, 7위 로스앤젤레스, 8위 서울, 9위 빈, 10위 스톡홀름, 11위 토론토, 12위 시카고, 13위 취리히, 14위 시드니, 15위 헬싱키, 16위 더블린, 17위 오사카-고베, 18위 보스턴, 오슬로, 베이징, 상하이, 22위 제네바, 23위 워싱턴, 샌프란시스코, 모스크바로 언급하고 있다. 글레이저는 이렇게 매겨진 순위의 평가기준으로 다섯 가지를 언급하고 있는데, 1인당 GDP, 금융능력, 글로벌경쟁력, 비즈니스 활성도, 삶의 질 기준으로 나누고 있다.

그러면 과연 도시의 매력과 슈퍼스타도시의 형성요인은 무엇일까, 글레이저는

---

5) 외부효과는 시장에서의 거래와 상관없이 개인이나 기업 등 어떤 경제주체가 한 행위로 인해 다른 누군가가 예상치 못한 혜택이나 손해를 보는 것을 말한다.

도시를 흥하게 하는 요소로 즐거움을 주는 도시라고 언급한다. 즉, 사람을 즐겁게 만드는 도시가 번성한다는 것이다. 음식문화, 패션문화, 엔터테인먼트, 그리고 연인이나 배우자를 만날 수 있는 기회가 사람을 몰려들게 하고 즐겁게 만든다고 주장한다. 이런 것이 잘 갖추어진 도시는 흥하게 되고 번성하게 된다는 것이다. 좀 더 구체적으로 그 요인들을 살펴보면 다음과 같다.

첫째, 음식문화요인으로, 대도시일수록 레스토랑과 같은 맛집이 즐비하다. 거기서 흥미로운 공간인 카페와 술집 등 유흥시설도 많다. 도시의 접근성이 좋고 다양한 음식문화가 결국 도시로 사람을 몰려들게 한다.

둘째, 패션문화요인으로 프랑스 사회학자 장 보드리야르가 언급했듯이, 옷은 그 사람의 기호와 소득을 나타낸다. 더 많은 사회적 교류와 다양성이 존재하는 도시에서 잘 차려 입을 옷이 더 필요함과 아울러 패션과 액세서리, 보석 등 다양한 입는 문화가 발전된 도시로 사람을 끌어들이고 흥하게 만든다.

셋째, 문화와 여가와 관련된 요인으로, 엔터테인먼트와 예술이다. 도시에는 역사적인 건축물(문화재, 즉 고궁이나 박물관 등), 미술관, 극장, 음악당 등 공연시설, 잘 정비된 공원시설 등과 같은 시설들이 많아서 문화, 여가를 즐기기 쉽다. 도시에 거주하는 사람들의 문화, 여가욕구에 부응하는 요소들이 많이 상존하기 때문에 엔터테인먼트와 예술이 발달한 도시를 찾게 되고 이는 결국 사람들이 도시로 몰리고 도시를 흥하게 한다.

넷째, 연인과 배우자요인으로, 많은 젊은 사람들이 도시로 모이는 이유는 사람들과 교류하기 쉽고 배우자를 찾기 위해서이다. 도시는 젊은 사람들이나 미혼자가 연인을 찾기 좋은 곳이 도시이기 때문이다. 게다가 술집, 식당, 카페 등 유흥시설이 즐비하다. 이런 곳에서 자신과 비슷한 취향을 가진 사람과 만날 가능성이 높다. 또한 임금이 낮아도 대도시에 있음으로써 얻는 것이 많고 취업할 기회도 많기 때문이며, 좋은 사람과 교류할 수 있는 기회가 많기 때문에 사람들이 도시로 몰리게 되어 결국 그것은 도시를 흥하게 번성하게 한다.

이와 같은 요인들과 아울러 교육기관의 집중과 병·의원 접근성 용이 및 치안, 방범과 관련된 시설과 같은 안전요인이다. 교육을 많이 받은 사람과 학력상승을 갈망하는 사람들 역시 본인은 물론, 자녀의 교육문제에 관심이 많아 교육시설이 잘 갖추어져 있는 도시를 더 선호한다. 결국 이러한 요인들이 사람들을 도시로 몰려들게 하고 도시를 번성하게 한다. 또한 잘 갖추어진 의료시설의 접근 편이성과 수준 높은 질병예방치료 또한 사람들을 도시로 몰려들게 만든다. 아울러 항상 치안, 방범을 안전하게 유지하고 쾌적한 공간을 조성하려는 사람들에 의해 도시로 사람들이 흘러들게 만들어 도시는 더욱 더 번성하고 흥하게 한다.

따라서 사람들은 즐거운 곳에 살기 위해서, 여유와 능력이 되면 자녀에게 보다 좋은 교육을 받게 하고 병·의원시설의 접근성 용이 및 안전한 공간에서 살기 위해서 더 비싼 집값이란 비용을 기꺼이 치르며 도시로 몰려들게 된다. 그리고 또한 집값이 비싼 한편 여러 가지 시설(위락, 병의원 등)이나 문화, 안전요인(치안) 등이 잘 갖추어진 도시일수록, 향후 인구가 더 늘어나고 실질소득을 증가할 가능성이 높기 때문에 도시로 사람들이 몰려들어 도시가 흥하고 번성하게 되어 슈퍼스타도시를 만드는 것이다.

(브라운스톤, 『부의 인문학』(2022)의 내용 발췌 요약 및 필자의 의견)

참 고문헌

강대기(1987). 현대도시론. 민음사.

고영복, 한균자(1995). 사회학개론. 한국방송통신대학교출판부.

권태환, 홍두승, 설동훈(2006). 사회학의 이해. 다산출판사.

권태환 외(2006). 한국의 도시사회와 도시문제. 다해.

김현숙(2006). 도시계획. 광문각.

데니스 포프린(1988). 지역사회학(홍동식 외 역). 경문사.

로버츠 월슨, 데리드 슐츠(1987). 도시사회학(김현조 외 역). 경진사.

류상열, 이건영, 박양호(1997). 국토21세기. 나남출판.

리처드 플로리다(2018). 도시는 왜 불평등한가(안종희 역). 매경출판.

발레리 줄레조(2012). 아파트공화국(길혜연 역). 후마니타스.

브라운스톤(우석)(2022). 부의 인문학. 오픈마인드.

송상호(2008). 문명 패러독스. 인물과 사상사.

안계춘 외(1992). 현대사회학의 이해. 법문사.

앤서니 기든스(2007). 현대사회학(김미숙 외 역). 을유문화사.

양춘, 박상태, 석현호(2003). 현대사회학. 민영사.

엔리코 모레티(2014). 직업의 지리학(송철복 역). 김영사.

윌리엄 B. 헬름라이히(2022). 아무도 모르는 뉴욕(딜런유 역). 글항아리.

유현준(2018). 어디서 살 것인가. 을유문화사.

유현준(2021). 공간의 미래. 을유문화사.

이만갑(1973). 한국 농촌사회의 구조와 변화. 서울대학교출판부.

이효재, 허석렬 편역(1983). 제3세계의 도시화와 빈곤. 한길사.

장 크리스토프 빅토르(2008). 변화하는 세계의 아틀라스(안수연 역). 책과 함께.

제프 페럴(2013). 도시의 쓰레기 탐색자(김영배 역). 시대와 창.

조엘 코트킨(2007). 도시의 역사(윤철희 역). 을유문화사.

토머스 프리드먼(2013). 세계는 평범하다(이건식 역). 21세기북스.

폴 크루그먼(2021). 폴 크루그먼의 지리경제학(이윤 역). 창해.

최은수(2009). 명품도시의 탄생. 매일경제신문사.

홍승직, 임희섭, 노길명, 정태환, 김문조(1995). 사회학개설. 고려대학교출판부.

Bernard, J. (1973). *The Sociology of Community*. Glenview. III. Scott. Foresman and Company.

Castells, M. (1977). *The Urban Question*. MIT Press.

Castells, M. (1978). *City, Class and Power*. St. Martins Press.

Harris, C., & Ullman, E. L. (1945). The Natures of Cities. *The Annals of the American academy of Political and Social Science*, 242.

Harvey, D. (1973). *Social Justice and the City*. John Hopkins University Press.

Hawley, A. H. (1950). *Human Ecology*. The Ronald Press.

Hoyt, H. (1939). *The Structure and Growth of Urban Area*. Federal Housing Authority.

Park, R. E., Burgess, E. W., & McKenzie, R. D. (Eds.). (1925). *The City*. University of Chicago Press.

Quinn, J. A. (1950). *Human Ecology*. Prentice-Hall.

Redfield, R. (1947). Folk Society. *American Journal of Sociology*, 52.

Sjoberg, G. (1960). *The Preindustrial City: Past and Present*. The Free Press.

Wirth, L. (1938). Urbanism as a Way of Life. *American Journal of Sociology*, 44.

Zorbaugh, H. W. (1929). *The Gold Coast and the Slum*. University of Chicago Press.

헤럴드경제(2018. 7. 2.). 국민 10명 중 9명이 '도시'에…주거 · 공업지역 늘었다. https://news.naver.com/main/read.nhn?mode=LSD&mid=sec&sid1=101&oid=016&aid=0001412365

12 일탈행동과 사회통제

INVITATION TO NEW SOCIOLOGY (7TH ED.)

일탈행동은 사회학이라는 학문에서 매우 흥미롭고 복잡한 영역의 하나라고 할 수 있다. 우리가 사는 세상에는 예외 없는 법칙이나 근심 없는 집안이 없다고 하듯이(There is no rule but has no exception), 일탈(逸脫, deviation)이란 인간행위의 한 유형으로 정상적인 것에서 벗어난 행동 일체를 지칭한다. 즉, 일탈이란 우리가 몸담고 살고 있는 사회에서 정상적이라거나 평범하다거나 또는 당연하다고 여겨지는 것과는 다른 행위나 상태를 가리킨다.

일탈행동은 규범 외적 행동 일체를 지칭하는 것으로, 자체의 비정상적 속성으로 인해 원활한 사회관계의 저해요소가 되기 때문에 공식적 · 비공식적 제재를 동반한다. 따라서 일탈행동이란 일반적으로 보편적인 사회규범이나 규칙을 벗어나는 행위라고 할 수 있다. 한편, 범죄는 법을 위반하는 행위로 일탈행위에 속하지만 모든 일탈행동이 범죄는 아니라는 점에서 차이가 난다.

다시 말하면, 일탈이란 비행이나 범죄보다 훨씬 광범위한 개념으로 정상적인 것에서 벗어난 행동 일체를 의미하는 바, 비상식적인 것, 비정상적인 것, 평균에서 벗어난 행위로 규범외적 행동 일체를 말한다. 이와 같이 일탈은 사회적 통념인 사회적 행위기대를 파괴하는 것으로, 보편적인 사회규범이나 규칙에서 벗어난 행위라고 할 수 있는데, 한 사회가 정상적인 것으로 인정하는 규범의 허용한계를 벗어나는 행위라고 할 수 있다. 따라서 일탈은 사회제도나 사회질서의 안정 및 유지에 부정적인 영향을 미치는 것이라고 할 수 있는 것이며, 비정상적 속성이자 사회제도, 사회질서의 저해요소이므로 제재, 즉 사회통제를 필요로 한다.

한편, 일탈행동은 가난하고 학식이 얕은 하류계층의 배타적 행동이라고 여기는 사회적 통념이 얼마나 모순이며 은폐적 사고인가를 보여 준다. 또한 중 · 상류계층에 속하면서 사회적 명성과 경제적 풍요를 향유하는 사람들이 얼마나 광범위하게 형법을 위반하고 있는가도 모순적 상황임을 보여 준다.

또한 일탈이 사회제도나 질서의 안정 및 유지에 부정적 영향을 미친다는 점은 재론의 여지가 없는 명백한 사실이다. 요컨대, 일탈은 사회적 통념인 사회적 행위기대를 파괴함으로써 인식의 혼란이나 불신을 조장하여, 다시 그것을 다스리기 위한 통제기구나 자원을 필요로 함으로써 사회발전을 저해하기도 한다.

일탈이 보편화되면 준법행위의 의미가 퇴색하여 사회 전체는 심각한 해체의 국면에 처하게 된다. 따라서 이에 대처하기 위해 일차적으로 학교교육, 매스컴 등 사회화를 통한 자발적 통제가 전개된다.

이러한 일탈은 동전의 앞뒤처럼 양면성을 보이는 바, 기존 사회질서를 유지함과 동시에 때로는 사회변화에 이바지하기도 한다. 그러나 일탈은 동일한 행위라도 문화에 따라, 시대에 따라, 나라에 따라 수시로 변하는 속성을 보이기도 한다. 한편, 일탈의 상대적 개념인 사회통제는 사회현상 유지적인 것으로, 사람들을 기대되는 행위로 이끄는 일련의 수단이라고 할 수 있다. 즉, 검찰이나 경찰에서 수행하는 공권력의 행사 같은 것을 의미한다. 아무튼 어느 사회나 어느 국가에서나 이런 사회통제 없이는 존립이 불가능하다는 것이 동서고금의 진리다. 한편, 일탈을 교정할 목적으로 만들어진 조직이나 낙인이론가들은 사회통제가 오히려 일탈을 더 증대시키는 결과를 낳는 '사회통제의 역설'을 보여 준다고 언급한다.

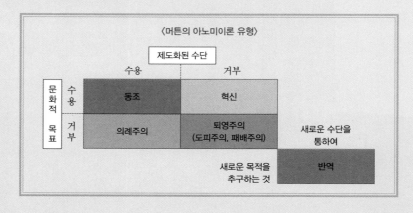

〈머튼의 아노미이론 유형〉

1 일탈이란 무엇인가

우리는 살아가면서 사무실의 종이나 볼펜 같은 것을 슬쩍하거나 가끔 본의 아니게 거짓말을 한 적이 있을 것이다. 새치기도 해 본 적이 있을 것이다. 이렇듯 우리는 의식 중이든 무의식 중이든 간에 사소한 반칙을 하며 삶을 살아간다. 우리는 그러한 일련의 사소한 행위들을 하며 살아가는데, 이를 뭉뚱그려서 '일탈행동(deviant behavior)'이라고 한다.

우리가 사는 세상에는 예외 없는 법칙이나 근심 없는 집안이 없다고 하듯이 (There is no rule but has no exception), 일탈(逸脫)이란 인간행위의 한 유형으로 정상적인 것에서 벗어난 행동 일체를 지칭한다. 따라서 일탈행동은 규범외적 행동 일체를 지칭하는 것으로, 자체의 비정상적 속성으로 인해 원활한 사회관계의 저해요소가 되기 때문에 공식적 · 비공식적 제재를 동반한다. 따라서 일탈행동이란 일반적으로 보편적인 사회규범이나 규칙을 벗어나는 행위라고 할 수 있다.

일탈에 대한 가장 단순한 견해는 평균 또는 가장 보편적인 것에서 벗어난 상태로 보는 것이다. 인간들의 모든 행위를 행위자가 속한 문화적 집단의 판단에 따라 다르게 평가하는 상대주의적 관점에서는 일탈행동을 인간들이 자신들의 지위에 부과된 규범에서 크게 벗어난 행동으로 파악되고 있다. 따라서 동일한 행동이라도 그 행위를 하는 인간들의 사회적 지위에 따라 혹은 자신들이 몸담고 살고 있는 사회의 규범에 따라, 일탈 또는 동조로 달리 평가될 수 있다.

일탈행동은 인간행위의 한 유형이라고 할 수 있다. 그러나 무엇이 일탈행동인지에 대하여 학자들 간에도 일치된 의견이 존재하지 않는다. 어떤 것이 일탈행동인가는 시대에 따라, 장소에 따라, 문화에 따라 수시로 변화한다. 한국 사회에서 일탈행동이라고 여겼던 것이 미국 사회에서는 아닐 수 있으며, 과거에는 일탈행동이었던 것이 현재는 아닐 수도 있다. 같은 나라에 살고 있는 사람들에게 어떤 것이 일탈행동이고 어떤 사람이 일탈자인지 물어본다면 어느 정도 의견이 일치하지만, 한편으로는 각양각색의 다양한 대답이 나올 것이다.

이처럼 일탈행동에 관한 연구는 사회학이라는 학문에 있어 가장 흥미롭고 복잡한 영역 중 하나이다. 여기서 말하는 일탈의 의미는 범죄 개념보다 훨씬 더 광범위하다고 할 수 있다. 한편, 사회통제란 일탈에 상대되는 혹은 반대되는 개념으로, 사람들을 기대되는 행위로 이끄는 일련의 수단으로 정의된다.

2 일탈행동의 유형

가장 쉽게 이야기되는 일탈의 범위는 흔히 사교춤에서부터 사회주의에 이르기까지로 폭넓게 거론된다. 그만큼 일탈이라는 것을 매우 광범위하고 상식을 벗어난 것, 비정상적인 것으로 보아 왔다. 이러한 일탈에 대해서 학자들은 다음과 같은 유형으로 바라보고 있다. 〈표 12-1〉에서 볼 수 있듯이, 공적 제재의 존재 여부와 직접적 피해자가 존재하는지 여부에 따라 살인, 유괴, 강간 등의 전통적 범죄가 있으며, 정신이상, 자살, 교회 성가 소음 같은 비범죄가 있다. 또한 피해자가 없는 범죄로서 매춘이나 대마초 흡연, 본드 흡입 등이 있고, 범죄는 아니지만 비정상적이라고 보는 동성연애, 알코올 중독 등과 같은 것이 있다.

한편, 코헨(A. Cohen)은 일탈을 속임수, 야바위, 기만, 불공평, 범죄, 비열, 꾀병 부리기, 새치기, 부도덕, 불성실, 배신, 수뢰, 부패, 사악 및 죄 등을 들었다. 『화이트칼

표 12-1 일탈의 유형별 사례

		공적 제재 여부	
		있음(범죄)	없음(비범죄)
직접적 피해자의 존재 여부	있음	살인, 유괴, 강간 등 전통적 범죄	정신이상, 자살, 교회 성가 소음
	없음	매춘, 대마초 흡연, 본드 흡입	동성연애, 알코올중독

라 범죄』를 쓴 서덜랜드(E. Sutherland)는 독직, 수뢰, 직권남용 등 권력을 이용한 권력형 범죄를 일탈의 한 유형으로 분류하였다(Sutherland, 1967). 더 나아가 그는 횡령, 사기, 증수뢰, 공금 유용과 중량 속임 등도 일탈(범죄)로 분류하였다.

　정부에 의한 범죄도 일탈의 유형에 포함될 수 있다. 즉, 쿠데타나 전쟁, 강제수용소 구금, 대량학살, 언론통제, 정부발주사업의 시행착오, 학생 시위 진압 등도 일탈행동으로 간주된다. 또한 요즘 새로운 일탈(범죄)로 등장하고 있는 사이버범죄 및 인터넷 악플, 보이스피싱(voice phishing) 등도 일탈행동으로 분류할 수 있다. 이러한 것들로 보아 일탈은 범죄보다 훨씬 포괄적이며 광범위한 속성을 보이고 있음을 알 수 있다.

3 일탈행동의 모순

　일탈행동은 가난하고 학식이 얕은 하류계층의 배타적 행동으로 여기는 사회적 통념이 얼마나 모순이며 은폐적 사고인가를 보여 준다. 또한 중·상류계층에 속하면서 사회적 명성과 경제적 풍요를 향유하는 사람들이 얼마나 광범위하게 형법을 위반하고 있는가도 모순적 상황임을 보여 준다.

　서덜랜드는 화이트칼라 범죄를 사회적으로 덕망이 있고 고소득층인 그들의 직업적 행위와 관련해서 범하는 범죄로 규정하고, 이의 모순성에 대해서 언급하였다. 금전적으로 여유가 있고 높은 지위에 있는 사람들은 돈 없고 백(권력이나 배경)이 없는 사람들보다는 일탈자로 낙인찍히는 경우가 훨씬 적다. 비행을 범하고도 어떤 사람은 숨은 비행자로 남고, 어떤 사람은 공식적 비행자로 낙인찍히는 것은 이러한 보이지 않는 요인들에 의해 좌우되는 경향이 많다.

　이는 경찰, 검찰 등 사회통제기관의 단속과정에서 법의 차별적 적용이라는 요인이 작용하기 때문이다. 일반적으로 사회경제적 지위가 낮은 사람들은 동일한 비행 또는 범죄를 범하더라도 중·상류계층의 사람들에 비해서 경찰에 검거되어 기소되거나 유죄판결을 받을 가능성이 높다. 결국 공권력을 행사하는 기관들이 법을 차별적으로 적용함으로써 유전무죄 무전유죄 식으로, 누구는 숨은 비행자로, 누구는 공식적 비행자로 남게 하는 모순을 보여 준다.

 ## 4 일탈행동의 기능

사실 인간 사회가 유지되고 변화한다는 것은 일련의 일탈적인 행위에 의해서 가능한 것이다. 즉, 일탈은 기존 사회질서의 유지는 물론 그 변화에 이바지하는 것이다.

▶ 일탈행동은 공동체 구성원 간에 결속력과 유대를 증진시키는 데 기여를 한다. 예를 들면, 은행강도와 같은 범죄행위가 발생하거나 아동유괴사건의 발생 시 범인을 검거하는 과정에서 사람들의 공공의 적이라는 인식과 사회적 응집력을 엿볼 수 있다.

▶ 일탈행동이 발생하면 사회는 그러한 규범위반행위에 대해서 직·간접적으로 반응하기 마련이다. 과거 문제가 되었던 원조교제나 폭주족, 히피문화 등과 같은 것을 예로 들 수 있다. 더불어 1990년대 초에 젊은이(남자)들 사이에서 귀고리를 하거나 머리염색을 하는 것에 대한 직·간접적 반응, 즉 긍정적·부정적 입장의 견해들이 많이 대두된 것을 기억할 수 있다.

▶ 일탈행동은 기존의 규범과 질서를 한층 더 강화해 주는 기능을 한다. 예를 들면, 뇌물수수자나 공금유용자, 탈세자 등이 사회에서 엄중한 처벌을 받아 일탈자라고 낙인찍히게 되는 경우, 사람들은 기존의 규범과 질서, 법을 더 잘 지키게 됨을 의미한다.

▶ 일탈행동은 사회구성원들 간에 축적된 욕구불만과 이로 인한 사회해체의 가능성에서

사회를 보호해 주는 이른바 안전판 구실을 수행한다. 과거 우리 농촌사회에서 추수가 끝난 후, 지주가 소작인들에게 위로잔치를 베풀어 주는 것 등을 예로 들 수 있다. 이때 소작인들이 평상시에는 감히 하지도 못하던 행위들을 하는 것, 예를 들어 주인 앞에서 담배를 피우거나 술 취한 척하면서 욕이나 푸념 등을 하는 경우들이 그러하다. 서구 사회의 카니발도 이러한 예라고 할 수 있으며, 이는 스트레스를 해소하는 기회가 된다.

▶ 사회조직의 수준에서 본다면 일탈행동은 때때로 그 조직의 목표달성에 보다 능률적으로 이바지하는 구실을 수행하기도 한다. 전쟁 발생 시 보급품(무기, 식량 등)을 공급할 경우, 부대의 규정과 절차에 따르는 대신 상황의 위급성을 고려하여 절차를 생략하거나 편법으로 조달하고 나서 나중에 처리하는 것 등이 그러한 예이다.

▶ 동조가 지나치게 강조되는 사회에서는 개인의 창조성이 고갈되는 것은 물론, 권태감과 체념이 만연되어 이른바 사회적 피로가 조성되기 쉽다. 일탈행동은 바로 이러한 사회의 무기력과 보수성을 극복하게 함은 물론, 사회적 피로를 완화해 사회에 활력을 불어넣어 준다. 중동지역 이슬람사회에서는 여성들은 항상 차도르 혹은 히잡을 착용하는 것이 사회적 관습으로 자리 잡아 왔으나, 때때로 누군가 이를 어기고 벗고 다녔을 때 이에 대한 반응의 예가 그러하다. 어쨌든 일련의 그러한 행위들은 사회구성원에게 어떤 식으로든 경직된 사회분위기를 반전시키고 활성화시키는 동인으로 작용한다. 또 다른 예로 한국 사회는 그동안 햇볕정책, 금강산 관광, 개성공단사업 등으로 인해 북한이라는 존재에 대해 적어도 심리적 무장해제와 매너리즘에 빠졌었으나, 2010년에 발생했던 비극적 사건인 천안함 폭침과 연평도 포격이 북한집단의 극악무도함과 잔인성으로 사회주의 실체를 다시금 생각케 함으로써 앞으로 북한을 어떻게 대해야 하고, 어떻게 대응해야 하는가를 각성시키는 계기가 됨과 아울러, 궁극적으로 남북 간의 평화 정착을 위한 끊임없는 대화와 협력, 노력이 필요함을 인식하는 계기가 된 것도 이와 맥락을 같이한다.

5 일탈행동 관련 이론

일탈행동이 학문적으로 연구되기 시작한 것은 산업화의 진전과 함께 공동체사회의 붕괴로 말미암아 자살과 같은 일탈행동이 사회적 관심사로 등장하기 시작한 19세기 말에 이르러서이다. 일탈이론의 효시로 뒤르켐(Dürkheim)의『자살론』을 들 수 있다.

이후 일탈이론은 생물학적 특성을 강조하는 입장에서 인간들마다 매우 다양한 인성적 차이를 중시하는 심리학적 접근을 거쳐, 일탈이나 범죄의 원인이 주변적 요인, 즉 사회적 요인에 의해서 발생한다는 사회학적 관점으로 발전하였다.

생물학적 이론

생물학적 이론은 1870년대에 이탈리아의 형법학자 롬브로소(Lombroso)와 같은 초기 범죄연구자들이 제시하였던 고전이론으로 범죄의 원인을 주로 범법자의 얼굴 모형이나 체형 등 해부학적 특성이나 신체적 특징과 연관시키는 입장이다. 즉, 어떤 사람들은 좀 더 원시인에 가까운 특성으로 인해 범죄 성향을 띤다고 본다. 롬브로소의 이러한 견해에 대해서 영국의 의사 고링(Goring)은 일반인에게도 범법자들이 지니고 있는 신체적 특징이 널리 분포되어 있음을 들어 비판하였다.

그러나 셸던(Sheldon)은 아동들의 신체형을 내배엽형인 비만형, 외배엽형인 여윈형, 중배엽형인 정상형으로 구분하고 그들의 비행행태를 비교연구한 결과, 균형 잡힌 신체자, 즉 정상형의 아동들이 범행가담률이 높음을 입증하였다. 그러나 그의 이론은 우범지대의 범법자들만을 대상으로 하였다는 점에서 비판을 받고 있다. 또한 오웬(Owen)은 염색체이론에 근거하여 이론을 제시하였는데, 성범죄자들은 정상인보다 성염색체가 하나 더 많다고 언급함으로써 많은 비판을 받았음에도 불구하고 성범죄에 대해서는 상당한 설명력이 있는 것으로 평가되고 있다.

심리학적 이론

심리학적 이론은 범죄자들이 대다수의 일반 사람과는 다른 인성(personality) 특성을 소유하고 있다고 본다. 즉, 범죄성을 특정한 인성 유형과 관련짓는 것이다. 프로이트(S. Freud)는 인간의 인성을 본능적 · 충동적 욕구에 좌우되는 원초아(id, 쾌락지배의 원칙인 자아), 도덕, 규범과 같은 사회적 요구가 내면화된 초자아(superego, 도덕적 · 재판적 기능, 즉 판단력이 내면화된 자아), 그 양자 사이의 조절메커니즘 역할을 하는 자아(ego, 현실지배의 원칙에 충실한 자아)로 구성되어 있다고 본다. 만약 원초아를 승화시킬 수 있는 제도적 통로가 차단되어 있어 원초적 충동이 과대하다든가, 바람직한 역할모형이 없어 초자아의 형성이 미약할 경우에는 본능이 도덕적 억제력을 압도하여 일탈행동을 야기한다고 본다. 이러한 심리학적 이론은 일탈적인 행위뿐만 아니라 정신질환과 같은 일부 비범죄적 일탈에 대해 큰 설명력을 보인다.

사회학적 이론

사회학적 이론은 일탈의 원인을 사회적 요인에 있다고 본다. 즉, 일탈을 저지르는 행위자들의 가정환경이나 우범지대의 문화와 얼마나 친밀성을 맺고 있는가와 관련짓는 것이다. 무엇이 일탈이고 범죄인가는 한 사회의 사회제도에 의해 좌우된다고 보는 이론이다.

아노미이론(anomie theory)   아노미란 어떤 사회의 행위규범이나 가치가 상실되거나 약화됨으로써 나타나는 사회적 현상으로 사람들이 행위의 목표를 어디에 둘지를 모르는, 즉 준거해야 할 규범의 상실과 같은 무규범 상태 및 목표상실, 방향상실과 같은 것에 의해서 발생한다.

뒤르켐의 아노미이론을 일탈행동과 관련시켜 기능주의론적 시각과 접목시킨 머튼(R. K. Merton)은 사회체계를 일단 문화적 목표(cultural goal)와 제도화된 수단(institutional method)으로 양분한 후, 양자 간의 불일치로부터 일탈이 발생한다고 주장하였다. 문화적 목표란 대부분의 사회구성원에게 바람직한 것으로 간주되고 있는 사상이나 가치를 말하는데, 오늘날의 세상에서는 주로 성공으로 표시되는 금전 획득(부자)이나 지위 달성(출세나 승진)과 같은 것을 의미한다. 반면, 제도화된 수단 은 그와 같은 문화적 목표에 도달하기 위한 합법적 경로나 방법을 뜻하는데, 여기에 는 근면이라든가 성실, 검소 또는 교육 등이 포함된다.

그는 문화적 목표와 제도화된 수단 모두를 받아들이는 동조(conformity)를 제외하 고는 나머지 혁신(innovation), 의례주의(ritualism, 의식) 혹은 형식주의, 퇴영주의 혹 은 패배주의(retreatism), 반역(rebellion) 등을 일탈로 분류하였다. 이에 대해 살펴보 면 다음과 같다.

먼저, 동조 또는 순응형은 사회적 출세나 성공과 같은 문화적 목표를 받아들이는 동시에 그 목표달성을 위해 근면, 노력, 교육과 같은 정상적 방법에 의존하려는 경 향으로서 정상적 행위로 본다.

혁신형은 문화적 목표는 수용하나 제도화된 수단은 거부하는 것인데, 즉 비정상 적 방법을 이용하여 돈을 벌거나 출세하고자 하는 유형으로 독직이나 횡령, 세금포

적응방식 유형	문화적 목표(출세, 부, 승진)	제도화된 수단(정직, 근면, 검소)
동조(conformity)	+	+
혁신(innovation)	+	−
의례주의(ritualism)	−	+
퇴영주의 혹은 패배주의(retreatism)	−	−
반역(rebellion)	∓	∓

* +는 수용, −는 거부

적응방식	동조	혁신	의례주의	퇴영(패배주의)	반역
문화적 목표	+	+	−	−	−(+)
제도화된 수단	+	−	+	−	−(+)

* +는 수용, −는 거부

그림 12-1 머튼의 아노미이론의 유형

탈이나 탈세, 화이트칼라 범죄, 마약 밀매 등과 같은 것(편법을 이용한 성공)을 예로
들 수 있다.

의례주의 또는 형식주의형은 해당 사회에서 통용되는 문화적 목표를 거부하거나
무시(단념)하는, 즉 목표의식을 상실한 채 외형적 행동거지(관례와 규칙 등)만을 답습
하는 것으로 수단과 절차만 중시하거나 집착하는 유형을 말한다. 관료제의 전형적
인 모습을 보여 주는 공무원사회에서 실현 가능한 것만 수행하고 급여만 받아 가는,
최소한의 임무만을 단순 반복하는 공무원(관료)들의 보신주의 또는 무사안일주의,
복지부동을 예로 들 수 있다. 또 다른 예로, 어떻게 해서든 대학을 졸업하려고 학점
을 따기 위해 아무런 생각 없이 시계추처럼 학교에 다니는 것도 이에 해당된다고 할
수 있다.

퇴영주의 혹은 패배주의, 도피주의형은 문화적 목표 및 제도화된 수단 모두를 거
부하고 사회에서 잠적해 버리는 도피적 행위를 지칭한다. 즉, 자신이 몸담고 살고
있는 사회의 지배적인 가치와 이를 달성하는 수단을 모두 거부하는 것이나 경쟁을
기피하는 행위를 의미한다. 속세를 벗어나고자 하는 종교적 은둔(속세를 떠나는 것)
이나 세상 달관, 습관적 음주, 마약 복용 또는 정신착란, 히키코모리(은둔형 외톨이)
같은 것을 예로 들 수 있다.

반역형은 문화적 목표나 제도화된 수단 각각을 부분적으로 부정하고 그에 대한
대안을 모색하고자 하는 입장이다. 현존하는 가치나 수단 모두를 거부하지만, 한편
으로는 새로운 가치나 이에 맞는 사회체제를 재구성하고자 하는 것을 의미한다. 생
리적·신체적 차이를 인정하되 그와 연관되지 않은 역할이나 사회활동상의 평등을
요구하는 최근의 여성운동(여권신장), 과거 일제의 식민지배 시 우리 독립투사들의
독립운동 등을 예로 들 수 있다. 또한 평생 사회주의 체제에서 살다가 자본주의 체
제로 넘어온 한국 사회의 탈북자들도 반역의 대표적인 예라고 할 수 있다.

결론적으로 머튼은 성공이라는 주어진 목표에 이르는 합법적 통로가 차단되어
있기 때문에 혁신적 동기를 유발하는 것이 현대 경쟁사회라고 하면서, 빈곤층, 소수
인종집단, 여성, 농촌 사람들 중에서 소외계층이나 사회적 약자층에서 일탈이 많이

발생하므로 기회구조의 개선이 요구된다고 언급하였다. 그러나 그의 이론은 사회 구성원 모두가 똑같은 목표를 공유하고 있다는 전제에서 출발하고 있음에 대해 비판을 받고 있으며, 개인의 즐거움을 위해서 저질러지는 범죄와 파괴적 성격을 띤 청소년비행이나 성인범죄를 설명하지 못한다는 점에서 비판을 받고 있다.

　문화전달이론(문화전파이론, cultural transmission theory)　쇼와 맥케이(C. Shaw & H. Mckay)는 120년에 걸친 미국 시카고 근린지역의 연구를 통해, 특정 지역의 경우 오랜 기간을 거쳐 원래의 거주자들이 완전히 다른 인종으로 대체된 상황에서도 과거의 높은 범죄율이 그대로 지속되고 있다는 흥미로운 사실을 발견하였다. 이와 같은 현상을 두고 그들은 특정 지역이나 공동체에 범죄가 만연하고 있다면, 그것은 상호작용을 거쳐 새로 유입되는 사람들에게 전수된다는 가설을 제기하였다. 우범지역의 사람들이 수시로 교체되었음에도 불구하고 범죄라는 일탈행동이 대대로 세습되고 있음을 밝혀낸 이론으로서, 범죄도 학습을 통해 전달되고 지속됨을 강조한 것이다. 이탈리아의 시칠리아 섬 지역을 중심으로 활동하는 마피아집단이 마약 판매나 기업적 수준의 매춘행위라는 불법적 행위를 계속하고 있는 것이 이에 속한다(일정한 지역 내에서 범죄를 학습시킴).

　차별접촉이론(차별교제이론, differential association theory)　문화전달이론의 하위이론이라고 할 수 있는 이 이론은 서덜랜드가 차등적 접촉이라는 개념을 사용하여 일탈이 전달되는 과정을 풀이하였다. 준법보다 위법이 보편화되어 있는 경우 사람들은 자연히 법을 어기는 것을 당연시하게 된다. 차별접촉이론은 범죄 역시 타인과의 접촉으로 학습되는 것이라는 전제가 자리 잡고 있다. 즉, 그가 동조자가 되느냐, 일탈자가 되느냐는 접촉하는 사람들이 누구며, 또 그들과의 접촉빈도나 강도가 어떠하냐에 달려 있다. "까마귀 노는 곳에 백로야 가지 마라[근묵자흑 근주자적(近墨者黑 近朱者赤)]." "유유상종(類類相從)" "좋은 친구를 사귀어라."에서 보듯이, 차별접촉이론은 교제나 접촉이 중요함을 언급한다.

그러나 이 이론은 신체적 접촉이 없어도, 위폐범이나 유괴범과 같이 사람들이 다른 사람과의 접촉이 없어도, 지역적 기반이 없어도 일탈을 배울 수 있다는 증거로 인해 부분적으로 비판을 받고 있다. 문화전달이론은 지역을 기반으로 범죄가 학습된다고 할 수 있으나, 차별접촉이론은 누구와 접촉하느냐에 따라 누구는 범죄자가 될 수도 있고 또 그렇지 않을 수도 있다는 점에서 차이를 보인다.

　비행하위문화이론(delinquent subculture theory)　　하위문화란 특정 계층이나 집단의 성원들이 공유하는 문화로서 1950년대 미국의 번영시기, 중산층 가치관이 우월한 가운데 도시문제가 발생하면서 생긴 것으로, 도시문제는 곧 하층민의 전유물로 여겨진 데서 기인한다. 특히 코헨은 불량청소년집단의 하위문화란 근본적으로 지위상승 이동이 차단되거나 제한된 빈곤층 청소년들에게 팽배한 지위획득 문제와 관련된다고 하였다. 그들은 범죄를 저지르는 가장 큰 이유는 중산층의 삶의 방식과 가치를 선호하고 상승이동을 간절히 열망하나, 현실적인 장애, 즉 구조적 장애가 있기 때문이라는 것이다. 그들은 중산층 가치나 삶의 방식을 추구하고 선망하나 구조적 한계로 좌절하여 비행문화에 빠지게 된다고 하였다.

　다시 말하면, 중산층 가치와 생활양식을 실현하기를 열망하지만 자신의 가족적 배경이나 형편, 생활체험으로 인한 좌절을 느끼고, 또한 중산층 가치에는 사회적 성취 자체만이 아니라 그와 연관된 공격 억제나 자제, 쾌락연기, 학업성취, 자기신뢰 등이 있는데 이에 접근하기 어려운 나머지 좌절감을 느낀 빈곤층 청소년들은 지배적 사회가치나 규범 대신 대항적 일탈하위문화를 구성하고 체득함으로써 독자적인 성취의 장을 마련하여 비행하위문화에 쉽게 몰두하게 된다.

　한편, 코헨은 청소년 비행하위문화의 특성을 짓궂음, 비공리성, 거부감 등으로 묘사하였다. 밀러(W. Miller) 역시 비행청소년집단에 관한 분석을 통해 그들의 비행하위문화 특징을 육체적 힘 강조, 사리에 능한 민첩성, 스릴이나 재미를 만끽하는 홍취감, 사회적 제재나 권위에 초연한 독자성, 결과를 생각하지 않는 팔자주의 등으로 특징화하였다. 클로워드와 올린(Cloward & Ohlin)은 비행하위문화를, 첫째, 절도 ·

강도·사기 등과 직결된 범죄하위문화, 둘째, 주로 폭행과 관련된 갈등하위문화, 셋째, 마약 중독이나 음주벽과 관련된 도피하위문화로 분류하였다.

여기서 주목해 볼 것은 문화전달이론의 경우 행위자는 비록 자신이 탈법적(불법적)·위법적 행위에 가담하고는 있으나 피치 못해 그러한 행위를 한다는 식의 죄책감을 동반하는 반면, 비행하위문화이론의 경우 비행하위문화를 내면화하고 있는 사람들은 주어진 처지를 감안할 때, 비행은 도리 없이 정당화될 수 있다고 느낄 뿐만 아니라 내심 그에 관한 자부심마저 지니는 경향이 있다고 지적된다는 것이다.

한편, 사이키스와 맛자(Sykes & Matza)는 중화이론(techniques of neutralization theory)에서 청소년비행자들은 자신의 비행에 관한 합리화 내지는 정당화하는 경향이 있음을 강조하였다. 남의 물건을 훔치고 나서 잠시 빌렸다고 한다든가, 피해자는 그런 일을 당해도 마땅하다고 생각하는 것 등이 그러하다(양심적 가치를 중화시킴).

자아통제이론(self-control theory)　허시(T. Hirschi)는 인간은 누구나 기본적으로 일탈적 성향을 갖는다고 보았다. 그는 교육, 환경, 참여, 몰두(몰입)에 의해 일탈자가 될 수도 있고 안 될 수도 있다고 언급하였다. 사회유대이론이라고도 불리는 이 이론은 사람들이 애정과 정서적 관심을 통하여 부모, 선생, 친구와 같은 중요한 타자와의 애정적 결속을 가짐으로써 비행과의 거리를 둔다는 것이다. 또한 규범준수에 따른 사회적 보상에 관심을 갖는가와 관련되는 것으로 각자의 합리적인 판단에 의해서 비행이나 일탈적 행위를 멀리한다는 것이다. 즉, 미래를 위해 공부하는 학생은 비행을 하면 자신에게 큰 손실이 있을 것이라고 판단하기 때문에 비행을 하지 않게 된다는 것이다. 더불어 행위적 측면에서도 학과수업이나 과제물 제출에 많은 시간을 투여하는 학생들은 참여에 의한 유대가 높아짐으로써 일탈행동에 대한 기회가 감소된다는 것이다. 이는 사회적 규범인 관습적인 규범의 내면화를 통해 비행이나 범죄를 저지를 가능성이 낮아진다는 것이다.

낙인이론(labeling theory)　르머트(E. Lemert)와 베커(H. S. Becker) 등에 의해 1960년

대에 등장한 사회반응이론이라고도 하는 낙인이론은 사회구조나 문화를 우선시하기보다는 특정인의 행동에 대한 주위 사람들(불특정 다수인 사람들)의 낙인(평가)이 일탈을 생성하는 가장 결정적 요인이 된다는 주장이다. 이를테면 어떤 사람의 행위가 다른 사람들에 의해서 일탈이라고 낙인의 딱지가 붙음으로써 일탈자가 된다는 것이다. 즉, 일탈이란 개인의 행위 자체와 직결된 것이라기보다 그에 관한 타인(주변 사람)들의 인식이나 평가에 따른 결과일 뿐이다.

　낙인이론은 분명 재범에 대해서는 비교적 타당성 있는 설명을 제공한다. 그러나 초범은 단지 우발적 · 편재적이라는 것 외에 어떤 유력한 해석도 제공하지 못하고 있다는 점에서 비판을 받고 있다. 이뿐만 아니라 낙인이론은 낙인을 찍는 구체적 과정에 있어 실제적으로 막강한 영향력을 행사하는 권력자나 지배계급의 이해나 동기를 반영하지 않고 있다는 점에서도 비판을 받고 있다.

　통제이론(control theory)　　통제이론은 낙인이론의 비현실성에 대한 반론으로 나온 이론이다. 베커는 피낙인자는 주로 가진 것이 없는 힘없는 사람들인 경우가 많다고 지적하였다. 사회적 · 정치적 · 경제적 지위가 높은 사람은 일탈을 정의하고 처리하는 과정에서 상당한 영향력을 발휘할 수 있어 적발, 체포, 구금, 처벌될 가능성이 상대적으로 적으나, 일정 지위에 이르지 못하고 있는 사람들은 법적 제재를 회피할 도리가 없다는 것이다.

　리아조스(A. Liazos)는 그에 관한 예로서 전쟁발발의 결정자인 정치가에게는 일탈의 낙인이 거의 부과되지 않는 대신, 자전거 도둑과 같은 좀도둑에게는 뚜렷한 오명이 붙는다고 하였다. 또한 영(J. Young)도 낙인이란 힘센 자에게는 무력한 반면, 힘없는 자에게는 엄격하게 작용함을 주장하였다. 최근 고든(Gordon)과 같은 마르크스주의자들은 마르크스의 자본주의 분석을 이용해 법과 위법을 재해석하였는데, 그들은 자본주의란 본질적으로 기업 수준의 범법행위를 불가피하게 조장하며, 노동자들을 대상으로 한 착취와 같은 비인간적 처우로 인해 위법적 행위에 가담할 가능성이 높다고 하였다. 최근 문제가 되고 있는 재벌기업이나 대기업의 하청업체(협력업체)에 대한 하도급 비리나 임금착취 등과 같은 것을 예로 들 수 있다.

 6 사회통제의 선택성과 역기능

사람들을 기대되는 행위로 이끄는 것을 사회통제라고 한다. 그러나 그와 반대되는 규범외적 행위인 일탈행동은 공식적 범죄통계의 자료에서나 우리의 통념 속에서는 가난하고 교육수준이 낮은 사람들의 배타적인 특징으로 여겨지고 있다. 이는 바로 사회통제의 선택성 내지는 편파성에 연유한다. 즉, 법의 차별적 적용이나 편견, 선입견, 더 나아가 속죄양 만들기와 맥락을 같이한다. 사실 사회경제적 지위가 낮은 하류계층의 사람들은 동일한 범죄를 저지르더라도 중·상류계층의 사람들에 비해 검거되어 기소되거나 유죄판결을 받아 교도소에 수감될 확률이 크다. 그러나 사회경제적 지위가 높은 사람들이 주로 범하는 화이트칼라 범죄는 고도의 전문적 지식과 기술(직업적 지위와 권력 이용)을 활용해서 이루어지기 때문에 적발될 가능성이 적고, 적발된다 하더라도 유죄 증명을 하지 못할 경우가 많으며, 또 증명된다 하더라도 용서를 받거나 사면되는 경우가 많다.

다음은 사회통제의 역기능에 관한 내용이다.

▶ 사회통제는 일탈을 창출해 낸다. 사회통제는 일탈자로 낙인찍힌 사람이 사회가 부여한 일탈인(범인)이라는 낙인으로 인해 범죄를 지속적으로 반복하게 되어 범죄생활양식을 고착화하는 작용을 조장하는 측면이 있다. 이는 전과자를 양산하게 되는 악순환을 조장함을 의미한다고 할 수 있다.

▶ 사회통제는 일탈을 통해 촉진될 수 있는 사회구조 변화의 가능성(사회발전, 사회개혁)을 억제한다. 이 사실은 바로 사회통제가 지배적 권력집단의 이익에 봉사한다는 점과 상통한다. 따지고 보면 사회통제는 그 성격상 현상 유지적이다.

과거 공산주의 사회였던 소련에서 기존 질서에 도전하는 비동조자(혹은 반체제 주의자)를 때로 정신이상자로 규정하여 교도소에 수용함으로써 기존 사회체제를 유지했음을 통해서도 알 수 있다.

7 일탈의 사회적 효과와 한계

일탈이 사회제도나 질서의 안정 및 유지에 부정적 영향을 미친다는 점은 재론의 여지가 없는 명백한 사실이다. 요컨대, 일탈은 사회적 통념인 사회적 행위기대를 파괴함으로써 인식의 혼란이나 불신을 조장하여, 다시 그것을 다스리기 위한 통제기구나 자원을 필요로 함으로써 사회발전을 저해하기도 한다.

일탈이 보편화되면 준법행위의 의미가 퇴색하여 사회 전체는 심각한 해체의 국면에 처하게 된다. 따라서 이에 대처하기 위해 일차적으로 학교교육, 매스컴 등 사회화를 통한 자발적 통제가 전개된다. 그러나 그것이 효력을 지니지 못할 때에는 보다 이차적으로 강력한 법적 통제가 추가된다. 그런데 이때 최후 수단으로 동원되는 법적 통제는 일찍이 벤담(J. Bentham)이나 베카리아(Beccaria) 등과 같은 근대공리주의자들이 주장해 온 법적 억제나 저지(deterrence) 효과에 기초한 것인데, 이러한 법치주의적 대응책인 법치의 극대화가 항상 바람직한 결과만을 야기한다고는 보지 않는다.

최근 몇몇 학자가 적발 가능성 및 처벌의 강도라는 두 가지 제재 차원을 두고 행한 경험적 연구결과에 의하면, 범죄형 일탈의 경우 두 가지 요소가 모두 영향을 미치되 그 크기가 기대만큼 크지는 않았으며, 비범죄적 일탈의 경우 적발 가능성은 일탈억제에 효과가 없는 것으로 판명되었다.

이는 때때로 만능이라고 생각하기 쉬운 법적 통제수단이 내포하고 있는 한계를 시사하는 것이다. 이러한 실효성에 대한 문제 이외에도 지나친 법적 통제는 구성원

대다수의 도덕적 기풍을 유지시켜 준다든가 사회변동의 가능성을 무시하거나 말살함으로써 결과적으로 사회에 유해한 영향을 끼치기도 한다.

　광범위하게 개인의 자유가 인정되고, 사소한(가벼운) 일탈이 허용되는 사회에서 폭력범죄율이 낮은 이유는 무엇일까? 이에 대한 대안으로 모색되고 있는 것을 살펴보면, 네덜란드에서는 가벼운 마약 흡입을 허용하거나, 합법적으로 매춘을 용인함으로써 상대적으로 범죄율이 낮다고 한다. 여기에서 엿볼 수 있듯이 자유라는 가치가 평등과 균형을 맞추지 못한다면, 그리고 많은 사람이 자기충족이 없는 삶을 살아간다면, 일탈행동은 때로 사회를 파괴적인 종말로 이끌 수 있다.

　결론적으로 현대사회에서 대안적인 처벌로 채택하고 있는 것들로는 보호관찰, 지역사회 봉사, 벌금, 피해자에 대한 보상 등이 있다. 이는 사회로부터의 격리가 항상 만능이 아님을 의미하는 것일 뿐만 아니라, 다른 한편으로는 교도소의 수용능력이 점점 한계를 넘어섬으로써 교정시설관리에 필요한 비용을 줄여 보자는 의도가 담겨 있다.

8 사이버범죄의 특성

　최근 비일비재하게 발생하고 있는 사이버범죄는 사이버공간에서 일어나는 것으로 제반 법규범을 위반하는 행동 일체를 말한다. 특히 청소년들이 자행하는 사이버범죄를 논의함에 있어서 불법적인 사이버범죄 행위 이외에 여러 문제행동이나 악플 달기, 음란물 접촉, 인터넷 중독 등 사이버공간에서 펼쳐지는 여러 일탈행동을 사이버 일탈 혹은 사이버상의 문제행동이라고 언급하기도 한다.

　사이버범죄는 발각과 원인 규명이 곤란하고 적발하기가 어렵다. 사이버범죄의 원인으로는 대다수 청소년의 경우, 일상생활에서 오는 긴장 해소와 낮은 자기통제력 등에 기인한다고 한다. 이러한 사이버범죄의 특성은 다각적인 측면에서 살펴볼 수 있다([그림 12-2] 참조).

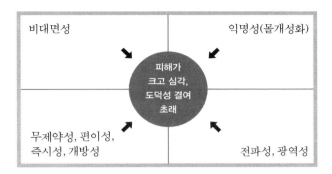

그림 12-2 사이버범죄의 특징

　먼저, 대다수의 사람이 인터넷상에서 직접 얼굴을 대하지 않고도 범죄를 저지를 수 있다는 측면에서의 비대면성을 들 수 있다. 또한 군중 속에 파묻혀 자신의 범죄가 발각될 염려가 없기 때문에 더 대담해질 수 있다는 익명성(몰개성화)과 대담성, 한 번 클릭으로 실시간으로 손쉽게 그리고 시간과 공간의 제약 없이 즉각적으로 이

표 12-2 악성댓글을 다는 이유

유형	명	%
상대방이 마음에 안 들어서	23	26.4
스트레스 해소	11	12.9
내 주장에 반대하는 것이 기분 나빠서	10	11.5
그냥 재미로	9	10.3
집단도전에 대한 대응	6	6.9
토론과정일 뿐	1	1.1
관심과 주목을 받기 위해	0	0.0
기타	14	16.1
무응답	13	14.9
총	87	100.0

출처: 전신현, 이성식(2010).

루어지는 무제약성, 편이성, 즉시성, 개방성이 있다. 재미 삼아 호기심으로 저지르는 가운데 피해가 빠르고 광범위하게 퍼질 수 있다는 전파성과 광역성, 간단한 조작으로 엄청난 피해를 가져옴은 물론, 발각될 가능성이 없어 피해가 심각하게 커질 수 있는 피해심각성, 자신을 드러내지 않음과 동시에 남을 의식하지 않는 은밀성, 암수성 등을 특징으로 하고 있다.

이렇듯 사이버범죄는 인터넷 매체를 이용하여 은밀하게 이루어지는 것으로 이로 인한 피해가 크고 심각하다는 점에서, 그리고 현실세계와 가상세계를 구분하지 못하여 도덕성의 결여를 초래한다는 점에서 이용자들의 윤리의식 고취, 댓글 기능 개선을 위한 관리 강화, 실명제 정착, 선플달기운동 확대, 정보통신윤리의 강화 등이 개선책으로 대두되고 있는 상황이다.

참고문헌

구정화 외(2023). 고등학교 사회·문화. 지학사.

권태환, 홍두승, 설동훈(2006). 사회학의 이해. 다산출판사.

김혜경(2005). 사이버공간에서의 표현행위와 형사책임. 형사정책, 제19권, 제1호. 한국형사정책연구원.

맷 타이비(2015). 가난은 어떻게 죄가 되는가(이순희 역). 열린책들.

미야모토 코우지, 키미즈카 히로사토, 모리시타 산야(2004). 삐딱이로의 초대(양인실 역). 모멘토.

수디르 벤카데시(2010). 괴짜사회학(김영선 역). 김영사.

신형민 외(2023). 고등학교 사회·문화. 비상교육.

안계춘 외(1992). 현대사회학의 이해. 법문사.

앤서니 기든스(2007). 현대사회학(김미숙 외 공역). 을유문화사.

양춘, 박상태, 석현호(2003). 현대사회학. 민영사.

이동원, 박옥희(2000). 사회심리학. 학지사.

이철우(2017). 현대사회문제. 학지사.

장정일(2011). 빌린 책 산 책 버린 책. 마티.

전신현, 이성식(2010). 청소년의 휴대전화를 이용한 사이버 집단괴롭힘 현상의 원인 모색. 청
　소년학 연구, 제17권, 제11호.

정완(2010). 사이버 범죄론. 법원사.

정헌주 외(2011). 사회문제의 이해. 대왕사.

지광준(2001). 범죄와 청소년비행. 케이앤비.

프랭크 푸레디(2013). 공포정치(박형신 외 공역). 이학사.

홍승직, 임희섭, 노길명, 정태환, 김문조(1995). 사회학개설. 고려대학교출판부.

Becker, H. S. (1963). *Outsiders: Studies in the Sociology of Deviance*. The Free Press of
　Glencoe.

Broom, L., & Selznick, P. (1973). *Sociology: A Text with Adapted Readings* (5th ed.).
　Harper and Row.

Cohen, A. (1966). *Devience and Control*. Prentice-Hall.

Hirsch, T. (1969). *Causes of Delinquency*. University of California Press.

Horton, P. B., & Hunt, C. L. (1972). *Sociology*. McGraw-Hill.

Inkeles, A. (1964). *What Is Sociology? An Introduction to the Discipline and Profession*.
　Prentice-Hall.

Macionis, J. J. (2005). *Sociology*. Pearson Prentice Hall.

Matza, D. (1969). *Becoming Deviant*. Prentice-Hall.

Merton, R. K. (1938). *Social Structure and Anomie*. American Sociological Review, 3.

Sutherland, E., & Cressey, D. (1970). *Principles of Criminology*. J. B. Lippincott.

Sutherland, E. H. (1967). *White Collar Crime*. Holt, Reinhart & Winston.

13 사회복지제도

INVITATION TO NEW SOCIOLOGY (7TH ED.)

전근대사회로부터 근대 자본주의 사회로 이행하면서 인간들의 삶은 획기적으로 변화되었다. 산업혁명에 의한 물질적 풍요, 프랑스 대혁명에 의해 인간들은 법 앞에 자유와 평등을 향유하게 되었다. 그러나 그 이면에 사회적 부산물로서 많은 사회문제가 폭증하였다. 급격한 사회변동의 결과 및 경기변동에 따라 빈곤문제, 실업문제, 가족해체, 범죄 등 인간의 삶의 질을 저하시키고 위협하는 일이 비일비재하게 발생하였다. 즉, 자본주의제도의 모순과 불합리, 결함에 의해서 인간들은 새로운 사회적 위험에 대해 무방비상태로 놓이게 되었다. 그 어느 때보다도 인간들이 삶의 위기에 빠질 개연성이 급증하게 되었다. 따라서 사회복지제도는 이러한 인간들의 삶의 질 저하 문제를 극복하고 예방하기 위하여, 최소한의 인간다운 삶을 향유할 수 있도록 국가에 의해 고안된 공적 장치이자 제도적 장치라고 할 수 있다.

이런 면에서 볼 때 사회복지[1]란 현대사회를 살아가는 인간들의 당연한 권리이자 적극적 권리로서, 대다수 인간들이 일상생활에 만족하면서 인간다운 삶을 영위하도록 도와주는 것이라고 할 수 있다. 즉, 생존에 불안을 느끼지 않고 행복한 생활을 영위할 수 있도록 사회안전망을 구축하는 제도라고 할 수 있다. 따라서 사회복지란 인간의 존엄한 권리를 보장하고 궁극적으로 인간다운 생활을 조성하는 제도로서 인간에 대한 투자이자, 공존과 상생에 대한 투자라고 할 수 있다.

이러한 사회복지제도는 사회보험(social insurance), 사회수당(social allowance), 사회서비스(social service), 공공부조(public assistance), 사회복지서비스(social welfare service)로 나뉜다. 먼저, 제1차 사회안전망이라고 할 수 있는 사회보험은 근로능력이 있는 사람들이 의무적·강제적으로 가입하는 것으로, 보험통계수지원리에 입각하여 사회적 위험(질병, 노령, 사망, 재해, 실업 등)이 발생했을 때 위험의 분산과 공동대처를 목적으로 하는 십시일반의 예방적 복지 프로그램이라고 할 수 있다.

사회수당은 특정한 인구학적 범주에 해당하는 모든 사람(아동, 노인, 장애인 등)을 보호하기 위해 만든 것으로, 소득과 자산조사를 통해 수혜 대상자를 정하는 공공부조와 달리 모두에게 제공되며, 기여(contribution) 없이 현금으로 급여하는 것을 원칙으로 하는 한편, 보편주의적 특성을 갖는다. 대표적 예로 아동수당이나 장애인수당과 같은 것이 있다. 사회서비스는 소득, 재산 등과는 관계없이 무상으로 서비스를 제공하는 것으로, 현금이 아닌 급식이나 치료와 같은 현물서비스, 즉 무상의료서비스, 무상보육서비스, 무상교육서비스, 무상급식서비스 등과 같은 것을 말한다. 사회서비스는 국민들이 낸 세금을 바탕으로 무상으로 제공되는 서비스라고 할 수 있다. 제2차 사회안전망이라고 할 수 있는 공공부조 또는 공적부조는 사회보험으로는 커버할 수 없는 생활이 곤란한 저소득층이나 빈곤층, 사회적 취약계층을 돕기 위한 것으로, 모든 국민에게 인간으로서 기본적인 삶을 보장하는 것은 물론, 빈곤문제를 제도적으로 해결하려는 취지에서 마련된 것이다. 이는 인간이라면 누구나 언젠가 맞이할 수 있는 어려운 시기를 대비하여 최소한의 인간다운 생활을 영위하기 위해 마련된 선별적 복지(선택적 복지)라고 할 수 있다. 마지막으로, 사회복지서비스는 스스로 자립할 수 없는 사람들을 대상으로 지원적·보호적·재활적 서비스를 행하는 것으로 전문사회사업가(사회복지사 자격증 소유자를 의미함)가 중심이 되어, 재활, 상담, 보호, 시설운영과 같은 것을 수행하는 비물질적·심리적·안정적 서비스로, 이를 통하여 사람들로 하여금 정상적인 생활이 가능하게 하는 기능을 수행한다.

---

1) 언제 닥칠지 모르는 위험에 대비하고, 인간의 기본적인 욕구를 충족하여 안전하고 행복한 생활을 할 수 있도록 사회적 노력이나 활동이라고 할 수 있는 사회복지는 개인복지, 가족복지와 확연히 구분된다. 대개의 사람들은 일을 하여 돈을 벌어서 생계를 유지하며 살아간다. 그런데 사람들이 자신이 번 돈을 그때그때 다 써 버린다면, 갑자기 병에 걸렸을 때, 재해를 입었을 때, 일자리를 잃어버리게 되었을 때 생활이 어려워질 수밖에 없다. 따라서 사람들은 그럴 때를 대비해 혹은 미래를 위해 저축을 하기도 하고, 보험에 가입하기도 한다. 이처럼 개인이나 가족이 자신의 안정적인 삶을 영위하거나 개선하기 위해 스스로 준비하는 복지를 개인복지라고 할 수 있다. 한편, 개인이 부모나 형제자매 등 가족에 의지해 살아가는 것을 가족복지라고 한다. 이에 비해 개인이나 가족이 자신의 삶을 스스로 유지해 나가기 어려운 상황에서 사회나 국가가 중심이 되어 이들의 삶을 보호하기 위해 제공되는 복지를 사회복지라고 한다(비판사회학회 편, 2012).

1 사회복지란 무엇인가

사회복지[2]란 인간의 적극적이고 당연한 권리로 복리를 추구하기 위한 사회적 노력으로 상호부조, 자선사업, 박애사업, 사회복지, 사회정책 등 다양한 개념으로 사용되고 있다.

사회복지제도는 산업사회의 변동 결과로 생겨난 제도로서, 인간으로서 존엄한 권리 보장, 사회적 부조화와 불평등의 감소 혹은 개선을 위한 것이라고 할 수 있다. 또한 그것은 바람직한 사회를 추구하는 것으로, 빈곤이 없고 자유롭고 평온한 생활을 영위할 수 있도록 국가에 의해 고안된 제도적 장치 또는 공적 활동이며 최저생활의 보장, 인간다운 생활의 보장을 목적으로 한다.

사회복지제도의 발달은 자본주의 사회의 불안전성으로 인한 빈민, 사회적 약자, 사회적 낙오자의 대량 발생에 대한 사회적 보호라고 할 수 있다. 즉, 자본주의 사회

---

2) 복지(福祉)란 인간의 보다 좋은 삶 또는 행복한 삶을 영위하는 것을 의미한다. 여기서 복(福)은 행복, 복리, 축복 등의 말에 붙어 물심양면으로 부족함이 없는 상태, 행복이 가득한 것을 의미하며, 지(祉)는 신에게서 받은 복, 신이 내린 은혜를 의미한다. 즉, 복지는 행복하게 생활해 나가는 것이라 할 수 있다. 이러한 복지는 어의적으로는 사회적으로 안녕한 상태를 의미하고, 이념적으로는 인간의 가치와 존엄성이 실현되는 상태를 의미하며, 기능적으로는 정상적인 생활이 가능하도록 함을 의미한다.

는 승자와 패자가 항상 존재하는 적자생존(the survival of the fittest)의 사회로서 탐욕, 고도의 개인주의, 합리적 계산성, 이해타산, 모순과 부조리, 약육강식을 강요한다.

자본주의 사회는 산업혁명과 프랑스 대혁명 같은 양대 혁명의 결과로 인간들에게 무한한 자유와 평등, 물질적 풍요를 가져다주었지만, 그 이면에 많은 문제를 파생시켰다. 인간은 살다 보면 생애 전 과정에서 의도하지 않게 삶의 위기에 직면하는 경우가 수시로 발생한다. 이와 같이 인간의 삶은 항상 사회적 위험인 질병, 노령, 사망, 장애, 빈곤, 폐질, 재해, 출산 등과 같은 생활상의 위험, 교통사고, 산업재해 등과 같은 육체적 사고, 실직이나 파산, 도산(사업실패) 등과 같은 소득의 중단 등이 존재한다. 따라서 인간은 생활상의 위기에 직면하여 자력으로 해결하기 어려운 경우가 수시로 발생한다. 또한 자본주의 사회에서 인간은 누구나 사회적 패자로 전락하거나 사회적 위험에 처할 개연성을 가진다. 그러므로 의료보장과 소득보장이 그 핵심이 되며, 아울러 위험에 처한 사람들에 대한 제반 서비스도 필요하다.

중세시대 이래 빈곤구제는 구조의 동심원이론에서 보듯이 가족이나 친족, 이웃, 공동체, 길드, 종교단체에 의한 구휼(救恤)이 주를 이루었다. 또한 이 당시 개인의 가난이나 빈곤은 나태와 불성실한 생활에서 기인하는 것으로 보았다. 이렇듯 개인의 가난이나 빈곤을 징벌(懲罰)시, 죄악(罪惡)시함으로써 국가에 의한 사회복지는 생겨날 수 없는 상황이었다.

그러나 전근대사회와 달리 산업혁명 이후의 근·현대사회는 산업화, 도시화, 핵가족화 등 사회구조적 요인[3]에 의해 가족에 의한 보호(복지)기능의 수행불가능 및 삶의 위기에 빠질 개연성(蓋然性)이 그 어느 때보다 높아졌으며, 이에 대한 대책으로 사회복지제도가 필요하게 되었다. 현대사회는 산업화의 후유증과 경제적 불안정, 경기침체로 인한 대량실업 등과 같은 요인으로 인한 사회문제의 심화 및 부의

---

3) 핵가족화, 가족보호기능의 약화, 가족부양 가치관의 변화, 여성들의 경제활동 증가, 경기변동, 경기침체 및 부의 불평등한 분배로 말미암아 삶의 유지가 어려운 폐질자, 산업재해자, 장애자, 실업자, 소년소녀가장, 연소자, 부녀자, 노년자를 보호하기 위한 사회적 보호장치가 필요하게 되었다.

불평등, 사회구조적 빈곤[4]에 대한 국가의 사회복지가 필요하다.

　다시 말하면, 현대사회는 전근대사회와 달리 많은 사람이 무한한 자유와 자율성을 가지게 되었으나 새로운 사회적 위험(社會的 危險)이 증가하였다. 또한 삶의 위기에 빠질 개연성이 그 어느 때보다 높아졌으며, 산업화의 결과로 불특정 다수의 인간들은 비복지(非福祉)를 경험하게 되었고, 경제적 불안정으로 국가의 사회복지 개입의 필요성을 가지게 되었다. 결과적으로 현대사회에서 사회정책은 사회질서의 유지, 계급대립의 완화, 인간의 존엄한 권리 보장, 소득의 재분배, 생활기회의 확대를 목표로 한다.

 2 사회복지에 대한 사회학적 연구의 필요성

연구의 필요성

　그동안 사회학자들은 사회정책과 관련된 문제들을 전문적인 학문 영역으로 간주하지 않았다. 또한 일부 사회이론가는 최소한의 인간다운 삶의 질 향상을 위한 사회정책의 중요성을 무시해 왔다. 그러나 사회학의 창시자들을 비롯한 대다수의 사회학자는 결코 사회문제 및 사회복지·사회정책에 무관심하지 않았다. 아직도 일부 사회학자들은 사회복지·사회정책을 사회과학의 사생아로 간주하는 비이성적인 행태를 보이고 있는 실정이다. 하지만 우리가 사회복지 또는 사회정책을 심도 있게 연구해야 할 당위성은 다음과 같은 이유 때문이다.

---

4) 사회구조적 빈곤은 빈곤의 사회성이라는 말과 맥락을 같이한다. 빈곤이라는 것은 통상적으로 개인의 나태나 불성실 등에 의해 유발되는 것이지만, 자본주의 사회에서의 빈곤이라는 것은 보통 사회구조적 요인에 의해서 발생한다. 경기변동이나 경기침체로 인하여 공장이나 회사가 문을 닫게 됨에 따라 개인은 실직으로 인하여 빈곤에 처할 수밖에 없다. 따라서 자본주의 사회에서 개인의 빈곤은 사회구조적 요인에 의한 것이라 할 수 있다.

▶ 국민생활에서 사회복지가 차지하는 비중의 현저한 증대: 국가재정 중 사회복지에 소요되는 예산이 증가되고, 사회복지 부문과 관련된 종사자가 전 취업인구에서 차지하는 비율이 크게 증가하였다. 따라서 효율적인 예산운용을 위한 심도 있는 연구가 필요하게 되었다.

▶ 사회복지서비스 내용의 복합성 증대: 사회복지서비스 내용의 고도화 · 전문화 · 다양화, 서비스 공급 조직의 관료화가 진행됨에 따라 다양하고도 심도 있는 연구가 필요하게 되었다. 이는 저출산, 건강, 노령, 교육, 일(직업) 등과 같은 욕구의 충족을 위한 삶의 질 향상 문제가 사회학적 대연구 주제로 등장하고 있음에서도 알 수 있다. 예를 들면, 아동복지제도는 점점 범위가 확대되고 전문적 연구가 필요하게 되었다. 특히 저출산 현상으로 미래의 인구 감소에 대한 대책 마련으로 저출산 요인의 분석 및 그에 따른 영유아 보육시설의 확충, 출산휴가, 육아수당 등 사회복지서비스 측면의 폭넓고도 심도 있는 연구가 진행되고 있다.

▶ 유럽 복지국가들의 위기요인 분석: 1970년대 중반 이후로 선진자본주의 국가들의 경제성장 정체 및 그로 인한 복지국가의 침체현상은 경제와 사회복지정책 사이의 갈등과 부조화 문제를 초래하였다. 따라서 사회복지정책에 대한 전반적인 재검토와 아울러 경제성장과 분배(복지)라는 두 가치 간의 공존과 동반성장에 대한 합리적 대안 마련이 시급한 과제로 등장하고 있다.

오늘날의 사회복지정책은 소득보장, 의료보장과 같은 기초적 사회보장뿐 아니라 보다 확장된 사회보장으로 교육보장, 주택보장 등에 관심을 쏟고 있다. 또한 그것은 국민생활의 안정이나 생활기회의 확대를 직접적인 목적으로 하는 공공정책까지 포함하고 있다. 따라서 국가에 의한 사회복지제도는 인간들의 생활문제에 대해 최종적으로 책임져야 할 필연성을 갖는 최후의 거점이라고 할 수 있다.

3 보편적 복지와 선별적 복지

　사회복지제도란 산업사회의 변동 결과로 생겨난 제도로서, 최소한의 인간다운 삶의 질을 보장하기 위해 만들어진 것이다. 이는 인간의 복리를 추구하기 위한 사회적 노력이라고 할 수 있다.

　이러한 사회복지는 넓은 의미의 사회복지와 좁은 의미의 사회복지의 두 가지 개념[5]으로 구분된다. 넓은 의미의 사회복지는 소득 차이에 구분 없이 또는 재산의 많고 적음에 관계없이, 즉 대상자의 자격과 조건에 관계없이 한 국가의 국민이면 누구나 수혜대상이 되는 복지 개념으로 제도적 복지(institutional welfare) 또는 보편적 복지 개념이다. 즉, 한 국가의 국민이면 기여(갹출, contribution)를 했든 기여를 하지 않았든, 이에 상관없이 실업상태에 있게 되면 누구나 국가로부터 실직 이전의 소득을 보장받거나, 아프면 국가로부터 양질의 의료서비스를 받는 복지 개념이다. 반면에 좁은 의미의 사회복지는 잔여적 복지(residual welfare) 개념으로 주로 사회적 취약계층이나 극빈층의 사람들을 대상으로 하는 제한적·선별적·보충적·보완적 성격의 복지 개념이다. 전자가 선진국에서 하는 복지 개념이라고 하면, 후자는 개발도상국이나 후진국에서 하는 복지 개념이다. 우리 사회는 이 두 개념의 중간 어딘가에

---

5) 선별적(selective) 복지 또는 보완적 복지, 선택적 복지는 가족과 시장체제가 실패했을 때, 국가에 의해 사회복지가 보완적으로 개입해야 한다는 것이다(selectivism). 이 개념은 행복에 대한 책임이 일차적으로는 개인과 가족과 시장경제에 있다고 보고, 이러한 부문이 문제나 욕구를 해결하지 못하고 붕괴되었을 때 제한적으로 사회복지가 필요하다고 보는 것이다. 따라서 급부 또는 급여(benefit)가 재산과 소득수준을 기준으로, 즉 자산조사(mean test)를 통하여 일정 수준 이하의 사람들의 욕구에만 한정하여 이루어진다. 한편, 보편적(universal) 복지 또는 제도적 복지는 기본적으로 사회의 모든 구성원이 자신의 잠재능력을 최대한 발휘하고 사회적으로 원활한 기능을 할 수 있도록 하는 제도로서 사회복지가 시혜적인 것이 아니라 사회구성원의 권리로 인식된다(universalism). 사회복지서비스 수급자는 사회의 낙오자로 취급되지 않고 하나의 권리, 즉 복지권을 가지는 존재로 이해된다. 따라서 급부(급여), 서비스가 소득에 관계없이 모든 국민에게 사회적 권리로 제공되는 것을 의미한다.

위치하고 있다고 볼 수 있다. 최근 한국 사회는 정당 간에 무상급식, 무상의료, 무상
보육, 무상교육 등을 둘러싸고 첨예한 대립을 하고 있는데, 이것이 바로 보편적 복
지(제도적 복지)냐 선별적 복지(잔여적 복지, 선택적 복지, 보충적 복지, 제한적 복지)냐
를 둘러싼 논쟁이라고 할 수 있다.

이러한 사회복지에 대해 로마니신(Romanyshyn)은 국가의 개입 정도에 따라 적극
적 복지와 소극적 복지로 나누었다. 전자는 국가의 개입 정도가 높은 넓은 의미의
사회복지로 전체 국민의 보편적 욕구를 충족시키기 위한 집합적 책임이라고 언급
하는 한편, 후자는 국가의 개입 정도가 낮은 좁은 의미의 사회복지로 극빈층과 같은
빈곤계층에 대한 금전적 지원 및 기타 서비스를 의미한다고 언급하였다. 그러면서
그는 사회복지가 개개인 및 사회 전체의 복리를 증진시키려는 모든 형태의 사회적
노력을 포함하여 사회문제의 치료와 인적 자원의 개발, 인간생활의 향상에 직접적
인 관련을 갖는 일체의 시책과 과정이라고 언급하였다.

한편, 윌렌스키와 르보(Wilensky & Lebeaux)는 국가가 주체가 되는 제도적 복지와
개인이나 가족이 주체가 되는 보완적 복지로 나누었다. 전자인 제도적 복지는 국가
가 주체가 되는 보편적 개념으로 사회복지를 현대 산업사회의 승인된 합법적인 기
능으로 보며 전체 국민의 건강과 생활의 만족스러운 수준을 달성하려고 개인이나
집단에 봉사하기 위해 계획된 복지 개념이라고 본다. 후자인 보완적 복지는 보통의
사회구조나 기대된 사회구조, 정상적인 사회구조가 깨졌을 때 사회복지활동이 요
구됨을 의미한다고 본다. 즉, 가족이나 시장을 주체로 하는 잔여적 복지 개념으로
주로 응급조치기능을 수행하는 보충적 활동을 의미한다고 할 수 있다.

4 사회복지에서의 인간의 욕구와 자원

사회복지는 일반적으로 인간의 생존이나 안녕 등과 같은 욕구를 충족시키기 위

한 서비스라고 할 수 있으며, 그것은 사회문제에 대한 대책으로 인식된다. 따라서 사회복지는 인간의 욕구에 대응하여 자원을 재분배, 연결(전달), 조정함으로써 인간의 삶의 질 향상을 추구한다. 그러나 인간이 필요로 하는 욕구와 자원[6]은 양과 질 측면 모두에서 제한되어 있어 균형상태를 이루지 못한다. 따라서 이의 재분배, 연결, 조정을 통하여, 즉 효율적 배분을 통하여 인간의 삶의 질 향상을 추구하게 된다.

오늘날 자본주의 사회에서 자본주의 제도가 성숙하면 할수록 이러한 인간의 욕구와 관련되는 문제는 단순히 기본적인 욕구의 미충족을 넘어서서 불평등, 차별, 소외의 영역으로까지 확대되고 있다. 사회복지는 바로 이러한 인간의 욕구를 충족시키고 해결하기 위한 것이라 할 수 있다. 따라서 인간이 정상적인 삶을 이룰 수 있도록 하기 위해서는 인간다운 삶에 필요한 요소인 기본적 욕구, 사회적 욕구, 영적 욕구 등이 조화롭게 충족되어야만 비로소 진정한 삶을 추구할 수 있다. 특히 이러한 욕구 중에 모든 인간의 삶에 최소한의 필수 불가결한 욕구인 기본적 욕구와 인간의 생존, 성장, 충족 등과 관련된 사회적 욕구가 있다.

최소한의 욕구라고 할 수 있는 기본적 욕구(basic needs)에는 모든 개인에게 공통적으로 존재하는 욕구(예: 의식주)와 필수 불가결한 욕구로 생존권적 욕구, 즉 인간의 존엄성이 유지되도록 하는 최저생활의 보장(예: 문화생활의 향유) 욕구가 있다.

사회적 맥락을 지닌 욕구인 사회적 욕구(social needs)에는 모든 사람이 생존, 성장, 충족 등을 위해 필요로 하는 직업, 주거, 소득, 보건, 지식(교육), 사회참여(봉사활동), 개인의 자유 등이 있다.

한편, 인간의 욕구에는 매슬로(Maslow)가 언급한 욕구가 많이 언급되고 있다. 그는 인간의 욕구를 다섯 단계로 분류하였는데([그림 6-1] 참조), 제일 밑에 위치하고 있는 제1의 욕구가 충족되고 나면 그다음 단계의 욕구가 순차적으로 충족된 후 마지막 단계인 제5단계 욕구로 간다고 언급하였다. 제1단계인 생리적 욕

---

6) 인간다운 삶을 유지하기 위해 사회복지에서 필요로 하는 자원은 사회적·보편적 가치를 수용하는 사회적 자원을 의미하는데, 그것은 인간의 욕구를 충족시키는 데 있어 항상 결핍되어 있다.

구(physiological needs)는 배고픔, 갈증, 수면, 성욕 등과 같은 감각적 자극에 대한 욕구이고, 제2단계인 안전의 욕구(safety needs)는 자신의 환경 내에서 안정, 안락함, 평정, 평온함을 추구하고자 하는 욕구이며, 제3단계인 소속과 애정의 욕구(belongingness and love needs)는 동반자나 가족, 집단에 소속되고자 하는 욕구 및 타인과 그 안에서 애정적 관계를 맺고 싶은 욕구이고, 제4단계의 자기존중의 욕구(esteem needs)는 자신감이나 자긍심과 같은 자기존중 욕구와 타인으로부터 신뢰, 존경, 존중을 받고자 하는 욕구이다. 제5단계의 욕구는 지금까지의 기본적 욕구와는 다른 성장욕구라고 언급되는 자아실현의 욕구(self-actualization needs)로 자신의 재능, 능력, 잠재력을 발휘하고자 하는 욕구 및 이타주의, 창조성을 추구하는 욕구이다.

5 사회복지의 목적과 기능

사회복지의 목적

모레스(R. Moles)와 리스(V. Rys), 세인스버리(R. Sainsbury)에 의하면, 사회복지의 목적은 빈곤의 원인이 되는 상황을 제거함은 물론, 사회경제적 조건을 개선하는 것이며, 생활수준의 향상을 꾀하는 것이라고 한다. 즉, 빈곤구제, 욕구충족, 사회적 사고나 위험 예방, 소득감소 예방과 소득유지, 질병 예방과 치료, 교육기회 제공, 소득재분배 등을 의미한다고 할 수 있다.

또한 사회복지의 목적은 인간이 자신이 몸담고 살고 있는 사회에서 자신의 잠재능력을 충분히 발휘할 수 있도록 성장·발달을 돕고 다양한 기회를 제공함으로써 어떤 일을 해낼 수 있는 힘이 강화되어 스스로 자신의 만족스러운 삶을 살아가도록 하는 데 있다. 따라서 사회복지의 목적은 경제적·사회적 자립을 도모하는 데 있다. 이러한 역량강화(empowerment)를 통한 자립적 삶을 추구하도록 돕는 사회복지의 목적은 궁극적으로 타인에게도 긍정적 영향을 미쳐 타인의 행복과 사회발전에 기여하는 데까지 확장되고 있다.

대한민국은 「헌법」 제10조에서 모든 국민은 인간으로서 존엄과 가치를 가지며 행복을 추구할 권리를 가진다고 명시하고 있으며, 제34조 제1항에서는 모든 국민은 인간다운 생활을 할 권리를 갖는다고 명시해 놓고 있다. 즉, 사회복지제도란 「헌법」에 보장된 것으로 국민에게는 당연히 제공되어야 하는 권리인 한편, 이를 관철시키고 보호 · 보장하는 것은 국가의 책무라고 할 수 있다. 이러한 최소한의 인간다운 삶의 질 보장을 법으로 처음 명시한 대한민국 「헌법」은 1919년에 독일에서 제정된 「바이마르헌법」 제151조와 제153조에 기인한다.

사회복지의 기능

치료적 기능   치료적 기능은 가정이나 집단 또는 지역사회가 정상적인 기능을 상실했거나 손상되어 영구적 또는 일시적으로 어려움에 직면할 때, 가정이나 집단 등의 결핍된 부분이나 부족한 기능을 보충해 주거나 대체해 주는 기능이다. 현재 국민기초생활수급 대상자들에게 제공하는 공공부조제도가 그러하다.

예방적 기능   예방적 기능은 가정, 집단, 지역사회의 기능을 강화하는 것을 목적으로 한다. 예방적 기능은 문제가 발생하지 않도록 사전에 사회기능을 강화함으로써 사회적 안정을 도모하는 것으로 사회가 안정될수록 이에 대한 관심이 높다. 또한 예방적 기능은 사회문제로 인해 소요되는 인적 · 물적 소모비용을 줄이기 위한 목적도 있으며, 더 큰 사회문제로 인한 사회적 비용을 줄이기 위한 목적이 있다. 최근 한국에서는 건강보험공단에서 20세 이후의 국민을 대상으로 건강검진제도를 시행하고 있다. 이를 통하여 질병을 조기에 발견함으로써 질병의 악화로 인해 발생하는 개인적 고통과 불행을 방지함은 물론, 그로 인한 개인적 비용과 사회적 비용을 감소시키는 데 기여하고 있다.

개발적 기능　　과거에는 문제가 되지 않았던 것이 급격한 사회변화로 인해 사회문제로 발전하는 것을 미연에 방지하기 위한 기능을 의미한다. 즉, 사회변화를 수용할 수 있도록 사회구조의 전환·촉진을 지원하며, 변화과정에서 발생하는 사회적 불만이나 충격을 흡수하여 사회 안정과 개인생활 안정을 도모하는 방파제 기능을 담당한다. 이런 의미에서 볼 때 특히 저출산·고령화 관련 사회복지제도는 저출산·고령화사회를 대비하기 위한 중요한 기능을 수행한다고 할 수 있다. 결과적으로 저출산·고령화사회가 도래하면서 사회복지제도는 치료 및 예방 기능에 더하여 개발적 기능을 한층 더 보강하고 보충하는 기능을 수행하고 있다.

사회복지의 실질적 목적

생존권 및 최저생활보장　　생존권은 사회복지의 가장 기본적 가치이자 인간이 태어날 때부터 가지고 나온 가치이다(천부인권). 따라서 인간은 인간으로서 존엄과 가치를 가지고, 행복을 추구할 권리를 가지며, 동시에 건강하고 문화적인 생활을 추구할 권리를 가진다. 여기서 문화적인 생활은 최저생활보장과 같은 의미라고 할 수 있다.

생활과 경제의 안정　　우리는 일상생활을 영위하면서 예기치 않게 소득의 중단(실직이나 사업실패)이나 질병, 사망, 장애, 출산 등과 같은 생활상의 위험에 처하거나 교통사고나 산업재해 등을 당할 개연성을 안고 살아간다. 따라서 인간 스스로 이를 극복할 수 없기 때문에 국가가 중심이 되어 지원해 줌으로써 최소한의 인간다운 생활을 영위할 수 있다.

소득재분배　　사회를 구성하는 대다수의 사람은 근로를 통해서 자신의 삶을 영위해 나간다. 그러나 우리가 몸담고 사는 사회에는 그렇지 못한 사회적 약자나 노동불능자, 소외된 이웃, 불우한 이웃들이 항상 존재한다. 이러한 사람들에게 최소한의 인간다운 삶을 보장하기 위하여, 열심히 일하는 국민을 대상으로 과세를 하여 공공부조 대상자들의 삶을 보호해 준다. 따라서 공공부조 혹은 공적부조제도는 이런 측면에서 소득재분배 효과가 가장 큰 제도라고 할 수 있다.

  사회적 연대와 통합   사회 속에서 삶을 살아가는 인간들은 그 삶의 스펙트럼이 넓다. 계층 간에는 물질적 차이로 인해 위화감이 존재한다. 이는 사회구성원의 동질감을 저하시킴은 물론, 결속력을 저해하는 요인으로 작용한다. 따라서 최소한의 인간다운 삶을 보장하기 위해 사회구성원 간의 합의와 도움을 바탕으로 위험에 공동으로 대처하기 위한 연대성이 필요하다. 이를 통해서 국가사회가 유지·존속되며, 더 나아가 사회통합을 이룰 수 있다. 여기서 사회적 연대란 더불어 같이 사는 삶, 즉 서로 돕고 의지하는 공동체적 삶을 의미하며, 이를 통해 비로소 사회통합을 이룰 수 있다.

6 사회보장제도(사회보장의 범주)

  사회보장(사회보험, 공적부조, 사회복지서비스)[7]은 국민에게 뜻하지 않은 생활상의

---

7) 한국 사회에서 사회보장이라는 개념은 사회복지라는 개념과 혼용해서 사용되고 있다. 엄밀히 구분하면 사회복지라는 개념이 사회보장이라는 개념보다 보다 넓은 의미를 가진다고 할 수 있다. 여기서 사회보장(social security)이라는 용어에서 'security'의 어원은 'without'을 의미하는 se와 care를 의미하는 cura의 결합으로 '불안을 없앤다'라는 의미이다. 따라서 social security란 '예측할 수 없는 사유로 인하여 개인의 생활이 위기에 처하는 불안을 사회적으로 제거하기 위한 제도'를 의미한다. 그 내용을 보면 다음 도표와 같다.

사회보장	사회복지
삶의 안정한 상태를 제공하는 것으로, 인간으로서 최소한의 삶을 보호한다는 의미가 강함	인간의 행복한 상태를 제공하는 것으로, 삶의 질을 유지하거나 개선한다는 의미가 강함
경제적·물질적 안정을 중요시함	의료, 주택, 교육, 문화 등 다양한 영역에서의 삶의 질 향상 제공을 목표로 함
국가에 의한 보호성격이 강한 것으로, 공적 차원의 복지만을 의미함	국가에 의한 복지뿐만 아니라 기업복지, 민간복지와 같은 사적 차원의 복지도 포함함

위험이나 육체적 사고 및 소득의 중단이 오게 될 때, 정상적인 생활을 유지할 수 있도록 그 생활을 보장하는 수단을 국가가 책임지고 수행하는 제도이다. 소득보장(所得保障)과 의료보장(醫療保障)이 그 핵심이 되며, 위험에 처한 사람들에 대한 제반 서비스가 첨부된다. 이를 토대로 교육보장과 주택보장이 추가되어 4대 보장으로 이어진다.

사회보험(제1차 사회안전망)[8]

사회보험(social insurance)제도는 미래의 위험에 대비하기 위한 예방적 복지 프로그램으로, 사회적 위험이 발생했을 때 위험의 분산과 공동부담(대처)이라는 보험기술을 사회적 보호의 수단으로 활용하는 제도이다. 이러한 사회보험제도는 현물 또는 현금급여를 행하는 것으로 사회보장제도 가운데 중핵을 이루고 있는 제도이다. 사회보험제도는 근로자의 기여 또는 갹출에 의한 보험통계수지의 원리에 기반을 두며, 한 개인의 일생 동안 소득이 균등하게 되도록 하고 실업,[9] 질병 등의 위험을 개개인으로부터 전체 인구로 분산되도록 고안되어 있다(사회적 위험의 분산 및 공동대처). 또한 사회보험은 임노동자의 운명을 국가의 운명과 결속시킬 수 있고(공존공영, 공생공사), 노동자의 노동수단을 촉진시킨다는 장점이 있으며, 노동력의 안정적

＊ 사회사업은 사회복지의 일부분으로서 개인, 집단, 지역사회가 개인적·사회적 만족을 누릴 수 있도록 도와주는 전문적 서비스를 말한다. 즉, 사회사업은 일상생활에서 어려움을 경험하거나 사회적 기능을 원활히 수행하지 못할 때 전문기술을 사용하여 환경에 잘 적응할 수 있도록 도와주고, 사회적 기능을 향상시켜 만족감과 행복을 얻을 수 있도록 전문적인 방법과 기술을 적용하는 것을 말한다. 이는 전문사회사업가가 실천적·치료적·개별적 활동을 수행하는 방법과 기술을 의미한다.

8) 미래의 사회적 위험(social contingencies, 사회적 사고)에 대비하기 위한 예방적 복지 프로그램으로, 위험은 모두에게 닥쳐올 수 있는 것이므로 모든 국민에게 보편적으로 적용해야 옳다. 의무적으로 가입하며, 소득의 일정 비율의 사회보험료를 납부한다. 이는 질병보험, 실업보험, 산재보험, 연금보험으로 모두 소득보장장치라고 할 수 있으며, 소득재분배기능 역할을 수행하는 제도로 평등과 사회적 연대 정신을 갖는다.

9) 여기서 실업이란 일할 수 있는 능력과 의사가 있음에도 불구하고 일자리를 잃어버리거나 일할 기회를 얻지 못한 상태를 의미한다. 실업의 증가는 가계소득을 감소시켜 소비를 위축시키고, 소비의 위축은 다시 생산의 감소를 가져오고, 생산의 감소는 기업의 일자리를 점점 줄어들게 하여 실업자가 증가하는 악순환에 빠지게 된다.

인 확보를 꾀할 수 있다.

　이러한 사회보험제도는 근로자가 재직하고 있는 동안 의무적 가입 및 일정액의 기여금(寄與金, contribution)을 내는 강제저축의 형태를 보인다. 산업재해, 질병, 노령, 장해 및 사망 등의 제반 위험이나 사고를 담보하는 것으로 이에는 의료보험(건강보험), 국민연금, 실업보험, 산업재해보상보험 등 4대 사회보험과 2008년 7월 1일부터 시행된 노인장기요양보험이 있다.

　사회보험제도의 기원은 1880년대 독일의 사회보험에서 비롯되었다. 독일의 비스마르크(Bismarck) 재상은 브렌타노(Brentano), 좀바르트(Sombart), 슈몰러(Schmoller) 등 강단사회학회 학자들의 권유를 받아들여 노동자들의 삶의 질 향상 및 개선을 위하여 1883년에 질병보험, 1884년에 재해보험, 1889년에 노령보험 및 폐질보험 등 세계 최초로 사회보험제도를 실시하였다.

▶ 베버리지 입법보고서(Beveridge Report): 오늘날 사회보장제도의 바이블로 불리는 '베버리지 입법보고서'는 국민의 최저생활을 보장하는 것으로 세계 최초의 본격적인 사회보장제도를 다룬 것이라고 할 수 있다. 1942년에 만들어져 1944년 전시연립내각에 의해 수용되었으며, 1944년에는 이를 시행하기 위한 사회보장청이 설립되었다. 이 보고서의 주요 내용은 궁핍(want), 질병(disease), 무지(ignorance), 불결(squalor), 나태(idleness)로 경제적 파멸을 가져오는 5대 거악, 즉 5대 사회악을 제거하자는 목적이다. 베버리지는 인도주재 판사의 아들로 케임브리지 대학교를 다녔고, 1903년에 토인비 홀(Toynbee Hall)에서 사회사업가 겸 연구원 생활을 하였으며, 런던의 이스트엔드(East End) 지역에 들어가 빈자들의 삶을 개선해 보려고 많은 노력을 하기도 하였다. 그는 그곳에서 빈곤의 의미 및 실업의 폐해 등 젊은 시절에 숭고한 체험을 한 결과, '베버리지 입법보고서'와 같은 사회보장제도에 관한 위대한 업적을 이루었다.

사회수당(social allowance)

사회수당은 한 국가의 국민이면 특정한 인구학적 범주에 해당하는 사람 모두에게 보편적으로 제공되는 현금혜택이다. 무기여원칙의 기본권 개념이라고 할 수 있는 사회수당은 소득과 자산 조사를 통해 수혜대상자를 선정하는 공공부조(공적부조)와 달리, 모두에게 그것에 상관없이 혜택을 제공하는 보편주의적 특성을 지닌다. 또한 사회수당은 사회보험과 달리 일정 소득에서 기여(갹출)를 하지 않고 국민들이 낸 세금으로 무료로 혜택을 제공하는 특성을 보인다. 대표적으로 아동수당, 노인수당, 장애인수당 등을 말한다.

사회서비스(social service)

사회서비스는 현금이 아니라 현물서비스, 즉 무상의료(치료), 무상보육, 무상급식, 무상교육, 요양서비스 등을 말하는 것으로, 공공부조처럼 다양한 전문인력을 필요로 하며, 한 국가의 국민이면 소득·재산과 관계없이, 기여(갹출) 없이 무상으로 서비스를 제공하는 것으로, 그 재원은 국민들이 낸 세금으로 충당한다.

공공부조(제2차 사회안전망)[10]

공공부조(公共扶助 혹은 공적부조, public assistance)제도는 1601년 영국의 「엘리자베스 구빈법(Poor Law)」에서 비롯된 것으로, 2차적 사회안전망(social safety net)이라고 할 수 있다. 공공부조제도는 노인 등 생활유지능력이 없거나 생활이 곤란한 저소득층의 최저생활을 보장하고 자립을 지원하는 데 목적이 있다. 즉, 현실적으로 생활

---

10) 사회보험으로 감당할 수 없는 곤경에 처한 빈곤층이나 사회적 취약계층을 돕는 제도로, 모든 국민에게 인간으로서 기본적인 삶을 보장하는 것은 물론, 빈곤문제를 제도적으로 해결하자는 취지에서 마련한 것이다. 이는 인간이라면 누구나 언젠가 맞이할 수 있는 어려운 시기를 대비하여 마련된 제도이다. 이 제도는 엄격하게 소득과 재산에 대한 자산조사(mean test)를 하여 수혜자, 즉 대상자를 선발함으로써 형평성 논란과 수치심 및 도덕적 해이 등의 문제를 안고 있다. 재원은 국민들이 낸 일반조세로 마련되고, 현물·현금서비스가 제공되며, 전문사회사업가와 같은 전문인력에 의해 운영되는 것이 특징이다.

불능 상태에 있거나 생활이 곤궁한 상태에 있는 사람을 대상으로 국가가 최종적인 생활보장 수단을 제공하는 것이다. 이것은 기여 또는 갹출을 전제로 하지 않고 최저 생활에 필요한 급여를 행하는 제도이다.

공공부조는 사회보험으로는 필요를 충족할 수 없는 사람들을 위한 제도로 미국에서는 공적부조, 영국에서는 국민부조, 독일과 프랑스에서는 사회부조로 불린다. 일본과 같이 한국도 생활보호제도라고 하였다가 2000년에는 국민기초생활보장제도로 바뀌었다.[11]

이와 같이 공공부조는 사회적으로 낙오되거나 사회적 위험에 처한 요보호 대상자를 대상으로 생존에 필요한 의식주를 제공하는 제도로, 저소득층에 대한 국가의 책임을 강화하는 제도라고 할 수 있다. 이러한 공공부조제도의 효시는 1601년 영국의 「엘리자베스 구빈법」이다.

사회복지서비스

사회복지서비스(social welfare service)는 스스로 자립할 수 없는 사람들을 대상으로 지원적 · 보호적 · 재활적 서비스를 행하는 것을 의미한다. 이러한 사회복지서비스는 위험에 처한 사람들에 대해서 사회보험이나 공적부조의 재정적 부조와는 달리 전문사회사업가에 의한 전문적인 서비스만이 소기의 성과를 기대할 수 있다는 차원에서 수행된다. 따라서 보호, 양호, 보육, 재활, 상담, 정보제공(직업소개), 사회복지시설 이용 등 다양한 욕구를 다루는 바, 이와 같은 서비스를 통하여 사람들로 하여금 정상적인 생활이 가능하도록 도와주는 기능을 수행한다. 사회복지서비스는 화폐적 필요로부터 비화폐적 필요로 옮아감을 의미한다. 대표적인 것이 고아원 및 양로원 등의 시설 운영, 노인복지, 아동복지, 장애인복지 등과 같은 것이다.

---

11) 바뀐 이유는 1997년 IMF 구제금융사태로 실직자가 대규모로 발생하여 많은 사람이 스스로의 삶을 개선할 수 없게 되어 이들을 보호하기 위한 대책이 필요했기 때문이다. 또한 근로능력의 유무와 관계없이 소득이 최저생계비에 미달하는 국민은 누구나 대상자로 선정될 수 있도록 하기 위함이었다.

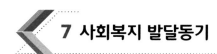

7 사회복지 발달동기

사회복지정책은 사회적 조화, 불평등 해소, 인간으로서의 존엄한 권리를 보장하는 것으로 국가에 의해서 고안된 제도적 장치 또는 공적 활동, 즉 최저생활의 보장, 인간다운 생활의 보장을 의미한다. 따라서 사회복지제도는 국민 한 사람 한 사람에게 경제적 필수품, 높은 수준의 건강, 문화적인 생활, 균등한 기회, 자타의 권리를 서로 침해함이 없이 가능한 한 최고의 자존심, 자유로운 사고 및 자유를 향유하도록 보장하는 것을 목적으로 한다.

상부상조정신

가장 오래된 보편적 사회복지 동기로, 남을 돕고자 하는 정신이 사회복지의 발전을 가져왔다. 대부분의 국가나 사회는 가정, 이웃, 나아가 사회복지 조직 및 여타의 분야에서 상부상조 활동을 확대하는 것을 목적으로 하는 사회복지 관련 프로그램들을 발전시켜 왔다.

종교적 계명

인간의 본능적 동정심에 기초한 것으로, 모든 종교는 같은 신자나 곤경에 처한 사람들에게 자선을 베풀도록 가르치고 있다. 신은 인간들의 아버지이고 인간들은 신의 피조물이자 자식이기 때문에 형제자매인 인간들은 서로 도와야 한다고 강조한다. 따라서 개인 또는 기관이나 어떤 시설에 위임되어 자선(慈善)의 행위가 이루어지며, 이것은 곧 자선의 제도화(institutionalization of charity)로 나타났다. 특히 자선에 대한 개인의 행동은 주로 종교의 계명을 충실히 따르도록 함을 목적으로 하고 있다. 그러나 종교적 동기로 행해지는 자선은 사회환경의 개선이나 수혜자에 대한 고려보다는 베푸는 자의 심적 태도(마음의 평화, 위로)나 종교적 의식에 더 치중하였다.

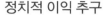

정치적 이익 추구

종교가 정치제도와 분리됨에 따라[제정일치(祭政一致)에서 제정분리(祭政分離)로 변화], 정부가 사회복지 분야에 개입하게 되었다. 지배계급이 피지배계급인 국민이나 민중의 지지를 필요로 하지 않을 때에는 정부가 사회복지에 개입하고자 하는 정치적 동기가 전혀 없었다는 점을 인류의 역사를 통해서도 알 수 있다. 따라서 사회복지는 정치권력을 획득하고 유지하기 위한 주요 수단으로 작용하였다. 특히 빈곤계층에게 환심을 얻기 위해 사회복지를 확충함으로써 내적으로는 정치적 이익을 추구하는 한편, 외적으로는 정치적 포용력을 보여 주는 것에 해당된다고 할 수 있다.

경제적 고려

사회복지 프로그램을 운영하기 위해서는 많은 돈이 든다는 한 가지 사실만으로도 경제적인 고려가 필수적임을 알 수 있다. 즉, 사회복지제도를 통해서 사회문제를 예방한다면 사회적 비용을 상당 부분 줄일 수 있음을 의미한다. 또한 사회복지에 대한 경제적인 동기는 무엇보다도 사회문제로 야기되는 사회적 비용을 줄이기 위한 의도는 물론, 사회문제로 인하여 피해를 입는 사람들이 여러 가지로 경제 부문을 해치기 때문에 일어난다고 볼 수 있다. 따라서 더 큰 사회문제를 방지하기 위해 사회복지를 시행하게 되는 것이다. 예컨대, 알코올 의존증, 마약중독으로 인해 가정이 붕괴되거나 해체되는 것을 막기 위하여 사회복지제도를 통해 문제가정을 보호하거나 지원해 준다.

다시 말하면, 사회복지제도로 사회문제를 예방하는 것은 결국 더 큰 사회적 비용을 줄일 수 있다. 또한 사회복지는 빈곤계층에게 복지를 제공함으로써 양질의 노동력을 확보할 수 있기도 하며, 청소년 복지활동으로 비행을 예방함으로써 더 큰 사회문제의 방지는 물론, 그로 인한 사회적 비용을 줄일 수도 있다.

이념적 요인

민주주의, 인간의 존엄성(생존권 사상), 공동체의식, 인도주의, 평등의 실현 등의 이념을 추구하고자 하는 동기에 의하여 사회복지가 발전되어 왔음을 인류의 역사 속에서 찾아볼 수 있다.

1919년에 독일의 「바이마르헌법」에서 기원한 생존권(生存權) 개념은 사람이 살기 위한 필수조건으로 식품, 의류, 주택, 그 밖의 생활자원이 생존을 지킬 수 있을 정도로 공급되어야 한다는 것이었다. 즉, 사람이 생존하기 위한 기본적 조건은 의식주 및 그 밖의 생활자원의 조달과 확보이다. 더 나아가 사회복지는 실정법(實定法)을 초월한 천부인권(天賦人權)을 의미한다고 할 수 있다.

전문직업인의 동기

사회복지사, 요양보호사, 자선사업가, 변호사(채무구제), 의사(인술) 등과 같은 직업이 전문직업으로 등장하면서 인간을 돕는 일에 매력을 느끼는 사람들이 증가하고 있다. 이러한 직업에 종사하는 사람들이 사회복지를 활성화시키고 발전시킨다고 할 수 있다.

사회복지서비스 활동은 전문직업인의 동기에 입각하여 도움을 필요로 하는 사람들에게 충실한 서비스를 수행함으로써 바람직한 사회적 기능을 수행할 뿐만 아니라 수혜자들에게 행복을 가져다줄 수 있다. 이러한 인간을 돕는 사회복지서비스 활동에는 다양한 지식과 실천적 기술은 물론, 더 나아가 인간 개개인을 존중하고 배려하는 윤리의식, 가치 등이 요구된다.

8 사회복지의 가치

믿음, 옳음, 바람직한 것에 대한 지침이라고 할 수 있는 가치는 사회복지실천의 본질적 목적과 사명에 영향을 미친다. 따라서 사회복지의 실천은 가치를 기반으로 동기화되거나 행해지기 때문에 사회복지에 있어서의 가치는 매우 중요하다. 이와

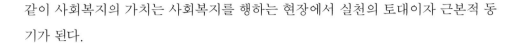

같이 사회복지의 가치는 사회복지를 행하는 현장에서 실천의 토대이자 근본적 동기가 된다.

인간의 존엄성

인간의 존엄성(human dignity)은 사회복지의 가장 기본적 가치로서 인간이 태어날 때부터 가지고 나온 것이다. 인간의 존엄성은 인간은 누구라도 인간이라는 평범한 인식에서 출발한다. 모든 인간의 상이성(다름)과 유사성(같음)은 인정되어야 하며, 자신을 위해 자신의 잠재력이 성취되는 방향으로 성장할 수 있는 기회가 주어져야 한다. 인종, 성, 경제적 · 정치적 · 사회적 지위, 종교, 국적, 지능, 육체적 조건 등의 속성으로 인해 차별대우를 받지 않아야 하며, 인간으로서의 존엄과 기회의 균등을 보장받아야 한다.

대한민국「헌법」제10조에는 "모든 국민은 인간으로서의 존엄과 가치를 가지며, 행복을 추구할 권리를 가진다."(인간의 존엄성 확보 의미)라고 명시되어 있다. 또한「헌법」제34조 제1항에는 "모든 국민은 인간다운 생활을 할 권리를 가진다."라고 명시되어 있다. 이는 모든 국민이 건강하고 문화적인 생활, 창조적이고 교양 있는 생활을 추구할 권리를 가진다는 것을 의미한다.

자기결정권

자기결정권은 가치적 · 윤리적 측면에서 의존적 삶을 지양하고 스스로 자신의 삶을 개척하는 것으로, 자활과 자립을 추구하는 것을 목적으로 한다. 이처럼 자기결정권은 경제적 자립 및 잠재적 능력 발휘를 최대의 목적으로 한다.

이와 같이 자기결정권이란 사람이 스스로 선택하고 결정을 내릴 수 있는 자유로운 권리와 욕구를 말한다. 사람은 자신의 인생을 자기가 결정할 권리를 가지고 있다. 그러면서 타인에게 의존하지 않고 스스로 독립적인 생활을 영위하는 것, 즉 주체적이고도 독자적인 삶의 추구 및 경제적 자립은 물론, 잠재적 능력을 최대한 발휘함을 요구한다. 결국 생존권 실현의 궁극적 종착점은 자립적인 삶으로, 이는 바람직한 삶을 의미한다. 따라서 사회복지 부문에 종사하는 사람들은 요보호자(클라이언트, client)로 하여금 필요한 제반 자원을 발견토록 하며, 이를 활용할 수 있도록 도와주고 클라이언트의 결정을 존중하며 그 잠재력을 자극하여 역량을 강화할 수 있도록 도와주어야 한다.

사회통합과 연대성

사회통합은 사회구성원 간 또는 상호 간 사회에 대해서 가지는 연대감 또는 애착감정을 의미한다. 사회구성원 상호 간 도움을 주고받는 행위를 통하여 사회적 자원을 재분배함은 물론, 감정적 연대를 형성할 수 있다. 이러한 사회적 통합과 연대감 형성은 사회적 자원의 재분배를 가능하게 한다(결과적으로 사회적 자원의 재분배를 통해 사회통합이 가능해질 수 있음). 과거 전통사회에서는 가족이나 지역공동체의 상호의존성에 기초하여 자원의 재분배가 이루어지고 사회통합을 달성할 수 있었다.

따라서 빈민, 장애인, 노인, 고아 등과 같은 요보호자들을 적극적으로 사회에 참여하게 하고 전체 사회에 통합시키는 것이 사회복지의 목표이자 가치이다. 여기서 연대성이란 더불어 같이 사는 공동체 정신을 의미하는 것으로 사회구성원 간의 합의와 상호의존성을 의미하며, 위험성을 공동부담하는 것을 의미한다.

평등

사회복지의 가치 중 가장 중요한 가치인 평등(equity)은 복지체계의 초석으로서 자원의 재분배를 통해서 사회구성원의 삶의 질을 골고루 향상시키고자 하는 것이다. 대한민국 「헌법」 제11조 제1항에는 "모든 국민은 법 앞에 평등하다."라고 명시하고 있다. 이는 모든 국민은 동등하게 대우받아야 함을 의미한다. 이는 세계 최초의 시민혁명이었던 1789년의 프랑스 대혁명 결과, 모든 인간은 법 앞에 평등함을 강조하게 되었음에 기인한다. 이에는 수량적 평등, 비례적 평등, 기회의 평등이 있다.

수량적 평등   수량적 평등은 사회복지의 가장 기본적 가치로서 결과의 평등이라고도 한다. 이것은 모든 사람에게 그들의 욕구나 능력의 차이에 관계없이 사회적 자원을 똑같이 분배하는 것을 말한다. 예를 들면, 국민기초생활 수급자에게 제공되는 공공부조와 같은 것이 그러하다.

비례적 평등   상대적 불평등을 의미하는 비례적 평등은 개인의 욕구, 노력, 능력, 기여에 따라 사회적 자원이 다르게 분배되는 것을 말한다(이를 분배적 정의라고 한다). 비례적 평등이란 공평한 처우를 말하는 것으로 '공평'이라고 불리기도 한다. 따라서 비례적 평등은 상대적 불평등을 어느 정도 인정한다.

사회보험제도 중 국민연금의 경우 연금수급연령에 이르렀을 때, 보험료를 많이 낸 사람에게 보다 많은 급여의 혜택이 돌아가는 것도 비례적 평등인 공평의 가치를 반영하는 것이다.

기회의 평등   기회의 평등은 가장 소극적인 평등 개념으로 결과가 평등한가 아닌가를 완전히 무시한 채 결과를 얻을 수 있는 과정상의 기회만을 똑같이 평등하게 해 주는 것이다. 1960년대 미국의 대빈곤전쟁(war on poverty) 시기에 강조되었던 빈곤층 대상의 교육 및 훈련 프로그램은 기회의 평등이라는 이름하에 수많은 결과의 불평등 존재를 합법화하였다.

이타주의

결과적으로 사회통합을 가져오는 원조행위(사회복지)의 기초는 바로 이타주의(altruism)이다. 이타주의는 인도주의 정신에 기초한 것으로, 남을 돕고자 하는 이타주의적 가치는 사회복지에 대해서 상대방에게 대가를 요구하지 않는 것에 기초한다.

국가의 효율성 추구

국가가 지속적인 사회발전과 경제적 번영을 추구하고자 할 때, 국가는 사회적 자원과 가진 자들의 부를 효율적으로 분배함으로써, 즉 소득재분배를 통하여 사회구성원들에게 질병치료나 의무교육 등과 같은 사회복지제도의 혜택을 제공함으로써 인적 자원의 질을 향상시켜 생산성을 제고하고, 국제경쟁력에서 우위를 점하여 국민 소득의 향상을 추구할 수 있다.

특히 국가는 국민경제 차원에서 감당할 수 있는 수준 이내의 재원으로 국가의 유지·발전을 위해 활용될 수 있도록 해야 한다. 그러면서 국가는 전체 사회복지재원이 제반의 정책 분야에 걸쳐 효율적으로 배분되도록 하여 사회 전체의 지속적인 발전은 물론, 국민의 삶의 질 향상에 기여하여야 한다. 또한 국가는 제반의 사회복지제도가 공적 차원에서 운영될 경우 재원의 조달방식이나 급여의 구조가 노동력 공급, 고용 및 저축 등에 미치는 역효과를 최소화하도록 해야 한다.

 9 한국 사회복지의 현황과 문제점

한국에서 빈민구제를 위한 국가나 민간에 의한 구호활동은 오랜 역사를 가지고 있다. 삼국시대 때 고구려의 진대법을 비롯하여 고려시대에는 흑창, 의창, 상평창이 그러하고, 조선시대에는 창제와 환곡, 사창, 의창, 상평창, 걸인청 등이 있었다. 이것들은 대체로 시혜적·온정적 차원의 구호사업으로서 국가에 의한 공공부조나 마을공동체의 상호부조, 상부상조 형태로 존재해 왔다. 그 후 일제강점기인 1944년에는 우리 민족의 전쟁동원을 독려하기 위한 회유책 성격의 공공부조인 조선구호령이 만들어졌으나 유명무실하게 존재했었다. 일제에 의해 만들어진 조선구호령은 해방 이후에 미군정법령 제18호(공공구호 내용이 포함된 법)와 결합되어 한국에서 공공부조제도로서 자리 잡게 된 「생활보호법」의 모태가 되었다.

그 후 산업화가 시작된 이후부터 1997년에 국제통화기금(IMF) 구제금융사태가 발생하기 전까지 사회복지와 관련된 제도와 법들이 많이 만들어졌지만, 그것은 어디까지나 선성장 후분배의 원칙에 입각한 형식적인 것들이 대다수였다. 이러한 배경하에 먹고 살기만 하면 된다는, 즉 노동은 곧 복지라는 전근대적 발상으로 말미암아 경제성장에 치우친 정책이 자아내는 부작용이 비일비재하게 노정될 수밖에 없었다. 그 결과 빈익빈 부익부로 인한 사회적 양극화의 심화 및 사회안전망에 대한 무지와 소홀로 대다수 국민은 물론, 사회적 약자들은 빈곤한 삶, 힘겨운 삶을 살아갈 수밖에 없었다. 이로 말미암아 대다수의 국민은 사회안전망의 보호가 전무한 채, 최소한의 인간다운 삶이 유보된 상태로 불안하고 고통스러운 삶을 살아왔으며, 그로 인해 사회적 위화감이 팽배될 수밖에 없었다.

그러다가 1997년 IMF 구제금융 위기로 한국 사회의 사회복지는 많은 변화가 일어났는데, 그 당시 IMF는 한국의 사회안전망이 매우 취약함을 간파하고, 보다 진일보한 사회안전망 강화를 전제로 구제금융을 지원하겠다고 하여 2000년대를 전후로 많은 변화가 있었다.[12]

이러한 역사적 배경을 가지고 있던 한국 사회의 국가에 의한 복지제도의 출발점은 최초의 현대적 사회보험이라고 할 수 있는 1960년의 「공무원연금법」이었다. 1961년에 박정희 혁명정부가 민심수습책의 일환으로 각종 사회복지법을 입법화(외형적 토대를 이룸)하였으나, 사회안전망으로서의 실질적 내용보다는 형식적 측면에 치중한 것이었다. 1961년에 군인 및 군인가족의 보훈과 처우개선을 위해 「군사원호보상법」이 제정되었으며, 1963년에는 그동안 「공무원연금법」 내에 있던 군인연금을 분리하였다. 1963년에는 현재의 국민건강보험제도의 전신인 「의료보험법」과 「산업재해보상보험법」 등이 제정되었으며, 1973년에는 국민연금제도의 전신이라

---

12) 한국의 GDP 대비 공공사회 지출 비중은 대단히 낮은 편이다. OECD 평균과 비교했을 때 약 4분의 1 수준이며, 이는 미국이나 일본에 비해서도 3분의 1에 그치는 수준이다. 특히 1인당 국민소득이 1만 달러에 도달한 시기가 유럽과 일본은 대개 1980년을 전후한 시기이나 한국은 1990년대 초인데, 이 시기의 GDP 대비 공공사회 지출은 EU 및 OECD 국가 평균이 10~20%이고 일본이 10%인 데 반해, 한국은 3%에 불과하였다. 그리고 1인당 국민소득이 2만 달러에 도달한 시점에서도 OECD나 EU의 GDP 대비 공공사회 지출 평균은 20% 내외였음에 반해, 한국은 10% 정도였음을 볼 때, 한국의 국가복지 수준은 상당히 낙후성을 면치 못하고 있는 실정이다.

표 13-1 GDP 대비 각국의 사회복지 지출과 한국의 사회복지 지출   (단위: %)

구분	2000년	2003년	2005년	2007년	2014년	2016년	2019년
스웨덴	28.4	30.1	29.1	27.3	28.1	27.1	25.5
핀란드	24.3	25.9	26.1	24.0	31.0	30.8	29.4
프랑스	27.7	28.9	29.0	28.4	31.9	31.5	30.7
독일	26.6	27.7	27.2	25.2	25.8	25.3	25.9
스페인	20.4	21.0	21.4	21.6	26.8	24.6	24.7
영국	18.6	19.8	20.6	20.5	21.7	21.5	20.6
이탈리아	23.3	24.4	25.0	24.9	28.6	28.9	27.7
그리스	19.2	19.8	21.0	21.3	24.0	27.0	24.0
헝가리	20.4	22.5	22.8	23.1	22.1	20.6	18.1
포르투갈	18.9	22.2	22.9	22.5	25.2	24.1	22.5
폴란드	20.7	22.5	21.3	20.0	20.6	20.2	21.3
캐나다	16.5	17.2	17.0	16.9	17.0	17.2	18.0
미국	14.5	16.0	15.8	16.2	19.2	19.3	18.7
멕시코	5.3	6.7	6.8	7.2	−	7.5	7.4
일본	16.5	18.1	18.6	18.7	−	23.1	22.3
대한민국	4.8	5.4	6.4	7.5	10.4	10.4	12.3
OECD 평균	18.9	20.1	19.8	19.3	21.6	21.0	20.1

* 출처: 이상이, 박은선(2016); OECD(2016).
* OECD(2022i), 공공사회지출(Social Expenditure).

고 할 수 있는 「국민복지연금법」과 「사립학교교원연금법」이, 1995년에는 현재 「고용보험법」으로 바뀐 「실업보험법」 등이 제정되었고, 그 후에도 그러한 기조를 유지한 채 크고 작은 변화가 있어 왔다.

국민연금제도

전 국민이 아닌 일부 사람들만 가입되었던 1973년의 「국민복지연금법」은 1999년에 국민연금제도로 확대·개편되었다. 2019년 기준 18세 이상 60세 미만의 근로자 2,200만 명이 가입되어 있는 이 제도는 국민의 노령, 폐질, 사망 등 예기치 않은 사회적 위험으로 소득이 중단되거나 상실되는 경우를 대비하여, 국민의 안정된 삶을 확보해 주기 위해 마련된 공적연금제도이자 사회보험제도이다. 또한 이 제도는 합계출산율 감소, 노령인구 증가 및 노인부양의식의 약화에 대비하여 국민의 생활안정과 복지증진을 도모하기 위해 마련된 최소한의 보장제도이자 공적연금제도라고 할 수 있다. 이 제도는 한국 사회가 전통적으로 미풍양속으로 유지해 왔던 가족부양으로부터 공적 차원의 사회적 부양으로의 변화를 궁극적 목적으로 한 우리 모두를 위한 사회보험제도이다.

그러나 지금까지 시행되어 온 결과를 보면 수급률 문제, 즉 급여수준이 낮아서 실생활에 실질적으로 도움이 되지 못하므로 이에 대한 급여의 현실화가 요청되고 있다. 한편, 영세자영업자 중 일부 대상자가 가입이 누락되어 있는 낮은 대상포괄성 문제를 비롯하여, 20~30년 후 연금재정이 고갈될 가능성이 제기되어 이를 어떻게 극복할 것인가도 큰 문제로 대두되고 있다. 또한 지역가입자(자영업자)들의 소득파악이 곤란하여 연금재정을 더욱 악화시키는 문제, 소득이 없는 차상위계층에 속한 사람들이 광범위한 사각지대에 방치되어 있는 문제도 큰 문제로 대두되고 있다. 지금과 같은 소득비례방식 및 고부담·저혜택과 같은 방식으로는 노후시기의 생활곤란을 예방하기에 역부족임을 고려할 때, 소득상한선의 상향조정을 통해 보험료율을 높임으로써 명실상부한 노후연금이 되도록 제도 개선이 필요한 상황이다.

국민건강보험제도

국민건강보험제도는 인간들의 가장 기본적 생존권 중의 하나라고 할 수 있는 제도이다. 1963년부터 일부 직장인만을 대상으로 시행되어 왔던 「의료보험법」을, 2000년에 들어서 그동안 직장과 지역으로 나뉘어 왔던 「의료보험법」을 하나로 통합하면서 전 국민을 대상으로 하는 「국민건강보험법」으로 개편·확대하였다. 국민건강보험제도는 인간에 대한 투자가치가 매우 높은 것이라고 평가되고 있는 것으로,

대다수 국민의 건강한 삶을 위해 질병으로부터의 해방을 목적으로 마련된 것이다. 따라서 이 제도는 예고 없이 찾아오는 질병, 부상에 대비하여 건강의 유지 및 국민 보건의 향상, 가정생활의 안정을 도모하기 위하여 마련된 사회보험제도라고 할 수 있다. 특히 암성 질환(악성신생물), 희귀 · 난치성 질환을 앓고 있는 대상자에게 본인 부담비율을 5~10% 수준까지 낮춤으로써, 환자들과 그 가족의 생활에 실질적으로 많은 도움을 주고 있는 유익한 제도라고 할 수 있다.

그러나 몇 가지 문제와 제도 보완이 필요한데, 그중 대표적인 것이 아직도 환자들이 병원 이용 시 낮은 보장성(혹은 낮은 급여수준, 즉 포괄성이 낮음)으로 인해 급여혜택을 못 받거나 선택진료 시 본인이 부담해야 할 비용이 많아 이를 어떻게 해결해야 하는가의 문제이다. 이는 국제협력개발기구(OECD)에 속한 대부분의 국가가 80% 이상의 높은 보장성을 보이는 데 비해, 우리는 64%에 못 미치는 실정임을 고려할 때, 더 많은 개선이 필요하다고 할 수 있다. 그리고 포괄적인 의료서비스의 부재, 즉 예방서비스로부터 치료서비스, 재활서비스로까지 유기적으로 연결되지 못하고 있는 점도 큰 문제이다. 또한 의료비 증가에 따라 날로 수지가 악화되는 건강보험 재정문제를 어떻게 개선해야 할지도 커다란 문제로 대두되고 있다. 더구나 앞으로 노인인구 증가로 의료비의 대폭적 증가가 불가피한 상황이다. 특히 의학이 발달할수록 질병 건당 치료기간이 증가하게 되고 진료비도 상승할 수밖에 없는 상황임을 감안할 때 심각한 사회문제로 대두될 것으로 전망된다.

고용보험제도

인간들은 누구나 일을 해서 생계를 유지하며 가족들로 하여금 안정된 삶을 살아갈 수 있게 한다. 이와 같이 일은 우리 인간들로 하여금 하루의 시간표를 만들어 의미 있는 삶이 되도록 함은 물론, 목적 있는 삶을 제공한다. 그뿐만 아니라 인간들로 하여금 자아를 실현하거나, 자존감을 가지게 하고, 더 나아가 자신을 유용성 있는 존재로 만들기도 한다.

그러나 의도치 않게 다가오는 실업이나 실직은 우리 인간들로 하여금 사회와의 관계를 단절시켜 생활의 중심(활력)을 잃게 함은 물론, 가난이나 빈곤을 초래하는 심각한 사회적 위험이라고 할 수 있다. 실업은 노동능력이 있고 노동의욕이 있으나 일할 기회가 없어서 일자리를 구할 수 없는 상태를 의미한다. 특히 실업은 인간들에게 정신적·신체적 불안을 가져오고, 사회적 고립, 생활의 안전을 근본적으로 흔들리게 하여 가정생활만족도를 떨어뜨린다. 또한 한 가정의 소득상실을 초래하여 빈곤한 삶을 초래하고, 사회적 부담을 증가시킨다. 따라서 이러한 사회적 위험에 대비해 국민의 기본적 생존권을 보장하기 위해 만든 제도라고 할 수 있다. 현재 이 제도는 과거에 만들어졌던 사후적 성격의 실업보험을 예방적·방빈적 성격의 고용보험제도로 변화한 것이다.

언급했다시피 1995년에 만들어진 고용보험제도는 그동안 실업급여의 성격이 강했었는데, 1998년에 들어서는 1인 이상 전 사업장으로 가입대상을 확대하면서, 종전까지는 없던 실업의 예방, 고용의 촉진 및 근로자의 직업능력 개발과 향상을 통하여 근로자의 생활안정과 구직활동을 촉진하는 적극적 의미의 고용보험법으로 확대되었다.

실업과 고용불안정이라는 사회적 위험에 대비하여 근로자의 생계를 보장하기 위해 만들어진 이 제도는 몇 가지 문제점을 가지고 있다. 가장 크게 언급되는 것은 급여기간이 길어야 8개월밖에 되지 않아 그 이후의 생계를 어떻게 해결해야 할 것인가 하는 점이다. 또한 급여액이 현저히 낮아 가정 생계에 실질적 도움이 되지 못하는 것도 큰 문제로 대두되고 있으며, 급여를 받기 위한 신청절차가 까다롭고 복잡하다는 지적을 많이 받고 있다. 따라서 여러 가지 측면을 고려해 볼 때, 실업자들의 최소한의 인간다운 삶의 질이 유지될 수 있도록 내실 있는 제도로의 변화가 요구된다.

국민기초생활보장제도

국민기초생활보장제도는 국가에 의한 보호적 성격이 강한 제도로 저소득층에게는 권리적 성격이 강한 제도라고 할 수 있다. 1961년에 만들어진 이 제도는 그동안 자식이 없는 65세 이상의 극빈층 노인이나 18세 미만의 아동 등을 대상으로 공공부조 역할을 수행해 왔던「생활보호법」을 변화시킨 것이었다. 이 제도는 소득재분배 효과가 가장 큰 제도로서 2000년에 그 내용이 한층 보완되었다.

이전의 제도와는 달리 이 제도는 근로능력의 유무와 관계없이, 특히 여러 급여 중 생계급여의 수급자격을 확대하여 소득이 최저생계비에 미달하는 국민이면 누구나 대상자로 선정될 수 있도록 하는 방식으로 전환했다는 점이 특징이다. 즉, 근로능력 과는 상관없이 빈곤선(poverty line) 이하의 모든 저소득층에게 최저생계비 이상 수준의 생활을 국가가 보장하는 것을 목적으로 한다. 그리고 근로능력자에게는 빈곤 에서 스스로 탈출하도록 근로를 조건으로 체계적인 자활지원서비스를 제공함으로 써 생산적 복지를 구현함을 목적으로 한다.

이는 1997년 이후 IMF 구제금융사태와 기업들의 구조조정에 따른 대량실업으로 근로능력이 있는 빈민들의 급증, 노숙자 증가, 가족해체 등 사회문제가 확대되고 심각해지고 있음에 기인한 것이었다.

그러나 이 제도에 대해 아직까지도 세간에서는 최저생계비가 아닌 최저생존비라 고 폄하되는 것에서도 알 수 있듯이, 이 제도의 가장 큰 문제점은 최저생계비에도 못 미치는 수급액으로 말미암아 실생활을 유지하는 데 크게 도움이 되지 못한다는 점이다. 따라서 이 대상자들에게 현실적 차원에서 최저생계비의 120~150% 상향조 정하는 것이 바람직하다.

또한 선진국에서는 없는 부양의무자제도라는 원칙으로 말미암아(최근 2020년대 들어 부양의무자제도 폐지됨), 무능하거나 소득이 없는 자식으로 인해 급여대상에서 제외되고 있는, 즉 부양의무자 기준에서 탈락한 비수급 빈곤층들을 보호하는 문제 도 큰 문제로 대두되고 있다. 그리고 예산확보상의 문제, 빈곤의 사각지대에 있는 차상위계층(준빈곤층)에 대한 지원이 거의 없다는 것도 큰 문제로 지적되고 있다. 다시 말하면, 경기침체로 소득이 줄면서 빈곤층으로 전락했지만 사회안전망에서 완전 소외된 계층인 차상위계층들이 더 이상 극빈층으로 전락하지 않도록 이들을 보호하는 대책이 시급하다.

노인장기요양보험제도

2008년 7월에 시행된 노인장기요양보험제도는 5대 사회보험의 하나로 자리 잡은 제도이다. 우리 사회의 급속한 고령화로 인해 유병장수하는 노인들이 많아짐에 따라, 이들의 최소한 인간다운 삶의 질을 보장하기 위해서 만든 제도라고 할 수 있다. 특히 중풍, 치매 등 만성질환이나 퇴행성 질환 등 노인성질환으로 수발이 곤란한 노인이나 환자를 돌보는 가족의 부담을 덜기 위해 만든 제도이기도 하다. 예산상의 문제로 수급대상자가 그리 많지 않다는 점이 가장 큰 문제로 대두되지만, 우리 사회가 그동안 노인부양을 전적으로 가족의 책임으로만 여겨 왔었다는 점을 고려하면 상당히 진일보한 획기적인 제도라고 할 수 있다.

노인부양은 가족만의 책임이 아니라 국가사회의 책임이라는 노인부양의 사회화 차원(노인부양을 공적 영역으로 확대 의미)에서 만든 것이라고 할 수 있다. 따라서 이 제도는 사회통합, 사회연대성 원리에 입각해서 만들어진 것으로서, 그동안 가족에만 의지해 살아온 거동할 수 없는 노인을 대상으로, 그 가족의 경제적·육체적·정신적 고통과 부담을 완화시키기 위해 제정되었다.

이 제도의 근본 목적은 가족과 연장자(노인)가 공존·공생하도록 하도록 하는 데 있다. 또한 원래 우리 사회가 전통적으로 이어 왔던 가족보호의 효율성과 효과성을 살리기 위해, 가족보호의 전통과 가족보호의 규범을 바람직한 가치관으로 계속 유지해 나가기 위해 만들어진 것이었다. 2022년 기준 예산상의 문제로 약 100만 명 정도만 급여혜택을 받고 있는데, 수혜를 받고 있는 사람들의 견해를 종합해 볼 때, 최소한의 인간다운 삶의 질을 보장한다는 점에서 좋은 평가를 받고 있다.

이 제도로 인해 그동안 노인 수발로 고통을 겪어 왔던 가정의 육체적 부담 및 경제적·정신적 부담이 많이 감소되었다고 한다. 그러나 이 제도는 여러 가지 근본적인 문제를 안고 있는데, 특히 재원을 어떻게 마련하는가 하는 문제가 가장 큰 문제로 대두되고 있다. 정부의 재원부족으로 요양급여혜택을 받지 못하는 대상자(특히 요양급여 4등급 대상자)들의 건강상태가 더욱더 악화되고 있는 문제가 제기되고 있음을 볼 때 더 많은 재원확충이 요청된다.

무상보육제도와 무상급식제도

2011년에 들어서는 정당들 간에 포퓰리즘적 차원의 복지공약들이 등장하였다. 그중에 보편적 복지제도라고 할 수 있는 사회서비스(social service)의 하나인 유아들을 위한 무상보육제도가 전면적으로 시행되었다. 이 제도가 유아가 있는 가정에 어느 정도 도움을 주고 있기는 하지만, 육아 부담의 고충을 덜어 주고 실질적인 차원의 도움을 주기 위해, 더 나아가 1980년대 중반부터 계속 떨어지는 출산율을 상승시키기 위해서는 정부 차원에서 마련된 보육시설의 확충이 긴요한 실정이다. 그리고 아직도 제한적으로 시행되고 있기는 하지만 보편적 의미의 복지인 무상급식제도가 시행되고 있다. 그러나 이 제도도 지방자치단체에서 예산을 확보하지 못해 난항을 겪고 있는 상황이다.

살펴본 바와 같이 이만큼이나마 우리 사회의 사회복지가 향상된 것은 지속적으로 경제가 성장하였기 때문이라고 할 수 있다. 그러나 우리가 가입한 OECD의 다른 국가들의 지표와 비교해 볼 때 많은 노력과 반성, 물심양면의 지원이 필요하다. 안정된 삶을 위해서는 보다 수준 높은 사회안전망을 갖추기 위한 지속적인 관심과 지원이 요청된다.

이를 구체적으로 살펴보면 다음과 같다. 첫째, 실업에 대한 보호제도에서 현재 길어야 8개월로 되어 있는 실업급여를 최장 2년으로까지 확대하여 소득을 보장해 줌으로써 근로자의 노동상품화 강요를 방지할 뿐만 아니라, 탈상품화, 즉 시장에 대한 의존성을 감소시켜 인간다운 생활을 향유할 수 있도록 해야 할 것이다. 또한 가정 생계에 실질적으로 도움이 될 수 있게 낮은 급여액을 상향조정할 필요가 있다. 둘째, 유아나 취학전 아동에 대한 공공탁아시설, 공공교육 프로그램이 현저히 부족하고 미흡한데, 이를 대폭적으로 확대·개편할 필요가 있다. 더구나 생산 가능한 인구(경제활동인구) 감소와 절대적으로 직결된 저출산으로 국가의 미래성장동력기반이 약화되고 있음을 고려해 볼 때, 이는 시급을 다투는 과제라 할 수 있다. 셋째, 결혼한 신혼부부의 정착을 돕는 주택지원 프로그램과 생활자금대출 프로그램 등이 전무하다. 이를 위해 국가 차원에서 저리의 대출제도를 확대할 필요가 있다. 이는 결혼의 장려 및 저출산을 근본적으로 막을 수 있는 수단이기도 하다. 넷째, 저소득자나 차상위계층에 대한 최저생활보호제도가 마련되어 있지 않다. 알다시피 절대 빈곤층에 대한 생계보호는 복지의 기본이 되어야 하지만, 자립할 수 있는 저소득자나 차상위계층에게는 근로현장으로 돌아갈 수 있도록 최소한의 안정된 삶의 기반을 조성해 주는 방향으로 재정투자가 이루어질 필요가 있다. 다섯째, 2020년 기준 전체 인구에서 약 16%를 차지하고 있는 65세 이상의 노인인구 중 50%에 가까운 노인들이, OECD의 평균 13.3%의 3배인 약 45%의 노인들이 빈곤선 이하의 힘겨운 삶을 살고 있는바, 이들이 최소한의 인간다운 삶을 살 수 있도록 물심양면의 지원이 필요하다.

그동안 한국의 국가복지체제는 생애과정에서 발생하는 다양한 삶의 문제와 위험을 매우 좁은 범위 내에서만 보호하는 최소한의 복지체제, 사후적·제한적·선별적·보충적 복지체제였다. 그리고 잔여적 의미의 성격이 강한 복지체제였다. 그러나 이제는 다소 성장이 더디더라도 분배에 많은 관심을 가져야 한다. 국민 대다수가 사회안전망으로부터 소외되지 않고 최소한의 인간다운 삶을 유지하도록 하는 복지체제로, 제도적·보편적 복지체제로 전환되어야 한다. 더 나아가 예방적·생산적·적극적 의미의 복지체제로 나아가야 한다.

그동안 한국에서는 주로 극빈층만을 대상으로 사회복지 지출이 이루어져 왔는데, 자본주의 사회의 구조적 모순으로 인해 중산층에 속해 왔던 많은 사람이 글로벌 금융위기, 산업구조상의 문제, 물가상승, 부동산 가격 하락, 과도한 사교육비 부담으로 인한 소비능력 약화 등 여러 가지 요인으로 불가피하게 중산층 이하로 전락하고 있는 현재의 상황을 감안할 때, 이에 대한 대책이 시급하다. 따라서 국민 대다수가 포함될 수 있도록 저소득층은 물론, 중산층에까지 확대되는 보편적·제도적 복지, 적극적 복지제도가 필요하다. 그리고 그간의 시혜적·사후적 성격의 복지에서 예방적·생산적 복지체제로 전환이 요구된다고 할 수 있다. 또한 앞에서도 언급했듯이, 빈곤의 사각지대에 있는 차상위계층을 비롯하여 근로빈곤층(워킹푸어,

working poor), 실버푸어(silver poor), 하우스푸어(house poor), 렌트푸어(rent poor), 에듀푸어(edu poor), 소호푸어(soho poor), 메디컬푸어(medical poor), 카드빚에 몰린 사람 등을 위한 사회안전망의 강화가 필수적이다.

그간 우리 사회는 복지를 소비성, 소모성 또는 낭비성이 강한 것으로 생각해 왔는데, 이제는 그러한 전근대적 · 후진국적 사고방식에서 발상의 전환이 필요한바, 복지는 성장동력 확충 및 고용 창출 효과가 크다는 생산적 측면으로 생각을 바꿔야 할 때가 왔다. 이러한 요인들이 그간 기득권층들의 분배에 대한 인식 부족과 공존적 삶에 대한 무지에서 비롯되기는 했지만, 사회복지는 성장과 사회안정을 위해 필수적인 사회통합제도임을 각성할 때가 되었다. 결과적으로 사회복지는 분배정책이자 생산정책으로서 성장과 사회안정, 그리고 사회통합을 위해 필수적인 것으로 인식되어야 한다.

국가 차원에서 볼 때, 모든 사람에게 질 좋은 교육기회의 제공, 아픈 사람들에게 양질의 의료서비스 제공, 불안전한 삶을 안정된 삶으로 전환시킴으로써 궁극적으로 인적 자원의 질 향상을 가져와 국가가 성장하고 사회가 발전하는 데 밑거름으로 작용할 것임을 깨달아야 한다. 더 나아가 지금도 정치권에서 제도적 복지, 선택적 복지에 대한 논쟁들이 전개되고 있는데, 인간의 존엄성 차원에서 긴급하게 작동되어야 하는 노인들의 빈곤, 중증질환 환자에 대한 보호(수발), 극빈층으로 전락할 수밖에 없는 차상위계층에 대한 보호 등과 같은 것에 대해서는 복지재원이 우선적으로 투입되어야 한다. 제도적 · 선택적 복지를 떠나 복지의 우선순위가 더 중요하게 대두되고 있는 대상에 대한 보호도 시급한 상황이다.

부록 |

한국과 핀란드의 중산층 직장인 가계부 비교

● 저부담 · 저복지 한국 vs. 고부담 · 고복지 핀란드

- 한국: 김 씨(42세). 서울의 금융회사에 일하고 있는 16년차 직장인
- 핀란드: 야리 페우란헤이모 씨(Peuranheimo, 51세). 핀란드 키르코누미의 중소기업 임원

  −두 사람 모두 자녀가 두 명으로, 김 씨 자녀는 중학교 2학년과 초등학교 5학년이고, 페우란헤이모 씨 자녀는 고등학교 1학년과 중학교 1학년이다.

● 한국 직장인 김 씨와 핀란드의 직장인 페우란헤이모 씨의 세금 · 수입 · 지출

(1유로=1,550원으로 환산)

		김 씨	페우란헤이모 씨
수입	월 급여(세전)	514만 원	853만 원
	소득세	−86만 원	−307만 원
	국민연금	−17만 원	−38만 원
	건강보험	−24만 원	0
	고용보험	−2만 원	−3만 원
	각종 기부금	−5만 원	−9만 원
	실수령액(세후)	380만 원	495만 원
	기타 수입	(연말 성과급) 115만 원	(육아수당) 33만 원
	한 달 총수입	495만 원	528만 원
	한 달 총세금 및 복지 지출	134만 원 (월 급여의 26%)	357만 원 (월 급여의 42%)

〈수입〉

- 월급:
  핀란드 > 한국(격차 66%)
- 세후 실수령액:
  핀란드 > 한국(격차 30%)
- 보험금: 한국 26%, 핀란드 42%
- 소득세율: 한국 17%, 핀란드 36%

			김 씨	페우란헤이모 씨
지출	주택담보대출		76만 원	155만 원
	교육비	사교육	108만 원	0
		공교육	16만 원	0
	의료비		30만 원	2만 원
	부모부양		50만 원	0
	보험료	연금보험	(사보험) 20만 원	0
		보장성	(사보험) 30만 원	0
		자동차	5만 원	22만 원
	주거 및 생활비		220만 원	317만 원
	월 지출 총액		555만 원	496만 원
	월 합계		−60만 원	32만 원

〈지출〉

한국: 자녀교육비, 의료비, 부모부양비 수입의 41% 지출, 거기에 사교육비, 사보험 지출이 훨씬 많아 삶이 녹록지 않음

※ 기타 수입: 김 씨는 연말 성과급을 월평균으로 한 것이고, 페우란헤이모 씨는 자녀 두 명의 육아수당이다.
출처: 조선일보(2011. 3. 10.).

부록 Ⅱ

사회복지 발달 역사

● 중세시대(5∼15세기, 전통적 보호주의시대)

- 12세기 도시 발생(영주, 즉 귀족계급들에 의한 경제권과 군사권 장악/ 길드, 즉 상공인조합에 의한 자치도시 건설 및 토지대, 통행세 징수)
- 낮은 농업생산성, 빈번한 자연재해, 토호지주계급들의 수탈·착취, 위정자들의 착취, 빈번한 전쟁, 수시로 발생하는 전염병
- 종획운동(enclosure movement)으로 지주계급들에 의한 토지 집중, 하층민인 농노계급의 탈농화 급진전

1345∼1348년 흑사병(페스트, Pest) 창궐

1330년대에 인도와 중국에서 흑사병이 발생하여 유럽에 전파, 유럽 인구의 3분의 1 사망(금·은 등의 보석과 후추·정향·육두구·팔각 등의 향료를 얻기 위한 중국이나 인도 등 동양지역과의 교역과정에서 흑사병이 유입되어 유럽 전역으로 확산됨)

1349년 노동자법(Statute of Labours)

종획운동 및 흑사병 등으로 빈민 이동, 약탈, 도둑질, 폭동 등 정치사회적 불안 방지 및 노동력 감소 방지를 위해 지리적 이동을 금지하는 노동통제정책. 빈곤을 범죄로, 빈민을 범죄인으로 취급

● 근세시대(15∼18세기)

1534년 헨리(Henry) 8세의 수장령(首長令, Acts of Supremacy)

- 교회 폐쇄, 수도원 폐쇄로 여기서 보호받던 빈민들을 수용하지 못하자 이들이 도시로 몰림(헨리 8세는 그의 이혼청원을 로마교황청이 승인하지 않자, 이에 대한 반발로 영국교회를 개신교인 성공회로 개종시키고, 교회 폐쇄 등과 같은 극단적인 조치를 취함)
- 빈민구제에 대한 필요성 인식

1536년 헨리 8세 구빈법(건장한 부랑인과 빈민의 처벌을 위한 법률)

- 빈민감독관 설치, 노인빈민과 노동불능자에게만 구걸면허 제공
- 건장한 빈민 처벌(성 쌓기, 다리 놓기, 뱃밥 만들기 등 강제노역을 시킴)
- 가치 있는 빈민(노인 등 노동능력이 없는 빈민, the impotent poor—구빈원에서 보호) vs 가치 없는 빈민(노동능력이 있는 빈민, the able bodied poor—작업장에서 일을 시킴)

1576년 게으름을 탈피하고 일하고자 하는 빈민을 위한 법
(Act for Setting the Poor on Work and for Avoiding Idleness)

- 근로연계복지의 시작—빈민에 대한 강제노역을 규정한 빈민규제법
- 노동능력이 있는 부랑민에 대한 처벌, 노동능력이 없는 빈민에 대한 보호를 규정한 법(그러나 어디까지나 빈민에게 강제로 일을 시키기 위한 법임)

1594~1598년 대기근

- 5년간의 수해, 흉작, 은(銀) 유입에 의한 경제변동(불황)
- 식량가격 폭등으로 폭동 발생, 극빈자·부랑자 증가 및 인구 증가
- 그러자 1598년에 국가에서 빈민구제를 위한 법 제정(「엘리자베스 구빈법」이 생기게 된 배경)

1601년 엘리자베스 구빈법(Elizabethan Poor Law of 1601)

- 「엘리자베스 구빈법」은 오늘날 아동복지의 효시
- 빈민구제업무의 전국적 행정체제를 세계 최초로 수립
- 빈민구제를 국가의 법률적·재정적 책임으로 인식
- 길드(Guild)계급으로부터 구빈세 징수
- 빈민 차별화—빈민을 노동력의 유무에 따라 노동능력이 있는 빈민, 노동능력이 없는 빈민, 돌보아 줄 사람이 없는 요보호아동으로 나누어 구제를 다르게 함. 즉, 노동능력이 있는 빈민을 작업장(workhouse)에 수용시켜 일정한 노동에 종

사시키고 거부 시 처벌하거나 징치원(corrective house)에 투옥시킴. 노동능력이
없는 빈민은 구빈원(charity house)에 수용보호(이는 오늘날 시설보호에 해당됨)
- 이는 결과적으로 빈민통제, 노동통제를 통한 노동의 상품화를 강요하는 한편,
환자를 치료하고 노인 및 폐질자를 보호하는 측면도 있었음

1662년 정주법(Settlement Act)

- 인구 증가와 공업 발달에 따른 인구의 도시집중이 촉진되면서 빈민들도 더 나
은 구호를 받기 위하여 구호수준이 높은 교구(敎區)로 이동하는 경향을 보이자,
이동을 금지하기 위해 만든 제도
- 지리적 이동 금지-빈민의 주거 이전의 자유제한을 통해 노동력의 안정적 공급
꾀함

1696년 작업장법(the Workhouse Act of 1696)

- 빈민들의 노동으로 구빈비용 충당 및 부랑자 억제 목적

1722년 나치블법(Knatchbull's Act, 작업장 심사법)

- 빈곤자와 실업자도 기회가 주어지면 국부의 원천이 될 수 있음. 따라서 교구빈
민들에게 일을 시키고 임금을 지급함(에드워드경에 의해 노동이 가능한 빈민을 고
용하여 국부를 증대시키기 위해 제정된 법)
- 공동작업장을 설치하고 빈민을 강제로 고용하는 「작업장 심사법(Workhouse
test Act)」 제정. 이는 오늘날 「작업장 심사법」의 기원이 됨

1782년 길버트법(Gilbert's Act)

- 작업장 환경이 매우 열악함에 대해, 빈민들의 비참한 생활과 노동착취를 개선
할 목적으로 하원의원 길버트가 제안한 법
- 작업장 대신 자기 가정이나 인근 적당한 장소에서 일할 수 있도록 함. 즉, 원외
구호를 실시함. 이는 결국 나중에 거택보호제도의 효시가 됨
- 「길버트법」은 작업장 개량사업으로 「구빈법」을 개정하거나 철폐를 주장한 것

이었음(청부계약제 폐지)

- 빈민구호를 위한 근로원 및 공동대책, 유능한 빈민의 재택근무, 취업 전까지 생활비 보조

1795년 스핀햄랜드법(Speenhamland Act, 빈민처우 개선법, 가족수당제도의 효시)

- 버크셔 지역의 순회판사들이 제안함
- 가족 수 및 빵값의 변화에 따라 임금을 보충하는 제도로 저임금 노동자에게 최저생계비의 부족한 부분을 보조해 주는 제도
- 국가가 부(富)의 증가를 목적으로 한 대가족 장려제도(오늘날 가족수당제도의 효시였으나, 부조금액의 증가로 노동의욕과 능률을 저하시켰다는 비판을 받음)

● 근현대시대(18세기 이후~)

1833년 공장법(Factory Act)(우리나라 근로기준법과 비슷한 근로자보호법)

- 노동자에 대한 국가보호의 중요성 인식
- 방직업의 발달로 저임금 노동력이 필요함에 따라 아동노동 착취가 심함. 따라서 9세 이하 아동의 노동 착취를 금지함(이미 1802년에 로버트 필에 의해 아동보호를 위한 건강 및 도덕법 제정: 13세 이하 아동의 노동을 주 48시간 이내로 제한, 18세 이하 청소년들의 노동을 하루 12시간 이상 금지)

1834년 신구빈법[개정구빈법(Poor Laws Reform of 1834), 자유방임주의(Laissez-Faire) 사상에 토대함, 빈곤이라는 질병에 대해 구제 제한)]

- 19세기 초 자본주의 발전과 함께 도시 노동자계급이 등장하면서 이들의 열악한 생활환경과 만성적인 실업 등 이전의 농촌부랑인과는 다른 새로운 사회문제에 대처하기 위해 기존의 「구빈법」을 개정함
- 「신구빈법」은 구빈세를 부담하던 지주계급과 자본가계급의 이해를 조정하기 위해 빈민구제를 억제하는 방향으로 법을 제정한 것이기도 함
- 그동안 전통적 보호주의에서 자유방임주의로 전환

- 중상주의 경제학자들의 구빈세 반대(구빈비용의 감소가 「신구빈법」의 목적)
- 다윈(Darwin)의 적자생존(適者生存, the Survival of the Fittest)의 원리에서 기인함
- 그동안 스핀햄랜드제도, 즉 국가에 의한 보호가 인간을 나태하게 만듦 → 원래 요보호자 증가 및 무분별한 시혜가 자극요인, 즉 빈곤의 영속화, 노동자들의 도덕적 해이 조장
- 「신구빈법」은 빈민들에게 노동을 강요함으로써 노동력을 안정적으로 확보
- 빈민들에게 도덕교육을 통해 스스로 부양하게 만드는 엄격한 자선정책
- 결과적으로 값싼 노동력 확보, 노동력의 안정적 확보 → 자본주의 발달의 원동력이 됨 → 자본가계급과 노동자계급 간의 대립 초래 및 사회문제화됨
- 자유로운 경쟁을 통해 공동체의 모든 성원이 혜택을 누리는 것이 목적
- 스펜서(Spencer)는 사회유기체론의 주창자로서 빈곤을 개인의 문제로 봄
- 섬너(Sumner) 역시 빈곤을 개인의 문제로 봄
- 맬서스(Malthus)는 목사이자 교수, 인구학의 아버지 또는 「신구빈법」의 아버지라고 불리는데, 그는 빈곤구제비용이 아무리 증가해도 빈곤문제는 해결이 안 된다고 주장함. 거택구호제공조항 폐지
- 리카도(Ricardo)는 시장가치 이상의 임금지급 또는 보조는 빈민에게 해를 가한다고 주장
- 채드윅(Chadwick)은 열등수급의 원칙(열등처우의 원칙, The principle of less eligibility, 즉 최하위 자격의 원칙), 균일처우의 원칙(The principle of national uniformity, 즉 전국 통일의 원칙)을 언급

● 19세기 중반

- 빈곤이 사회적 요인에 의해 야기됨. 사회가 공동 대처해야 함에 대한 책임감 인식
- 호전적인 노동운동: 「신구빈법」에 대해서 빈민들은 차별에 도전, 국가보호의 필요성을 다시 논의

- 상층계급들의 자성: 동정심, 불평등에 의한 혁명의 위협, 죄의식
- 사회주의 등장: 자본주의제도의 구조적 결함에서 비롯됨

인보관운동(Settlement House Movement, 우애조합)

- 1880년대 지식인·상류계층 사람들이 빈민들이 거주하는 지역에 이주하여 자선활동
- 빈민들도 우리의 이웃임, 빈곤은 개인의 책임이 아니라 사회의 책임
- 토인비(A. Toynbee)를 주축으로 옥스퍼드, 케임브리지 대학교의 지식인(교수와 학생) 및 상류층이 중심이 되어, 사회적으로 고립된 지역에 정착하여 사는 빈자들의 빈곤문제, 비위생적인 문제 등을 해결하기 위해 노력, 즉 그들의 삶의 질을 향상시키기 위해 노력함. 대표적인 것으로 1884년에 바네트 목사가 런던에 설립한 토인비 홀(Toynbee Hall), 1889년에 제인 아담스가 시카고에 설립한 헐 하우스(Hull House)가 있음

사회개량운동(Social Reform Movement)

- 사회개량운동은 노동자들이 보통선거권과 무기명투표 등을 주장한 차티스트 운동(Chartist Movement, 1838~1848년에 일어난 노동자계급에 의한 최초의 정치투쟁)에서 비롯되었으나, 가진 자(상류층, 자본가계급)들의 반대로 인간존엄의 자유권과 정치적 권리, 즉 참정권(투표권)을 얻고자 하는 이 운동은 좌절됨
- 그 후 종교인(기독교 사회주의자들)과 지식인들을 중심으로 교육을 통해 노동자들의 사회적 조건을 개선코자 함. 1844년에 노동자들이 설립한 협동조합조직을 지원함

자선조직협회(Charity Organization Society, COS운동)

- 빈곤이 사회의 책임이 아니라 개인의 책임, 민간의 노력으로 빈곤문제를 해결할 수 있다고 봄. 개별구호, 전문가에 의한 전문적 원조방법으로서 초보적 사회사업의 시초(방문자를 통한 개별적 조사, 오늘날의 사회사업의 시초가 됨, COS운

동은 공적 구제가 수혜자의 자존심을 파괴하며, 수혜자의 의존성을 심화시킬 수 있음)

• 서비스의 중복 방지와 자선의 무분별한 혜택(시여) 방지를 위해 시설 간에 정보를 교류하고 빈자들을 협회에 등록하게 함(COS운동은 독일에서 시작, 영국 · 미국으로 전파)

사회조사활동

▶ 1842년 채드윅(E. Chadwick)

• 「구빈법」 개혁의 체계를 세움[열등수급(less eligibility)의 원칙을 의미함]

• 「영국노동인구의 위생상태에 관한 조사보고서」 발표, 예방의학의 필요성을 인식시킴

• 합리적 질병관리의 필요성 제기−오늘날 보건사업의 토대를 만듦

▶ 1880년대 부스(C. Booth)

• 빈곤을 수량적으로 파악, 그 원인을 분석하여 영국 사회에 알림

• 1886년부터 1903년까지 17년간 런던의 이스트엔드(East End) 지역 빈민조사: 이 지역 인구의 3분의 1이 빈곤(빈곤의 원인이 개인의 책임보다는 불충분한 임금, 부적절한 주택, 불결한 위생시설 때문이라고 지적하면서 범사회적 대책 필요성 언급; 「런던시민의 생활과 노동」)

• 빈곤개념 도출(음식, 연료, 거처, 피복 등 절대적 빈곤과 상대적 빈곤을 구분함)

▶ 1901년 라운트리(S. Rowntree)

• 요크(York) 시 빈민조사, 절대적 빈곤 언급(노동자의 라이프 사이클 지적)

• 빈곤선(poverty line) 측정조사(최저생계비 산출에 공헌)

◉ 보다 나은 사회복지정책이나 계획을 실시하기 위해서는 과학적이고 합리적인 사회조사가 선행되어야 함을 각성시킴

◉ 전문가에 의한 전문적인 원조방법으로 초보적 사회사업이 등장하게 됨

1908년 영국의 로이드 조지 수상 독일 방문(1911년 국민보호법을 만드는 계기가 됨)

1908년 영국의 「노령연금법」(무갹출노령연금), 「아동법」

1911년 영국의 「국민보험법」(오늘날의 건강보험 및 실업보험을 포함한 법임)

- 보편적·포괄적인 의료보장과 완전고용을 실현하기 위해 노력함

1929년 「국민부조법」(사회보험 + 공공부조)

1942년 베버리지의 사회보장에 관한 입법보고서(사회보장의 바이블, 사회보험 및 관련 서비스에 관한 보고서)

- 빈곤 없는 사회를 추구했던 베버리지는 국민생활의 불안요인이 되고 경제적 파멸을 가져오는 5대 사회악 척결: 결핍(want), 무지(ignorance), 질병(disease), 불결(squalor), 나태(idleness)
- 질병, 재해, 노령, 사망, 결혼, 출산, 실업 등 소득이 중단되거나 부가적인 비용 지출이 생기는 경우에 사회보험을 통하여 일정 소득을 보장하려는 것

1944년 사회보장청 발족

- 영국은 사회보장청이 발족되고, 이듬해 1945년 종전이 되고 나서, 그동안 전쟁 수행비로 들어가던 비용이 복지비용으로 전환되면서, 이때부터 복지국가로 들어가게 되었음

독일−1873년 강단사회학회

- 강력한 군부관료제를 통하여 부강한 독일제국을 건설하려고 혼신의 힘을 기울였던 비스마르크(Bismarck) 재상(宰相)에게 강단사회학회의 브렌타노(Brentano), 슈몰러(Schmoller), 좀바르트(Sombart) 등의 학자들이 노동계급의 이익을 옹호할 필요성과 사회개량의 필요성을 언급함
  - ▶ 1883년 질병보험(세계 최초 사회보험)
  - ▶ 1884년 재해보험
  - ▶ 1889년 노령(세계 최초 연금제도로 당시 독일 사람의 수명이 46세에 불과했으나, 노인의 기준으로 삼았던 나이를 65세로 정한 것은 앞뒤가 안 맞는 연금제도였음)

및 폐질보험
- 독일은 사회보험제도, 즉 1883년 질병보험, 1884년 재해보험, 1889년 노령 및 폐질보험 등의 시행으로 복지제도가 자선이 아닌 권리로서 자리매김함 (독일 사회보험제도의 시작은 광산의 노동자들이 사고를 당하거나 곤궁에 처한 동료들을 돕기 위해 공동구호 금고를 마련한 것에서 비롯됨)
- 노동계급 포섭적·향상적·제도적 복지 제공을 의미함

1929년 미국의 대공황(the Great Depression)

- 1929년 10월 24일 셋째 주 목요일에 미국 주식시장 붕괴(Blue Thursday), 은행 5,000개 지점 폐쇄(파산)
- 개인이 갖고 있던 예금통장 900만 개가 휴지 조각이 됨
- 소득은 반으로 줄고 생산성도 반으로 줄어듦(기업들과 공장들 문 닫음)
- 1929년 공황 당시 실업자 286만 명에서 1930년 9월 500만 명, 1931년 800만 명, 1932년에 1500만 명으로 증가하여 실업자가 전체 노동력의 4분의 1 수준까지 증가하였음
- 1932년 프랭클린 루스벨트(Franklin Roosevelt) 대통령 당선 시 실업자 1,500만 명으로 증가, 「긴급은행구제법」실시
- 1933년 실업자에게 적정한 기회를 주기 위해 시민사업청 설립
- 1935년 루스벨트 대통령에 의한 노령보장을 골자로 한 사회보장법안 통과(대공황의 후유증 보완): 미국 사회보장제도의 근간이 됨
- 경제공황시기의 사회보장제도 발달 특징은 자유방임주의 경제사상 퇴색과 아울러 빈곤의 책임이 개인이라는 사상이 변화되었다는 것임

케인스(J. M. Keynes)의 수정자본주의(revised capitalism)

- 1935~1936년에 발표한 '고용·이자 및 화폐에 관한 일반이론'에서 케인스는 정부가 주도하는 완전고용정책에 기초하여 경제침체에 대한 치유책을 주장함

- 자본주의 체제를 유지하면서 자본주의 발달에 의해 발생된 모순을 극복하기 위한 보장책을 제시함
- 공황과 실업을 극복하기 위해 적극적인 금융 · 재정정책을 제시하여 경기 순환 조절을 꾀함
- 소득 불평등에서 파생되는 갖가지 모순이나 곤란을 제거하고 사회 전체의 유효수요를 증대시켜 불황을 극복하려는 입장을 취함
- 정부개입(큰 정부 추구), 공공지출, 공공정책을 펌

2010년 버락 오바마(Barack Obama) 대통령의 '건강보험개혁안' 통과
- 1912년 시어도어 루스벨트(Theodore Roosevelt) 대통령은 전국민의료보험을 실시하려고 했으나 의사들의 반대로 실패함
- 1935년 프랭클린 루스벨트 대통령의 뉴딜정책: 구제(relief), 개혁(reform), 회복 (recovery) 중 구제(relief)의 일환으로 「사회보장법」 제정(노령보장을 골자로 한 것임)
- 1964년 존슨(L. Johnson) 대통령의 위대한 사회(Great Society)의 건설 일환으로, medicare(노인), medicaid(빈곤층, 장애인) 등 「의료보호법」 시행
- 2007년 미국 전체 인구 3억 명 중 빈곤층 3,700만 명, 준빈곤층 5,700만 명으로, 미국 인구의 3할 정도가 빈곤층이거나 준빈곤층임(2015년 현재 빈곤층 인구는 미국 전체 인구의 15.1%를 차지하는 4,620만 명)
- 2010년 3월 23일에 통과된 오바마 대통령에 의한 '건강보험개혁안'으로 미국 인구의 약 30%가 의료보험혜택을 받게 됨. 결국 건강보험혜택자를 약 95%까지 끌어올림. 즉, 그동안 약 3,200만 명의 의료사각지대에 있던 사람들을 보호하게 되었음

◀▶ 1776년 미국의 버지니아 권리선언(Virginia Declaration of Rights)[또는 권리장전(Virginia Bill of Rights)]
- 시민의 권리선언에 관한 법으로 언론의 자유, 종교의 자유 등을 언급

- 국민의 기본권을 보장하기 위한 법치주의 언급, 자유민주주의 법제도 확립
- 공법(公法)의 발전을 가져옴(버지니아 권리선언은 1791년의 미국 헌법 권리장전의 토대가 됨)

◀▶ 1789년 프랑스 대혁명(French Revolution)

- 「근대시민법」의 발달 계기가 됨
- 프랑스 대혁명은 자유주의, 민주주의적 법제도 및 법체제의 확립을 가져옴
- 특히 1804년에 「근대시민법」의 발전을 가져왔는데, 공법보다는 민법의 발달을 가져옴: 사유재산소유의 절대원칙, 계약자유의 원칙, 과실책임의 원칙이 강조됨(이는 결과적으로 빈부격차 문제 초래 및 자본가계급의 노동착취를 합법화하는 결과를 가져옴)

◀▶ 1919년 독일의 「바이마르헌법(Weimar Constitution)」

- 「바이마르헌법」은 독일의 첫 번째 민주주의 헌법으로 시민의 기본권을 다룬 것으로, 나치정권이 수립되기 이전인 1918년에 만들어져 나치정권 내내 형식적인 헌법으로서만 유지되어 왔으나, 그 내용은 오늘날 사회복지제도의 근간을 이루는 데 모범이 됨
- 자유주의적 국가원리에 복지주의적 사회국가의 헌법원리가 도입됨(이는 프랑스 「근대시민법」의 문제점을 보완한 것이기도 함)
- 사유재산소유의 절대원칙에서 사유재산소유의 사회성(소유는 의무를 수반하며, 공공복리에 도움이 되어야 함; 「바이마르헌법」 제151조, 제153조)
- 계약자유의 원칙에서 계약공정의 원칙(경제생활의 질서는 인간다운 생활을 보장해야 하고 정의의 원칙에 적합해야 함)
- 과실책임의 원칙에서 무과실책임의 원칙(산업재해 발생 시 집합적 책임을 강조함)

● 복지국가 형성의 역사

◑ 복지국가 태동기 또는 기반 구축기(19세기 후반~1920년)

- 독일의 비스마르크 재상은 1883년에 질병보험, 1884년에 재해보험, 1889년에 노령 및 폐질보험 도입
- 대다수의 유럽 국가는 국가가 후원하는 노동정책 차원에서 사회보험을 도입. 4대 사회보험 중에서 산재보험이 가장 먼저 도입되고 실업보험이 가장 늦게 도입됨
- 제1차 세계대전은 전후에 국가가 국민에게 보다 나은 삶을 위한 사회보장환경을 조성해 놓음

◑ 복지국가[13] 정착기(1920~1945년 이전)
- 세계적 대공황은 세계 곳곳에서 광범위한 생산의 중단과 엄청난 수의 실업자를 양산, 그 결과 국가의 경제 개입을 초래함(수정자본주의)
- 제2차 세계대전은 국민에게 엄청난 희생을 초래, 그로 인해 국가가 국민에 대한 복지책임을 증가시켰음은 물론, 복지개입 능력도 증가시키게 되었음
- 결과적으로 제2차 세계대전과 대공황은 복지국가 발전에 중요한 요인이 됨. 복지제도 확충, 복지수혜자의 범위 확대, 복지예산의 증대를 가져옴
※ 제1차 세계대전과 제2차 세계대전: 전쟁으로 인해 미망인, 전쟁고아, 상이군인, 장애자, 실직자, 빈곤자 등 수많은 사람에 대한 사회적 보호, 사회복지에 대한 욕구가 커지게 만듦

◑ 복지국가 황금기 혹은 팽창기(1945~1970년대 중반 이전)
- 제2차 세계대전 이후 약 30년간 지속된 경제성장으로 복지국가의 발전이 극대화된 시기
- 높은 경제성장률, 낮은 인플레이션, 낮은 실업률을 보였던 시기
- 세계적인 자본주의 호황기와 정치적 안정기였음(좌파정당과 정부가 화해무드 시기)

---

13) 1934년 옥스퍼드 대학교 교수였던 짐머른(Zimmern)은 나치 독일 등 파시스트 독재자들의 국가를 무력국가(Power State)라고 언급하였는데, 1941년 영국 요크(York)시 성공회 주교로 있던 템플(W. Temple)이 『시민과 성직자』라는 책에서 나치스 전쟁국가에 대비해 복지국가라는 용어를 최초로 사용하였다.

◑ 복지국가 위기 또는 재구조화기

(1973년 1차 석유파동 이후 및 1978년 2차 석유파동~현재)

• 1980년대 영국과 미국을 비롯한 서구 선진국에서 신자유주의를 지향하는 신우파 정권이 들어섬

• 복지국가의 해체를 공약으로 내세움

• 복지제도의 내용과 양적 측면에서 모두 축소되는 경향을 보임

• 거대한 정부(정부의 비대화)와 행정관료의 비능률과 낭비 심화 초래

• 복지비 지출의 증가율을 둔화시켰으나, 복지비 절대액의 감소를 가져오게 하지는 못함

• 노인인구 증가에 따른 노령연금 총액의 증가 및 노인들의 의료비 급증

• 인플레이션 심화에 따라 물가 상승과 연계되어 노령연금의 지급액 증가

• 그동안 물심양면의 복지제도가 젊은 세대들의 노동 동기를 약화시켜 생산성 하락과 근로의욕 감소 초래, 결과적으로 도덕적 해이 초래

• 저축 감소로 인한 투자 감소, 이로 인한 은행의 투자능력 약화가 경기침체를 가속화함

• 경기침체로 인한 실업자 급증으로 실업수당의 대폭적 증가(공적부조비의 급증)

• 세계화로 인한 공장의 해외 이전(outsourcing)으로 자국산업의 위축 및 실업자 급증

◑ 복지국가 재구조화기 또는 재편성기(1980년대부터 현재까지)

• 서구사회의 복지국가 체제는 실패가 아닌 복지환경의 변화에 대응하기 위하여 기본 틀을 유지한 채 재구조화되고 있음

• 복지보다 노동을 전제로 복지를 제공하는 노동연계복지[workfare, 또는 일을 통한 복지(welfare through work)], 즉 생산적 복지를 추구하게 됨

• 복지 혜택 배분을 둘러싼 부담자와 수혜자 간의 갈등이 세대 간의 갈등으로 비화되고 있는 상황임(연금제도의 적립식 vs 부과방식)

참고문헌

고세훈(2007). 복지한국 미래는 있는가. 후마니타스.

권오구(1999). 사회복지발달사. 홍익제.

김건 외(2013). 나는 복지국가에 산다. 꾸리에.

김기원(2009). 사회복지법제론. 나눔의 집.

김동선(2003). 야마토마치에서 만난 노인들. 궁리.

김상균 외(2011). 사회복지개론. 나남.

김상균, 김성이(1997). 사회과학과 사회복지. 나남출판.

김수정(2012). 사회복지법제론. 학지사.

김승식(2010). 공정한 사회란? 고래실.

김웅렬 편저(2004). 한국의 노인복지. 고려대학교 한국학연구소.

김정헌(2003). 복지국가론. 대명.

김태성(2007). 사회복지정책입문. 청목출판사.

김태성, 성경륭(2001). 복지국가론. 나남.

맹찬영(2012). 따뜻한 경쟁. 서해문집.

바티스트 밀롱도(2014). 조건 없이 기본소득(권효정 역). 바다출판사.

박광준(2002). 사회복지의 사상과 역사. 양서원.

박옥희(2008). 사회복지의 이해. 학지사.

바티스트 밀롱도(2014). 조건없이 기본소득(권효정 역). 바다출판사.

비판사회학회 편(2012). 사회학. 한울아카데미.

서상목, 양옥경 편(2011). 그들이 아닌 우리를 위한 복지. 학지사.

앤드루 갬블(2021). 복지국가는 살아남을 수 있는가(박형신 역). 한울아카데미.

에두아르 테트로(2016). 교황의 경제학(전광철 역). 착한책가게.

요시다 다로(2011). 의료천국, 쿠바를 가다. 파피에.

유동희, 장명희(2008). 영화로 보는 사회복지. 양서원.

윤영진, 이인재(2007). 복지재정과 시민참여. 나남.

윤철수 외(2010). 사회복지개론. 학지사.

이상이(2014). 복지국가는 삶이다. 밈.

이상이, 박은선(2016). 이상이의 복지국가 강의. 밈.

이인재 외(2002). 사회보장론. 나남출판.

이정우 외(2008). 복지국가와 경제이론. 학지사.

이철우(2005). 한국 사회의 고령화현상과 사회정책적 대응방안. 한국학술정보.

인경석(2008). 복지국가로 가는 길. 북코리아.

장인협, 이혜경, 오정애(2001). 사회복지학. 서울대학교출판부.

제인 애덤스(2012). 헐하우스에서 20년(심재관 역). 지식의 숲.

최연혁(2012). 우리가 만나야 할 미래. 쌤앤파커스.

토마스 게이건(2011). 미국에서 태어난 게 잘못이야(한상연 역). 부키.

토마스 피게티(2014). 21세기 자본(장경덕 역). 글항아리.

표갑수(2002). 사회복지개론. 나남출판.

해롤드 L. 위린스키, 차알즈 N. 르보(1970). 산업사회와 사회복지(장인협 역). 대한교과서주식회사.

현외성(2009). 노인복지학 신론. 양서원.

古川孝順 外(1996). 社會福祉論. 有斐閣.

武川正吾(2001). 福祉社會. 有斐閣アルマ.

社會保障研究所 編(2002). 社會福祉における 市民參加. 東京大學出版會.

小笠原浩一・武川正吾 編(2002). 福祉國家の 變貌. 東信堂.

Day, P. J. (2003). *A New History of Social Welfare*. ALLYN AND BACON.

Marshall, T. H. (1967). *Social Policy*. Hutchinson University Library.

Midgley, J. (1997). *Social Welfare in Global Context*. Sage.

Mullard, M., & Spicker, P. (1998). *Social Policy in a Changing Society*. Routledge.

Organization for Economic Cooperation and Development (OECD). (2016). Total public social expenditure as a percentage of GDP.

Romanyshin, J. M. (1971). *Social Welfare, Charity to Justice*. Random House.

Titmuss, R. M. (1958). *Essays on the Welfare State*. Allen and Unwin.

Willensky, H. L., & Lebeaux, C. N. (1965). *Industrial Society and Social Welfare*. Free Press.

Young, P. (1995). *Mastering Social Welfare*. Macmillan Press Ltd.

조선일보(2011. 3. 10.). [복지 百年大計 오늘 잘못 선택하면 100년을 망친다] 한국인, 핀란드인보다 세금 적지만… 사교육비 · 집값 부담에 쓸 돈 적어. http://news.chosun.com/site/data/html_dir/2011/03/10/2011031000112.html

14 사회계급과 사회계층

INVITATION TO NEW SOCIOLOGY (7TH ED.)

인간이 존재한 이래로 인류의 역사는 차별의 역사, 불평등의 역사였다. 마르크스가 언급했던 원시 공산제 사회를 제외하고 어느 사회를 막론하고 인간사회의 불평등은 끊임없이 존재하여 왔으며, 어느 때나 있어 왔던 보편적인 사회적 현상이다. 이러한 불평등은 사회가 발전하고 분업과 기술의 발전에 의한 것으로 사회경제적 자원의 차이, 즉 재산, 명예, 권력, 위신 등 사회적으로 가치 있는 자원이 희소하거나 불충분하기 때문에 발생한다. 결국 사회경제적 자원의 희소나 불충분이 사회구조적으로 자리 잡아 위계적으로 구조화된 불평등으로 나타난 것이 사회계급, 사회계층이라고 할 수 있다.

사회계급과 사회계층이라는 개념 사이에는 나름대로 뚜렷한 차이를 보인다. 사회계급은 생산수단(토지, 자본, 기계, 금전 등)의 소유 여부, 즉 경제적 속성에 의해 결정되는 것으로 계급 간의 관계가 가진 자(지배집단, bourgeoisie)와 못 가진 자(피지배집단, proletariat)로 뚜렷이 구분된다. 사회계급은 계급 간의 경계가 명료하고 단절적이며 귀속의식이 강한 속성을 보이는 실제적 집단이라고 할 수 있다. 반면, 사회계층은 경제적 속성(부)은 물론, 사회문화적 요인(존경, 명예, 위신 등)이나 정치적 권력까지를 포함하는 다차원적인 것이라 할 수 있다. 이러한 사회계층은 소득계층이나 학력계층과 같이 명목적 집단으로서 인간들의 편의에 의해서 구분된 것으로 집단 간 경계가 모호하고 귀속의식이 약하다. 따라서 사회계층 개념이 사회계급 개념보다 넓은 의미의 개념이라고 할 수 있다. 한편, 공동생산·공동분배라는 기치하에 사회의 완전한 평등을 주창하며 혁명을 통해 세운 공산주의 국가에서도 사회적 불평등은 여전히 존재하고 있다. 무계급사회·평등사회라는 공산주의 사회에서 아직도 계급이 존재하고 있음은 아이러니라고 할 수 있다.

특히 인간불평등의 산물인 계급에 대해 프랑스 사회학자 부르디외는 기존의 학자들의 견해와 달리, 계급이라는 것은 물질적 조건 차이에서 비롯되기도 하지만 물질적 조건 자체가 계급의 본질을 규정하는 것이 아니고, 이와 관련하여 유래되어 생겨나는 계급 간의 사회적·문화적 특성(취향)이 계급의 성격과 계급관계를 결정한다고 보았다. 그는 제2의 천성이라고 할 수 있는 아비투스(habitus)라는 개념을 언급하면서 한 개인의 성장과정을 통해 내면화된 문화적인 성향, 각 계급의 구성원들이 각자의 성장과정에서 자기 계급 특유의 성향을 답습하게 되고, 이 계급적 성향이 각 개인의 계급적 위치를 결정하는 중요한 요인으로 자리 잡는다고 언급하였다.

한편, 최근 한국에서 수구꼴통, 꼴보수, 태극기부대 등과 대척점에 있으며, 비난의 대상이 되고 있는 강남좌파와 관련된 언론내용을 살펴보자. 미국에서는 진보주의자들이 정권을 쥐면서 비싼 승용차를 타자 '리무진 좌파'라고 했다. 민주당에만 표를 주는 뉴욕 5번가 부자는 '피프스 애비뉴 리버럴'이라고 불렀다. 영화계 한량들이 공산권을 흠모하면 '할리우드 좌파'가 됐다. 19세기 러시아 철학자 게르첸은 '샴페인 좌파'를 꾸짖었다. "우리가 따뜻한 응접실에서 샴페인 잔을 부딪치며 사회주의를 떠들 때 창밖에서 가난뱅이는 추위와 배고픔에 죽어간다." 영국 런던 북부 햄스테드 부자들이 노동당에 투표하자 그 행태를 비꼬아 '햄스테드 리버럴' 혹은 '샴페인 좌파'라고 불렀다. 독일에선 사회민주당을 지지하는 부유층이 이탈리아 토스카나 휴양지에서 여름휴가를 보낸다 해서 그들을 '토스카너 프락치온(분파)'이라고 한다.

우리나라에서는 '강남 좌파'가 있다. 입만 열면 인권과 자유를 들먹이고 가진 자와 특권 계급을 비판한다. 때론 북한 독재 정권도 두둔한다. 하지만 정작 본인들은 강남의 고급 아파트나 대형 빌라에 살면서 비싼 와인을 마신다. 어찌 보면 '입만 좌파'다. 프랑스 언론인 조프랭은 『캐비아 좌파의 역사』란 책에서 "'캐비아 좌파'란 배신자를 우아하게 부르는 또 다른 이름"이라고 했다. 부르주아 출신 좌파가 캐비아 맛을 어찌 잊을까. 그러면서도 그들은 입맛이 사상보다 위라는 걸 끝내 인정하지 않는다(조선일보, 2013. 4. 17.).

1 사회불평등

역사를 되돌아보건대, 어느 시대 어느 사회를 막론하고 사회적 불평등은 존재해 왔다. 인간 사회의 불평등은 인류의 역사가 시작되면서부터 존재해 왔다. 이러한 불평등의 역사는 사회마다 다소 차이는 있지만 대체로 노동의 분업과 기술의 발전에 많은 영향을 받아 왔다.

인간 사회의 불평등은 자연불평등과 달리, 사회적으로 가치 있는 자원이 불충분할 때 발생하는 것으로 주로 사유재산과 같은 것에 의해 발생하였다. 즉, 사회불평등은 사유재산의 발생에서 비롯된 것으로, 구조화된 불평등이 존재하는 것은 권력, 명예, 부와 같은 사회적 자원이 불충분하기 때문이다. 여기서 자연불평등은 용모, 체격, 지능, 재능 등과 같은 요인에 의한 선천적 차이를 의미하고, 사회불평등은 사회경제적 자원의 차이인 재산, 명예, 권력, 위신 등 자원의 불충분에 의해서 생겨나는 것으로, 구조화된 불평등으로 인해 사회계층이나 사회계급이 형성된다.

2 사회계층

사람들은 각자가 차지하는 직업적 지위와 역할에 따라서 상이하게 희소한 가치나 자원(권력, 위세, 재산 등)을 분배받아 위계체계를 이루게 된다. 이는 사회적으로 가치 있는 자원이나 지위 획득 기회가 동일하지 않기 때문이며, 이로 인해 사회불평등이 존재한다. 바로 이러한 불평등의 위계현상을 사회계층화현상이라고 한다. 즉, 각자의 지위와 역할에 따라서 상이하게 희소한 가치나 자원을 분배받는 것을 말한다.

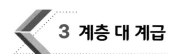

3 계층 대 계급

계층

지층(地層)이라는 말에서 유래된 계층(stratification)은 다차원적인 것으로 사회적 희소가치에 따라 다양하게 서열화되어 있고, 경제적 부를 넘어서 존경이나 명예와 같은 사회문화적 요인, 정치적 권력의 차이까지도 포함한다. 다분히 명목적이고 연속적인 것으로 소득의 차이에 의한 소득계층, 학력의 차이에 의한 학력계층과 같이 편의에 의해서 구분된 것이며, 각 계층이 연결되어 있다. 베버(M. Weber)는 계층이 다차원적인 것으로, 계급에 의해서만 형성되는 것은 아니며 지위나 권력을 통해서도 형성된다고 보았다. 다시 말하면, 사회적으로 희소한 자원을 둘러싸고 다양하게 서열화된 것으로, 유사한 사회경제적 자원을 가진 사람들의 집단 또는 층을 계층이라고 할 수 있으며, 흔히 말하듯 상층, 중층, 하층(상위계층, 중간계층, 하위계층)으로

계급현상	계층현상
집단 간의 관계가 갈등관계 (부르주아지 VS 프롤레타리아)	등급적인 구분을 가리킴 소득-소득계층/학력-학력계층
계급은 실제적 집단이며 단절적 집단	계층은 명목적 집단이며 연속적 집단
명백한 계급적 특성을 갖는 서로 단절된 집단	소득계층은 편의에 의해서 구축된 것으로 각 계층은 연속되어 있는 집단
집단 간 경계가 명료	집단 간 경계가 자의적이며 모호한 편
귀속의식 강함	귀속의식 약함

그림 14-1 계급과 계층

출처: 홍두승(2010).

구분된다. 계층은 집단 간 경계가 자의적이고 모호한 편이며 귀속의식이 약하다. 특히 베버는 계층에 대해서 계급적 지위와 권력이 결합됨을 언급하면서 다양한 사회적 희소가치에 따라 다양하게 서열화되어 있다고 하며, 이를 다음과 같은 것으로 설명하였다.

- ▶ 계급은 경제적 개념으로, 비슷한 수입 정도나 경제력을 가진 사람들로 구성된 범주라고 할 수 있다.
- ▶ 지위는 사회문화적 개념으로, 개인이나 집단에 주어지는 존경이나 사회적 명예나 위세를 말한다.
- ▶ 권력은 정치적 개념으로, 다른 사람들의 저항에도 불구하고 합의의 전제하에 자신의 의지를 관철시키는 능력으로 정의된다.

한편, 계층은 지위불일치와 같은 개념이 존재한다. 이는 개인이나 집단이 여러 계층 차원에서 서로 일치하지 않는 지위등급을 가지는 상황을 의미한다. 사회에는 학력은 높으나 소득이 낮은 사람도 있으며, 학력은 별 볼일 없으나 소득이 높은 사람이 존재한다. 예수는 권위는 있었으나 권력은 없었고, 1980년대 군사독재 시절 대통령을 지낸 전두환은 권위는 없었으나 권력은 있었다. 이러한 예가 지위불일치의 대표적 예이다.

계급

마르크스는 계급(class)을 생산수단의 소유 여부에 따라 발생하는 것으로 보고, 계급이 경제적 속성에 의해 결정되며 위계적으로 서열화되어 있다고 하였다. 그는 생산수단의 소유 여부에 따라 계급을 자본가계급, 노동자계급으로 구분하였다. 그러면서 중간계급으로 관리직, 전문직, 사무직을 포함하는 신중간계급과 자영업자, 수공업자, 서비스업자 등을 포함하는 구중간계급, 즉 생산수단을 소유하였지만 자신의 노동력에 의존하는 계급으로 나뉜다고 언급하였다. 또한 그는 노동자계급은 레

구분	계급명칭		
상류계급	부르주아지(bourgeoisie), 자본가계급, 자본계급		
중간계급	중산계급	구중간계급	쁘띠부르주아지(petite bourgeoisie) 생산수단을 소유했으나 자신의 노동력을 이용하여 생계유지 소부르주아지, 자영업주, 수공업자
		신중간계급	화이트칼라(white collar, 즉 관리직, 전문직, 사무직, 기술직), 신쁘띠부르주아지(new petite bourgeoisie), 신소부르주아지, 비육체노동자, 정신노동자, 봉급생활자
노동계급	프롤레타리아(proletariat)-노동자계급, 근로계급 블루칼라(blue collar)-육체노동자, 임노동자		
하류계급	룸펜 프롤레타리아(lumpen proletariat), 도시하류계급, 주변계급 준빈곤층(차상위계층), 극빈층, 근로빈곤층(working poor), 신빈곤층		

그림 14-2 계급 분류(범주)

닌(Lenin), 그람시(Gramsci)가 언급한 유기적 지식인들의 의식화 작업에 따라 즉자적 계급(의식화되지 않은 계급, Klasse an sich=Class in itself)에서 대자적 계급(의식화된 계급, Klasse für sich=Class for itself)으로 변화한다고 한다.

결론적으로 계급이라는 개념은 역사적으로 실재하는 것이며 구조화된 불평등관계를 의미하는 개념으로 계층의 하위개념이라고 할 수 있다. 계급현상은 집단 간의 관계, 특히 갈등관계에 주목함을 알 수 있으며, 실제적 집단이자 단절적 집단 관계 속에 있다. 따라서 집단 간의 경계가 명료하며, 귀속의식이 강한 면을 보인다.

4 계층체제의 유형

카스트제도

인도의 카스트제도(caste)는 지금까지도 존재하는 것으로 출생과 더불어 계층이 결정되는 절대적으로 폐쇄적인 계층체제이다. 이는 한 개인의 사회적 지위가 출생에서부터 완전히 결정되는 생득적 지위(ascribed status)라 할 수 있다. 쉽게 말해서, 개인의 지위는 부모의 지위에 의해서 결정되는 것으로, 한 번 결정되면 임의로 변경될 수 없다. 그리고 전통과 의식에 의하여 더욱더 강화되는 측면을 가지고 있다.

카스트제도는 일반적으로 다섯 개의 층으로 나뉘는데, 사제(성직자)계층인 브라만, 무사(군인, 귀족)계층인 크샤트리아, 상인이나 평민계층인 바이샤, 천민(노예)계층인 수드라, 최하층인 불가촉천민[1] 등으로 나뉜다. 이렇게 나뉜 계층도 한 계층 내

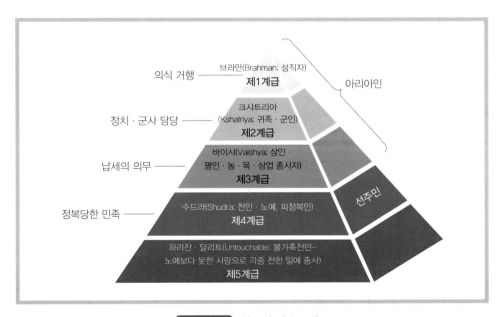

그림 14-3 인도의 카스트제도

에서 수많은 자티(Jatis), 즉 서브카스트(subcaste)로 나뉜다. 또한 남아프리카공화국에서도 지금은 거의 그렇지 않지만, 종전까지 백인, 혼합인종, 아시아인, 흑인 등의 순으로 계층이 위계적으로 서열화되어 있었다.

신분제도

과거 우리나라의 조선시대[2] 사회처럼 중세 유럽 봉건주의 사회도 전형적인 신분사회로서 왕, 성직자, 영주(귀족), 기사, 농노계급으로 구성된 위계적 사회였다. 이렇듯 중세사회는 철저히 상대적으로 폐쇄된 계층체제 사회였다. 신분은 출생에 의

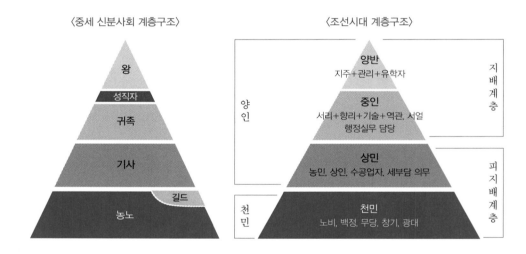

⟨중세 신분사회 계층구조⟩
- 왕
- 성직자
- 귀족
- 기사
- 길드
- 농노

⟨조선시대 계층구조⟩
- 양반: 지주＋관리＋유학자 — 지배계층
- 중인: 서리＋향리＋기술＋역관, 서얼 행정실무 담당 — 지배계층
- 상민: 농민, 상인, 수공업자, 세부담 의무 — 피지배계층
- 천민: 노비, 백정, 무당, 창기, 광대 — 피지배계층
- 양인, 천민

---

1) 카스트제도는 인도사회의 체제 안정성을 높였지만 애국심이나 애향심을 가로막고 사회를 정체시키는 부정적 결과를 가져다주었다. 1947년 영국에서 독립한 뒤, 1949년에 공포된 인도 헌법에서는 신분차별을 폐지시켰지만, 인도의 부끄러움이라고 할 수 있는 불가촉천민(untouchable)인 하리잔(신의 자식, Harijan)과 달리트(Dalit)는 여전히 존재하고 있다. 2001년 현재 인도 전체 인구의 16.2%에 해당하는 1억 6,600만 명이 불가촉천민으로 분류되고 있다. 이들은 사람이나 동물의 시신을 다루는 일, 가죽을 다루는 일, 도축, 청소, 세탁 등과 같은 험하고 더러운 일을 주로 하면서 생계를 유지하며, 학교, 사원, 식당과 같은 곳에는 출입할 수 없다.

2) 조선시대의 신분제도는 왕, 양반, 중인, 상민, 천민(노비)로 나뉜다. 특히 천민에는 노비를 비롯하여 광대, 기생, 백정, 악공, 무당, 가파치 등이 있다. 조선 후기로 갈수록 반상의 구별도 강화되어 폐쇄적 신분사회가 유지되었다. 1895년 갑오개혁으로 신분제도가 사라졌지만 여전히 신분의 잔상이 남아 있었다.

하여 결정되었으며, 다른 신분집단 간의 이동은 거의 허용되지 않았으나, 완전히 폐쇄된 형태는 아니었다. 중세 봉건제 사회에서 하층민이나 다름없던 길드(상공인 조합)계급이 나중에 부르주아지 계급으로 신분이 격상됨에서 알 수 있듯이, 완전히 폐쇄된 계층체제는 아니었다. 또한 사회적 지위는 출생, 토지관계, 군사력에 의해서도 결정되었다. 이러한 신분제도는 라틴아메리카의 라티푼디아제도(농장 소유자와 농민관계)에서도 살펴볼 수 있다.

계급제도

산업혁명 이후 자본주의 제도가 정착된 현대사회는 개방형 계층체제 사회이다. 현대사회에서는 개인의 능력이나 업적에 따라 지위가 결정되며, 카스트제도나 신분체제와 달리 계층 간의 경계선이 모호하다. 또한 계층 간의 이동을 막는 공식적인 제한이 없다. 개인의 노력에 따라 지위가 결정되는 것(성취적 지위 혹은 업적적 지위, achieved status)으로, 부모가 가지고 있는 지위와는 다른 계급의 성원이 될 수 있다. 따라서 개인의 사회적 지위는 경제적 상황에 따라 나뉜다. 현대산업사회는 크게 소수의 상층계급, 큰 규모의 중간계급, 노동자계급으로 나뉜다.

5　계층구조의 유형

사회를 구성하는 인간들에게 가치 있는 자원, 즉 사회경제적 자원의 불충분에 의해 불평등의 위계로 나타난 계층은 인간들의 각 계층에 속한 비율에 따라 다양한 모습을 보인다. 그 계층구조의 유형을 살펴보면, 이상형의 계층구조로 수직형·수평형 계층구조가 있는가 하면, 전근대사회 및 현대사회에서 보여 주고 있는 보편화된 계층구조로 폐쇄형·개방형·피라미드형·다이아몬드 계층구조가 있다. 또한 새로운 계층구조로 타원형·표주박형 계층구조가 있다.

이상형의 계층구조

▶ 수직형 계층구조: 수직형 계층구조는 완전한 불평등을 보이는 유형이다. 모든 사회구성원이 수직선상에 상하로 배열되는 형으로 사회구성원 모두 각각 서로 다른 계층에 속한다. 이 유형은 실제로 존재할 수 없는 극단적 형태의 계층구조라고 할 수 있다.

▶ 수평형 계층구조: 수평형 계층구조는 완전한 평등을 보이는 유형이다. 모든 사회구성원이 일직선상에 수평으로 배열되는 형으로 사회구성원 모두 같은 계층에 속한다. 이 유형도 실제로 존재할 수 없는 극단적 형태의 계층구조라고 할 수 있다.

전근대 · 현대사회의 계층구조

▶ 폐쇄형 계층구조: 폐쇄형 계층구조는 사회구성원 중 각각 개인의 위치(지위)가 세습 또는 귀속적으로 결정되기 때문에, 다른 계층으로 상승 또는 하강할 수 있는 기회가 극히 제한되어 있다. 이 유형은 고대 노예제 사회나 중세 봉건제 사회, 인도의 카스트제도 등에서 볼 수 있다. 즉, 부모의 지위가 자녀의 지위로 끊임없이 이어지고, 사회구성

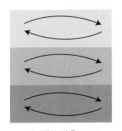

폐쇄형 계층구조

원 간의 혼인도 대부분 같은 계층구조 내에서 이루어지는 특징을 보인다.

▶ 개방형 계층구조: 개방형 계층구조는 사회구성원 누구나 노력 여하에 따라 다른 계층으로의 상승 혹은 하강 기회가 언제든지 열려 있는 계층 유형이라고 할 수 있다. 이 유형은 전근대사회에서는 잘 볼 수 없는 것으로, 부모로부터 계급이 세습되는 귀속적 지위보다는 근대사회나 현대사회에서 사회구성원 각자의 노력 여하에 따라 지위(위치)가

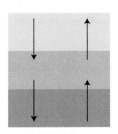

개방형 계층구조

결정되는, 즉 성취적 지위가 지배적인 사회에서 볼 수 있는 계층구조이다.

▶ 피라미드형 계층구조(전근대적 계층구조): 피라미드형 계층구조는 사회구성원 간

의 서열(계층)이 불평등하게 존재하는 유형이다. 이 계층구조는 하위계층 구성원의 비율이 상류계층에 비해 훨씬 높게 나타난다. 따라서 소수의 상층이 다수의 하층을 지배하고 통제하는 유형이라고 할 수 있다. 이는 과거 중세 봉건제 사회나 우리나라 조선시대, 후진국과 같은 저개발국에서 주로 나타나는 계층구조이다.

피라미드형 계층구조

▶ 다이아몬드형 계층구조(개방사회, 고도산업사회): 다이아몬드형 계층구조는 사회구성원 간의 서열(계층)이 부분적으로 평등함을 보여 주는 유형이다. 이 유형은 상층과 하층에 비해 중간층의 양적 비율이 월등히 높은 계층구조라고 할 수 있다. 즉, 중층의 사회구성원 비율이 상층과 하층의 합보다 높다. 이는 산업화 이후

다이아몬드형 계층구조

사회 또는 현대사회로 접어들면서 전문직, 사무직, 관료 등과 같은 직종이 늘어나면서 중간계층의 구성원 비율이 급격히 증가하였기 때문이다. 이 사회에서는 두터운 중층이 상층과 하층 사이의 완충 역할을 하기 때문에, 전체적으로 안정된 사회 모습을 보인다. 특히 사회복지정책이 잘된 현대산업사회에서 흔히 나타나는 계층구조이다.

새로운 계층구조

타원형 계층구조

▶ 타원형 계층구조: 타원형 계층구조는 가장 안정된 모습의 사회유형으로, 다이아몬드형 계층구조에서 중상층과 중하층의 인구비율이 증가한 형태를 보이는 유형이다. 따라서 중간계층이 비율이 가장 높음을 보이는 유형으로 가장 사회적 안정성이 높다고 할 수 있다.

표주박형 계층구조

▶ 표주박형 계층구조: 표주박형 계층구조는 모래시계형(또는 극단적인 모습의 장구형)이라고도 하는 계층유형이다. 이

유형은 다른 계층구조에 비해 중간계층 비율이 상대적으로 낮은 형태로, 사회 양극화의 심화로 사회적 불안정이 매우 심각한 모습을 보이는 계층구조 형태라고 할 수 있다.

6 사회계층(계급)이론

데이비스와 무어의 기능주의적 관점

데이비스와 무어(Davis & Moore, 1945)의 이론은 매우 보수적인 이데올로기로서 사회계층은 사회의 유지·존속에 필요하다고 보는 관점이다. 불평등은 피할 수 없는 사회현상으로 중요한 자리에 자격 있는 사람이 충원되어야 한다는 입장이다. 중요한 자리가 수반하는 역할이란 상당한 긴장, 희생, 책임을 요구하기 때문에 극소수의 개인에게 적절한 응분의 보상을 제공하여 그러한 역할을 수행하도록 동기를 유발한다. 따라서 이 관점은 보수주의적 불평등관으로 사회체계 유지를 위해 구조화된 불평등현상을 어쩔 수 없는 것으로 본다. 이 관점에서 사회계층은 사회분화와 거기에 따르는 인간의 차별적 평가와의 상호작용에서 자연적으로 발생하는 것으로 본다. 예를 들면, 사회에는 궂은 일을 하는 사람, 높은 지위의 사람이 필연적으로 존재할 수밖에 없다고 본다.

그러나 이들의 이론은 사회적으로 기능별로 우열을 가리기 곤란할 뿐만 아니라, 능력 있는 사람이 희소하다는 전제가 잘못되었다는 점에서 비판을 받고 있다. 현실 사회에서 능력과 자질을 갖춘 사람이 중요한 위치를 차지하고 있는가에 대해서도, 사회적으로 중요한 역할을 하는 사람이 합리적인 대우를 받는가에 대해서도 비판을 받고 있다. 사회의 유지 및 존속을 위하여 불평등이 불가피하다고 하는데, 이것은 한편으로 사람들 간에 갈등을 유발시킴은 물론, 사회성원들의 창의력과 소속감을 약화시킨다는 점에서 역기능적이라고 할 수 있다.

튜민의 갈등론적 관점

튜민(M. Tumin)은 사유재산제가 생기면서 생산수단(토지, 자본)의 불평등한 배분에 의해 계급이 발생한다고 보았다(Tumin, 1953). 즉, 생산수단의 소유 여부에 따라 권력과 특권이 집중된다고 보았다. 마르크스는 사유재산과 생산수단의 사적 소유를 폐기하면 계급 없는 사회, 즉 인간 사회의 평등이 실현된다고 보았다. 이 관점은 사회계층 생성의 기원을 사유재산제도의 성립에서 찾고 있으며, 그것은 지배계급의 강압에 의하여 유지되어 온 현상으로 타파되어야 할 것으로 본다.

풀란차스의 중간계급이론

마르크스 사후, 한 세기가 지나는 동안 급변하는 세계는 그의 예측이 맞지 않는 것이 많았다. 특히 사무직, 기술직 노동자들의 급격한 증가는 이들의 존재가 자본주의 사회의 본질적인 현상으로 자리 잡게 되었음에서도 알 수 있다. 여기서 파생된 마르크스주의 정치이론가인 풀란차스(N. Poulantzas)의 중간계급이론은 이들을 중간계급이라고 지칭하면서, 이 중간계급을 다시 신중간계급(감독자, 정신노동자 등)과 구중간계급(자영업자 등)으로 나눈다(Poulantzas, 1973). 이들은 개혁주의, 개인주의 등의 비슷한 이데올로기 성향을 보이며 대체적으로 노동자에 대해 거부적인 태도를 보인다고 한다. 한편, 풀란차스의 궁극적 관심은 계급투쟁과 사회주의 변혁의 가능성을 분석하는 데 있었다. 그는 생산수단을 소유하지 못한 임노동자, 즉 노동자계급이라고 하더라도 중간계급과 계급연맹을 맺는 데는 한계가 있음을 지적하였다.

라이트의 신마르크스이론

풀란차스와 마찬가지로 중간계급의 문제에 역점을 둔 라이트(E. O. Wright)는 현대 자본주의 사회의 계급구조 내에는, 관리자의 위치 내에서도 자본가적 위치와 노동자적 위치와 같이 모순적인 계급 위치가 공존하고 있음을 언급하였다(Wright, 1978). 라이트는 이들을 억지로 특정한 계급에 속하는 것으로 단정지을 것이 아니라, 그들의 특성을 있는 그대로 파악하고 모순적 위치라고 부르는 것이 마땅함을 주장하였다. 그는 여기서 말하는 모순적 위치라는 것이 선진 자본주의 사회에서 자본의 기능이 분화되고 생산과정 속의 위계질서가 변화되기 때문에 발생한다고 하였다. 특히 그는 착취관계에 의한 계급을 구분하였는바, 실질적으로 경제적 소유권을 가진 계급(최고경영자층)과 생산의 물리적 기구에 대한 지배력(현장 감독과 같은 관리층), 노동력에 대한 지배력(생산현장의 조장이나 반장 등)으로 구분하고 있다.

파킨의 신베버주의이론

파킨(F. Parkin)은 마르크스보다는 베버에 훨씬 더 가까운 이론적 입장을 제시하였다. 베버가 그랬듯이 파킨도 생산수단에 대한 소유가 계급구조의 기초가 된다는 점에서 동의하였다. 하지만 파킨은 소유란 특정한 소수에 의해 독점되고 권력의 기반으로 사용될 수 있는 사회적 닫힘들 가운데 하나에 불과하다고 주장하였다. 따라서 현대사회의 구조적 불평등을 정확히 이해하기 위해서는 계급뿐만 아니라 인종, 언어, 성, 종교 간에 존재하는 불평등을 함께 고려해야 함을 주장하였다.

부르디외의 계급이론(문화자본론)[3]

부르디외(P. Bourdieu)는 계급이라는 것은 물질적 조건 차이에서 비롯되기도 하지만 물질적 조건 자체가 계급의 본질을 규정하는 것이 아니고, 이와 관련하여 유래되어 생겨나는 계급 간의 사회적·문화적 특성(취향)이 계급의 성격과 계급관계를 결정한다고 보았다(Bourdieu, 1988). 그는 '제2의 천성'이라고 할 수 있는 아비투스(habitus)라는 개념을 언급하면서 한 개인의 성장과정을 통해 내면화된 문화적인 성향, 각 계급의 구성원들이 각자의 성장과정에서 자기 계급 특유의 성향을 답습하게 되고, 이 계급적 성향이 각 개인의 계급적 위치를 결정하는 중요한 요인으로 자

---

3) 부르디외는 기존 경제이론의 획일적인 자본개념을 비판하면서, 계급재생산의 진정한 메커니즘을 세 가지 형태의 자본, 즉 계급구조의 기본이 되는 경제자본과 이를 바탕으로 생성되고 또 일정한 조건하에서 경제자본으로 전환될 수 있는 비경제적 자본 중 하나인 문화자본, 그리고 사회자본이 있다고 주장하였다.

리 잡는다고 주장하였다. 즉, 상류층 가정의 자녀들이 하류층 가정의 자녀들에 비해 어려서부터 문화적 노출도가 높아 계급 간의 구분과 경계선을 유지하게 되고, 이를 재생산하게 된다는 것이다. 따라서 부르디외는 인간의 행동은 엄격한 합리성이나 계산이 아닌 기억·습관·전통의 영향을 받아 문화적 생활양식이 형성되어 이것이 계급관계를 결정한다고 보았다.

그의 계급이론은 계급관계를 착취나 억압의 관계로 이해하기보다 사회문화적 측면에서 파악하였으며, 그동안 고전이론들이 비교적 소홀히 하였던 상징적 차원에서의 계급투쟁을 강조하였다. 그러나 부르디외는 각자가 처한 사회환경에 따라 초기 어린 시절에 상이하게 형성된 아비투스가 성장하면서 지속적인 경험에 의해서 변형되고 있음은 물론, 주변환경에 의해서도 영향받고 있다는 점에 대해서 이렇다 할 언급을 하지 않았다. 또한 행위자의 능동적 역할이나 과정을 거의 고려하지 않고 있다는 점에서, 그리고 균형과 안정을 강조하고 있는 기능주의적 입장과 맥락을 같이하고 있다는 점에서 비판받고 있다.

7 계층연구 접근방법

객관적 방법

사회구성원들의 객관적인 속성에 근거하여 개인 또는 집단의 계급이나 계층의 위치를 규정하는 방법이다. 장점은 전국 규모의 조사, 대규모의 조사연구에 유용한 것으로 재산세 등 객관적 자료를 가지고 활용하는 것 등을 예로 들 수 있다. 단점은 심층적인 연구에는 부적절하다는 것이다.

주관적 방법

사람들이 자신의 계급 또는 계층적 위치를 어떻게 인식하고 있는가를 알아보는 방법으로, 설문조사를 통해 '나는 중산층인가?'에 대해 물어보는 것 등을 예로 들 수 있다. 참고로 1990년대에 이러한 주관적 방법으로 조사한 바에 의하면, 그 당시 한국인의 약 70%가 중산층이라고 언급하였다. 대다수 학자들의 주장에 따르면, 중산층 기준으로 중형차 이상을 소유하고 있고, 최소한 한 가지 이상의 악기를 다룰 줄 알며, 남을 배려할 줄 알고, 일정 정도의 기부를 하며, 일정 규모 이상의 주택(약 30평형 이상)에 거주해야 하는 등의 선결요건을 제시하고 있다.

주관적 방법의 단점은 자신의 현 위치가 아닌 희망하는 위치를 나타낼 수 있다는 점이다. 장점은 사람들의 주관적 생각을 얻을 수 있어서 정치적 예측 등에 유용하게 활용될 수 있다는 점이다.

평가적 방법

평가적 방법은 사람들이 다른 사람들의 계급 또는 계층적 위치를 평가하는 방법으로 계급을 동류의식과 사회적 상호작용으로 특징지어지는 하나의 사회집단으로 본다.

평가적 방법의 장점은 사회적 상호작용과 구성원의 자격 유형을 예측할 때 유용하다는 것이다. 그러나 소규모 공동체와 같은 작은 범위의 집단에서만 가능하다는 단점에 의해 이차적 집단관계에서는 예측이 불가능하다.

8 중산층의 정의와 쪼그라드는 한국의 중산층

중산층(middle class)은 일정 수준 이상의 생활기회를 누리고 생활양식을 공유하는 계층집단으로 소득수준이 최저생계비의 2~2.5배 이상인 계층을 의미한다. 경제학자들 역시 소득을 중심으로 계층을 분류하는데, 중위소득(도시근로자 평균임금소득)의 약 50~150%를 중산층, 50% 미만을 빈곤층, 150% 이상을 상류층으로 나누거

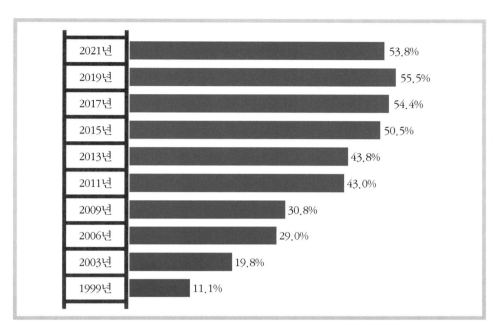

2021년	53.8%
2019년	55.5%
2017년	54.4%
2015년	50.5%
2013년	43.8%
2011년	43.0%
2009년	30.8%
2006년	29.0%
2003년	19.8%
1999년	11.1%

그림 14-4　지워진 계층 이동 사다리('자녀 세대 계층 상승 어렵다'의 응답 비율)

출처: 통계청(2022).

나, 상위층 30%, 중위층(중산층) 40%, 하위층 30%로 나눈다.

　한편, 사회학자들은 소득에 국한하지 않고 소득 외에 직업, 교육수준, 재산, 주택, 귀속의식까지 고려하여 중산층을 판별하고 있다. 모호하기는 하지만 이를 좀 더 구체적으로 보면, 계급적 지위에서는 최소한 신중간계급(사무직, 관리직, 기술직, 즉 화이트칼라 계급), 구중간계급(자영업, 수공업자 등)에 속하고 소득 및 자산은 중간 정도 이상이고, 교육수준은 대학교육을 받은 정도이며, 주택기준으로는 20평 이상의 자기 소유이거나 30평형 이상의 전월세에 거주하는 사람들이라고 한다.

　미국의 한 언론은 중산층을 소득이 먹고 살기에 충분한 계층으로, 퇴근길에 피자한 판을 사거나 영화를 보거나 국제전화를 걸기 위해 돈을 쓸 때 아무 생각 없이 소비할 수 있는 사람이라고 정의하였다. 프랑스에서는 외국어를 한 가지 이상 할 줄 알고, 직접 즐기는 스포츠와 악기가 있으며, 자신만의 요리가 있는 사람을 지칭한

표 14-1 각국의 중산층 정의

대한민국 직장인 설문	프랑스 퐁피두 대통령이 제시한 삶의 질(Qualite de Vie)
▷ 부채 없는 30평형 아파트 소유 ▷ 월급 500만 원 이상 ▷ 배기량 2,000cc급 중형차 소유 ▷ 예금 잔액 1억 원 이상 ▷ 해외여행 매년 1회 이상	▷ 외국어 하나 정도 구사 ▷ 직접 즐기는 스포츠와 다룰 줄 아는 악기가 있음 ▷ 남다른 요리를 할 수 있어야 함 ▷ 약자를 도우며 꾸준히 봉사활동을 함 ▷ 남의 아이를 내 아이처럼 꾸짖을 수 있을 것
미국 공립학교에서 가르치는 중산층 수준	영국 옥스포드 대학교 정의
▷ 자신의 주장이 떳떳할 것 ▷ 페어 플레이 할 것 ▷ 사회적·경제적 약자를 도울 수 있을 것 ▷ 불의에 저항할 것 ▷ 부정에 공분을 할 수 있어야 함 ▷ 테이블에 비평지와 같은 정기구독지가 놓여 있을 것	▷ 페어 플레이 할 것 ▷ 자신의 주장과 신념을 가질 것 ▷ 독선적으로 행동하지 말 것 ▷ 약자를 돕고 강자에 대응할 것 ▷ 불의, 불평, 불법에 의연히 대처할 것

다. 국제경제협력기구(OECD) 기준에 따르면 중위 소득의 70~150%에 해당하는 계층이 중산층이라고 한다. 외형적으로는 월 500만 원 이상 소득이 있으며, 빚지지 않고 30평형대 자기 소유의 아파트와 배기량 2,000cc급 중형차를 소유한 도시근로자로 대변된다.

중산층과 관련하여 가족 일상사에 대한 우리나라의 조사를 살펴보면, 가족과 정기적으로 함께 식사한다는 비율이 중산층 76.5%, 비중산층 60.5%(시정개발연구원, 2002)로 중산층이 약 16% 정도 더 높은 것으로 나타났다. 친척이나 친구들과 가족모임을 자주 갖는다고 응답한 비율도 중산층 67.6%, 비중산층 49.9%로 역시 중산층이 약 18% 정도 더 높은 것으로 나타났다.

2009년 한국개발연구원(KDI)는 전국 1인 이상 가구의 소득을 분석한 결과, 중위

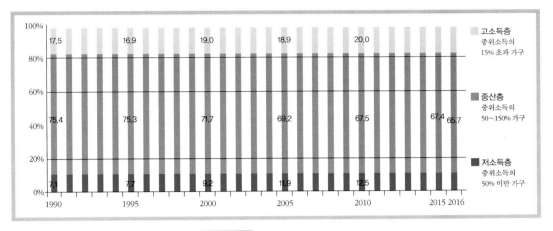

출처: 통계청(각 연도).

주: • '상대적 빈곤율'은 중위소득의 50%에 미달하는 가구의 비중가처분소득 기준
   • 소득분배 연구에서 국제적으로 널리 활용되는 OECD의 정의를 활용함
   • 2015년과 2016년은 중산층 비중 수치만 파악됨

소득의 50~150%에 해당하는 중산층 가구의 비중이 IMF 관리체제로 들어가기 한 해 전인 1996년의 68.5%에서 2008년의 56.7%로 감소했다고 밝혔다.[4] 이렇게 한 사회의 허리요 중추인 중산층이 큰 폭으로 감소한(squeezed middle class) 가장 큰 이유는 1997년의 IMF 외환위기 이후 중산층의 전반적인 소득감소 및 산업구조상의 문제(왜곡), 부동산 가치하락, 물가상승 등이 그 요인으로 지적되고 있다.

좀 더 구체적으로 살펴보면, 첫째, 금융의 세계화 및 글로벌 금융위기의 영향으로 국내 경기의 침체 결과, 임시직, 저임금 노동자와 일용직, 계약직 등 비정규직의 급증, 영세자영업자 등 취약계층의 일자리와 소득이 줄어들고 있기 때문으로 풀이된다. 둘째, 중산층에 머물러 있던 사람들(2012년 전체 취업자의 30% 차지)이 직장을 잃

---

4) OECD 자료(2012~2016년 각국 자료)에 의하면, 우리나라 중산층 비율이 OECD 평균 61%와 거의 유사한 61.1%라고 발표했다. 참고로 각국의 중산층 비율은 미국 51.2%, 캐나다 58.4%, 스웨덴 65.2%, 독일 63.9%, 이스라엘 71.9%, 멕시코 44.9%이다(매일경제, 2019. 4. 11.).

거나 직업을 구하지 못해, 생계의 일환으로 시작하는 자영업이 증가하고, 그들이 종사해 온 자영업이 기대한 만큼 사업의 부진이나 실패로 빈곤층으로 전락하는 중산층이 많기 때문으로 풀이된다. 셋째, 과도한 사교육비 부담 및 교육비 부담이 중산층 가정에 직접적 타격을 가져왔다. 이로 인해 소비능력의 감소를 가져와 점점 가정경제가 위축됨에 기인한다. 넷째, 과학기술 발전으로 생산 부문의 자동화가 보편화됨으로써, 중간 정도의 임금을 받는 일자리의 감소는 물론, 그에 따라 저임금 일자리가 상대적으로 증가하고 있기 때문으로 해석된다. 다섯째, 재산증식의 수단으로 은행에서 돈을 빌려 부동산에 투자하였으나 부동산 가격의 하락으로 자산가치가 하락하거나, 대출이자 부담, 증가하는 부채 등으로 가정형편이 더욱더 위축되었기 때문이거나, 하우스푸어(유주택 빈민)로 전락하였기 때문이라는 분석도 있다. 여섯째, 많은 기업이 인건비 절감을 위해 중국이나 동남아 지역 등으로 생산기지를 이전시킴에 따라 일자리 감소 및 고용유연성이 떨어져 청년층의 중산층으로의 진입기회 상실 등의 원인이 된다는 지적도 있다. 이러한 여러 가지 요인이 중산층의 감소

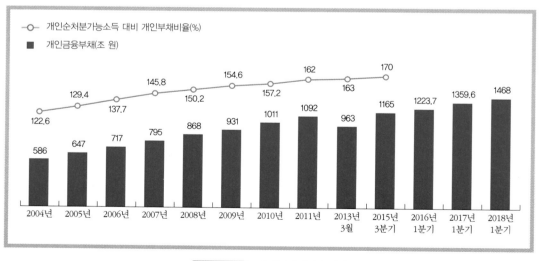

그림 14-6 가계부채 급증 전망

출처: 한국은행 홈페이지.

주: 개인순처분가능소득 대비 개인부채비율은 2015년 3분기까지만 파악됨.

를 부채질했다고 할 수 있다. 비록 감소하기는 하였으나, 중산층은 경제활동의 주된 주체이며, 복지재정의 근원이 되고 사회구성원들에게 안정감을 제공함으로써 사회적 안정의 토대가 된다.

　현재 한국 사회는 사회적 안정의 큰 기반이 되는 중산층을 두텁게 하기 위해(두터운 다이아몬드형), 사회양극화의 해결을 위해 중산층을 살려야만 하는 상황에 처해 있다. 견실한 중산층들이 많을수록 사회적 갈등과 불안의 소지가 줄어들게 하여 사회적 안정의 토대를 이룰 뿐만 아니라, 중산층의 안정된 생활은 소비를 촉진시켜서 국가의 경제가 원활하게 작동하게 될 것이기 때문이다. 따라서 중산층의 실직이나 소득 감소, 자산 가치의 하락을 막기 위해 경기부양을 통한 경제성장유지, 고용창출, 물가안정, 집값안정 및 사회복지제도와 같은 사회안전망의 확충 등이 요망된다.

9　양극화와 빈곤층

양극화

　양극화(polarization)는 중산층의 감소에 따라 소득 상위계층과 하위계층이 분포의 양극단으로 이동하는 현상을 말한다. 이러한 양극화 원인으로는, 첫째, 세계화현상을 들 수 있는데, 제조업보다는 금융서비스 산업의 발달로 고용 없는 성장으로 일자리 창출이 안 됨으로써 양극화가 발생한다. 둘째, 중소기업들은 성장기반이 취약하여 대기업에 비해서 신용도가 낮아 은행 대출이 불리하고, 그로 인한 투자의 한계가 생기고, 연구개발에 대한 투자가 거의 이루어지지 못함으로써 더욱 대기업에 뒤처지기 때문에 양극화가 발생한다. 셋째, 시장경제 내에서 조세 및 세출을 통해 소득재분배가 효과적으로 이루어지지 않기 때문에, 즉 구조적 취약성을 가지고 있기 때문에 양극화가 발생한다. 그 결과, 비정규직 노동자의 증가, 영세자영업자의 증가는 물론, 중산층의 하락, 신빈곤층의 양산을 초래하는바, 사회가 발전하는 데 있어 결코 바람직한 현상이 아니라고 할 수 있다. 일부 학자는 양극화가 민주주의를 지연시킨다고 주장하기도 한다.

차상위계층

차상위계층(준빈곤층 혹은 잠재적 빈곤층)은 국민기초생활수급자(공공부조 대상자, 즉 극빈층)가 아닌 가구로서, 가구소득이 최저생계비를 겨우 넘어선 계층이다. 즉, 가구소득인정액이 최저생계비의 100~120% 이하인 가구를 말한다. [그림 14-7]에

유형＼가구 규모	1인	2인	3인	4인	5인	6인
2020년 최저생계비	1,054,316	1,795,188	2,322,346	2,849,504	3,376,663	3,903,821
2020년 차상위	1,265,179	2,154,226	2,786,815	3,419,405	4,051,996	4,684,585
2018년 최저생계비	1,003,263	1,708,259	2,209,890	2,711,522	3,213,153	3,714,785
2018년 차상위계층 소득액	1,203,916	2,049,911	2,651,868	3,253,827	3,855,784	4,457,742
2015년 최저생계비	617,281	1,051,048	1,359,688	1,668,329	1,976,970	2,285,610
2015년 차상위계층 소득액	740,737	1,261,258	1,631,626	2,001,995	2,372,364	2,742,732
2010년 최저생계비	504,344	858,747	1,110,919	1,363,091	1,615,263	1,867,435
2010년 차상위계층 소득액	605,213	1,030,496	1,333,003	1,635,709	1,938,318	2,240,922

(원/월)

그림 14-7 국민기초생활수급자 수급액(최저생계비) VS 차상위계층 소득액

출처: 보건복지부 홈페이지.

서 보듯이, 2020년 국민기초생활수급자(극빈층) 4인 가족이 정부로부터 받는 급여가 2,849,504원이었는데, 차상위계층은 가구소득이 2,849,504원에서 3,419,405원 사이의 범위 내에 있는 사람들이라고 할 수 있다. 문제는 이들이 경기침체에 따라 소득이 줄면서 극빈층으로 전락할 가능성이 상당히 높으며, 사회안전망으로부터 완전히 배제되어 있는 사람들이라 할 수 있기 때문에 이들을 보호하기 위한 대책이 시급히 요구된다는 것이다.

근로빈곤층[5]

근로빈곤층(working poor)은 다양하게 언급되는 바, 근로능력을 가진 빈곤층, 정규직 임금근로자이면서 소득이 너무 낮아 가족을 빈곤으로부터 탈피시킬 수 없는 모든 근로자, 현재 취업상태에 있음에도 불구하고 빈곤한 근로자 등으로 규정된다. 쉽게 말해서, 정규직 또는 비정규직에 상관없이 풀타임(전일제근무)으로 일을 해도 빈곤에서 벗어날 수 없는 개인이나 가족을 의미한다. 생활고로 인해 이혼한 모자가정, 고된 일로 건강을 잃은 가장, 명예퇴직 후 자영업에 손을 대었다가 파산하고 임시직으로 추락한 사람, 알바(아르바이트), 일용직을 전전하는 청년들이 그러한 사람들이다.

신빈곤층과 한계빈곤층

신빈곤층은 가족구성원 중 한 사람이 건강상의 문제나 경제적인 문제가 발생하면 곧 빈민층으로 떨어져 헤어 나오기 힘든 사람들을 의미한다. 이들은 결국 자존감 상실, 자괴감 등으로 사회성까지도 잃기 쉬운 사람들이라고 할 수 있다. 한편, 한계빈곤층은 공공부조 대상자, 즉 극빈층이 수급하는 급여액 기준에서 100~140% 범위 내에 있는 사람들을 일컫는다.

---

5) 근로빈곤층이란 2인 이상 가구 중 도시에 살면서, 현재 일하고 있거나 일할 능력을 갖췄지만 월수입은 중위소득(우리나라 전체 가구소득의 중간값)의 50%(월 118만 원) 이하인 소득층을 말한다.

 **10 사회이동**

　사회이동은 개인 또는 집단이 하나의 계층적 위치에서 다른 계층적 위치로 이동하는 것을 말한다. 이는 계급구조 내에서 개인이나 집단의 이동을 의미하며, 계급구조의 개방성을 강조한다. 전근대사회와 달리 현대 자본주의는 사회이동에 있어서 신분적 제한 지양, 공정한 기회 제공을 토대로 하고 있다. 이는 농업중심경제에서 서비스산업으로 전환함으로써 일어난 직업구조의 반영이라고 할 수 있다. 예를 들면, 1차 산업인구(농업 분야)가 2, 3차 산업인구로 전환되는 것과 같은 것을 의미한다. 사회이동의 유형으로는 다음과 같은 것이 있다.

▶ 수직이동: 사회적 위치가 상승 혹은 하강하는 것으로, 파레토(Pareto)의 엘리트 순환론이 그러하다.

▶ 수평이동: 동일한 계층 내에서 위치가 변화하는 현상을 의미하는 것으로, 직업 간 이동, 즉 동일 직업 간 숙련공이 다른 곳으로 이직하는 현상을 예로 들 수 있다.

▶ 세대 간 이동(intergeneration mobility): 두 세대(generation) 이상에 걸쳐서 이루어 지는 계급, 계층의 상승이동을 의미한다. 즉, 부모와 자녀 간의 세대를 걸쳐 발생하는 계층적 위치변화(신분변화나 직업상의 변화 등)를 말한다. 따라서 세대 간의 이동에서는 기본적으로 부모의 직업적 지위와 자녀의 직업적 지위가 달라지게 되는 것을 의미하는바, 자식이 사법고시에 합격하여 농사에 종사하던 아버지의 신분과는 완전히 다른 신분으로 변화되는 것을 예로 들 수 있다. 부친의 직업은 교사이고, 자식의 직업은 교수인 경우도 또 다른 예이다.

▶ 세대 내 이동(intrageneration mobility): 한 개인이 일생 동안 자신의 사회적 위치(예: 직업적 위치)가 변화함을 의미한다. 즉, 한 개인이 일생 중 여러 시점 사이에서 경험한 직업적 지위의 상승이동을 의미한다. 예컨대, 평사원에서 대리로, 대리에서 과장으로, 과장에서 부장으로, 부장에서 임원으로 직위가 변화되는 것을 말한다.

부록 I

중남미(Latin America) 사회의 계층과 계급, 아프리카 소국 모리셔스의 계층구조

　현재 중남미 사회는 인종을 토대로 한 다양하고도 특이한 계층구조를 보이고 있다. 이는 과거 16세기 스페인(에스파냐)과 포르투갈의 식민지배의 영향에 기인하는 것으로, 식민모국의 억압적인 정치구조와 수탈정책으로 백인, 메스티조(혹은 뮬라토)가 상류층으로 군림하면서 부와 권력을 거머쥔 결과로 형성된 것이라고 할 수 있다. 또한 차별과 편견, 배제의 결과라 할 수 있다.

　그러나 브라질 사회학의 아버지라고 불리는 길버트 프레이리(Gilbert Freyre)는 『대저택과 노예숙사(Casa Grande & Senzala)』에서 브라질 사회 내부가 인종민주주의 사회로 지향해 나가야 한다고 언급하면서, 지금과 같은 인종에 따른 불평등과 편견으로 특이한 계층구조를 보이고 있음에 대해 인종민주주의의 대중화를 위한 일환으로 백인우월주의를 벗어난 인종다양성, 인종혼합성을 포용하는 개선책을 제시하기도 하였으나, 브라질 사회는 여전히 다음과 같은 계층구조를 보이고 있는 실정이다. (브라질 인종구성: 백인 54%, 혼혈 39%, 흑인 6%)

	• 백인(스페인 · 포르투갈계 후손들)	······ 지배계급
크레올 (creole)	메스티조(Mestizo)(백인+원주민인 인디오)	······ 지배계급이자 준지배계급 갈색인종(모레노 Moreno)
	뮬라토(Mulatto)(백인+흑인)	······ 지배계급이자 준지배계급 갈색인종(모레노 Moreno)
	• 삼보(Sambo)(원주민인 인디오+흑인)	······ 빈민(하층계급)
	• 흑인	······ 빈민(하층계급)

(외교부, ProQuest, m.blog.naver.com/−716jini/2223에서 인용)

〈아프리카의 소국 모리셔스 계층구조〉

구분	1835년	현재
관리직	유럽인	유럽인
화이트칼라	크레올인(유럽인+아프리카인=혼혈인)	크레올인
소매상인	중국인	중국인
노동자	인도인	인도인

부록 ||

경제민주화

인간의 자유와 존엄성을 가져다 준 민주주의의 역사는 정치적 민주주의, 사회적 민주주의, 경제적 민주주의의 순서를 밟아 왔다. 정치적 민주주의가 그간의 군주제나 귀족과두제(귀족정치)를 타파하고 보편적 선거권과 피선거권을 확립함으로써 선거를 통해 위정자를 뽑는 민주주의 사회를 통하여 형성된 것이라면, 사회적 민주주의는 노동자들에게 노동기본권(단결권, 단체행동권, 단체교섭권의 노동 3권)을 보장하고, 사회보장체제를 확립함으로써 형성된 것이다. 또한 경제생활의 운영과정에서 노동자의 지배와 통제를 보장하는 경제적 민주주의가 확립되었는 바, 그것은 자본가는 생산수단의 소유를 기반으로 소유와 경영상의 자유로운 경제활동을 수행하고 노동자 역시 지금까지의 간섭과 통제의 대상이 아닌 주체로서 당연히 경제활동에 참여하는 것을 의미한다. 이로써 민주주의는 진정한 민주주의제도로 확립하게 되었다.

특히 경제민주주의는 기업의 소유와 경영을 민주주의 방식으로 소득분배의 불평등을 개선하고, 대외경제관계에서는 공정한 무역과 투기자본에 대한 통제를 확립하는 것이다. 즉, 균형 있는 경제발전을 위해 소유는 의무를 수반하고, 공공복리에 도움이 되는 재산형성의 사회성원리가 요구되고 있다. 따라서 경제민주주의는 성장의 결실을 골고루 분배하는 것으로 투자와 생산부분에서 얻어진 이익을 골고루 분배함을 전제로 한다(낙수효과).

대한민국「헌법」제119조 제1항에는 "대한민국의 경제질서는 개인과 기업의 경제상의 자유와 창의를 존중함을 기본으로 한다."라고 명시되어 있다. 즉, 사유재산제를 바탕으로 자유로운 경제활동을 존중하는 시장경제를 강조한 것이다. 또한 제119조 제2항에는 "국가는 균형 있는 국민경제의 성장 및 안전과 적정한 소득의 분배를 유지하고, 시장의 지배와 남용을 방지하며, 경제주체 간의 조화를 통한 경제의 민주화를 위하여 경제에 관한 규제와 조정을 할 수 있다."라고 되어 있다. 이는 균형 있는 경제성장, 안정과 아울러 적정한 소득분배유지를 통해 사회적 시장경제질서(경제에 관한 규제와 조정 및 재산권의 사회적 구속성)를 추구함은 물론 시장의 실패를 보완한다는 것을 의미한다.

현재 한국의 재벌이나 대기업들은 경제민주화가 자유로운 경제활동을 제한하고 경제발전을 저해한다고 주장하고 있다. 「헌법」 제119조 제1항만 강조하고 제2항은 전혀 언급하지 않고 있다는 의미이다. 따라서 균형 있는 경제발전을 위해, 즉 「헌법」 제119조 제2항의 경제민주화를 통하여 그간의 시장만능주의, 시장근본주의가 낳은 부작용과 문제점을 극복하여 대다수의 공익의 확대와 분배와 복지효과를 꾀할 수 있어야 할 것이다. 경제민주화는 결국 재벌성장의 과실이 중소기업이나 서민에게까지 흘러넘치도록 하는 낙수효과가 일어나도록 해야 함을 의미한다.

특히 자본주의가 전 세계 불평등에 어떤 영향을 미치는지에 대해 연구한 프랑스 경제학자 토마스 피케티(Thomas Piketty)는 『21세기 자본』에서 3세기에 걸친 20개국 이상의 방대한 자료를 바탕으로, 자본주의의 경제적 불평등의 구조와 역사를 분석하였다. 그가 전하는 메시지는 간단하다. 그는 경제가 발전할수록 불평등이 확대되고 있음을 통계로 확인시켜 주어 평등에 대한 기대를 깨뜨렸다. "돈이 돈을 버는 속도(자본수익률−부동산이나 주식, 채권과 같은 금융자산)가 열심히 일해서 돈을 버는 속도(경제성장률)에 비해 빨라질수록 빈부의 격차는 더욱 심해질 수밖에 없다." 즉, 자본수익률이 경제성장률을 압도하여 왔기 때문에 자본을 소유한 최상위계층에 부가 집중되고 있다는 것이다. 다시 말하면, 자본수익률이 경제성장률보다 높다는 것은 부동산이나 주식 등의 자본을 가진 부자가 임금근로자보다 더 빠른 속도로 돈을 번다는 것을 의미한다. 자본수익률이 경제성장률보다 높다는 것은 부동산이나 주식 등의 자본을 가진 부자가 임금근로자보다 더 빠른 속도로 돈을 번다는 것을 의미한다. 이처럼 자본주의는 승자독식, 시장우선주의, 성장지상주의, 탐욕, 모순, 부조리가 본래의 근본적 속성이기 때문에 부와 재화를 가능한 자영업를 포함한 자영업자, 소득이 낮은 자, 가난한 자에게 골고루 공정하게 돌아가도록 하는 경제민주화가 필요하다.

참고문헌

권태환, 홍두승, 설동훈(2006). 사회학의 이해. 다산출판사.

김명훈(2016). 상류의 탄생. 비아북.

김문조(2008). 한국사회의 양극화. 집문당.

김영선(2013). 과로사회. 이매진.

김왕배(2009). 양극화와 담론의 정치. 언론과 사회, 제17권, 제3호.

김윤태(2012). 새로운 세대를 위한 사회학 입문. 휴머니스트.

나델, 풀란차스 외(1986). 사회계급론(박현우 편역). 백산서당.

노대명, 홍경준, 최승아(2009). 근로빈곤층 지원정책 개편 방안연구. 한국보건사회연구원.

레이몽 아롱(1980). 산업사회와 사회계층(정대연 역). 홍성사.

로버트 달(2010). 정신적 평등에 대하여(김순영 역). 후마니타스.

마이클 샌델(2014). 정의란 무엇인가(김명철 역). 와이즈베리.

마이클 샌델(2012). 돈으로 살 수 없는 것들(안기순 역). 와이즈베리.

멜빈 M. 튜민(1981). 사회계층론(김채윤, 장하진 공역). 삼영사.

박길성(2013). 사회는 갈등을 만들고 갈등은 사회를 만든다. 고려대학교출판부.

서두원(2003). 한국 화이트칼라 노동운동. 고려대학교 아연출판부.

송복 편저(1984). 사회불평등기능론. 전예원.

송복(1991). 한국사회의 갈등구조. 현대문학.

송복(2016). 특혜와 책임. 가디언.

신광영(2004). 한국의 계급과 불평등. 을유문화사.

신형민 외(2023). 고등학교 사회 · 문화. 비상교육.

심상용(2006). 우리나라 근로빈곤의 사회구조적 원인에 대한 실증 연구. 한국 사회복지학, 제58권, 제4호. 한국 사회복지학회.

아네트 라루(2012). 불평등한 어린 시절(박상은 역). 에코리브르.

아민 뽈란짜스 외(1986). 계급분석의 기초이론(박준식, 한현옥 공역). 도서출판 세계.

안계춘 외(1992). 현대사회학의 이해. 법문사.

앤서니 기든스(2007). 현대사회학(김미숙 외 공역). 을유문화사.

양춘, 박상태, 석현호(2003). 현대사회학. 민영사.

연하청 외(1990). 중산층 실태분석과 정책과제. 한국개발연구원.

오쏘프스키, S. (1981). 사회의식과 계급구조(정근식 역). 인간신서 5. 인간사.

우석훈, 박권일(2009). 88만원 세대. 레디앙.

이철우(2017). 현대사회문제. 학지사.

채구묵, 김철주(2008). 소득재분배 정책과 경제성장. 한국사회학. 제42집, 제5호.

토마스 피케티(2014). 21세기 자본(장경덕 역). 글항아리.

통계청(2016). 인구주택총조사.

통계청(각년도). 가계동향조사.

피에르 부르디외(2005). 구별짓기(최종철 역). 새물결.

한상진 편(1984). 계급이론과 계층이론. 문학과 지성사.

함인희, 이동원, 박선웅(2000). 중산층의 정체성과 소비문화. 집문당.

홍두승(2005). 한국의 중산층. 서울대학교출판부.

홍두승(2010). 높은 사람 낮은 사람. 동아시아.

홍두승, 구혜근(2001). 사회계층 · 계급론. 다산출판사.

Bourdieu, P. (1988). *Language and Symbolic Power*. Polity.

Dahrendorf, R. (1959). *Class and Class Conflict in an Industrial Society*. Stanford University Press.

Davis, K., & Moore, W. E. (1945). Some Principles of Stratification. *American Sociological Review, 10*.

Giddens, A. (1973). *The Class Structure of the Advanced Societies*. Hutchison and Company.

Lukacs, G. (1971). *History and Class Consciousness*. London.

Miliband, R. (1969). *The State in Capitalist Society*. Weidenfeld and Nicolson.

Parkin, F. (1979). *Marxism and Class Theory: A Bourgeoisie Critique*. Tavistock.

Parkin, F. (1982). *Max Weber*. Tavistock Publications.

Poulantzas, N. (1973). *Political Power and Social Classes*. New Left Books.

Tumin, M. M. (1953). Some Principles of Stratification: A Critical analysis. *American Sociological Review, 18*.

Wright, E. O. (1978). *Class, Crisis and the State*. New Left Books.

매일경제(2019. 4. 11.). "중산층이 몰락한다"…OECD 잿빛 보고서. https://mk.co.kr/news/world/view/2019/04/224389

보건복지부 http://www.mohw.go.kr/react/search/search.jsp

사회보장위원회 https://www.ssc.go.kr/stats/infostats/stats040800

조선일보(2013. 4. 17.). 만물상.

한국은행 https://www.bok.or.kr/potal/main/main.do

15 세계화

이제 우리는 인간과 자본이 국경 없이 넘나드는 하나의 단일화된 시장에서 경쟁하는 세계화시대에 살고 있다.

세계화라는 말을 처음 등장시킨 시어도어 레빗(Theodore Levitt) 교수는, 신기술의 발달(인터넷, 전자상거래 등)로 인해 미디어의 영역이 넓어지면서 세계가 좁아진다는 의미로 세계화[1]라는 말을 사용하였다. 세계화는 우리 자신도 모르게 지금도 진행되고 있는 세계적 현상으로 그동안 서로 달랐던 전 세계의 국가와 사회가 상호밀접한 의존적 관계를 맺게 되어, 우리의 행위가 다른 사람, 아니 지구 반대편의 사람들에게 영향을 미치는 하나의 단일화된 세계가 됨을 의미한다. 각 국가의 경제가 인위적 장벽이 제거(철폐)되고 단일화된 시장으로 세계경제가 통합됨을 의미한다.

즉, 세계화는 상호의존성 증가와 기술적 상호교류의 증대에 힘입어 국경 없이 넘나드는 자본의 이동과 무역, 경제적 규제와 제도, 정책 등이 하나(일체화)되는 과정을 의미한다고 할 수 있다. 하비(D. Harvey)는 세계화현상에 대해 기술의 변화로 시간과 공간이 응축되는 현상이라고 언급하고 있다. 즉, 시공간 경계의 소멸, 시공간 질서의 해체를 가져온다. 이러한 세계화에 대한 비판적 입장에 있는 학자들은 선진국들만을 위한 세계화라고 언급하는 한편, 거부할 수 없게, 빠르게 진행된다는 점에서 고삐 풀린 세계화, 피도 눈물도 없는 세계화라고 혹평한다.

세계화의 발생배경은 동유럽 사회주의권의 몰락으로 자본주의체제의 확립과 신자유주의적 질서의 확립, 교통·통신기술의 발달과 같은 과학기술의 발달, 경제제도의 단일화된 지구적 질서의 형성(WTO)이라고 할 수 있다. 따라서 세계화의 영향으로 국가들 간의 상호연관성이 심화되면서 노동이나 이주, 결혼 등에 의해 다양한 국가의 사람들과 교류하거나 가정을 이루며 사는 경우도 많이 늘어나고 있다. 한국은 이미 1990년대부터 농촌지역의 미혼 남성들과 동남아시아 여성들의 결혼으로 세계화가 급진전되는 양상을 보여 주고 있다.

전 세계의 다양한 나라나 지역에서 들어오는 먹거리와 일용품들을 비롯하여, 미국의 프로야구 리그, 유로 축구 리그가 우리의 대화 소재로 등장하고 있음도 세계화와 무관하지 않다. 특히 2008년 미국발 금융위기가 글로벌 경제위기를 불러와 전 세계가 심각한 경제적 위기에 봉착했던 것도 세계화의 영향에 기인한 것임은 두말할 필요가 없다.

이러한 사회진화론에 뿌리를 둔 신자유주의적 세계화에 대해, 신자유주의를 지지하는 사람들은 세계화가 보다 많은 생산성과 자유를 가져다주는 필요 불가피한 과정이라고 언급하는 반면, 신자유주의 비판자들은 세계화가 세계의 불평등, 환경오염, 제국주의 팽창을 초래하는 악이라고 규정한다.

> 한편, 바우만(Zygmunt Bauman)은 지금(현대)의 세계를 액체근대(liguid modernity)의 세계라고 하면서, 이 액체근대는 항상 움직이기 때문에 우리 모두는 싫든 좋든, 알든 모르든, 기쁘든 슬프든 간에, 심지어 우리가 움직이지 않고 한곳에 머물러 있으려 해도 끊임없이 여행으로 내몰린다.
>
> —지그문트 바우만, 「고독을 잃어버린 시간」

> 세계가 액체라면 그것은 한시도 같은 지점에서 같은 모습으로 고정되어 있을 수 없다. 패션, 유행들, 물건들, 사건들, 꿈과 희망들, 기회와 위험들…… 이 모든 것들은 딱딱한 사물처럼 고정되어 있는 것이 아니라 액체를 출렁이며 흘러간다. 어제의 새로움은 오늘 이미 낡은 것이 되어 버린다. '액체근대'는 우리를 자주 놀라게 한다. 액체로 흘러가는 세계의 변화속도가 우리 의식의 속도를 간단하게 추월해 버리기 때문이다.
>
> —장석주, 「일상의 인문학」

---

1) 세계화를 시기별로 구별하는 경우도 있는데, 15세기 이후 유럽에서의 신항로 발견(대항해시대)과 식민지 개척 시기를 1차 세계화, 산업혁명에 따른 교통수단 발달과 이로 인한 국제 교류 증가 시기를 2차 세계화, WTO(세계무역기구)의 출범에 따른 자유무역 확대 시기를 3차 세계화로 구분한다.

1 세계화란 무엇인가

　21세기 사회는 인간과 자본이 국경 없이 넘나드는 지구화시대이다. 우리는 이를 세계화[2]라고 한다. 모든 사회와 상호연관성을 갖는 세계화는 우리 자신도 모르게 진행되고 있는 현상으로 그동안 서로 달랐던 전 세계의 국가나 사회가 상호밀접한 의존적 관계를 맺게 됨을 의미한다. 세계화는 점차 우리의 행위가 다른 사람에게 영향을 미치고 세계의 문제가 우리에게 영향을 미치는 하나의 단일화된 세계가 됨을 의미한다.

　이러한 세계화는 단순히 네트워크의 발달만이 아니라 사회적·경제적 체제의 발

---

2) 신자유주의적 세계시장의 통합이라고 할 수 있는 세계화(globalization)는 세계주의(globalism)와 구분된다. 세계화가 우파적 성격을 띠고 있다면 세계주의는 좌파적 성격을 보이며, 세계화가 비윤리적·비도덕적 바탕 위에 있다고 한다면 세계주의는 윤리적·도덕적 기초 위에 입각하고 있다. 그리고 세계화가 현실적 관념과 물질주의를 추구한다면 세계주의는 이상적 관념과 자연주의를 추구한다. 또한 세계화가 표준화, 동종화, 획일화를 추구한다면 세계주의는 다양성을 존중하고 인정한다고 할 수 있다.

달과 관련된다. 즉, 세계화는 상호의존성 증가와 기술적 상호교류의 증대에 힘입어, 국경 없이(borderless, stateless) 넘나드는 자본의 이동과 무역(투자교역), 세계적인 규모의 생산과 소비, 국경을 초월한 미디어 시스템, 경제적 규제와 제도 및 정책 등이 일체화·동질화(균일화)되는 과정으로 이해된다. 따라서 세계화 과정은 경제적·과학기술적·사회문화적 정치권력들과 맞물려 있다. 거부할 수 없게, 거침없이 빠르게 진행되고 있는 세계화에 대해 학자들은 고삐 풀린 세계화라고 표현한다. 또한 시대적 조류 속에 합류하고 편승하지 않으면 고립과 소외, 도태, 더 나아가 붕괴를 자초할 수밖에 없다는 점에서 피도 눈물도 없는 세계화라고 이야기하고 있다.

이와 같이 현대사회 인간들의 삶은 세계화라는 거대한 조류 속에 휩쓸리면서 살 수밖에 없다는 점을 고려할 때, 세계화라는 거부할 수도 과거로 돌아갈 수도 없는 시대적 삶을 살아 나갈 수밖에 없다.

2 개방화 · 국제화 · 세계화

세계화라는 개념은 개방화, 국제화라는 개념과 혼용되고 있으나 엄밀한 의미에서는 이러한 개념들과 확연히 구분된다. 먼저, 개방화는 하나의 국가가 문호를 개방하여 국가 간에 정치·경제·문화 면에서 상호교류를 허용하는 것이라고 할 수 있으며, 경제적 의미로는 국제시장으로의 진출과 국내시장의 개방을 의미한다.

국제화는 개방화를 전제로 정치, 경제, 사회, 문화의 각 분야에서 개별 국가 내부의 고착성을 뛰어넘는 국가 간의 교류로, 세계적 관계에서 국가나 정부가 주체가 됨을 의미한다.

반면, 제국주의의 또 다른 모습이라고 비판받는 세계화는 세계적 관계에서 다국적 기업[3]이나 초국적 기업[4] 등이 주체가 되는 것으로, 국가 간의 경계가 모호한 가운데 상호의존이 증대된 결과, 세계의 모든 국가가 통합되어 하나의 공동체(지구촌

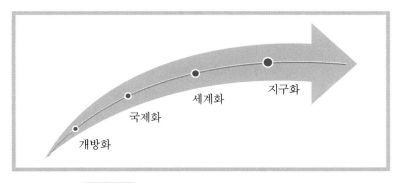

그림 15-1 국제교류 심화 정도에 따른 개념 분류

공동체)를 형성해 나가는 과정을 의미한다. 특히 경제적 측면에서 기존에 국가 간 또는 지역 간에 존재하던 상품, 서비스, 자본, 노동, 정보 등에 대한 인위적 장벽들이 제거되어 세계가 하나의 거대한 단일시장으로 통합되어 가는 과정을 의미한다.

---

3) 다국적 기업(multinational corporation)은 세계 각지에 자회사, 지사, 생산공장 등을 보유하고 있는 기업으로 범세계적 규모의 생산 및 판매활동의 수행을 통하여 전 세계를 상대로 기업활동을 전개하는 기업을 말한다. 다시 말하면, 다국적 기업은 어느 한 나라에 본사를 두고 다수의 국가에 자회사나 지사를 설립하는 방식으로 구성된 기업으로, 본사와 해외지사 개념이 분명히 존재하며, 모국 예속성이 강한 속성을 보인다. 그러면서 다국적 기업은 모기업의 마케팅 기준을 일률적으로 적용하는바, 세계 어디에서나 똑같은 매장을 가지고 있고 똑같은 제품을 판매하는 기업활동을 전개한다. 다국적 기업의 대표적인 예로 나이키, IBM, 코카콜라 같은 회사 등이 그러하다.

4) 초국적 기업(transnational corporation)은 본국을 기반으로 세계적 규모의 자본축적과 이를 위한 전략과 조직을 가진 기업으로 거대한 자본, 첨단화된 기술, 탁월한 경영능력, 방대한 판매량, 막강한 로비력 등을 통해서 세계 곳곳에 국제적 규모의 생산 및 판매거점 체계를 구축하여 이윤의 극대화를 추구하는 기업을 말한다. 다국적 기업과는 달리 초국적 기업은 모국의존성이 상대적으로 낮기는 하나 모국의 정치적 · 경제적 비호를 받는다. 그러면서 초국적 기업은 이윤극대화를 위해 가장 저렴하게 생산할 수 있는 곳으로 생산기지를 옮겨 상품을 생산하고, 금융비용이 가장 낮은 곳에서 자본을 조달하고, 세금이 가장 낮은 곳으로 기업소득을 이전시키고, 자본 수익과 환차익이 높은 곳으로 자본을 이동시키는 특성을 갖는다. 또한 초국적 기업은 다국적 기업과 다르게 국경을 넘는 순간 마케팅 방법이 달라지는 특징을 보인다. 대표적인 예로 맥도날드 같은 회사에서 볼 수 있듯이, 쇠고기를 먹지 않는 인도 사람들에게 양고기버거를 판매한다든가 한국 사람들을 위해 불고기버거 등을 판매하는 것처럼 각 국가의 현지 실정에 맞는 현지화 전략을 적극적으로 전개하는 거대기업을 말한다.

세계화는 보는 관점에 따라서 다양한 양상을 보인다. 워터스(M. Waters)는 세계화를 사회적·문화적 제도에 대한 지리적 구속력이 약해지고 그러한 사실을 사람들이 점점 많이 인식하게 되는 사회적 과정이라고 정의하였다. 미텔먼(J. H. Mittelman)은 세계화를 한 나라의 경제, 정치, 문화, 사상 등이 다른 나라로 침투해 가는 과정이라고 설명하였다. 하비와 기든스(D. Harvey & A. Giddens) 등은 세계화를 양적 교류의 확대를 넘어서 현대적인 사회생활이 새롭게 재구성됨으로써 세계사회가 독자적인 차원을 획득하는 과정으로, 즉 세계화를 양적 교류를 넘어서 새로운 삶의 양식으로 변화되는 것으로 언급하였다. 맥그루(A. McGrew)는 상호연관성 차원에서 세계화를 이해하는바, 세계의 한곳에서 일어나는 사건, 행위, 의사결정이 지구촌의 다른 쪽에 있는 개인과 공동체에 심대한 영향을 미치게 되는 전반적 과정이라고 지적하였다.

3 세계화의 현상과 발달 배경

세계화 현상

영국의 정통 지리학자인 하비(D. Harvey)는 세계화 현상을 기술의 변화로 인하여 시간과 공간이 보다 응축(凝縮, condensation)되는 현상으로 인식하였다. 비행기, 배, 철도 등과 같은 교통수단의 발달, 즉 지리적 구속력이 없어짐으로 인해 각 나라의 사회와 문화가 더 쉽게 접촉되고 가까워진다는 것이다. 스페인 출신의 사회학자 카스텔스(M. Castells)는 세계화로 인해 네트워크 사회가 형성되어 상호연결과 상호의존성이 증가됨은 물론, 전 세계의 국가들과 사람들이 직면하게 되는 문제들에 대해 공통성이 증가된다고 언급하였다(Custells, 2009).

예를 들면, 2008년 9월 세계 3대 금융기관 중 하나였던 리먼 브러더스(Lehman Brothers) 투자은행의 파산에 따른 미국발 금융위기가 글로벌 금융위기를 가져와 세

세계 시가총액 상위 10대 기업(2022)

순위	브랜드명	평가액
1	애플	2조 0,704억
2	사우디 아람코	1조 8,546억
3	마이크로소프트	1조 6,931억
4	알파벳(구글)	1조 1,453억
5	아마존	8,912억
6	버크셔 해서웨이	6,959억
7	비자	4,629억
8	존슨앤드존슨	4,591억
9	유나이티드헬스	4,579억
10	엑슨모빌	4,467억

(단위: 달러)

그림 15-2 전 세계의 초국적 · 다국적 기업들

출처: 컴퍼니마켓캡닷컴(2023. 1. 16.).

계경제를 극심한 혼란에 빠뜨렸던 것에서도 알 수 있다. 이 외에도 세계화는 해외여행객 수의 급증을 가져옴은 물론, 이주노동자(외국인 노동자) 수의 증가를 더욱 가속화하고 있다. 또한 세계화는 세계화에 편승하여 패스트푸드의 원리, 즉 맥도날드화(McDonaldization)—자동화, 효율성, 계산가능성, 예측가능성, 통제 등의 방법—가 세계의 더 많은 지역에 점점 확산되어 뿌리를 내리고 있음에서도 알 수 있다(조지 리처, 2004).

세계화의 발달 배경

세계화를 촉진시킨 요인은 무엇보다도 과학기술의 발달로 인한 정보통신 수단의 비약적 발달이다. 정보통신기술의 발달(인터넷, 통신위성, 전자통신수단 등의 발달) 및 국경을 자유롭게 넘나드는 비행기와 배 등이 전 세계 사람들과의 교류와 접촉을 가능하게 하였다. 이러한 과학기술 발전의 토대가 세계화의 밑거름이 되었지만 그 이면의 경제체제 변화가 보다 큰 촉진요인으로 작용하였다.

1995년에 WTO 체제가 출범함에 따라 그동안 초보적 단계에 있던 세계화는 새로운 국면을 맞아 급진적으로 확대되기 시작하였다. WTO 협정에 따라 종래 세계무역을 규제해 오던 관세장벽과 비관세장벽이 철폐되거나 완화됨으로써 세계 모든 나라가 하나의 거대한 단일시장체제로 통합되어 나가는 계기가 마련되었다.

세계화를 급진전시킨 또 다른 요인은 모든 대내외 경제활동 부문에서 국가의 간섭을 철폐하고 이윤을 극대화하자고 주장한 신자유주의 이데올로기의 확산이다. 또한 외환위기를 극복하기 위한 고육책으로 모든 국내시장을 개방해야만 했던 신흥개발국가들의 경제위기 등을 들 수 있다. 이를 좀 더 구체적으로 살펴보면 다음과 같다.

첫째, 동유럽 사회주의권의 몰락과 신자유주의(Neo-Liberalism)의 확산이다. 동유럽 국가들의 몰락으로 자본주의 체제가 확립되고, 1970년대 이후 생겨난 신자유주의적 질서가 그것을 뒷받침하면서 세계화는 빠르게 추진되었다. 즉, 신자유주의 이데올로기가 자체 모순(비민주성, 비효율성, 통제경제의 한계, 저성장 등)에 의해 붕괴된 사회주의권 국가들로 하여금 경제개혁과 대외개방을 촉진시키는 요인으로 작용하

그림 15-3 WTO 출범

였다. 신자유주의는 모든 경제활동에 대한 국가간섭 철폐를 주장하는 것으로, 자유경쟁의 실현과 이윤의 극대화 추구, 시장원리의 준수, 공기업의 민영화, 정부기구 및 기업의 구조조정, 사회복지 부문에서의 공공예산 삭감 등을 토대로 한다.

둘째, 과학기술의 발달이다. 교통 · 통신의 발달을 통해 전 세계 사람들과 언제든지 교류를 가능하게 만들었다. 특히 컴퓨터와 정보통신기술의 발달로 초고속통신망이 세계 곳곳에 거미줄처럼 깔림에 따라 한 나라의 경제활동이 전자조직망 상거래를 통해 세계적으로 확장되어 나가고 있다. 정보통신기술의 혁명이 세계시장의 통합을 촉진시키고 세계화의 확대를 가속시키고 있는 것이다. 따라서 교통 및 정보통신기술의 발달로 전통적 산업사회와 구별되는 후기산업사회, 지식정보화 시대로의 변화가 일어난 것이다.

셋째, 경제제도의 급격한 변화와 상호의존성의 증대이다. 세계화가 기술적 근간을 토대로 한다면 경제적 · 제도적 근간 역시 또 다른 중요한 요인이 된다. 국경을 초월하는 무역과 생산의 강력한 흐름으로 인해 새로운 지구적 경제질서가 형성되고 있다. 전 세계의 다양한 상품이 국경 없이 넘나드는 지구적 생산체제가 만들어지고 소비 유형의 동질화 · 표준화가 이루어지고 있다. 전 지구적 금융시장의 통합, 즉 금융의 세계화(전자경제), 전자화폐 등이 지구적 자본주의를 확산시키고 있다.

넷째, WTO 체제의 영향이다. 1986년 7월에 추진되어 1993년 12월 우루과이라운드 다자 간 무역협정이 타결됨에 따라 1994년에 출범한 WTO 협정은 상품뿐만이 아니라 서비스, 자본, 무역 관련 투자 등 광범위한 분야에 걸쳐 인위적인 제한조치를 철폐하거나 완화함으로써 무역과 자본의 세계적 자유화를 획기적으로 확대시켰다. 이처럼 상품, 서비스, 자본 등이 WTO 협정에 따라 다른 나라의 국경을 마음대로 넘나들게 됨으로써 경제적 의미의 국경이 소멸되었다. 즉, WTO 협정은 세계교역 상품에 대해 비관세장벽을 무너뜨림으로써 상품이 국내시장처럼 다른 나라의 국경을 규제받지 않고 자유롭게 넘나들 수 있게 하였다. 이러한 체제의 출범으로 경제적 의미의 국경이 사실상 붕괴되었다.

4 세계화의 유형

　현재의 세계화는 주로 경제적 요인에 의해 촉발됨으로써 경제적 관점에서만 이해되어 왔다. 그러나 역사적으로 볼 때 세계화는 전 세계에 걸쳐 다양한 유형으로 전개되어 왔다. 분야별 유형을 보면 다음과 같다.

　첫째, 기후나 자연환경의 변화가 세계의 많은 지역에서 동시에 또는 순차적으로 일어나는 환경의 세계화가 있다. 둘째, 빈곤이나 직업상의 이유 혹은 결혼 등으로 초래되는 인구이동이나 이민 등도 일종의 세계화 현상이다. 셋째, 조류인플루엔자, 신종인플루엔자 등과 같은 전염병이나 질병이 세계 각지로 퍼져 나가는 생물학적 관점의 세계화도 있다. 넷째, 첨단무기 개발이나 핵무기 개발이 주변 국가들에 영향을 주는 군사적 개념 또는 무력을 기초로 한 세계화 개념도 있다. 다섯째, 사회적·문화적 차원의 세계화도 있다. 종교나 사상, 사고방식, 의식주 및 생활양식 등이 세

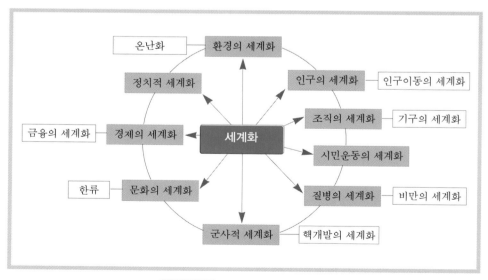

그림 15-4 세계화의 유형(분야별)

계 여러 지역으로 전파되고 비슷해지는 현상이다. 여섯째, 정치적 차원에서의 세계
화도 있다. 세계 여러 나라를 대상으로 권력이나 지배구조, 영향력 등을 행사할 수
있는 국제연맹, 국제연합 등 국제기구의 결성 및 비정부기구(NGO)의 발달도 일종
의 세계화로 볼 수 있다.

한편, 쾨하네와 나이(R. Keohane & J. Nye)는 범위유형에 따라 세계화를 희박한 세
계화와 중첩적 세계화로 구분하였다. 희박한 세계화는 세계화가 한두 가지의 비교
적 한정된 분야에서만 진행되거나 여러 분야에서 동시에 진행되더라도 그 영향이
크지 않은 경우를 말한다. 즉, 19세기 후반에 진행된 제1차 세계화는 주로 경제 분
야에서 진행되었기 때문에 희박한 세계화에 해당한다. 반면, 중첩적 세계화는 세계
화가 여러 분야에서 동시에 진행되고 그 영향도 지대한 경우를 지칭한다. 최근에 진
행되고 있는 세계화가 이러한 유형의 전형적인 예라고 할 수 있다.

5 세계화의 특징

최근의 세계화는 무역과 금융 그리고 기술을 중심으로 한 경제적 요인에서 촉발
되기는 하였으나, 그 영향력이 점점 광범위해지고 커져 가는 추세에 있다. 그에 따
라 세계 각국이 과거 어느 때보다 더 가까워지고 상호의존성이 높아지고 있다. 그리
고 세계화는 한두 분야에 국한되기보다 여러 분야에서 동시에 진행되는 경향을 보
이는데, 특히 한 분야의 세계화가 다른 분야의 세계화를 촉발하는, 소위 세계화가
오히려 세계화를 더 가속화시키는(Globalization accelerates Globalization) 현상이 두
드러지고 있다.

이러한 세계화는 장기적인 추세를 고려할 때 다음의 두 가지 현상을 내포하고 있
다. 하나는 세계화가 정치, 경제 및 사회적 활동의 범위를 전 지구적으로 확대시키
고 있는데, 이는 단일한 과정이 아니라 중층적인 과정으로 진행되고 있다는 것이다.

세계 사회는 단일한 논리 및 체계로 이루어져 있지 않으며, 다양한 수준 및 층위로 구성되어 있다. 다른 하나는 국가 및 사회 간의 상호작용과 상호연관성이 심화되고 있다는 것이다. 세계화가 장기적으로는 국가 간의 상호의존 및 통합을 증대해 나가 겠지만 단기적으로는 분절, 경쟁, 대립을 심화시키면서 다양한 형태의 갈등을 초래 할 뿐 아니라 특정한 국면에서는 오히려 국민국가의 위상이 강화될 수도 있다는 점을 시사한다(한국산업사회학회 편, 2004).

6 세계화의 충격

분명 세계화는 우리에게 커다란 충격이다. 과학기술의 발달이 인간 삶의 질 향상에 긍정적인 작용을 하였으나, 공해와 환경오염이라는 필요악적인 요소도 가져왔듯이 세계화도 긍정적 충격과 부정적 충격을 동시에 초래한다.

좀 모순되기는 하지만 긍정적 충격으로 분류해서 살펴보면, 세계화는 국가·지역·기업·계층 간의 극심한 경쟁을 통해 효율의 극대화를 이룬다. 세계화는 세계시장의 단일적 통합과 시장광역화를 통해 규모의 경제이익을 발생시킨다. 그리고 그것은 무역장벽을 소멸시키고 자유무역의 이익을 가져다주는 역할을 한다.

부정적 충격으로는 반세계화론자인 노엄 촘스키(Noam Chomsky)도 세계화는 미국식 모델을 전 지구에 심는 것이라고 언급한 데서 보듯이, 세계경제에 대한 일부 선진국의 패권적 지배를 들 수 있다. 선진국들은 자본의 해외투자, 기술경쟁력의 우위 등을 통해 세계경제에서 자신의 패권적 지배를 강화시킬 수 있다. 나아가 선진국들은 글로벌 스탠더드라는 기준을 강요하여 여러 가지 측면에서 열세에 놓여 있는 개발도상국가들의 이익과 주권을 침해할 수 있다.

이러한 세계화는 개발도상국에만 피해를 주는 것이 아니라 선진국에도 피해를 준다. 비록 그 피해의 정도가 상대적으로 작기는 하더라도 상호교류와 상호의존성의 결과로 오는 피해라고 할 수 있다. 실례로 선진국의 상품, 서비스, 자본이 중국과 같은 신흥개발국가로 대거 흘러가게 되자 선진국 내에서도 산업의 공동화 현상이 심화되고 있다. 이에 따라 종래 풍요로웠던 사회는 실업, 해고, 직업 불안정성, 빈곤, 범죄, 공동체 이완 등의 사회경제적 병리현상이 속출하고 있는 실정이다.

　세계화는 국가·계층 간 소득의 양극화를 확대시키는 데도 한몫을 하고 있다. 개발도상국이나 후진국들에 있어서 아무런 준비 없이 국내의 모든 시장을 전면적으로 개방시킬 경우 심각한 경제적·사회적 위기와 갈등에 직면할 수 있다. 그 위기와 갈등은 선진국의 경우처럼 기업 및 은행 파산, 실업, 정리해고, 직업 불안정성, 빈곤 가정 해체, 자살, 범죄 등이다. 개발도상국이나 후진국들이 느끼는 위기의식은 선진국들이 가지고 있는 그것보다 훨씬 심각하다.

7 세계화의 그늘

경제에 미친 영향

　대체로 세계화 또는 대외개방이 해당국의 경제성장을 촉진한다고 한다. 그러나 세계화 추진 그 자체가 경제발전을 가져오는 것은 아니며, 한 나라가 경제발전을 이룩하기 위해서는 대외개방 이외에도 경제발전을 위해 국제시장을 활용할 수 있는 능력을 배양하기 위한 노력이 요구된다. 소득과 관련해서는 나라별로 선진국과 최빈국의 소득격차가 지속적으로 확대되고 있으며, 계층 간 소득분배에서 일반적으로 낮은 임금을 강요당하는 등 세계화로 소득분배구조가 악화되고 있다. 세계화를 옹호하는 입장에서는 단기적으로 소득격차가 발생하지만 장기적으로는 소득격차가 줄어든다고 주장한다. 그러나 현재로서는 세계화를 반대하는 논리가 현실적으로 수용되고 있다.

사회 · 정치 · 문화 등에 미친 영향

　비경제적인 관점에서도 세계화를 비판하는 목소리가 높다. 비경제적인 관점에서 제기되는 세계화의 부정적 측면으로는 인권 경시, 민주주의의 소멸, 복지제도의 축소, 세계 거대권력기구의 탄생과 이의 전횡 가능성, 환경문제 등이 있다. 세계화 추세에 따라 소위 신자유주의식 경제운용방식을 택하게 되면, 인권이나 인간성보다 이윤의 극대화를 중시하는 현상이 나타난다는 우려가 제기된다. 즉, 상업적 이익을 우선시하는 가운데 국가라는 존재마저 퇴색되면서 경제적 약자 또는 다수 대중의 경제적 이익을 보호해 줄 수 있는 공적 장치가 와해된다는 것이다. 한편, 세계화 추세로 경제적 · 비경제적인 측면에서 소비자의 선택 폭이 확대됨으로써 오히려 인간의 의지를 발현시키는 데 도움이 된다는 주장도 있다.

　환경문제와 관련해서는 세계화가 환경에 부정적인 영향을 줄 수 있다는 주장도 있다. 따라서 환경과 관련한 국제기준 설정을 위한 협상이 추진되고 있는 상황이다. 그러나 선진국과 개발도상국의 입장 차이로 환경문제에 있어 개발도상국들은 기준치의 설정 등에 관해 합의에 도달하지 못한 상태에서 선진국이 제시하는 세계적인 환경기준을 따르는 경우 현대화가 지체된 개발도상국들의 빈곤을 더 심화시키는 결과를 초래할 것이다.

잘못된 경제시스템

　국제통화기금(IMF), 세계은행(World Bank)과 같은 국제기구가 개발도상국에 권고하는 경제시스템은 많은 문제를 안고 있다. 대표적으로 워싱턴 합의를 들 수 있는데, 이것은 국제통화기금, 세계은행, 미국 재무부 사이에 이루어진 합의로, 신자유주의와 맥락을 같이한다. 이 정책은 정부 개입 축소, 민영화 촉진, 무역 및 자본시장 자유화, 규제 완화에 초점이 맞춰져 있다. 정부의 역할은 거시적 입장에서 경제안정을 유지하는 것이지만 생산안정, 고용, 성장보다는 물가안정에 치중해 왔다. 정부가 공장에서부터 사회보장에 이르기까지 모든 것을 민영화하고 지적재산권을 강화하며 부패를 척결해야 함을 강조한 워싱턴 합의에 대한 처방은 완전경쟁, 무위험시장을 가정하는 시장경제 원리에 근거하기 때문에, 이를 현실화하는 것은 개발도상국과는 아무런 관련이 없다.

불공정한 무역시스템

그림 15-5 공정 무역

　자유주의를 신봉하는 지도층 국가들은 자유무역 덕분에 경제성장을 이룰 수 있다고 한다. 시장개방을 통해 상품 및 서비스의 흐름을 자유롭게 하는 무역자유화는 성장과 직결된다고 강조한다. 반면, 국제자유무역협정이 빈곤국의 성장을 촉진시키지 못한 이유는 이러한 협정이 오히려 불균형과 불평등을 초래하기 때문이다. 선진국들은 개발도상국에서 생산된 제품에 관세를 부과했으며, 이는 다른 선진국에서 생산된 제품에 부과하는 관세보다 평균 네 배 이상 높다고 한다. 개발도상국은 자국 내 산업을 지원하기 위해 지급하는 보조금을 폐지하라는 압력에 시달리는 반면, 선진국들은 계속해서 막대한 금액의 농업보조금을 지급해 농산물 가격을 낮추고 개발도상국의 삶의 기준을 저하시키고 있다.

사회적 양극화 심화

　세계화의 영향으로 기업들의 비용절감과 노동비용의 최소화를 위해 중국과 같은 신흥개발국가나 개발도상국으로의 공장 이전 및 아웃소싱(outsourcing)이 확대되고 있다. 이는 선진국 및 그에 근접한 국가들에서 확연히 나타나는 현상인 사회적 덤핑으로 말미암아 생산공정이 신흥국이나 개발도상국으로의 이전을 가속화시켜 노동유연성을 초래할 수밖에 없고, 일자리 수급에도 큰 문제를 초래하고 있다. 또한 저가 수입공산품의 국내시장 침투 확산과 외국인 노동력의 유입 확대, 인력절감형 설비 도입과 공장자동화 촉진 등으로 상대적으로 비숙련 노동자(비정규직)에 대한 일자리 수요를 대폭 감축시켜 산업공동화는 물론, 대량실업으로 인한 대량빈곤을 양산하고 있다.

또한 세계화의 영향으로 경제구조상 서비스업이 발달함에 따라 전통적 방식의 산업(탄광노동 등)을 몰락시키거나 노동집약적인 제조업들이 사라지게 함으로써 실직자를 양산하고, 저임금 파트타임(비정규직) 근무를 조장하고 확대시킬 것이다. 따라서 빈약한 재정으로 국가는 최종적인 사회안전망으로서의 역할도 제대로 수행하지 못한 채 사회적 급여와 지출이 삭감되는 것은 물론, 사회지출의 최소화로 인간들의 삶의 질이 최악에 놓일 가능성이 높다.

심화되는 환경문제

최근 몇 년 동안 발표된 지구온난화에 관한 전망은 불안을 가중시켰다. 이러한 전망이 불확실하다는 주장 또한 지속적으로 제기되어 오고 있는바, 그 징후는 갈수록 뚜렷해진다. 1995년부터 2005년까지 10년간 지구는 19세기부터 정기 기상관측이 시작된 이래 가장 더운 날씨를 기록했다. 그리고 지구온난화는 지속적으로 심각해져서, 2015년부터 2022년까지 최근 8년이 기록상 가장 뜨거운 8년으로 기록되었다. 극단적인 기상이변도 급증했으며, 엘니뇨의 발생빈도와 강도가 높아졌고, 폭염은 해마다 전 세계를 강타하고 있다. 따라서 지구온난화를 더 이상 방치할 수 없다는 인식하에 각국이 모여 지구온난화의 주범으로 지목되는 온실가스 배출량을 감량하자는 데 뜻을 모아 기후협약을 완성시켰다. 그러나 세계 최대 온실가스 배출국인 미국은 아직 이 협약에 서명하지 않고 있다.

8 세계화의 결과

신자유주의로 무장한 세계화의 질서는 민주주의가 결핍된 질서이며, 그 목표는 시장의 만족이다. 역사적으로 시장은 늘 승자와 패자를 만들었으며, 국가는 개입을 통해 그 격차를 조절해 왔다. 시장과 국가의 팽팽한 역사적 긴장과 경쟁은 세계화와 더불어 변화되었으며, 국가의 목표도 시장의 만족으로 전환할 것을 요구받고 있다. 따라서 세계화의 압력으로 민주주의가 심각한 위협을 받고 있다.

또한 세계화는 이것이 요구하는 시장개방과 경제정책들로 인해 그동안 국가가 보호해 왔던 사회적 약자와 패자들에 대한 고려를 포기하게 만들었다. 복지문제는 더 이상 민주적 가치에 의해 결정되는 공적 영역의 문제가 아니라 시장논리에 의해 결정되는 사적 영역의 문제로 전락한 것이다. 따라서 민주주의는 훼손되고, 그 결과 만들어지는 정책들은 사회적 모순과 갈등을 치유하지 못하고 오히려 악화시키게 된다.

세계화는 자본이동을 가속화시킴으로써 개별 국가의 경제적 상황을 불안정하게 만들며, 이로 인해 보다 많은 사회구성원의 경제적 조건 또한 불안정하게 변화시킨다. 이러한 세계화로 인해 사회복지 분야에도 변화가 초래되고 있다. 사회변화를 초래한 경제중심적 세계화는 그동안 국가가 수행해 왔던 물심양면의 사회복지제도를 개편할 수밖에 없게 만들었다.

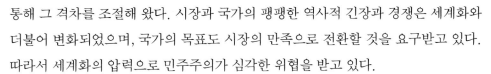

9 세계화의 좋은 점

과학기술의 발달로 인해 인간들의 삶의 질은 점점 향상될 것이다. 세계화가 지속되는 가운데 과학기술의 발달이 세계화를 급진전시킴은 물론, 인간들의 삶의 질 향상에도 커다란 기여를 할 것이다. 또한 값싼 노동력이 풍부하고 생산단가가 싼 곳으로 공장이 이전됨으로써 사회적 덤핑(공장의 해외이전, 아웃소싱)이 가속화되고 저렴한 공산품의 유입이 이전보다 활발해질 것이며, 값싼 농산물 구입이 가능하게 될 것이다.

정치적으로는 선진국의 정치체제방식이 그렇지 못한 나라들에 유입됨으로써 민주주의의 확산 및 자유와 평등이 정착되고 향유될 것이다. 대표적 예로, 2011년에 중동지역의 이슬람사회에서 전자통신기술, 즉 인터넷이나 SNS(Social Networking Service) 등의 영향으로 민주화운동이 전개되어 튀니지와 이집트, 리비아 등의 독재 정권이 무너진 것을 들 수 있다.

또한 전자통신기술의 발달로 인하여 세계의 언론에 누구나 쉽게 접근하고 비판함으로써 그동안 무소불위의 권력을 휘두르고 인권을 유린해 왔던 독재국가들의 붕괴가 가속화될 것이다. 한편, 세계화는 전 세계의 다양한 문화, 특히 선진국의 문화를 쉽게 접하게 하고 공유하게 할 것이다. 이 과정에서 선진국의 문화가 확산되는 대신 열등한 나라의 민족문화와 고유문화가 말살되는 경우도 발생할 것이다.

10 세계화와 위험사회

울리히 벡(Ulich Beck)은 현대사회를 예측과 통제가 불가능한 위험으로 가득한 위험사회(risk society)로 언급하였다. 즉, 위험 앞에 타인이 따로 없는 시대에 인간들이 살고 있다는 것이다. 산업화에 따라 고도로 발달된 과학기술은 이전과는 비교할 수 없는 풍요를 가져다주었지만, 동시에 이전에는 존재하지 않던 위험들을 내포하고 있다. 이른바 핵폭발, 비행기 사고, 고층건물 화재, 테러 등이 그러하다.

산업화와 무분별한 경제성장주의는 신자유주의와 결합하여 가족해체, 과학기술의 맹신, 자연환경의 난개발을 확산시키고 있다. 말 그대로 편재하는 위험 속에서 우리는 살아가고 있다. 세계화는 전 세계를 축소시키고 하나로 연결하며 소통하게 만들었지만 위험 역시 확대시켰다. 이전에는 국내에만 해당되던 문제들이 이제는 더 이상 한 나라에만 국한되지 않고 전 세계가 공통으로 부담해야 하는 일이 되고 말았다.

그 외에도 전 지구적으로 현재 우리가 겪고 있는 위험은 다양하다. 환경문제, 건강문제, 직업 불안정, 자아정체성의 혼란, 관습과 전통의 약화, 가족해체 등이 그것이다. 부의 불평등 심화도 큰 문제를 낳고 있다. 세계의 부는 산업화되고 발전된 일부 국가들에게만 집중되고 있다. 국가 간 또는 국가 내 빈부의 격차는 갈수록 심화되는 양상을 보인다.

세계화로 인해 다문화, 다민족 간의 접촉이 증가하면서 민족갈등, 인종갈등, 종교갈등의 문제는 역설적으로 더욱 심화되는 듯 보인다. 이상기온, 자연재해로 해마다 줄어드는 식량 역시 큰 문제이다. 세계화는 이 같은 현상들에 대해 바람직한 대안을 제시하지 못한다. 부의 편중은 가속화되고 일부 국가에서는 소비가 늘고 있으나 대다수의 국가는 식량을 충족시키지 못해 굶고 있다.

따라서 세계화에 대한 개혁과 성찰이 요구되고 있다. 현재 많은 학자는 세계화가 너무 가혹하고 몰인정하다는 점에서 피도 눈물도 없는 세계화, 끊임없이 줄기차고 숨 막히게 진행된다는 점에서 고삐 풀린 세계화라고 지적하고 있다. 세계화에서 파생되는 모든 문제의 원인들 대부분은 경제적 세계화가 정치적 세계화를 앞지르고 있는 데서 발생하며, 이런 문제들을 범지구적 차원에서 효과적으로 해결할 수 있는 초국가적 기구와 조직들이 없다는 데 문제의 심각성이 있다고 언급한다.

21세기 사회에서 세계화가 어쩔 수 없는 시대적 조류라고 한다면, 가급적 우리는 이를 위해 초국적 자본에 덜 지배받는 삶을 추구하면서 생명가치를 중시하는 삶, 나누는 삶에 토대를 둔 인간의 얼굴을 한 세계화, 인간의 다정다감한 동반자가 되는 세계화가 되도록 많은 노력과 성찰이 요구된다.

참고문헌

강상구(2008). 신자유주의 역사와 진실. 문화과학사.

강치원(2002). 세계화와 한국 사회의 미래. 백의.

고영복 편(2000). 사회학사전. 사회문화연구소.

김관호(2003). 세계화와 글로벌 경제. 박영사.

김석진, 박민수(1997). 세계화와 신자유주의 비판을 위하여. 공감.

라메쉬 미쉬라(2002). 세계화와 복지국가의 위기(이혁구 외 공역). 성균관대학교출판부.

모리스 버만(2002). 미국 문화의 몰락(심현식 역). 황금가지.

박길성(1996). 세계화: 자본과 문화의 구조변동. 나남.

박익규(2007). 세계화와 한국 사회정책. 우리들.

블라디미르 앙드레프(1999). 세계화시대의 다국적 기업(우석훈 역). 문원출판.

송호근 편(2001). 세계화와 복지국가. 나남.

안병영, 임혁백(2000). 세계화와 신자유주의. 나남.

앤서니 기든스(2000). 질주하는 세계(박찬욱 역). 생각의 나무.

에릭 슐로서(2002). 패스트푸드의 제국(김은령 역). 에코리브르.

울리히 벡(2006). 위험사회(홍성태 역). 새물결.

이성균, 신광영, 조돈문(2007). 세계화와 소득불평등. 집문당.

이철우(2009). 한반도 철도와 철의 실크로드의 정치경제학. 한국학술정보.

장석주(2012). 일상의 인문학. 민음사.

장시복(2004). 세계화시대 초국적기업의 실체. 책세상.

장정일(2007). 장정일의 독서일기 7. 랜덤하우스코리아.

장하준(2007). 나쁜 사마리아인. 부키.

조지 리처(2004). 맥도날드 그리고 맥도날드화(김종덕 역). 시유시.

조지프 스티글리츠(2002). 세계화와 그 불만(송철복 역). 세종연구원.

지그문트 바우만(2018). 고독을 잃어버린 시간(조은평, 강지은 공역). 동녘.

토머스 L. 프리드먼(2003). 렉서스와 올리브나무(신동욱 역). 창해.

토마스 피케티(2014). 21세기 자본(장경덕 역). 글항아리.

피터 버거, 새뮤얼 헌팅턴(2002). 진화하는 세계화. 아이필드.

한국산업사회학회 편(2004). 사회학. 한울아카데미.

한스 로슬링, 올라 로슬링, 안나 로슬링 뢴룬드(2019). **팩트풀니스**(이창신 역). 김영사.

한스 페터 마르틴, 하랄트 슈만(2003). 세계화의 덫(강수돌 역). 영림카디널.

Beck, U. (1997). *Was ist Globalisierung?*. Frankfurt.

Castells, M. (2009). *Communication Power*. Oxford: Oxford University Press.

Chossudovsky, M. (1997). *The Globalization of Poverty Impacts of IMF and World Bank Reforms*. Third World Network. Penang and Zed Books.

Giddens, A. (1997). *Jenseits von Links und Rechts*. Frankfurt.

Hirsch, J. (1990). *Kapitalismus ohne Alternative?*. VSA-Verlag.

Hirst, P., & Thompson, G. (1996). *Globalization in Question*. Polity Press.

Johnson, C. (2000). *Blowback: The Costs and Consequences of American Empire*. Metropolitan Books.

Taylor, L. (1997). The Revival of the Liberal Creed: IMF and the World Bank. Globalized Economy. *World Development, 25*(2).

Forbes https://www.forbes.com/sites/kurtbadenhausen/2019/05/22/the-worlds-most-valuable-brands-2019-apple-on-top-at-206-billion/#41dc176a37c2

16 다문화사회와 다문화가정

INVITATION TO NEW SOCIOLOGY (7TH ED.)

21세기 사회는 인간과 자본이 국경 없이 넘나드는 지구화시대이다. 우리는 이를 세계화라고 한다. 우리 자신도 모르게 진행되고 있는 세계화는 그동안 서로 달랐던 사회나 국가가 상호밀접한 의존적 관계를 맺게 됨을 의미한다. 이러한 세계화의 영향으로 우리나라를 비롯하여 많은 국가가 다문화 속에서 살고 있으며, 특히 다른 나라의 많은 사람이 우리나라로 들어오고 있는 상황이다.

이러한 현상의 원인은, 첫째, 1990년대 세계화가 급진전되면서 정부가 국내 자본시장과 노동시장 개방정책으로 국내에 유입되는 외국인 노동자가 급증하였기 때문이다. 둘째, 저출산·고령화 및 3D업종의 기피로 인한 청·장년층 경제활동인구의 감소, 저임금의 단순노동 기피 등의 현상에서 비롯되었다. 셋째, 농촌지역의 미혼 남성들이 배우자를 찾는 데 곤란함과 더불어 중국 및 동남아시아의 여성들이 빈곤을 극복하고 여유로운 삶의 기회를 찾고자 하는 데서 비롯된 국제결혼의 증가에 기인한다.

다문화사회와 관련된 이론을 살펴보면, 우선 다문화주의이론은 한 국가 또는 사회 안에 다양한 문화가 공존하면서 서로 다른 집단들이 평등한 위치에서 서로의 다름을 인정하는 이론이다. 일반적으로 이민자의 문화 및 정체성을 간섭하지 않는 것으로 인종적·문화적 다양성과 특수성을 설명할 때 사용하는 이론이다. 프랑스 대혁명이 낳은 공화주의 이론은 모든 사람은 평등하며, 공공의 이익과 화합을 우선시하는 공동체주의라고 할 수 있다. 공생과 공영을 기본 가치로 하면서 노동자, 농민 등 대다수 국민이 정치의 주체로서 정치의 주인이 되는 이론으로, 성적 취향, 인종, 출신, 종교 등을 불문하고 각 시민을 추상적이고 보편적인 개인을 취급한다. 독일의 물티쿨티(Multikulti) 논쟁은, 1990년대 말까지 물티쿨티가 다문화는 배타의 대상이 아니라 독일문화를 풍성하게 만드는 데 기여한다는 인식을 갖고 있었으나 이민자들이 급증하는 2000년대에 들어와서는 사회의 정체성 유지를 위해 이민자나 이주자가 몸담고 살고 있는 사회의 역사·관습·문화·언어·법질서 등을 우선적으로 습득해야 한다는 주도문화와의 대립과 관련된 이론이다. 동화주의이론은 하위문화 혹은 소수집단문화에 속한 개인이나 집단은 그들이 지금까지 살아오던 정체성을 잃고, 즉 생활방식·관습·가치·언어 등을 포기하고 일방적으로 새로운 사회의 지배문화, 즉 주류사회의 문화를 의무적(강제적)으로 채택·습득하는 것을 말한다. 문화다원주의는 기존 주류사회의 문화를 지배문화로 여기고 위배하지 않고 따르면서, 소수집단의 문화와 정체성을 어느 정도 유지해 나가는 것으로 보는 이론이다. 문화다원주의는 개인이든 소수집단이든 자유롭게 모여서 자신들의 문화와 정체성을 지키며 보존할 수 있게 하는 것으로 샐러드 볼, 무지개 연합, 오케스트라, 인종적 모자이크 등 다양한 용어로 표현되기도 한다. 종족배제주의이론은 자국문화의 우월성을 강조하는 동시에 타 민족이나 문화를 극단적으로 배제하는 나치즘과 파시즘에 토대를 둔다. 즉, 자신이 속한 민족, 집단에는 강한 일체감을 보이는 반면, 외집단에 대해서는 지극히 배타적인 태도를 보인다.

아무튼 세계화의 영향으로 전 세계의 많은 국가가 다양한 국가의 사람들과 교류하는 다문화사회 속에 살고 있는 한편, 다양한 국가의 사람들과 가정을 이루며 사는 다문화가 많이 늘어나고 있다. 우리도 예외 없이 이미 다문화사회 속에서 살고 있다고 할 수 있으며, 다문화가정이 많이 늘어나면서 다문화가정 문제가 큰 사회문제로 등장하고 있어 이에 대한 대책이 요구되고 있는 실정이다.

여기서 다문화사회란 둘 이상의 문화권이 공존하는 사회를 의미하는 것으로, 하나의 국가나 하나의 사회 속에 다양한 문화가 공존하는 것을 말한다. 또한 다문화가정이란 우리와 다른 민족이나 문화적 배경을 가진 배우자를 만나 구성된 가정으로 한 가정 내에 다양한 문화가 공존하는 것으로 국제결혼을 통해 형성된 가정을 의미한다.

우리도 세계화의 영향으로 다문화사회 속에서 살아갈 수밖에 없다. 이러한 사정을 감안할 때, 생물다양성의 보존이 건강한 생태계의 유지 및 위험에 대한 능력을 향상시키듯이, 대승적 차원에서 이들, 즉 외국인 노동자, 이민자, 이주결혼여성들을 우리 사회 내로 포용하고 통합시킬 필요가 있다.

1 다문화사회와 다문화가정

　오늘날 세계화의 영향으로 우리나라를 비롯하여 많은 국가가 다문화사회 속에서 살고 있다. 세계화의 영향으로 국가들 간의 상호연관성이 심화되고 있는 가운데 노동이나 이주, 결혼 등에 의해서 다양한 국가의 사람들과 교류하거나 가정을 이루며 사는 다문화가정도 많이 늘어나고 있는 추세이다.

　다문화사회란 둘 이상의 문화권이 함께 공존하는 사회를 말한다. 각 민족 혹은 국가마다 고유의 문화적 특성을 가지고 있는데, 하나의 국가 안에 다양한 문화가 공존하는 사회를 다문화사회라고 한다. 대부분의 사회는 원래 하나의 문화권을 형성하는 것이 당연시되어 왔지만, 세계화가 급격히 진행되는 오늘날에는 하나의 사회 안에 여러 개의 다양한 문화가 존재하는 것이 보편화되었다.

　한편, 다문화가정이란 한 가정 내에 다양한 문화가 공존하는 것으로서 국제결혼 등을 통해 서로 다른 나라의 상대를 만나 결합한 가정을 의미한다. 이러한 다문화가정을 혼혈가정이라고 불러 왔는데, 보통 사회적으로 두 인종 사이에서 결합된 가정의 형태를 의미하였다. 하지만 혼혈이라는 용어 자체가 가지고 있는 상징적 차별성과 특수성으로 인해 오히려 거부반응을 일으켰다. 그리하여 용어 자체가 내포하고 있는 부정적 측면을 바꾸기 위해 다문화가정이라는 용어의 사용이 권장되고 있다. 최근에는 다문화가정을 '우리와 다른 민족, 문화적 배경을 가진 사람들로 구성된 가족 및 귀화자로 이루어진 가족'으로 정의하고 있다.

법무부 출입국 통계에 따르면, 2022년 말 기준 장·단기 체류 외국인은 224만 5,912명으로 전년 대비 14.8% 증가했다고 한다. 전체 인구 대비 외국인 비율은 코로나19의 영향으로 2019년 4.87%에서 2021년 3.79%까지 감소하였다가 2022년 4.37%로 증가하였다. 또한 한국 국민 40명 중 1명은 외국인이고, 결혼하는 10쌍 중 1쌍은 외국인과 결혼하는 것으로 나타났으며, 한국 땅에 외국인이 살지 않는 지역은 거의 없다고 한다.

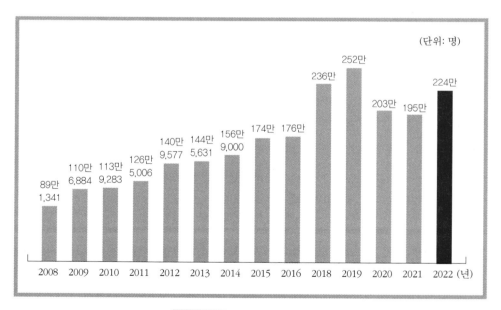

그림 16-1 국내 거주 외국인 수

출처: 행정안전부(2016~2022).

2 다문화사회 관련 이론

다문화주의

다문화주의(Multiculturalism)는 다양한 문화의 공존을 추구함은 물론, 서로 다른 집단들이 평등한 위치에서 서로의 다름을 인정하는 것이라고 할 수 있다. 이러한 배경을 가진 다문화주의는 한 국가 또는 사회 안에서 여러 개의 문화가 공존하는 것을 의미하며, 일반적으로 인간사회의 인종적·문화적 다양성과 특수성을 설명할 때 사용된다. 다문화주의라는 용어는 캐나다 정부가 다문화주의 정책을 시행하면서 널리 사용되기 시작하였으며, 1980년대 이후로 북아메리카와 오스트레일리아 그리고 유럽에서 본격적으로 사용되기 시작하였다.

전형적인 이민국가인 캐나다[1]는 오늘날 가장 모범적인 다문화주의 국가로 평가되고 있다. 캐나다 사회는 1971년에 전 세계로부터 유입되는 다양한 이민자들의 문화를 단 하나의 문화로 통합하기보다는 각 민족 고유의 문화를 인정하고 계승·발전시켜 캐나다 문화의 한 부분으로 만들기 위해 세계 최초로 다문화주의를 국가의 시책으로 정한다는 취지를 발표하였다. 이후 캐나다 정부는 1982년에「헌법」제15조와 제27조에 "모든 개인은 법 앞에 평등하며 피부색, 인종, 국적, 종족, 종교의 차별을 받지 않고 보호와 혜택을 공평하게 받을 권리가 있다."라는 점을 명시하고, 캐나다의 다문화적 전통을 꾸준히 향상하고 보존할 것을 천명하였다. 따라서 캐나다는 문화적 다양성에 기초한 각 민족집단의 정체성 보존과 상호이해와 인정을 통해 보다 높은 수준의 사회통합과 사회발전을 위해 노력해 왔다. 특히 트로퍼(Troper, 1999)는 캐나다의 다문화주의를 '인종·민족·문화적으로 다원화된 인구학적 현상, 사회

---

1) 캐나다는 전형적인 이민국가이다. 캐나다의 인구 구성을 보면, 전체 인구의 1.5%인 47만여 명만이 캐나다 원주민이고, 영국계 이민자는 약 45%, 프랑스계 이민자는 약 29%, 그 밖의 유럽지역 이민자는 9%, 아시아 및 기타 지역 이민자는 약 5~6%를 차지한다(한국학중앙연구원 편, 2010).

문화적 다양성을 긍정적으로 인식하고 가치 있게 여기고 존중하려는 사회적 이념, 사회문화적 다양성을 보호하고 인종·민족·국적에 따른 차별과 배제 없이 모든 개인이 형평한 기회에 접할수 있도록 보장하는 정부의 정책과 프로그램'으로 정의하였다(윤인진, 2008에서 재인용).

많은 학자는 다문화주의에 대해 일반적으로 한 사회 내 다양한 인종집단들의 문화를 단일한 문화로 통합시키지 않고 서로 인정하고 존중하면서 공존하게 하는 것이라고 한다. 따라서 특정한 사회의 지배적인 문화의 억압으로 실현되지 못한 다양한 문화적 차이에 대한 인식, 혹은 그 차이를 열린 마음으로 인정하고 포용할 수 있는 감수성 배양 및 그 목적을 달성하기 위한 일련의 전략과 행위 등으로 언급하고 있다.

이러한 다문화주의의 개념적 정의는 오늘날 개인이나 사회를 초월하여 마땅히 받아들여야 할 일종의 규범으로 받아들여지고 있다. 테일러(C. Taylor)는 다문화주의를 문화적 다수집단이 소수집단을 동등한 가치를 가진 집단으로 인정하는 승인의 정치(politics of recognition)로 정의하였다. 이러한 다문화주의는 선진국에 이주해 와서 거주하고 있는 이민집단들이 내재한 고유한 문화를 지칭하는 데 사용되기도 한다.

한편, 마르티니엘로(M. Martiniello)는 개인 또는 소수집단이 가지고 있는 인종과 문화의 정체성과 다양성을 어떻게 어느 정도 받아들이느냐에 따라 온건다문화주의, 강경다문화주의, 시장다문화주의로 나누었다. 온건다문화주의는 한 사회 안에서 일반적으로 많이 볼 수 있는 외국문화와 관련되는 것으로 다른 문화권의 음식, 음악, 패션 등의 영향을 받은 생활양식과 소비양식을 말한다. 강경다문화주의는 종래의 고전적인 민족 중심의 국가 개념을 근본적으로 비판하고, 단순한 사회적 인정과 일상적인 생활방식의 변화를 넘어서 소수집단의 인종적 다양성과 특수성, 문화적 정체성을 인정하는 것으로 정부가 공공정책을 통하여 보장하는 것이라 할 수 있다. 시장다문화주의는 시장에서 경제적 이익 추구를 위한 수단으로서의 다문화주의로 책, 음반, 음식 등에서의 다문화적인 생활방식이 시장경제에도 영향을 주고받

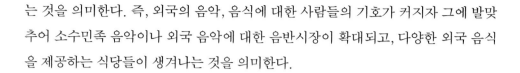

는 것을 의미한다. 즉, 외국의 음악, 음식에 대한 사람들의 기호가 커지자 그에 발맞추어 소수민족 음악이나 외국 음악에 대한 음반시장이 확대되고, 다양한 외국 음식을 제공하는 식당들이 생겨나는 것을 의미한다.

프랑스의 공화주의 전통과 다문화주의 간의 갈등

18세기 후반 프랑스는 쇠약해진 국력을 인구증가로 만회하기 위해 외국인유입정책을 펴 왔다. 그렇게 시작된 프랑스의 이주자정책은 그동안 각 시대에 맞게 이민을 장려하거나 규제해 가면서 변화 · 발전해 왔다. 특히 1980년대부터 통합이라는 차원에서 이민자들을 수용하는 정책을 전개해 온 프랑스는 최근 프랑스 사회에 제대로 적응하지 못하는 이민자들 때문에 여러 가지로 곤란을 겪고 있다. 이에는 프랑스가 1974년 노동이민 금지조치로 말미암아 과거에 정착한 이주민들이 소수집단화되는, 즉 정주화되는 예기치 않은 결과와 이후 이들이 개인으로서의 주류사회 통합이 어려워지고, 낙후지역에 인종적 소수자들이 밀집되어 소수민족집단의 존재가 가시화되면서 통합을 해침은 물론, 각종 사회문제를 일으키는 존재로 대두되었다.

원래 프랑스는 공화주의 전통이 자리 잡아 온 사회였다. 이러한 프랑스 대혁명이 낳은 공화주의 전통은 모든 사람은 평등하며, 공공의 이익과 화합을 우선시하는 공동체주의라고 할 수 있다. 이와 같이 공화주의는 공생과 공영을 기본 가치로 하면서 노동자, 농민 등 대다수 국민이 정치의 주체로 나서서 정치의 주인이 되는 진정한 의미의 참민주주의라고 할 수 있는바, 우리가 익히 알고 있는 루소는 이를 일반의지로 표현하기도 하였다.

공화주의 전통에 따라 프랑스는 출신, 인종, 종교뿐만 아니라 성, 성적 취향 등을 불문하고 각 시민을 추상적이고 보편적인 개인(존재)으로 취급하여 왔다. 따라서 프랑스는 어떤 형태로든 소수집단을 인정하는 것은 평등을 훼손하는 것으로 여기며 배격의 대상이 되어 왔다. 즉, 프랑스에서 공통의 정체성을 바탕으로 소수인종집단, 이민자집단과 같은 특수집단은 부조리한 집단으로 인식되어 배격의 대상이 되어 왔다. 프랑스는 민족마다 다른 다양한 문화나 언어를 단일한 문화나 언어로 동화시키지 않고 공존시켜 서로 존중하는 것을 목적으로 하는 다문화주의를 공동체주의에 위배된다고 배격하여 왔다. 오로지 공화주의 전통에 따라 프랑스에 거주하는 이민자들도 평등, 화합, 공생, 공영의 정신에 입각하여 공화국의 시민으로, 즉 추상적이고 보편적인 개인으로 취급하여 통합하려는 의도를 초지일관 유지해 왔다.

이러한 공화주의 전통이 자리 잡아 왔던 프랑스는 최근 여러 인종과 민족이 이주한 결과, 다문화사회로 변화·발전하면서 취업문제, 취학문제, 동화(적응)문제 등 여러 가지 문제가 발생하였다.[2] 사실 이는 세계화의 영향과 새로운 이민에 따른 문화적·종족적 이질성이 가져온 결과로 사회통합에 대한 새로운 논의가 당연히 촉발할 수밖에 없는 상황이었다. 이렇게 프랑스 사회에 등장하기 시작한 인종적 이질성에 대한 인정보다 시민으로서의 동질성을 강조하는 다문화주의는 사회적 공감대를 얻기 어려운 갈등적 상황을 가져왔다. 즉, 프랑스 사회는 2000년대 초 공화주의 대 다문화주의라는 이분법으로 쉽게 설명하기 어려운 복합적인 양상을 띠고 있는 상황이다.

현재 프랑스 사회는 개별 문화들 간 차이의 인정이나 확인에 그치는 영미권의 다문화주의와 달리, 구체적인 상호작용을 문화의 핵심으로 간주하는 '문화간주의(interculturalism)'의 양상을 띠고 흘러가고 있다. 예를 들어, '문화 간 교육'은 이주민 가정의 학생들이 구체적으로 학교에서 보여 주는 교사 및 학생들과의 다양한 상호작용의 행태 등 일상에서 경험하는 다문화성에 초점을 둔다는 점이다.

따라서 프랑스 정부는 이민자들을 프랑스 사회에 제대로 흡수하기 위한 언어·문화 교육 프로그램 개발에 역점을 두어 왔다. 이 중 가장 눈에 띄는 사례가 바로 이민자 자녀를 최대한 빨리, 그리고 효과적으로 프랑스 사회에 적응할 수 있도록 제도

---

2) 프랑스는 1950년대 중반부터 이민자가 급증하였는바, 특히 파리 외곽에 위치한 마그레브 지역은 과거 프랑스가 식민지배한 알제리, 튀니지, 모로코 출신의 이민자들 약 450만여 명이 모여 살고 있는 곳이다. 이들은 이곳에서 그들끼리 게토화되거나 각종 범죄나 테러의 온상지, 종교적 상징 고수(히잡 착용 등), 실업자 만연, 슬럼화 등 많은 사회문제를 일으키고 있다. 이는 과거 그들이 침탈했던 식민지 역사의 부메랑을 맞고 있음을 엿볼 수 있다(장정일, 2016).

화한 이민자 자녀들의 취학제도이다. 그러나 문화간주의에 입각한 이민자들을 프랑스 사회에 적응시키는 문제는 용이하지 않게 전개되고 있는 상황이다. 오히려 인종 간, 소수민족집단 간 문제로 사회가 통합되기보다는 분절화되고 갈등·반목·대립하고 있는 상황이다.

일련의 사태에도 불구하고 아직도 프랑스 사회는 공화주의적 전통하에 다름의 인정 및 보편적인 개인이라는 정신을 바탕으로 평등, 화합, 공생, 공영의 가치 속에 이민자들이 프랑스 사회에 융화되기를 바라고 있다.

독일의 다문화와 물티쿨티 논쟁

우리나라와 비슷한 여건이면서 우리보다 앞서 이주노동자 및 이민자와 관련된 문제를 겪었던 독일의 경우 물티쿨티(Multikulti)에 관한 논쟁이 있었다.[3] 사민당이나 녹색당 등 진보정당이 지지하는 물티쿨티 개념의 핵심은 다문화는 배타의 대상이 아니라, 오히려 독일문화를 풍성하게 만드는 데 기여한다는 것이었다. 1980년대 말 물티쿨티 개념은 독일인이 아닌 장기체류하는 외국인들에 대한 이민정책으로 구체화되었다. 그리고 이 개념은 1990년 말부터 외국인 정책으로 확대되어 전 사회 영역에서 활발하게 다루어졌다.

그러나 2000년대에 들어와서는 기민당 등 보수정당들이 주도문화론을 들고 나와서 소위 주도문화 논쟁이 전개되었다. 주도문화(Leitkultur)란 한 사회에는 이를 주도하는 문화가 있기 마련이고, 이것은 그 사회의 정체성 유지를 위해 필수 불가결하다는 입장이다. 이러한 차원에서 타 문화는 주도문화와 동일한 차원에서 보호되고 다룰 수 있는 대상이 아니라는 것이다. 따라서 독일 사회는 외국인들을 독일 문화에 적응시키기 위해 독일어, 독일 역사, 독일 관습 등 독일 사회가 요구하는 문화와 법 질서를 의무적으로 익히도록 해야 한다는 원칙을 제시하였다. 그러나 사민당이나 녹색당의 좌

---

3) 통일된 독일의 총 인구는 2000년에 이르러 약 8,200만 명이었는데, 이 중 최근 외국인 인구는 약 1,400만 명으로 전체 인구의 약 17%를 차지하고 있다.

파 정치인들은 기민당의 주도문화 개념에 대해 국수주의적 발상으로 세계적인 조류에 역행한다고 비판하면서 다양성의 문화를 주창하고 있는 상황이다(이동희, 2010).

동화주의와 문화다원주의[4]

과학과 문명의 발달, 교통과 통신의 발전으로 과거와는 다르게 하나의 국가는 여러 민족과 다양한 문화를 한 국가 안에 포함한 형태의 모습을 이루고 있다. 한 민족으로 구성되어 있는 국가라 하더라도 문화교류와 다양한 목적을 가진 이민자 등으로 인해 그 국가는 다양한 인종과 문화를 포함한 복합적인 구성요소를 가지고 있으며, 기존의 문화와 인종을 넘어서는 이질성이 존재한다. 따라서 사회가 이러한 이질성을 어떻게 인식하고 받아들이느냐, 소수집단들이 표출하는 다양성을 어떠한 기준을 가지고 접근하느냐 하는 문제가 제기된다. 특수성과 이질성에 접근하는 방법에 따라 동화주의적 접근방식과 다원주의적 접근방식이 있다.

동화주의(assimilation)　　파크(R. E. Park)와 버제스(E. W. Burgess)는 동화이론을 제기하면서 이민자들은 '접촉-경쟁-화해-동화'의 네 과정을 경험하면서 주류사회에 동화하며 해당 사회에 정착한다는 이론을 제시하였다(Park & Burgess, 1921). 이

---

4) 동화주의이론은 전통적 동화이론, 용광로이론, 문화다원주의이론을 포함한다. 전통적 동화이론이란 하위문화 혹은 소수집단문화에 속한 개인이나 집단은 그들이 지금까지 살아오던 생활방식, 관습, 가치, 언어 등을 포기하고 일방적으로 새로운 사회의 지배문화, 즉 주류사회의 문화를 채택·습득하는 것을 말한다. 그후 전통적 동화이론이 사회 내에 존재하는 다양한 인종이나 민족의 문화적 다양성을 인정하지 않음에 대한 대안으로 용광로이론이 대두되었다. 동화이론이라고도 불리는 용광로이론은 인종이나 피부색에 관계없이 한 국가의 시민으로서 평등과 인종 간 통합을 추구하기 위해 시작된 이론으로, 소수집단이 스스로 자민족의 문화나 언어에 자긍심을 가지고 그것을 유지해 나간다는 것이다. 그러나 모든 민족이나 인종이 하나로 융화됨을 추구하는 용광로이론은 백인을 제외한 흑인 등 유색인종들에게는 여전히 보이지 않는 차별과 편견으로 작용하는 한계를 보인다. 따라서 용광로이론 자체에 내재하는 모순을 극복하기 위하여 소수인종에 의하여 문화다원주의이론이 대두되었다. 문화다원주의이론은 각각의 민족적·문화적 뿌리를 서로 존중하면서 공존, 공생하는 사회의 존재방식을 이상으로 하는 이론이다. 따라서 문화다원주의이론은 주류사회로의 동화를 추구하는 동화이론을 거부하며 이민자들이 고유 언어, 문화, 정체성을 유지하면서 해당 사회에 기여할 수 있다는 이론이다.

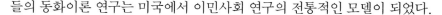

들의 동화이론 연구는 미국에서 이민사회 연구의 전통적인 모델이 되었다.

　동화주의 사회는 국민의 소속원인 이민자들의 소속집단이 다수집단이라는 커다란 사회 속으로 녹아서 융해된다. 이 과정에서 문화적·사회적 적응이라는 것을 목표로 이주자들 또는 소수자들이 자신의 정체성을 잃고 사회의 주류에 의해 정의된 다수문화에 적합한 형태로 융해되어 바뀌는 것이다. 그때에 개인이나 소수집단은 자신들의 특징과 문화적 정체성을 잃게 되거나 그렇지 않으면 사적이고 개인적인 공간에서만 자신들의 정체성을 표출할 수 있게 된다. 또한 이주민들은 새로운 사회나 국가에 자신들이 잘 융해되어 훌륭한 사회의 구성원이 되었음을 기존의 다수집단에 증명을 해 보여야만 그 사회 또는 국가에 무사히 안착할 수 있다. 이것은 동화주의의 특징으로 이민국가에서는 소수인 이주자들의 문화적 정체성의 이전을 용이하게 하기 위하여 다양한 동화주의적 접근방식을 가진 정책을 시행하고 있다.

　동화주의적 접근방식을 국가정책으로 채택한 대표적인 나라는 미국이다. 따라서 미국 사회는 속지주의를 토대로 귀화절차도 매우 간단하다. 이러한 정책은 이주민 또는 후기 이민자들이 가능한 한 빠르고 쉽게 국적을 취득할 수 있도록 함으로써 한 나라의 국민이라는 커다란 틀에 쉽고 빠르게 융해될 수 있도록 하는 데 목적을 두고 있다.

　한편, 새로운 사회에 이주하여 적응하는 이주민들은 그 사회의 언어와 문화를 배워야 한다. 그리고 그 언어를 사용해야만 하며 그 문화를 받아들여야 한다. 어떤 특별한 소수집단 또는 소수문화권에 속해 있을지라도 특별한 대우를 받지는 않는다. 이주민과 그들의 아이들은 부모의 출신국가나 문화에 관계없이 같은 언어를 사용하고 동일한 학교교육을 받게 된다. 미국 대도시 내의 외국 이민자들이 많이 사는 지역의 학교에서는 아직 영어를 잘 구사하지 못하는 아이들을 위한 특별반이 있다. 그 특별반의 목표는 아이들이 영어보충수업 등을 통해 가능한 한 빠른 시간 내에 정상적인 교육을 받을 수 있게 도와주는 것이다. 마찬가지로 주거, 고용, 보건 등의 다른 분야에서도 사회정책은 사회구성원인 시민들의 인종적·사회적 배경을 고려하지 않고 시행되는데, 이것은 하나의 통합적이고 안정적인 사회를 만들어 가기 위한 방법이다.

문화다원주의(cultural pluralism)   동화주의적 접근방식과 다르게 문화다원주의적 접근방식은 소수집단의 문화와 정체성을 어느 정도 인정한다. 이민이나 국제결혼 등을 통해서 생겨난 소수인종집단의 특수성과 정체성이 공공정책을 통하여 보호되고 인정되는 것이다. 기존의 사회상과 다수집단의 방식을 중심으로 동화시키는 것이 아니라, 개인이든 소수집단이든 자유롭게 모여서 자신들의 문화와 정체성을 지키며 보존할 수 있게 하는 접근방식이다.

이러한 문화다원주의는 샐러드 볼(salad bowl) 또는 무지개연합(rainbow coalition), 오케스트라(orchestra), 인종적 모자이크(ethnic mosaic) 등 다양한 용어로 표현되기도 한다. 샐러드 볼에 담긴 야채는 각각 고유의 모습을 유지하면서 섞으면 맛있는 샐러드가 되는 것과 마찬가지로 여러 인종, 여러 민족이 각자의 특성을 유지하면서 해당 사회에 기여할 수 있다. 무지개연합은 무지개가 서로 다른 색들의 수평적 공존을 통해 아름다운 조화를 만들어 내는 것처럼 여러 인종, 여러 민족이 조화를 이루면서 공존할 수 있다. 오케스트라 역시 각각의 악기가 고유의 소리를 내지만 지휘자의 지휘봉에 맞추어 화음을 이루면 아름다운 오케스트라 협연이 되듯이 여러 인종,

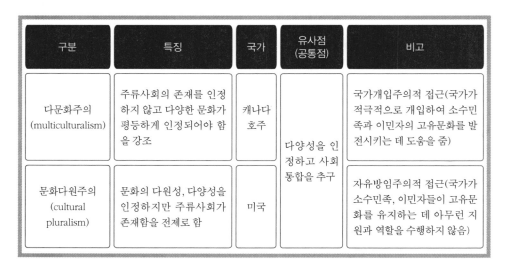

구분	특징	국가	유사점 (공통점)	비고
다문화주의 (multiculturalism)	주류사회의 존재를 인정하지 않고 다양한 문화가 평등하게 인정되어야 함을 강조	캐나다 호주	다양성을 인정하고 사회 통합을 추구	국가개입주의적 접근(국가가 적극적으로 개입하여 소수민족과 이민자의 고유문화를 발전시키는 데 도움을 줌)
문화다원주의 (cultural pluralism)	문화의 다원성, 다양성을 인정하지만 주류사회가 존재함을 전제로 함	미국		자유방임주의적 접근(국가가 소수민족, 이민자들이 고유문화를 유지하는 데 아무런 지원과 역할을 수행하지 않음)

그림 16-2 다문화주의와 문화다원주의

여러 민족이 조화를 이루면서 공존할 수 있음을 의미한다. 인종적 모자이크는 이민자들이 출신국에 따른 특성을 간직하면서 전체 사회를 조화롭게 구성하여 공존·공생할 수 있음을 의미한다. 따라서 다인종·다민족사회인 미국과 같은 사회에서 각 인종과 민족은 서로의 이익을 추구하고 협조를 통한 조화를 이루면서 다원화사회를 형성할 수 있다는 이론이다(장태환, 2004). 정치철학으로서의 문화다원주의는 한 사회 내에서 존재하는 각 하위사회 또는 소수집단의 특수성과 정체성을 똑같이 인정하고 존중해야 한다는 입장을 취하고 있다. 그것은 음식, 의복, 주거형태, 장례의식, 이념, 종교, 언어 사용 등에 있어서 모든 집단에 자유를 인정하고 공존을 주장하는 것이다.

　이민자들이 자신들의 이익집단을 결성하고 자신의 2세나 후손들 또는 다른 사회 구성원에게 자신들의 문화를 교육함으로써 교육을 통하여 다음 세대에게 문화적·인종적 정체성을 전수하여 자신들의 정체성과 특수성을 보존할 수 있게 하는 것이다. 또한 다른 집단 또는 다수집단에게 자신들에 대해 알릴 수 있는 기회를 만들어 냄으로써 자신이 속한 소수집단에 대한 편견과 고정관념을 바꿀 수 있다.

　다원주의적 접근방식을 가진 사회는 민권정책 부문에서 동화주의 사회에 비하여 상대적으로 개방적이다. 따라서 소수집단들은 자신들의 권리를 보호하고 차별정책에 맞서 싸우기 위해 또는 사회로부터 소외됨으로써 생기는 불균형을 해소하기 위해 활발한 민권운동을 전개하기도 한다. 그러나 문화다원주의의 밑바탕에는 어디까지나 여전히 주류사회의 문화를 지배문화로 여기고 소수문화가 이에 위배되지 않고 주류사회의 문화를 따를 수 있게 하는 정책을 은연중에 제시하고 있다.

종족배제주의

　자국문화의 우월성을 강조하는 동시에 타국문화를 극단적으로 배제하는 나치즘과 파시즘에 토대를 둔 종족배제주의(ethnic exclusivism)는 코엔더스(Coenders)와 그의 동료들이 유럽연합에 속한 15개국을 대상으로 국가 간 그리고 개인 간의 종족배제주의의 태도 차이를 설명하면서 사용한 개념이다. 유럽 인종주의 및 외국인 혐오

모니터링 센터(European Monitoring Centre on Racism and Xenophobia: EUMC)는 종족배제주의를 하나 또는 그 이상의 다른 민족이나 외집단에 대해 일반화된 비우호적 태도로 정의하고 있다.

종족배제주의는 자신이 속한 민족·집단에는 강한 일체감을 보이는 반면, 외집단에 대해서는 지극히 배타적인 태도를 보이는 정체성의 메커니즘으로서, 현실적인 경쟁에 의해 강화된다. 또한 개인적 수준에서의 경쟁과 다수집단 구성원들의 사회적 환경으로부터 파생되는 인지된 위협이 영향을 미칠 수 있다. 외국인 이주자들과 사회경제적 지위가 유사한 집단은 이주자들이 늘어날수록 이들에 대하여 차별적 태도를 취하는 것으로 나타났다. 또한 1인당 GDP가 낮고 실업률이 높은 국가, 인구 중 비(非)서구 외국인의 비율이 상대적으로 높은 국가에서 종족배제주의 태도가 보다 두드러지게 나타나고 있다.

3 다문화사회의 사회구조 변화와 진입과정

외국인 노동자의 유입과 국제결혼의 증가는 국내에 거주하는 외국인들의 증가를 불러오고 있으며, 이들이 수반하는 자국의 문화는 향후 우리 사회에 적지 않은 파장과 마찰을 불러일으킬 것이다. 따라서 앞으로 더욱 심화될 외국인들의 유입과 이들의 문화에 대한 근본적인 대응이 필요하다. 이미 외국인 근로자들은 자신들이 일하는 지역을 중심으로 집단적인 거주지역을 이루고 있으며, 농촌사회 역시 결혼이주자들로 인해 사회 전반에 걸쳐 많은 변화가 감지되고 있다. 따라서 정치, 경제, 사회, 문화, 교육 등을 비롯해 사회 곳곳에 다문화적 특징이 내면화될 것으로 전망되며, 나아가 우리 사회의 문화적 정체성과 사회구조에 많은 변화를 일으킬 것으로 보인다. 그러면 이들과 연관하여 다문화사회의 단계별 전개과정과 문제점을 살펴보기로 하자.

다문화사회로의 진입단계

진입단계는 외국인이 전체 인구 구성에서 차지하는 비중이 증가하는 시기이다. 동질적인 사회에서 다른 문화가 유입됨으로 인해 사회구성원들의 혼란 및 그에 대한 사회심리적 저항과 차별적 태도를 유발함은 물론, 행동의 다양성이나 가치관의 상이에 따른 규범의식의 저하 문제가 발생한다.

다문화사회로의 이행단계

이행단계는 외국인들의 체류기간이 늘어남에 따라 가족 및 공동체를 형성하는 시기이다. 이로 인해 가족 간 의사소통의 제한으로 가정 내 유대관계가 악화되어 구성원 간 무관심이 발생한다. 아울러 다문화가정의 이혼 증가, 가족해체, 인종에 따른 소득격차로 인한 새로운 차원의 사회적 불평등이 심화된다.

다문화사회의 정착단계

정착단계는 다문화가정에서 성장한 2세가 사회에 진출하여 이주민 공동체가 재생산되는 시기이다. 이로 인해 가족과 주류사회의 문화 사이에서 인종적 정체성의 혼란이 발생함은 물론, 교육수준이 낮고 소득수준이 낮은 이민자들에 대한 사회복지비 부담의 증대, 인종 간 사회적 마찰의 증대, 사회적 일체감의 붕괴를 초래한다.

4 다문화사회에서의 다문화가정

다문화가정의 유형과 형성 배경

다문화가족이란 한 가정 내에서 다양한 문화가 공존하는 가족을 뜻하는 것으로, 우리 사회에서 다문화가족 유형은 다음과 같은 경우로 발생한다. 먼저, 결혼이민자 가족은 한국인 아버지 혹은 어머니와 외국인 어머니나 아버지 사이에서 태어난 자녀로 이루어진 가족을 말한다. 또한 외국인 근로자 가족이 있는데, 이는 외국인 근로자가 한국에서 결혼하여 태어난 자녀로 이루어진 가족 그리고 자국에서 결혼하여 형성된 가족이 한국으로 이주한 가정의 자녀로 이루어진 가족을 말한다.

한국 사회에서 다문화가족이 점점 증가하는 이유는, 첫째, 혼인적령기의 남성과 여성의 성비가 비정상적인 불균형을 이루는 것으로 결혼하지 못하는 남성, 특히 농촌 청년의 수가 급증함으로 인해 발생한다. 둘째, 여성들의 결혼연령의 증가 및 결혼하지 않고 혼자 사는 독신여성의 증가이다. 셋째, 농촌에서 살기를 꺼리는 한국 여성의 가치관이 작용함으로써 결혼조건을 충족시키지 못하는 남성의 증가이다. 넷째, 정보화·세계화에 따른 국제결혼에 대한 인식과 가치관의 변화이다. 다섯째, 한국 사회의 3D 업종 기피현상으로 인해 노동력을 보충하기 위한 방편으로 외국인 근로자들의 유입, 즉 빈곤과 만성적 실업에 시달리는 외국인 근로자들의 한국으로의 이주 증가이다. 여섯째, 동남아시아 등 주변국 여성들이 결혼을 통해 한국으로 이주함으로써 얻고자 하는 욕구, 즉 빈곤 탈출 및 계층 상승에 대한 열망과 삶의 질 향상, 이상 실현 등에 기인한다. 일곱째, 자국 남성에 대한 실망, 국제결혼 중매업체들의 적극적인 상술과 구혼자 구제 차원의 국제결혼을 독려하는 사회적 분위기가 맞물려 국제결혼이 증가한 것이 그 배경이 되고 있다.

결혼이민자

지구촌시대에 인구이동이 보편화되면서 최근 국내 외국인 입국자 비율이 급격히 증가하고 있다. 한국 사회는 이미 오래전부터 농촌지역에서 세계화가 급격히 진행되어 왔다. 특히 남성에 비해 여성의 비율이 급격히 상승하고 있는 상황이다. 외국인들의 국내 유입을 살펴보면 1980년대 말에는 외국인 노동자들이 대량 유입되었으나, 1990년대 중반부터는 외국인 여성 결혼자의 비율이 현저하게 증가하였다. 일반적으로 외국인 남성들의 이주는 노동을 중심으로 이루어지는 반면, 여성의 이주는 결혼이나 성 산업과 관련된 취업이 주로 이루어진다. 그러나 성매매 규제에 따라 성 산업과 관련된 이주는 다소 주춤하는 데 비하여 결혼을 통한 이주는 급격히 확대

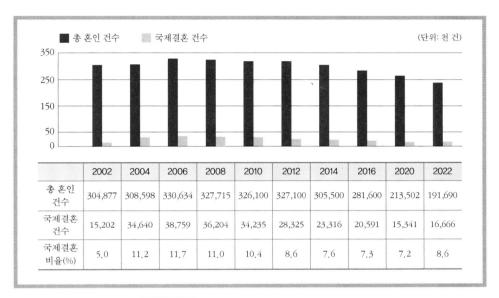

그림 16-3 다문화사회에서의 국제결혼 추이

	2002	2004	2006	2008	2010	2012	2014	2016	2020	2022
총 혼인 건수	304,877	308,598	330,634	327,715	326,100	327,100	305,500	281,600	213,502	191,690
국제결혼 건수	15,202	34,640	38,759	36,204	34,235	28,325	23,316	20,591	15,341	16,666
국제결혼 비율(%)	5.0	11.2	11.7	11.0	10.4	8.6	7.6	7.3	7.2	8.6

출처: 통계청 홈페이지.

되고 있다.

2022년의 국제결혼 건수는 16,666건이다. 이는 1990년의 619건에 비하면 약 27배가 증가한 것으로(통계청, 2018), 국가는 중국(조선족)과 베트남, 필리핀 등 동남아시아 국적자가 대다수를 차지하고 있다. 이와 같이 국제결혼 건수가 증가함에 따라 이들의 안정적 정착 및 적응을 위한 다양한 정책이 필요해지고 있다.

외국인 근로자

한국 사회는 1970년대까지만 해도 노동력 송출 국가였다. 그러나 1990년대에 들어서면서 미국과 일본으로는 노동력을 송출하는 반면, 중국과 동남아시아 등에서 많은 외국인 노동력을 수입하게 되었다. 1987년 강력한 노동운동은 국내 대기업의 생산직 임금을 상승시켰고, 동시에 저임금 노동력에 의존한 3D 업종은 인력난이 심각해짐으로써 외국인 근로자가 들어오게 되었다.

5 다문화가정의 문제점

결혼문제

대부분의 국제결혼은 'Korean Dream'을 안고 오는 중국(조선족), 동남아 등지의 여성들에 의해 이루어지는 경우가 많다. 하지만 대부분 결혼 이전의 과정부터 인신 매매적 중개과정, 부정확한 정보 제공, 과다한 경비 등의 문제를 안고 있으며, 결혼 후에도 부부간의 연령차가 너무 크거나, 배우자(남편) 가정의 장애율이 높거나, 가정 폭력 및 학대에 시달리는 등 많은 문제점을 야기하고 있는 상황이다. 이로 인해 국제결혼 부부의 이혼율이 급격하게 증가하고 있는 추세이다.

이 외에도 문화와 생활양식의 차이, 의사소통의 어려움으로 인한 시부모와 가족 간의 갈등, 가부장적 가족관계에 대한 적응상의 문제, 사회적 고립과 지나친 구속으로 인한 갈등, 자국 송금에 대한 부담, 과다한 결혼비용으로 인한 빚 등의 문제가 항

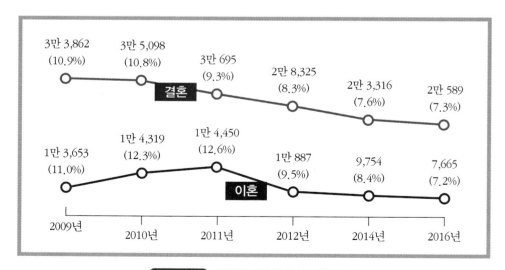

그림 16-4 다문화가정 결혼 및 이혼 추이

* ( )는 국내 전체 결혼/이혼 건수 중 다문화가정이 차지하는 비율(단위: 건)
출처: 통계청(2017).

존하고 있는 실정이다.

자녀문제

　다문화가정의 자녀문제로는 크게 자녀의 학교적응문제, 교육비용문제, 언어능력 부족으로 인한 학업부진, 또래집단으로부터의 따돌림이나 소외문제, 정체성 혼란 등을 들 수 있다. 결혼이민자의 대다수가 자녀를 교육하는 데 어려움을 겪는다고 호소했다. 가장 어려운 점으로는 학원비 마련, 예습과 복습 등 학습지도, 숙제 지도하기 등을 들었다. 특히 학교생활 부적응과 학습부진의 어려움이 있다고 하였다. 이는 한국 사회의 고질적인 문제인 사교육과 과도한 경쟁체제가 다문화가정에도 똑같은 고민거리로 작용하고 있음을 엿볼 수 있게 한다.

　그리고 아이에 관련해서는 한국말을 제대로 못하는 엄마에 대한 아이들의 반항도 하나의 문제라고 한다. 다문화자녀 중 자신은 어느 나라 사람이라고 생각하는지 물어본 질문에서 대다수가 자신을 외국인이라고 생각하고 있는 반면에, 극히 일부만이 자신을 한국인이라고 지각하는 것으로 나타났다. 또한 외국인 어머니의 고국에서 형성된 교육관이 자녀의 일상적 행위에 영향을 미치게 되고 아버지와 어머니의 서로 다른 양육가치관으로 인해 자녀가 가치관의 차이와 혼란을 경험하게 되는 사례도 많다.

직장과 취업문제

　많은 다문화가정에게 있어서 취업문제와 직장에서의 차별문제가 한국 생활을 어렵게 하는 요인이 되고 있다. 결혼이민자의 경우, 대다수의 여성이 취업상태라고 언급하고 있으나, 사실상 농촌여성은 자신의 농사와 이웃의 농사일을 도우며 생계를 꾸린다. 남성 결혼이민자의 경우 대다수가 취업상태에 있다고는 하지만 저임금 부문에 종사함으로써 생활곤란을 겪고 있다.

　외국인 근로자의 경우 의사소통을 원활히 하지 못해 안전사고의 위험에 노출되고 사소한 사건이 인종 간 갈등으로 비화될 소지가 크다. 『외국인 이주노동자 인권

백서』에 따르면, 폭행이나 욕설, 여성노동자에 대한 성적인 모욕이 다반사로 일어나고 있으며, 임금체불과 산업재해 시 정당한 치료와 보상을 받지 못하는 경우 역시 빈번하다고 한다. 한국인이 가지고 있는 이주노동자에 대한 이미지를 다룬 연구 결과에 의하면, 대체적으로 보수적이고, 굴종적이며, 느리고, 소극적이며, 의심스럽고, 멀게 느껴지며, 지저분하고, 불쌍하다는 부정적인 내용이 지배적이었다. 그리고 이와 같은 부정적인 이미지는 그들에 대한 차별대우로 직결된다는 데 문제의 심각성이 있다.

체류문제

체류에 대한 문제점은 크게 여성 결혼이주자의 체류자격과 불법체류의 문제로 요약할 수 있다. 먼저, 여성 결혼이주자의 체류자격과 관련한 모든 권한이 남편에게 달려 있다는 점에 문제가 있다. 외국인이 한국인과 결혼하여 2년이 지난 뒤에 한국 국적을 신청하거나 영주비자를 신청하는 것 중 하나의 방법을 택하여야만 한국에서 안정적인 신분을 보장받을 수 있다. 2년이 지난 뒤 한국 국적을 신청하지 않은 결혼이민자는 1년에 한 번씩 체류기간이 만료하기 전에 관할 출입국관리사무소를 방문하여 구비서류를 제출한 후 체류기간을 연장하여야 한다.

원칙적으로 출입국관리사무소에서는 정상적인 혼인생활을 전제로 한 체류연장 신청은 혼인생활 중 출생 자녀가 없는 경우 한국인 배우자와 동행하여 신원보증을 해 줄 것을 요구하고 있다. 이에 따라 남편이 체류연장에 동의하지 않아서 연장이 어렵다고 호소하는 여성들이 많으며, 한국인 남편에게 체류연장에 대한 결정권이 있기 때문에 대부분의 이주여성이 남편의 말에 순종해야 하는 등의 어려움을 겪게 된다. 특히 이러한 문제점은 이혼 후에 심각하게 나타난다.

외국인 근로자들 중에 불법체류자는 9%를 차지한다. 이들이 취업해 있는 사업장은 근무조건이 열악한 곳이 많다. 그러나 현재 고용허가제를 통해서 국내에 체류하게 되는 외국인은 처음 근로계약을 맺은 사업장에서 3년간 일하여야 하는 것을 원칙으로 한다. 사업장 변경은 원칙적으로 금지되지만 특별한 사유가 있으면 고용지원센터를 통하여 사업장 변경이 가능하다. 단, 3년 동안 3회를 초과하지 못한다. 사업장 변경 신청일로부터 3개월 이내에 근무처 변경허가를 받지 못하거나 사용자와 근로계약을 종결시킨 후 1개월 이내에 다른 사업장으로의 변경을 신청하지 않은 외국인 근로자는 불법체류자가 된다. 이와 같은 구직기간의 제한은 언어가 통하지 않는 외국인들이 2개월 안에 새 사업장을 찾아 이동하지 못할 경우 그들을 불법체류자로 전락시킨다.

6 대책 및 제언

　세계화의 영향으로 국가 간의 인구이동이 일상화되고 보편화된 흐름 속에서 한국으로의 이주인구도 해마다 증가하고 있는 추세이다. 외국인 이주자 문제에 대한 대책에 있어서는 문화보다 주로 인권이나 경제적 처우개선이 주요 관심사였다. 그러나 이러한 정책들은 앞으로 이민자의 수가 더욱 증가하면서 발생하게 될 문제들에 대한 충분한 대비책이 되지 못한다. 따라서 앞으로 이민자의 수가 많아지고 이들이 한국의 주류문화에 동화되는 것을 거부할 때를 생각해야 한다.

　앞서 많은 수의 이민자를 받아들인 서구의 국가들이 문화적 갈등, 인종갈등 등을 겪고 있고, 이민자들에 대한 주류 집단의 차별과 편견, 범죄가 증가하고 있다는 사실에 주목해야 한다. 그리하여 앞으로의 대책방안들은 기본적인 국민의식의 변화를 기반으로 정부의 적극적인 조치가 뒤따라야 한다. 또한 이민자가 들어올 때 개인의 이익보다 국가의 이익을 생각해 좋은 인적자원이 들어와 사회적 비용을 줄일 수 있도록 해야 하며, 이미 들어온 이민자들에게는 적극적인 지원을 해야 한다.

　그러나 정부의 정책은 다문화를 표방하는 듯하지만 실제로는 동화주의, 즉 다양한 문화의 상호공존보다는 한국화에 치중하는 경향이 크다. 그리고 인권보호 및 지원의 대상을 합법적 외국인에 한정함으로써 불법체류자들에 대한 지원은 정책에서 배제되고 있는 실정이다. 사람들의 인식 역시 아직까지는 한국을 단일민족국가로 생각하는 경향이 크다고 조사되어 외국인들을 사회 구성원으로 쉽게 받아들이지 못하는 것으로 나타났다. 하지만 한국 내 외국인의 수가 점차 증가하는 상황은 불가피할뿐더러 외국인 근로자 말고도 결혼이주자, 유학생 등도 계속 증가할 것이다. 이로 인해 한국 사회는 인종, 문화, 민족의 다양성을 어떻게 관리하고 유지해야 할지에 관심을 두어야 한다.

따라서 기존 정책의 한계에서 벗어나 실질적인 다문화주의를 표방하기 위해 노력해야 한다. 또한 다문화사회의 위험성과 갈등에 대해서도 재고해 보아야 한다. 실제로 외국에서 들어오는 값싼 노동력과 경쟁할 것을 두려워하는 한국인 노동자들과 같이 다문화정책에 반대하는 사람들의 카페도 생겨나고 있다. 앞서 많은 이민자를 받아들인 서구국가들의 사례도 되돌아보아야 한다.

정부는 앞으로의 상황을 대비해서 정책적으로 적극적인 조치를 취해 한국 사회와 한국인들의 다문화에 대한 포용력을 키우기 위해 노력해야 한다. 더 나아가 그동안 우리가 외곬으로 사용하여 왔던 민족이라는 개념 대신 국민이라는 개념을 사용함으로써 다문화사회를 수용하고 포용하는 슬기로운 자세가 필요한 시점이다.

참고문헌

고영복 편(2000). 사회학사전. 사회문화연구소.

구정화 외(2023). 고등학교 사회 · 문화. 지학사.

김범수(2010). 다문화사회 십계명. 리북.

김범수 외(2007). 다문화사회복지론. 양서원.

김병조 외(2011). 한국의 다문화 상황과 사회통합. 한국학중앙연구원출판부.

김오남(2008). 결혼이민자가족의 이해. 아산재단 연구총서 1. 제254집. 집문당.

김유경(2009). 다문화가족의 실태와 정책방안. 보건복지포럼, 통권 제151호. 한국보건사회연구원.

김은미, 양옥경(2010). 다문화사회. 나남.

김지현(2008). 한국 사회에서 다문화주의와 교육. 철학연구, 제106권. 대한철학회.

마르티니엘로 M. (2002). 현대사회와 다문화주의(윤진 역). 한울.

모리스 버만(2002). 미국 문화의 몰락(심현식 역). 황금가지.

박단(2005). 프랑스의 문화전쟁－공화국과 이슬람. 책세상.

박대식(2010). 농촌다문화가정의 생활실태와 정책개선방향. 국토, 제342호. 국토연구원.

박익규(2007). 세계화와 한국 사회정책. 우리들.

박희권(2010). 문화적 혼혈인간. 생각의 나무.

법무부(2019a). 2019 출입국ㆍ외국인정책 통계연보.

법무부(2019b). 결혼이민자 현황.

설동훈(1999). 외국인 노동자와 한국 사회. 서울대학교출판부.

설동훈(2005). 이민과 다문화사회의 도래. 한국 사회론(김영기 편). 전북대학교출판부.

아비바 촘스키(2008). 그들이 우리의 일자리를 빼앗고 있다(백미연 역). 전략과 문화.

여성가족부(2006). 결혼이민자 가족실태조사 및 중장기 지원정책방안 연구. 한국 사회학. 한국
　　사회학회.

울리히 벡(2006). 위험사회(홍성태 역). 새물결.

유네스코 아시아태평양 국제이해교육원(2008). 다문화사회의 이해. 동녘.

윤인진(2004). 코리안 디아스포라: 재외한인의 이주, 적응, 정체성. 고려대학교출판부.

윤인진(2008). 한국적 다문화주의의 전개와 특성. 한국 사회학, 제42집 2호. 한국사회학회.

윤인진(2013). 동북아시아의 국제이주와 다문화주의. 한울아카데미.

윤인진 외(2010). 한국인의 이주노동자와 다문화사회에 대한 인식. 이담.

이동희(2010). 이주노동자와 시민공동체. 이주노동자들의 권익과 시민공동체(한도현 외). 백산서당.

이성미(2010). 다문화코드. 생각의 나무.

이현정(2009). 우리의 미래, 다문화에 걸려 있다. 소울메이트.

장정일(2016). 이스트를 넣은 빵. 마티.

장태환(2004). 소수자로서의 재미한인. 한국의 소수자, 실태와 전망(최협 외 엮음). 한울아카데미.

재외한인학회(2006). 재외한인연구. 재외한인학회.

정미라(2008). 여성주의와 다문화주의. 철학연구, 제107권. 대한철학회.

정헌주 외(2011). 사회문제의 이해. 대왕사.

존 버거, 장 모르(2004). 제7의 인간: 유럽 이민노동자들의 경험에 대한 기록(차미례 역). 눈빛.

최협, 김성국, 정근식, 유명기 편(2004). 한국의 소수자, 실태와 전망. 한울아카데미.

한국학중앙연구원 편(2010). 이주노동자들의 권익과 시민공동체. 백산서당.

행정안전부(2016~2018). 지방자치단체 외국인주민 현황.

홍지영 외(2008). 공화주의 시각에서 본 프랑스의 반이슬람정서. 한국정치학회보, 제42집 제1호.

황정미(2009). 이주의 여성화: 한국 내 결혼이주에 대한 이론적 고찰. 페미니즘 연구, 제9권 제2호. 한국여성연구소.

행정자치부(2015). 2015년 지방자치단체 외국인주민현황.

Benedict, R. (1971). *Patterns of Culture*. Routledge & Kegan Paul Ltd.

Geertz, C. (1984). Anti-Anti-Relativism. *American Anthropologist, 86*(2).

Martiniello, M. (1997). Sortir de Getton Culturels. Presses de Sciences po.

Park, R. E., & Burgess, E. W. (1921). *Introduction to the Science of Sociology*. University of Chicago Press.

Troper, H. (1999). Multiculturalism. In P. R. Magocsci (Ed.), *Encyclopedia of Canada's People* (pp. 997-1006). University of Toronto Press.

매일경제(2019. 5. 28.). 국내 체류 외국인 236만명…전년比 8.6% 증가. https://www.mk.co.kr/news/society/view/2019/05/355850/

통계청 https://www.index.go.kr/potal/stts/idxMain/selectPoSttsIdxMainPrint.do?idx_cd=2819&board_cd=INDX_001

찾아보기

내용

저자 소개

이철우(Lee Cheolwoo)

[약력]

고려대학교 문과대학 사회학과 졸업
고려대학교 대학원 문학석사(사회학)
고려대학교 대학원 문학박사(사회학)
서울특별시 공보관실 여론조사담당
전 고려대학교 정경대학 평화연구소 연구교수
　　고려대학교 사회학과 · 노동대학원 강의

[주요 논저]

〈연구논문〉

한국사회의 고령화와 노인복지정책(한국사회학, 1996)
노인생활만족도에 관한 시간의 차원에 의한 연구(한국노년학, 1996)
탈북귀순자의 한국사회 적응력 제고에 관한 정책적 대응방안연구(통일원, 1996)
노인관의 변화와 대응방안모색(한국사회, 1998)
한국노인의 생활불안(한국학 연구, 2003)
한국사회의 사회복지정책과 경제성장(평화연구, 2003)
한국의 노인복지(김응렬 편저, 7장, 9장)(고려대학교 한국학연구소, 2003)
사회복지학에의 초대(김응렬 편저, 2장, 4장)(고려대학교출판부, 2003)
일본제국주의의 한반도 철도건설과 한국민족주의의 저항(평화연구, 2004)
한국에서의 노인문제와 노인소득보장제도(국제평화, 2005)
남북한 철도의 발달과 산업사회의 갈등(한국사회, 2005)
한반도 철도네트워크의 미래와 갈등(평화연구, 2006)
시베리아 철도와 고려인들의 이주과정(재외한인연구, 2006)
동북아시아 철도네트워크의 가능성(민족연구, 2006)
한국의 철도발달과 산업사회의 갈등(국제평화, 2007)
한국의 산업화 정책추진과 철도를 통한 산업화(국제평화, 2008)

〈저서〉

사회복지학에의 초대(공저, 고려대학교출판부, 2004)
한국사회의 고령화현상과 사회정책적 대응방안(한국학술정보, 2006)
한반도 철도와 철의 실크로드의 정치경제학(한국학술정보, 2009)
현대사회문제(학지사, 2017)

〈역서〉

사회과학자의 글쓰기(공역, 일신사, 1999)

新사회학 초대(7판)
Invitation to New Sociology (7th ed.)

2011년 8월 30일 1판 1쇄 발행
2012년 3월 20일 2판 1쇄 발행
2012년 8월 20일 2판 2쇄 발행
2013년 8월 20일 3판 1쇄 발행
2014년 2월 20일 3판 2쇄 발행
2015년 8월 20일 4판 1쇄 발행
2016년 3월 25일 4판 2쇄 발행
2017년 3월 20일 5판 1쇄 발행
2019년 8월 30일 5판 5쇄 발행
2020년 3월 20일 6판 1쇄 발행
2022년 8월 10일 6판 4쇄 발행
2023년 8월 10일 7판 1쇄 발행

지은이 • 이철우
펴낸이 • 김진환
펴낸곳 • ㈜ 학지사
04031 서울특별시 마포구 양화로 15길 20 마인드월드빌딩
대표전화 • 02-330-5114   팩스 • 02-324-2345
등록번호 • 제313-2006-000265호

홈페이지 • http://www.hakjisa.co.kr
인스타그램 • https://www.instagram.com/hakjisabook

ISBN 978-89-997-2935-5 93330

정가 24,000원

출판미디어기업 학지사

간호보건의학출판 학지사메디컬 www.hakjisamd.co.kr
심리검사연구소 인싸이트 www.inpsyt.co.kr
학술논문서비스 뉴논문 www.newnonmun.com
교육연수원 카운피아 www.counpia.com